Dieter Marc Schneider
Johannes Schauff (1902–1990)

Studien zur Zeitgeschichte

Herausgegeben vom Institut für Zeitgeschichte

Band 61

R. Oldenbourg Verlag München 2001

Dieter Marc Schneider

Johannes Schauff (1902–1990)

Migration und „Stabilitas"
im Zeitalter der Totalitarismen

R. Oldenbourg Verlag München 2001

Die Deutsche Bibliothek – CIP-Einheitsaufnahme

Schneider, Dieter Marc:
Johannes Schauff : (1902 - 1990) ; Migration und „Stabilitas" im Zeitalter
der Totalitarismen / Dieter Marc Schneider. - München : Oldenbourg, 2001
   (Studien zur Zeitgeschichte ; Bd. 61)
   ISBN 3-486-56558-3

© 2001 Oldenbourg Wissenschaftsverlag GmbH, München
Rosenheimer Straße 145, D-81671 München
Internet: http://www.oldenbourg.de

Umschlaggestaltung: Dieter Vollendorf, München
Umschlagabbildung: Johannes Schauff; Fotoarchiv Paul Swiridoff, c/o Museum Würth,
74650 Künzelsau

Gedruckt auf säurefreiem, alterungsbeständigem Papier (chlorfrei gebleicht).
Gesamtherstellung: R. Oldenbourg Graphische Betriebe Druckerei GmbH, München

ISBN 3-486-56558-3

Inhalt

Einleitung

Die Aufgabe, über Leben und Wirken von Johannes Schauff zu sprechen (oder zu schreiben), sei „für den Historiker Wagnis und Herausforderung zugleich" – so Rudolf Morsey anläßlich eines Festakts zur Ehrung Schauffs durch seine Heimatgemeinde Pulheim-Stommeln am 19. Oktober 1984[1]. Denn dieses Leben sei im landläufigen Sinne „ungewöhnlich verlaufen, ein untypisches Schicksal im 20. Jahrhundert".

Johannes Schauff gehört nicht zu den allgemein bekannten Persönlichkeiten der Zeitgeschichte. Geboren 1902 im Rheinland und aufgewachsen in einem dezidiert katholischen und antipreußischen Milieu, kam er erstmals während des Studiums in Berlin und Leipzig mit den politischen und sozialen Problemen der Weimarer Republik in Berührung. Prägend waren der Einfluß des „Großstadtapostels" Carl Sonnenschein und der Kontakt mit den Religiösen Sozialisten. Beruflich engagierte sich der Bauernsohn Schauff beim Aufbau des landwirtschaftlichen Siedlungswesens in den deutschen Ostgebieten und profilierte sich zugleich in der Zentrumspartei, für die er 1932 als jüngster Abgeordneter in den Reichstag gewählt wurde. Durch seine Tätigkeit für die Siedlungsbewegung, die vor allem nachgeborenen Bauernsöhnen aus dem Westen Deutschlands neue Lebens- und Arbeitsmöglichkeiten erschließen sollte („Innere Kolonisation"), geriet er jedoch alsbald in Konflikt mit der Partei der Großgrundbesitzer und wurde in den politischen Auseinandersetzungen gegen Ende der Weimarer Republik als „Agrarbolschewist" angegriffen.

Nach der Erfahrung des Scheiterns der Weimarer Demokratie und dem Verlust des Reichstagsmandats sowie der beruflichen Stellung im Jahre 1933 übersiedelte er mit seiner Familie in den heimatlichen Bauernhof der Ehefrau in der Eifel – ein erster Fluchtpunkt auf dem Weg in die Emigration. Da Schauff in den Jahren nach der nationalsozialistischen Machtübernahme zunehmend in das Visier der Gestapo geriet, nutzte er seine Verbindungen aus der Zeit der inneren Kolonisation, um im Ausland Siedlungsprojekte vorzubereiten. Schließlich konnte in Brasilien ein ländliches Aufnahmegebiet für Flüchtlinge aus Deutschland erschlossen werden. Dabei handelte es sich um einen legalen Weg zur Auswanderung, der nach Regelung der Bestimmungen der Devisenzwangswirtschaft beschritten werden konnte.

Schauffs Entscheidung zur definitiven Emigration fiel nach der Mordaktion im Zusammenhang mit dem „Röhm-Putsch" im Jahre 1934, der auch politische Freunde zum Opfer fielen, mit denen er in Widerstandskreisen zusammengearbeitet hatte. Eine weitere „Brücke" zur Emigration waren aber auch Schauffs tiefe Bindungen und Beziehungen zur katholischen Kirche. So wurde 1937 Rom zur ersten Station der Familie im Ausland auf dem Weg ins Exil; von dort aus emi-

---

[1] Es handelte sich um den Eintrag in das Goldene Buch der Stadt Pulheim. Vgl. Morsey, Johannes Schauff, S. 97.

grierte sie zwei Jahre später nach Brasilien. Hier baute Schauff eine neue Siedler-existenz auf und war einer der Initiatoren jener großangelegten Siedlung von politischen und jüdischen Flüchtlingen im Staate Paraná, die den Namen „Rolândia" erhielt.

Nach 1945 hielt er sich zunächst nur zeitweise in Europa und Deutschland auf. Er blieb ein Wanderer zwischen zwei Welten. So war es nur konsequent, daß er nicht in die deutsche Politik zurückkehrte, sondern im Auftrag des Vatikans die internationale katholische Flüchtlingshilfe organisierte. In dieser Funktion war er „als stiller, der Öffentlichkeit unbekannter Mittler zwischen Nationen und Völkern tätig"[2]. Dies betraf den transatlantischen Brückenschlag von europäischen christlichen Demokraten nach Lateinamerika, die Aktivierung der deutschen Entwicklungshilfepolitik ebenso wie die Mitte der sechziger Jahre begonnene Aussöhnung zwischen der Bundesrepublik und Polen. Im Rahmen seiner Flüchtlingsarbeit konnte Schauff auch dazu beitragen, das Südtirol-Problem einer Lösung zuzuführen. Aber auch in der deutschen Innenpolitik war er keineswegs inaktiv: Als Mittelsmann zwischen Kurt Georg Kiesinger und Herbert Wehner trug er Ende 1966 zur Bildung der Großen Koalition bei.

*

Von den bis zur Auflösung der Partei im Jahr 1933 zuletzt 73 Mitgliedern der Reichstagsfraktion des Zentrums kehrten nach 1945 nur fünf als Abgeordnete des Bundestags in die deutsche Politik zurück – darunter war allerdings keiner der Reichstagsabgeordneten des Zentrums, die nach 1933 emigriert waren[3]. Dies gilt auch für Johannes Schauff.

Nach den Exiljahren in Brasilien, dem Zusammenbruch der NS-Diktatur und dem Ende des Krieges wuchs bei Schauff das Bedürfnis, wieder zurückzukehren. Schauff übernahm jedoch nach seiner Rückkehr kein politisches Amt und hatte auch kein Parlamentsmandat inne. Sein Engagement und seine Hilfestellung beim Aufbau der Bundesrepublik Deutschland erfolgten auf dem Weg der persönlichen Kommunikation. Dabei bildete jenes rheinisch-katholische Milieu, dem Schauff entstammte, den Ausgangspunkt und den persönlichen Bezugsrahmen. Politik auf der Grundlage individueller Beziehungen und Kontakte erscheint dabei als ein prinzipielles Handlungsmuster: Schauff hatte – wie viele seiner politischen Generation, auch aus der Sozialdemokratischen Partei – den Niedergang der Weimarer Republik mit ihrem „Parteiengezänk" erlebt und die pluralistisch-demokratisch verfaßte Staats- und Gesellschaftsform für das Scheitern der Republik verantwortlich gemacht. Sie sollte künftig keine Vorbildfunktion mehr haben. Daraus folgte eine ständisch-vorindustrielle Orientierung, wie sie Schauff 1933 program-

---

[2] Morsey, Johannes Schauff, S. 233.
[3] Es handelt sich um Oskar Farny (1953), Paul Gibbert (1949–1967), Jakob Kaiser (1949–1957), Heinrich Krone (1949–1969), Helene Weber (1949–1962). Von den Reichstagsabgeordneten des Zentrums der Jahre 1919–1933 gingen acht in die Emigration; 65 verstarben zwischen 1933 und 1945, davon sechs in Haft. Vgl. M.d.R. Die Reichstagsabgeordneten der Weimarer Republik in der Zeit des Nationalsozialismus, S. 43 f.

matisch formuliert hatte[4], und es entwickelte sich eine prinzipielle Gegnerschaft zum institutionalisierten Interessenhandel der politischen Parteien-Demokratie. Die daraus resultierende Neigung zu elitären Gesellschafts- und Staatsmodellen traf sich durchaus mit Plänen des christlich-konservativen Widerstands und Exils, aber auch mit antiliberalen erziehungsdiktatorischen Neuordnungsvorstellungen von Sozialdemokraten, die dem 20. Juli 1944 zuzuordnen sind[5].

Die traumatische Erfahrung der Zerstörung der Weimarer Demokratie förderte bei Emigranten und bei Angehörigen des inneren Widerstands Tendenzen, politischem Handeln auf der persönlichen Ebene und im vertrauten Milieu den Vorzug zu geben: Von einer sich auf diesem Weg der individuellen politischen Kommunikation herausbildenden geschlossenen und überschaubaren Elite versprach man sich mehr politische Effizienz und Einfluß als von den Auseinandersetzungen des Parlaments und seiner Ausschüsse. Schauffs Biographie ist für diese Haltung paradigmatisch. Dies gilt z.B. für seine Rolle bei der Herbeiführung der Großen Koalition in der zweiten Hälfte der sechziger Jahre sowie bei der Entwicklungshilfepolitik der Bundesrepublik Deutschland.

Schauffs Rückkehr in die deutsche Politik in diesem informellen Rahmen erfolgte parallel zu seinem Engagement in der vatikanischen Migrationspolitik nach dem Kriege. Bei diesem Engagement auf internationaler Ebene gelang es ihm – wiederum auf dem Weg der persönlichen Verbindungen und Kommunikation –, in einigen wichtigen und konkreten Fällen die Politik der Bundesrepublik sowie einzelne Politiker zu unterstützen.

In dieser Rolle von der Öffentlichkeit lange Zeit unbeachtet, erfolgten seit Anfang der siebziger Jahre in der liberalen und linken Presse persönliche Angriffe auf Schauff, die vor allem sein Engagement für Lateinamerika im Rahmen der Entwicklungshilfepolitik der Konrad-Adenauer-Stiftung bzw. des „Instituts für Internationale Solidarität" betrafen. Schauffs dezidierter Antikommunismus – ein gemeinsames geistiges Erbe aus Exil und Widerstand von Konservativen wie auch Sozialdemokraten vor dem Hintergrund der Erfahrung des Totalitarismus – und seine Ablehnung der sogenannten Befreiungstheologie in Lateinamerika provozierten Angriffe aber auch aus linkskatholischen Kreisen, die Schauffs seinerzeit zu Recht vermuteten Einflußnahme auf die vatikanische Polen- und Ostpolitik galten.

Der – auch generations- und altersbedingt – bis in die sechziger Jahre manifeste politische Einfluß von Politikern, die im Widerstand und/oder Exil gewesen waren, vollzog sich vielfach nur im informellen Rahmen. Er war – abseits von Parlamenten und Regierungen – wirksam über milieugebundene Netzwerke. Dieser Typus von Homines politici, der sich auf christlich-konservativer wie auch auf sozialdemokratischer Seite findet, fand bislang in der Historiographie kaum Beachtung. Für die sozialdemokratische Seite ist hier Hartmut Mehringers Biographie

---

[4] Johannes Schauff, Aus meiner beruflichen und politischen Arbeit S. 93–94.
[5] Schneider, Christliche und konservative Remigranten; Mehringer, Impulse sozialdemokratischer Remigranten, v.a. S. 95 ff.

über Waldemar von Knoeringen zu nennen[6]; für die christlich-konservative Seite kann hier die Biographie von Johannes Schauff hinzugefügt werden.

Jean Solchany hat auf das antitotalitäre Demokratieverständnis des angeführten Personenkreises hingewiesen, das es schließlich erlaubt habe, den deutschen Sonderweg zu verlassen und eine Allianz mit den westlichen Demokratien einzugehen[7]. Bei dem im Exil eingeleiteten Lernprozeß, in dem diese Emigranten schließlich zu Demokraten westlicher Prägung wurden, bildete der antitotalitäre Diskurs, der es zugleich ermöglichte, die dichotomische Frontstellung der aus der Weimarer Republik überkommenen linken und konservativen Lager aufzuheben, eine wichtige ideologische Brücke. Die spätere Freundschaft zwischen Johannes Schauff und Herbert Wehner ist dafür ein typisches Beispiel. In Exil und Widerstand formierte sich eine neue demokratisch-konservative Elite, die mit einer antitotalitären und patriotischen Linken den gemeinsamen politischen Nenner finden konnte, Weimarer Verhältnisse nicht wieder zuzulassen und totalitärer Bedrohung entgegenzutreten. Beide Gruppen verband ein gemeinsamer Grundkonsens: Ablehnung aller totalen Machbarkeitsutopien und Anerkennung einer pluralistischen Gesellschaft in einer neuen westlich und westeuropäisch orientierten deutschen Gesellschaft – einer „Zivilgesellschaft", wie man heute sagen würde. Diese Entwicklungen und Erfahrungen vermochten Remigranten wie Johannes Schauff in die politische Kultur der Bundesrepublik einzubringen, die diese nicht unerheblich prägten.

*

Ist Schauffs Biographie exemplarisch für eine bislang in der Forschung vernachlässigte Gruppe von Nachkriegspolitikern aus Exil und Widerstand, deren Merkmal war, daß sie innerhalb eines in gewisser Weise hermetisch geschlossenen, elitären Netzwerks mit Erfolg agierten, so gibt es einen weiteren zentralen Bestandteil der Vita Johannes Schauffs, der eine biographische Untersuchung lohnt. Er betrifft die mit den politischen Umwälzungen des 20. Jahrhunderts verbundenen Flucht- und Migrationsbewegungen, die bis heute andauern. Diese Migrationszwänge betreffen Konflikte zwischen Staaten und ethnischen Gruppen in der „Dritten Welt", aber auch – nach Auflösung der totalitären Klammer des kommunistischen Systems – die Nachfolgestaaten der ehemaligen UdSSR sowie Jugoslawiens[8].

„Flucht und Vertreibung" – so heißt es in der Einleitung des ‚Biographischen Handbuchs der deutschsprachigen Emigration nach 1933,[9] – „gehören seit jeher zu den Begleiterscheinungen gewaltsamer Konfliktaustragung. In der Epoche des modernen Imperialismus, der Nationalismen und der Weltideologien ist die Verdrängung ganzer Volksgruppen aus ihrer angestammten Heimat zu einem häufig

6 Mehringer, Waldemar von Knoeringen.
7 Solchany, Vom Antimodernismus zum Antitotalitarismus, v. a. S. 386 ff.
8 Hierzu u. a. Kühnhardt, Die Flüchtlingsfrage als Weltordnungsproblem; Opitz, Weltflüchtlingsproblem; Bade, Homo Migrans; Santel, Migration in und nach Europa; Möller, Der Begriff der Nation.
9 Biographisches Handbuch (im Folgenden: BHB I–III), hier: Bd. I, S. XIII.

angewandten Mittel der politischen und sozialen Konsolidierung im Innern bzw. der Inbesitznahme fremder Territorien geworden. " Aus Deutschland wurden nach der nationalsozialistischen Machtübernahme 1933 annähernd eine halbe Million Menschen vertrieben, die Mehrheit aufgrund einer rassistischen, antijüdischen Ideologie; als aktive Regimegegner dürften davon schätzungsweise 30000 ins Ausland geflohen sein.

In diesen historischen Kontext gehören auch die Ausweisungen und Zwangsumsiedlungen von über 30 Millionen Menschen im Zuge der von Stalin und Hitler angestrebten Abgrenzung ihrer Interessen und Einflußgebiete in Ost- und Südosteuropa. Nach dem Zusammenbruch der Achsenmächte erfolgte eine Flüchtlingsbewegung, die nicht weniger umfangreich war. Sanktioniert durch das Potsdamer Abkommen, wurden ca. 20 Millionen Menschen aus ihrer Heimat vertrieben, darunter 12 Millionen Deutsche[10]. Nach 1945 setzte gleichzeitig die Rückwanderung eines Teils der während des Kriegs Vertriebenen ein – ein Migrationspotential von insgesamt 40 bis 50 Millionen Menschen. Als eine Art menschlichen Strandguts saßen nach 1945 in Deutschland ein Teil der im Reich beschäftigten ehemaligen „Fremdarbeiter" sowie die aus den Konzentrationslagern befreiten Ausländer fest, insgesamt etwa 10 bis 20 Millionen „Displaced Persons", deren Rückkehr oder Migration in eine neue Heimat vielfältige Hindernisse entgegenstanden[11].

Für sein Engagement in der internationalen Flüchtlingspolitik war Schauff durch seine Tätigkeit für die Migrations- und Siedlungsbewegung in der Weimarer Republik gut vorbereitet. 1933 schuf er mit anderen die Voraussetzungen zur Emigration von politisch und rassisch Verfolgten mit dem Ziel einer neuen Heimat und der Möglichkeit des Lebensunterhalts. Er selbst siedelte mit seiner Familie in der von ihm mitgeschaffenen Emigrantenkolonie Rolândia in Brasilien. Seine Rückkehr nach Europa nach dem Kriege stand daher auch im Zeichen der Organisation der Auswanderung der Displaced Persons sowie des nach der kommunistischen Machtergreifung in den osteuropäischen Ländern einsetzenden Flüchtlingsstroms nach Nord- und Lateinamerika.

Innerhalb der deutschsprachigen Emigration gehörte Schauff zu dem zahlenmäßig relativ kleinen christlichen und konservativen Spektrum, das überwiegend in Nord- und Südamerika, zum Teil aber auch in der Schweiz und in der Türkei Asyl gefunden hatte. Dazu gehören Politiker wie Heinrich Brüning, Gottfried Reinhold Treviranus, Erich Koch-Weser und der spätere saarländische Ministerpräsident Johannes Hoffmann. Die Erfahrung des Scheiterns der Weimarer Republik und des vergeblichen Widerstands bildeten für den jungen Zentrumspolitiker Schauff, der sich selbst ehedem dem linken und dezidiert republikanischen Flügel des politischen Katholizismus zugerechnet hatte[12], den Anstoß zu einer geistigen

---

10 Vgl. Opitz, Weltflüchtlingsproblem, S. 29.
11 Vgl. Bade, Homo migrans, S. 35 f.; zum Problem der Displaced Persons: Jacobmeyer, Vom Zwangsarbeiter zum heimatlosen Ausländer.
12 Eine hier zu nennende Leitfigur war ohne Zweifel der ehemalige Reichskanzler Joseph Wirth (zur Biographie s. BHB I).

Entwicklung, die in elitistische Demokratiekonzepte mündete, in deren Zentrum ein personalisiertes Wahlrecht stand. Diese politische Standortbestimmung prägte schließlich auch Schauffs Teilnahme an der deutschen Nachkriegspolitik. Nicht zuletzt durch ein Netzwerk von alten politischen und persönlichen Freunden aus der Weimarer Zeit vermochte Schauff hier einen Beitrag zu leisten. Erfahrungen und Beziehungen, die aus der Emigrationszeit herrührten, trugen dazu bei, manche Kontakte der damals noch jungen Bundesrepublik vor allem mit den westlichen Nachbarn anzubahnen.

Die Exilforschung hat den christlichen konservativen und bürgerlichen Demokraten im Vergleich zu den Sozialdemokraten und Kommunisten bislang zu wenig Aufmerksamkeit geschenkt[13]. Johannes Schauff hat dies bereits in einem ersten ausführlichen Gespräch, das im Februar 1977 in München stattfand, gegenüber dem Verfasser mit Sorge zum Ausdruck gebracht[14]. Er hatte Anteil daran, daß dies schließlich doch geschah – in Arbeiten des Instituts für Zeitgeschichte[15] wie auch in der von Schauff mitbegründeten Kommission für Zeitgeschichte[16]. Im Institut für Zeitgeschichte fand in diesem Zusammenhang außer mit dem Verfasser ein besonders fruchtbarer Austausch mit Helmut Krausnick und Horst Möller statt. Von daher ergab sich auch die spätere Überlassung von Schauffs Nachlaß an das Archiv des Instituts für Zeitgeschichte.

Schauffs Biographie ist für diese christlich-konservative Remigration exemplarisch. Dies gilt für die Wirkungsgeschichte dieser Gruppe im Exil wie nach 1945 in Deutschland. Dort vermochten nur wenige dieser Rückkehrer politisch wieder direkt Fuß zu fassen, dennoch waren sie bei manchen nationalen und vor allem außenpolitischen Entscheidungen der verschiedenen Regierungen der Bundesrepublik Deutschland in den ersten zwei Dezennien politisch präsent und häufig einflußreich – weniger als graue Eminenzen im klassischen Sinne denn als „political advisers", einflußreiche Berater mit internationalen Verbindungen.

*

In der Biographie Schauffs stehen die Geschichte der Vertreibung und Migration und die Teilnahme am gesellschaftlich-politischen Leben nach der Rückkehr nebeneinander, zum Teil aber auch in einem unmittelbaren Wechselverhältnis. Ein gesonderter Aspekt in Schauffs Vita ist sein Engagement in der katholischen Kirche, deren sichtbarer Ausdruck seine Beratertätigkeit während des Zweiten Vatikanischen Konzils ist. Dieser besondere Bezug zum römischen Katholizismus fand seinen Niederschlag in der benediktinischen Idee vom Siedeln, der in der Fremde so wichtigen „Stabilitas", zum andern war er von Nutzen bei Vorgängen

---

[13] Diese Feststellung trifft noch 1997 Astrid von Pufendorf in ihrer Biographie über Otto Klepper: Pufendorf, Otto Klepper, S. 24.
[14] Interviewprotokoll im Besitz des Verfassers.
[15] Hier ist vor allem das BHB zu nennen; s. u.a. auch die Aufsätze von Möller, Treviranus, und Morsey, Leben und Überleben im Exil, sowie Schneider, Christliche und konservative Remigranten.
[16] S. Kap. XII, S. 189ff.

wie der Annäherung der deutschen Sozialdemokratie an den Vatikan in den sechziger Jahren. Auch Schauffs Bemühungen um eine deutsch-polnische Versöhnung gehören in diesen katholischen Kontext.

∗

Der Stellenwert des biographischen Zugriffs bei der Darstellung historischer Phasen und Verläufe, der noch in den siebziger Jahren von Historikern wie Hans Ulrich Wehler in Abrede gestellt wurde[17], hat unterdessen wieder zunehmend an Bedeutung gewonnen. Neben ein vornehmlich struktur- und sozialgeschichtlich orientiertes Forschungsinteresse trat als Korrelat die biographische Sicht auf konkrete Lebensumstände von politisch und gesellschaftlich handelnden Persönlichkeiten. Der biographische Ansatz vermag darüber hinaus zum Verständnis jener historischen Komplikationen und Verwerfungen seit dem Ersten Weltkrieg beizutragen, deren herausragende Kennzeichen Diktatur, Verfolgung und Vertreibung waren und die in erster Linie individuelle Schicksale betrafen. Was die Exilforschung anbelangt, so heißt es in einer Rezension einer Studie über die Remigration, müsse man dem Lebensfaden einzelner Menschen nachgehen, „um zu verstehen, wie Rückkehr und Aufbau nach 1945 verstrickt waren"[18]. Solche Biographien lassen sich zu einem Mosaik zusammenfügen, das das historische Verstehen zumindest erleichtert. Dies gilt nicht nur für herausragende Politiker und Persönlichkeiten des öffentlichen Lebens: Gerade auch die große Gruppe derjenigen, die nicht im Rampenlicht standen, liefert wichtige biographische Bausteine.

∗

Trotz eines umfangreichen persönlichen Nachlasses bietet die Quellenlage für eine Biographie von Johannes Schauff spezifische Schwierigkeiten. Im Zentrum seiner Tätigkeit bis 1933 stand die Gesellschaft zur Förderung der inneren Kolonisation; dies war kein Staats- oder öffentlicher Dienst im engeren Sinne. Für seine führende Tätigkeit in der internationalen katholischen Flüchtlingsorganisation (International Catholic Migration Commission/ICMC) nach dem Kriege gibt es eine ausführliche Aktenüberlieferung aus den Jahren 1948 bis 1971, während die Papiere, die seine Tätigkeit für die Innere Kolonisation in der Weimarer Republik dokumentieren, bis auf wenige Ausnahmen verlorengegangen sind bzw. während der NS-Zeit vernichtet wurden. Auch von Schauff gesammelte Dokumente über seine Zeit als Zentrumspolitiker, die vor seiner Emigration in dem der Familie gehörenden Bauernhaus in der Eifel deponiert worden waren, gingen beim Einmarsch der Amerikaner 1945 verloren. Neben der ICMC gab es ein weiteres kirchliches Gremium, dessen Tätigkeit ausführlich dokumentiert ist: die während

---

17 Wehler spricht von der „Durchschlagskraft der Kollektivphänomene" in: Geschichtswissenschaft und Psychoanalyse, S. 531 f.; zu dem Thema ebenfalls ausführlich: Soell, Zur Bedeutung der politischen Biographie für die zeitgeschichtliche Forschung. Exkurs, in: Ders., Fritz Erler, S. 987–1023, sowie Mehringer, Waldemar von Knoeringen, S. 1 ff.
18 Marc Schattenmann, Heimgekehrt. Über die Emigranten, die nach 1945 wiederkehrten. Rezension von: Krohn/zur Mühlen, Rückkehr und Aufbau nach 1945, in: *Süddeutsche Zeitung*, 12. November 1997.

des Zweiten Vatikanischen Konzils begründete Kurienkommission „Justitia et Pax", der Johannes Schauff 1967 bis 1972 angehörte.

Wichtiges ergänzendes Material enthielten die Nachlässe von Karl Thieme und Dieter Sattler im Institut für Zeitgeschichte, die von Heinrich Krone, Hans Berger und Hermann Kopf im Archiv für christlich-demokratische Politik sowie der Nachlaß von Fritz Erler im Archiv der sozialen Demokratie; im Bundesarchiv war dies der Nachlaß von Karl Theodor Freiherr zu Guttenberg. Dagegen erbrachten andere Nachlässe von politischen Freunden und Weggefährten Schauffs wenige oder keine neuen Erkenntnisse, die seine politische Biographie betreffen. Dies gilt für Heinrich Brüning[19], Joseph Wirth, Heinrich von Brentano, Paul Lücke[20] sowie für Herbert Wehner[21]. Im Falle von Heinrich Lübke findet sich der wesentliche Teil der die Beziehung zu Johannes Schauff dokumentierenden Unterlagen und Briefe in Schauffs eigenem Nachlaß; hier waren auch die jüngsten Forschungsergebnisse von Rudolf Morsey sehr hilfreich[22].

Daß der Name Schauff in den nachgelassenen Papieren und Dokumenten einiger dieser ehemaligen politischen Weggefährten und Freunde nicht bzw. nur am Rande auftaucht, hat wohl einen wesentlichen Grund darin, daß das Gespräch die entscheidend „wichtige Form des Austauschs zwischen beiden Männern" gewesen war – so Greta Wehner über die Beziehung von Johannes Schauff und Herbert Wehner[23]. Auch dies ist ein Indiz für die bereits erwähnte informelle Teilnahme an der Macht. Wie wichtig diese Art der politischen Kommunikation gewesen ist, zeigt sich bei Schauff immer wieder – so bei seinen Bemühungen um die Lösung des Südtirol-Problems; 1963 berichtete er dem damaligen Botschafter der Bundesrepublik Deutschland in Rom, Manfred Klaiber, von seinen Sondierungsgesprächen mit dem Auswärtigen Amt und dem Bundesfinanzministerium, die „in nicht amtlicher Funktion rein persönlich geführt worden" seien[24].

In Gesprächen mit Zeitzeugen konnten viele Unklarheiten in der schriftlichen Überlieferung beseitigt werden. Zahlreiche Gespräche mit Schauff bei der Ordnung seiner Papiere waren für die inhaltliche Überbrückung von Überlieferungslücken besonders wichtig. Nicht weniger wichtig waren die Gespräche mit der Ehefrau Karin Schauff, die 1999 in Rom verstarb und die nicht nur das Emigrationsschicksal mit neun Kindern meisterte, sondern seit der Weimarer Republik auch eine politische Weggefährtin ihres Mannes war. In Berlin wurden die engagierten jungen rheinischen Katholiken zu entschiedenen Verfechtern der Weimarer Republik, in der ländlichen Siedlungsbewegung erwarb Johannes Schauff das Rüstzeug zum Bestehen im Exil wie auch zum Aufbau der internationalen Migra-

---

[19] So die Auskunft von Rudolf Morsey.
[20] Die Nachlässe Wirth und Brentano befinden sich im Bundesarchiv (inhaltliche Auskunft an den Verf. vom 11. Dezember 1998), der Nachlaß Lücke im ACDP (inhalt. Auskunft 28. Januar 1999).
[21] Der Nachlaß Wehner befindet sich im AsD.
[22] Der Nachlaß von Heinrich Lübke befindet sich im Bundesarchiv. Vgl. Morsey, Heinrich Lübke.
[23] Schreiben Greta Wehner an den Verfasser, 27. Januar 1999.
[24] Schreiben Johannes Schauff an Botschafter Manfred Klaiber, 4. Juli 1963. PAAA, B 24, Nr. 487/3, Bestand Nationale Minderheiten/Südtirol.

tionsorganisation nach 1945. Karin Schauff hat das gemeinsame „wechselvolle Familienschicksal" schriftstellerisch verarbeitet und zahlreiche autobiographische Zeugnisse veröffentlicht, die eine zusätzliche wertvolle Quelle darstellen[25].

Die Zusammenarbeit des Verfassers mit Johannes Schauff bei der Ordnung und Strukturierung seines Nachlasses machten es notwendig, die erwähnten Komplementär- und Gegenüberlieferungen besonders sorgfältig einzuordnen und darüber hinaus Gespräche mit ehemaligen beruflichen und politischen Weggefährten zu führen. Sie machen das Bild eines Mannes deutlich, dessen herausragende Begabung das Bauen von Brücken war – zwischenmenschlich und länderübergreifend. Temperament und zum Teil schwierige und leidvolle persönliche Lebenserfahrungen konnten häufig zur Lösung von Konflikten beitragen, wobei Schauffs immer wieder hervorgehobene Bescheidenheit Vertrauen schuf.

Der Bauer und Siedler ist in der Regel konservativ, bewahrend. Diese Haltung bestärkt darüber hinaus ein christliches Gesellschaftsbild von Familie und Subsidiarität. Von daher hat Heinz Hürten zu Recht auf Affinitäten christlichen Denkens zu konservativen Strömungen hingewiesen[26], und auch die „Betonung des Bäuerlichen" weist in diese Richtung[27]. Das Leben und Handeln von Johannes und Karin Schauff mit den schmerzlichen Erfahrungen des Scheiterns der Weimarer Republik und der Emigration, nach 1945 dann in der Konfrontation mit neuerlicher Bedrohung der Freiheit in Europa und der Dritten Welt, konkretisiert den Begriff des christlich motivierten Widerstands gegen das Totalitäre, dem das bewahrende, konservative Element des Bauerntums gegenübergestellt wird.

Die vorliegende Biographie beginnt mit Schauffs beruflicher und politischer Sozialisation in der Weimarer Republik und führt über die Opposition gegen den Nationalsozialismus zu dem zentralen Lebensabschnitt der Emigration ab 1937. Die erst vorübergehende und später definitive Rückkehr nach Ende des Krieges steht im Zeichen der Organisation der internationalen Migration unter dem Protektorat des Vatikans; zeitlich parallel und darüber hinausgehend wird Schauffs Engagement in der Politik der Bundesrepublik in den fünfziger und sechziger Jahren sowie in der im Wandel begriffenen katholischen Kirche beschrieben. Wirtschaftliche und politische Entwicklungshilfe für die Dritte Welt war dabei ein weiteres zentrales Ziel seines Handelns.

Besondere Aktionsfelder waren die Bemühungen um die Entschärfung des Südtirol-Problems sowie um die deutsch-polnische Versöhnung. Wenn hier eine ausführlichere historische Einbettung der Problematik vorgenommen wird, so entspricht das weniger einem narrativen Impuls des Verfassers, sondern berücksichtigt Vorgänge, die zum Teil – dies betrifft vor allem das Problem der Entschä-

---

25 Karin Schauff, Brasilianischer Urwald. Bericht aus dem Urwald; Ein Sack voll Ananas. Brasilianische Ernte; Das Klingelband. In der Welt zu Hause; Wechselvolles Familienschicksal, in: Um der Freiheit willen. Weitere publizistische Zeitzeugnisse (u. a. Wahlheimat Rom; Erinnerung an Ludwig Kaas). Siehe dazu Quellen und Literatur.
26 Vgl. Frühwald/ Hürten (Hrsg.), Christliches Exil, S. 8.
27 Vgl. die Aussage von Berthold Graf Stauffenberg bei seiner Vernehmung nach dem Attentat vom 20. Juli 1944 über Affinitäten gegenüber den „Grundideen des Nationalsozialismus" (SD-Bericht, zitiert bei Nicolai Hammersen, Politisches Denken im deutschen Widerstand, S. 255).

digung von ehemaligen Zwangsarbeitern – bis heute noch nicht ganz und befriedigend abgeschlossen sind.

In einem Schlußkapitel soll Schauffs Biographie in dem größeren personellen
Umfeld des christlichen und bürgerlich-konservativen Exils gewichtet und der
Frage nach der Wirkungsgeschichte dieses Teils der politischen Emigration nach
1945 nachgegangen werden; der Epilog schließlich will noch einmal den benediktinisch orientierten Lebensweg von Johannes Schauff thematisieren, der – keineswegs zufällig – in der „Ewigen Stadt" endete.

Benediktinisch ist auch der Begriff der „Stabilitas" im Titel dieser Biographie:
Der Auftrag und die Bereitschaft zum bäuerlichen Arbeiten und Kolonisieren vor
dem Hintergrund von Verfolgung und Vertreibung; im gleichen sprachlichen und
begrifflichen Kontext der römisch-katholischen „Latinität" stehen auch die häufig
auf lateinisch formulierten Kapitelüberschriften.

Johannes und Karin Schauff sind auf dem Campo Santo Teutonico im Vatikan
beerdigt. Dort finde auch der „deutsche Wanderer" (und Emigrant) Ruhe – so der
Schriftsteller Werner Bergengruen in einem Eintrag in das Gästebuch der Stiftung:

> „Hier endlich wohnen
> Im Angesicht unsäglicher
> Versöhnung
> Und nahe dem Ort der
> Kaiserlichen Krönung
> Nach Schuld und Streit
> Im Frieden die Teutonen."[28]

✳

Zu Dank verpflichtet bin ich insbesondere Horst Möller, der mich zu dem Unternehmen einer Biographie Johannes Schauffs ermutigt und es auch später mit Rat
und Tat begleitet hat. Dies gilt in gleichem Maße auch für Rudolf Morsey, der die
Entstehung der Arbeit kritisch verfolgte und – nicht zuletzt aufgrund seiner langjährigen persönlichen Bekanntschaft mit Johannes Schauff – auch mannigfaltig
unterstützte. Ihm und Hans-Peter Schwarz danke ich für Anregungen und die
Begutachtung des Manuskripts. Dessen positiver Abschluß wäre indes nicht möglich gewesen, ohne die engagierte und ebenso kritische redaktionelle Bearbeitung
durch Hildegard Möller, Werner Röder und Hartmut Mehringer. Auch ihnen gilt
mein besonderer Dank.

München, November 2000   Dieter Marc Schneider

---

28 Vgl. Karin Schauff, Wahlheimat Rom, in: Um der Freiheit willen, S. 18.

1924 Reichstagung der Windthorstbunde in Glatz. Vorne rechts neben der Fahne Johannes Schauff.

1928 Besichtigungsfahrt einer Delegation der Gesellschaft zur Förderung der inneren Kolonisation am 1. Oktober 1928 in Mecklenburg. Johannes Schauff, in letzter, erhöhter Position.

1936 Reise im Auftrag des Völkerbundes zur Erkundung von Siedlungs- bzw. Migrationsmöglichkeiten außerhalb Europas. Johannes Schauff zweiter von rechts, mit Baskenmütze.

✝

Dr Johannes Schauff, antigo membro do Parlamento Alemão, Caviuna-Norte do Paraná (Rio de Janeiro - Mosteiro de São Bento)

convida o prezado Snr. e Exma. Família para uma

Missa Comemorativa

em sufrágio das almas de amigos pessoais e políticos que debaixo da sangrenta perseguição nazista morreram pelas suas convicções cristãs:

Erich Klausener, Presidente da Ação Católica - Berlim, assassinado em 30 de Junho de 1934.

Adalbert Probst, Chefe da Associação de Moços Católicos, assassinado em 30 de Junho de 1934.

Engelbert Dollfuss, Chanceler da Austria, assassinado em 25 de Julho de 1935.

Karl Schmittmanns, Duesseldorf, Professor de Sociologia da Universidade de Colonia, assassinado em Agosto de 1939.

Albert Hackelsberger, membro do Parlamento Alemão, morto na prisão em Friburgo em 1940.

Eugen Bolz, Chefe do Governo do Estado de Wuerttemberg, executado em 20 de Julho de 1944.

Joseph Wirmer, Advogado, Chefe dos Estudantes Católicos-Berlim, enforcado em 20 de Julho de 1944.

Bernhard Letterhaus, Colonia, Secretário Geral das Associações de Operários Católicos, executado em 20 de Julho de 1944.

Franz Conde de Galen, Merfeld (Westfalia), membro da Dieta da Prussia, preso em Julho de 1944 e desaparecido desde Outubro de 1944

O Requiem será celebrado na Igreja Abacial de São Bento desta Capital, no dia 21 de Agosto, às 9 horas.

1945 Einladung zu dem von Johannes Schauff initiierten Requiem in Rio de Janeiro zur Erinnerung an die von den Nationalsozialisten ermordeten christlichen deutschen und österreichischen Politikern.

1951 Audienz für führende Persönlichkeiten der International Catholic Migration Commission bei Papst Pius XII. Von links: Msgr. Joseph McGeough, James Norris, Pius XII., G. B. Vicentini, G. H. Zeegers, Johannes Schauff.

1965 Schauff im Kreis persönlicher und politischer Freunde anläßlich der Verleihung des Großen Verdienstkreuzes mit Stern des Verdienstordens der Bundesrepublik Deutschland zu seinem 65. Geburtstag. Von links: Kurt Georg Kiesinger, Johannes und Karin Schauff, Marie-Luise Kiesinger, Michael Schauff, Rosa Sophie Baronin von und zu Guttenberg, P. Paulus Gordan OSB, Herbert Wehner, Klaus Dohrn, Karl Theodor Freiherr von und zu Guttenberg.

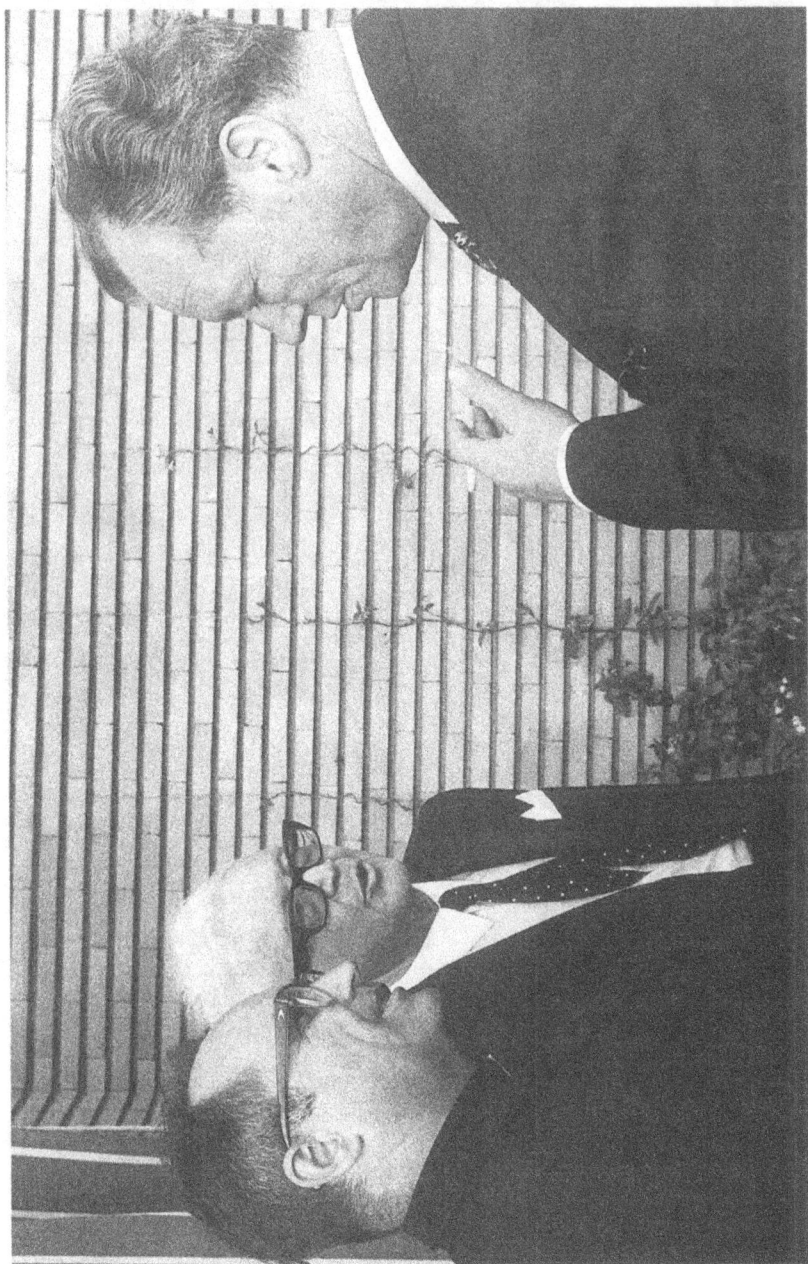

1970 Bemühungen um eine Normalisierung der Beziehungen der deutschen Sozialdemokratie mit der katholischen Kirche: Treffen von Bundeskanzler Willy Brandt mit Johannes Schauff während seines Besuchs (mit Empfang im Vatikan) in Rom. Neben Brandt und Schauff (von rechts) Msgr. Joseph Gremillion, Generalsekretät der Kurienkommission „Justitia et Pax".

Karin Schauff (1991)

I. Herkunft und Studienzeit

Als im Deutschen Reich im Jahre 1913 das hundertjährige Jubiläum der Völkerschlacht bei Leipzig mit dem damaligen Sieg über die Franzosen gefeiert wurde, erhielt der Sextaner im katholischen Konvikt und Gymnasium Münstereifel, Johannes Schauff, als Klassenprimus den Auftrag, ein patriotisches Gedicht vorzutragen; ein vom Kaiser eigenhändig signiertes Erinnerungsbuch würdigte den Auftritt. Als Schauff diese Auszeichnung mit Stolz der Familie präsentierte, blieb jedoch die erhoffte Begeisterung aus. Statt dessen nahm eine der im Hause lebenden Tanten anläßlich des Allerseelentags, an dem die Gräber geschmückt werden, den jungen Gymnasiasten mit auf den örtlichen Friedhof. Dort angekommen, bat sie ihn, doch das Kriegerdenkmal vor der tausendjährigen Friedhofskirche einmal genauer zu betrachten und ihr den dort sichtbaren Helm zu beschreiben. Dabei nahm der junge Mann das erste Mal das lorbeerumkränzte „N" bewußt wahr und die Inschrift, mit der die dankbare Gemeinde Stommeln ihrer tapferen Söhne gedachte, „die unter dem glorreichen Herrscher Napoleon gefallen sind". Auf der gegenüber liegenden Seite des Denkmals waren die Namen der Stommelner eingraviert, die auf der Seite Napoleons gekämpft hatten, darunter auch ein Großonkel von Johannes Schauff[1].

Dieses Erlebnis bietet eine treffende Illustration jenes katholischen rheinischen Milieus, in das Johannes Schauff am 19. Dezember 1902 hineingeboren wurde und das auch in der Weimarer Republik dezidiert antipreußisch war. Der Kulturkampf der Bismarck-Ära war im Bewußtsein nach wie vor präsent, im Hause Schauff hing kein Bild des Kaisers, aber ein Porträt des damaligen Papstes, Leo XIII. Schauffs Geburtshaus stand in Stommeln, einer Landgemeinde des Regierungsbezirks Köln (Rheinprovinz) mit damals etwa 2500 meist katholischen Einwohnern. Das „Haus Schauff", damals Dorfstraße 61, befand sich unmittelbar neben der Stommelner Synagoge; jüdische Nachbarn und deren Kinder gehörten zum Freundeskreis[2].

Die Eltern Jakob und Sofia Schauff, geb. Müller, betrieben eine Gastwirtschaft, daneben ein Spezereiengeschäft und eine kleine Landwirtschaft zur Eigenversorgung. Schauffs Vater hatte das Gymnasium besucht und war zeitweilig als Lehrer tätig, bevor er nach dem frühen Tod des Vaters die Pflichten eines Familienvor-

---

[1] Pers. Mitteilung Johannes und Karin Schauffs an den Verfasser; Paul Schauff, Wespelcher und Verzällcher üver de Schoofs Schang, zu sengen 65. Geburtstag am 19. 12. 1967, vürgedrage van sengem kleene Broder Paul (IfZ, NL Schauff, Bd. 27); Dornseifer, Dr. Johannes Schauff (diese Darstellung stützt sich vor allem auf Mitteilungen von Schauffs jüngerem Bruder Paul Schauff).

[2] Diese freundschaftliche Beziehung betonte später Frieda Levy, eine geborene Moses, die nach den USA emigriert war und im „Aufbau" einen Artikel über Johannes Schauff anläßlich des Erscheinens der Festschrift „Um der Freiheit willen" gelesen hatte: „Ich war sehr stolz, daß ich sagen konnte, ich bin mit Deinem Bruder zur Schule gegangen und die Familie Schauff waren und sind unsere Freunde." (Frieda Levy an Paul Schauff, Dezember 1984, IfZ, NL Schauff, Bd. 40).

stands übernehmen mußte. Seine eigene Bildung bewog ihn, auch den Kindern eine höhere Schulbildung zukommen zu lassen, eine Haltung, die im dörflichen Milieu keineswegs selbstverständlich war.

Johannes Schauff – „Schang" (Jean) gerufen – wuchs in einer Großfamilie mit acht Kindern auf. Nach dem Besuch der Volksschule in der Stommelner Eschgasse wechselte er nach vier Jahren auf das städtische St. Michael-Gymnasium in Bad Münstereifel; dortselbst wurde der junge Gymnasiast im erzbischöflichen Konvikt untergebracht. Daß Johannes Schauff nicht in einem der nähergelegenen Kölner Gymnasien angemeldet wurde, begründete der Vater damit, daß die Kinder „op d'r Bahn nix Goodes liere"[3]. Im Gymnasium zeigte sich bald eine überdurchschnittliche intellektuelle Auffassungsgabe, die den jungen Schauff alsbald in seiner Rolle als Klassensprecher in Konflikt mit den Lehrern brachte; vor allem die von den Geschichtslehrern vertretene Linie eines preußisch-deutschen Hurra-Patriotismus provozierte kritische Auseinandersetzungen. Sein wachsendes Selbstbewußtsein dokumentiert auch, daß er als Primaner die wohlbehütete Unterkunft im bischöflichen Konvikt verließ und sich eine „Bude" in der Stadt suchte. Durch Nachhilfestunden wurden die Mehrkosten bestritten und das Taschengeld aufgebessert; dazu diente auch die während der letzten beiden Schuljahre in den Ferien ausgeübte Tätigkeit bei der Stommelner Zweigstelle der Spar- und Darlehenskasse des Landkreises Köln[4]. Die mit dem schulischen Vorrücken wechselnden Farben der obligaten Kopfbedeckungen der Studiosi bewahrten ihn während der zu Hause verbrachten Ferien allerdings nicht davor, „Mist fahren", d. h. in der familiären Landwirtschaft helfen zu müssen.

Als Johannes Schauff 1922 seine Abiturprüfung ablegte, dominierte bereits sein historisches Interesse. Inzwischen war ihm auch vor dem Hintergrund der eigenen Familiengeschichte in der ersten Hälfte des 19. Jahrhunderts[5] und während des Kulturkampfes[6] vor allem der preußisch-rheinische Antagonismus bewußt geworden, der ihm in der 1918 begründeten ersten deutschen Republik allerdings zunächst obsolet zu sein schien. Vor allem durch den damals ja erst relativ kurz zurückliegenden Kulturkampf war bei ihm das Bewußtsein geschärft worden, auf die gesellschaftliche und politische Gleichberechtigung von Minderheiten zu achten. Sein Entschluß, das Studium nicht im naheliegenden Köln, sondern in der preußisch und protestantisch geprägten Reichshauptstadt Berlin aufzunehmen, war – neben dem durchaus vorhandenen Drang, der provinziellen Enge im Rheinischen zu entfliehen – durchaus politischer Natur. Die Politik und spätere

---

3 Zit. nach Dornseifer, Dr. Johannes Schauff, S. 84.
4 Die entsprechende Bestätigung („... hat sich bei allen vorkommenden Arbeiten sehr gut bewährt ...") vom 24. April 1922 in IfZ, NL Schauff, Bd. 27.
5 Neben dem Engagement für die napoleonische Sache stand auch die Beteiligung an der Revolution von 1848 in der Familientradition, nach der mehrere Schauffs auswandern mußten (Paul Schauff, Wespelcher und Verzällcher, in: IfZ, NL Schauff, Bd. 27, S. 4).
6 Gegen die Festsetzung des Kölner Erzbischofs Paulus Melchers (1813–1895) 1874 hatte der Großvater Schauff aktiven Widerstand geleistet (Paul Schauff, ebd.). Melchers, ab 1866 Erzbischof von Köln, vom 31. März bis 9. Oktober 1874 inhaftiert, leitete anschließend sein Bistum vom holländischen Exil aus; er trat 1885 auf Drängen des Vatikans zurück und wurde Kardinal in Rom.

Ermordung von Matthias Erzberger waren nach eigenem Bekunden[7] zentrale Motivationen. „Es war damals ungewöhnlich" – so Schauffs spätere Frau Karin –, „daß rheinische Studenten die Universität Berlin wählten. Aber wir gingen über die Elbe in den Osten, weil Berlin die Hauptstadt eines demokratischen Deutschland war, die uns neue Möglichkeiten in einer neuen Zeit bot. Zwischen den Weltkriegen war sie eines der lebendigsten Kulturzentren Europas. Beide gehörten wir einer katholischen Jugendbewegungsgruppe an, die den Kontakt mit Gleichgesinnten in Berlin suchte. Mit einer Reihe dort tätiger, auf künstlerischem, sozialem, wissenschaftlichem und theologischem Gebiet führender Persönlichkeiten war es für uns junge katholische Rheinländer und Menschen vom Lande ein äußerst attraktiver Mittelpunkt. Die Entscheidung für Berlin als Studienort hatte etwas Abenteuerliches und Pionierhaftes an sich."[8]

Johannes Schauff hatte seine spätere Frau Karin Mager 1922 auf seinem Abiturfest kennengelernt. Sie kam aus Gemünd, einer kleinen Stadt in der nördlichen Eifel, wo die Eltern ein Baugeschäft hatten. Der Vater stammte aus dem Hohen Venn und die Mutter aus einem Hof nahe des fast tausendjährigen Klosters Steinfeld. Dieser Hof der Großeltern mütterlicherseits auf der Höhe eines Eifeler Bergrückens sollte später der erste Zufluchtsort vor Verfolgung durch die Nationalsozialisten werden. Karin Mager besuchte das Gymnasium in Euskirchen[9], an dem sie 1923 die Reifeprüfung ablegte. Sowohl Johannes Schauff wie Karin Mager waren „jugendbewegt" und drängten nach „draußen".

Johannes Schauff immatrikulierte sich 1922 an der Berliner Universität für die Fächer Nationalökonomie und Geschichte; Karin Mager folgte nach ihrem Abitur ein Jahr später und nahm ein Medizinstudium auf. Zu Beginn des Studiums wohnte Schauff zuerst zusammen mit einem Freund in einem Arbeiterhaus in der Sebastianstraße, später in einem Haus für obdachlose Jugendliche in der Niederwallstraße[10]. Die Finanzreserven waren bald verbraucht und es galt, das Studium weitgehend selbst zu finanzieren. In dieser Lage erfuhr er durch den Assistenten des Betriebswirtschaftlichen Instituts der Handelshochschule, Kurt Schmaltz, daß die Redaktion der „Handelszeitung des Berliner Tageblatts" einen sachverständigen Mitarbeiter für die Erstellung des Großhandelsindexes suchte. Dies waren für Schauff zwar böhmische Dörfer und auch die Mathematik war in der Schule nie seine besondere Stärke gewesen. Doch wagte er den Versuch. In strenger zweitägiger Klausur in der Handelshochschule versuchte er, sich mit der Materie vertraut zu machen. Und wirklich verlief das Vorstellungsgespräch in der Redaktion

---

[7] In Schauffs Lebenslauf für die Zulassung zur Promotion in Leipzig (o. D.) heißt es, er sei nach Erlangung der Reifeprüfung gezwungen gewesen, wegen seiner „politischen Betätigung gegen die Separatisten" sein Universitätsstudium „außerhalb des Rheinlandes" zu beginnen (Universitätsarchiv Leipzig, Promotionsunterlagen 1925, Auskunft von Rudolf Morsey; hier finden sich auch die Gutachten von Prof. Eugen Würzburger und Prof. Kurt Wiedenfeld).

[8] Karin Schauff, Wechselvolles Familienschicksal, S. 19.

[9] Im Gegensatz zu ihrem späteren Mann hatte Karin Schauff durchgesetzt, Fahrschülerin zu werden – mit täglich nahezu vier Stunden täglicher Fahrzeit (mit Umsteigen und Wartezeiten). Karin Schauff, Das Klingelband, S. 32.

[10] Beide Straßen liegen in Berlin I/Mitte.

der „Handelszeitung" positiv und Schauff erhielt eine gut honorierte Stellung, die das weitere Studium sicherte; es handelte sich weitgehend um Nachtarbeit, und zeitweilig war er auch in der Umbruchredaktion tätig[11].

Daneben wurde eifrig studiert, und nach fünf Semestern entschloß sich Schauff, nach Leipzig zu wechseln, wo die Möglichkeit bestand, nach nur sechs Semestern zu promovieren. Es lag nahe, dabei die in der Handelsredaktion gewonnenen Erkenntnisse nutzbringend zu verwerten. In nur zwei Monaten verfaßte Schauff eine Dissertation über „Die methodischen Grundlagen der Großhandelsindexziffernberechnung", mit der er am 3. August 1925 an der Philosophischen Fakultät der Universität Leipzig promoviert wurde[12].

Danach kehrte Schauff nach Berlin zurück, wo er – durch die Vermittlung von Heinrich Brüning[13] – eine Stelle als Hilfsreferent im „Institut für Konjunkturforschung"[14] fand. „Mehr interessierten mich jedoch", so Schauff, „die politische Tätigkeit in den Windthorstbunden und die Seminare in der Hochschule für Politik."[15] 1926 wurden Johannes Schauff und Karin Mager von Carl Sonnenschein getraut. Dies war kein Zufall, waren beide doch schon seit ihrer Ankunft in Berlin in den Bann dieses katholischen Großstadtapostels und Sozialethikers geraten, mit dem sie eine tiefe Freundschaft verband[16]. Sonnenschein hatte 1908 das Sekretariat Sozialer Studentenarbeit (SSS) und – seit 1918 in Berlin lebend – 1919 das Akademische Arbeitsamt gegründet. Neben seiner aufopferungsvollen Tätigkeit für die sozial Ausgegrenzten in der Großstadt war eines seiner zentralen Anliegen die Versöhnung der Akademiker mit den Arbeitern[17]. Motiviert und geleitet durch Sonnenschein, engagierten sich junge Leute wie Johannes und Karin Schauff in ihrer Freizeit in sozialen Not- und Problemfällen, standen Jugend-

---

11 Die Tätigkeit – Mitarbeit an dem Aufbau und der Führung der unter dem Namen „Wirtschaftsbarometer" zusammengefaßten Indexaufstellungen – dauerte von November 1922 bis Oktober 1923. Vgl. das von der Redaktion der Handelszeitung des Berliner Tageblatts (Dr. Felix Pinner) ausgestellte Zeugnis vom 16. Oktober 1923 (IfZ, NL Schauff, Bd. 27).

12 Die Dissertation wurde mit „sehr gut" bewertet. Vgl. die Promotionsurkunde in IfZ, NL Schauff, Bd. 27.

13 Dies nach Schauffs eigener Aussage: Aus meiner beruflichen und politischen Arbeit, S. 1; Karin Schauff dankt in einem Brief vom 5. März 1948 Heinrich Brüning nachträglich für dessen Unterstützung beim Start ihres Mannes ins Berufsleben. Mitteilung von Rudolf Morsey an den Verfasser vom 16. März 1999.

14 Das „Institut für Konjunkturforschung" war 1925 in enger Anlehnung an das Statistische Reichsamt gegründet worden; Forschungsergebnisse und Prognosen wurden in den Vierteljahrsheften für Konjunkturforschung (ab 1926) und in Wochenberichten (ab 1928) veröffentlicht.

15 Die Hochschule für Politik war 1920 aus Friedrich Naumanns „Staatsbürgerschule" hervorgegangen. Unter Mitwirkung von Wissenschaftlern und Politikern wurden in Kursen von mehreren Semestern Grundprobleme der allgemeinen Kultur- und Sozialpolitik behandelt. Der Besuch war obligatorisch für Anwärter des Auswärtigen Dienstes. Schauff, Autobiographische Notizen (im Besitz des Verfassers).

16 Karin Schauff, Das Klingelband, S. 45 f.

17 Sonnenschein war Herausgeber der Sozialen Studentenblätter (1908–1916) und ab 1925 des Katholischen Kirchenblattes für Berlin (daraus gesammelt seine 10 Hefte Notizen. Weltstadtbetrachtungen, Berlin 1925–1929).

lichen im Gefängnis und vor allem nach ihrer Entlassung bei und betreuten Kinder aus zerrütteten Familienverhältnissen und aus Armenvierteln[18].

„Sonnenschein kannte kein Privatleben" – so Karin Schauff –, „er schlief in der U-Bahn, aß, wenn es gerade möglich war, sah meistens etwas abgerissen aus. Bekam er aber etwas geschenkt an Kleidung oder Schuhwerk, gab er die Sachen sofort an bedürftige Studenten weiter. Es gab unzählige Geschichten über den Doktor, der sich auch nicht scheute, seine reichen Bekannten für ‚arme Freunde' auszunützen, die er selbst manchmal gar nicht kannte."[19] So richtete er auch für die frischgetrauten Karin und Johannes Schauff „im Hause irgendwelcher wohlhabender Bekannter" ein festliches Hochzeitsmal aus, sorgte sogar für die Fahrkarte für eine Hochzeitsreise in den Spreewald und half, nachdem das junge Paar vorübergehend in einem bis dahin von Heinrich Krone – damals Leiter des Reichsverbandes der Zentrumsjugend (Windthorstbunde)[20] – bewohnten Gartenhaus am Schlachtensee untergekommen war, bei der Einrichtung einer neuen Wohnung in einer Mustersiedlung des Bauhauses im Fischtal bei Zehlendorf. 1927 taufte Sonnenschein das erste Kind der Familie Johannes und Karin Schauff[21]. Er starb bereits zwei Jahre später, am 20. Februar 1929, mit nur 53 Jahren in Berlin[22].

Carl Sonnenschein bewirkte auch, daß sich Johannes und Karin Schauff von den „teilweise romantischen Ideen der Jugendbewegung abwandten und auf feste und ernsthafte Ziele zugingen"[23]. Dies bedeutete für Johannes Schauff ein zunehmendes Engagement in der Zentrumspartei, wobei der langjährige Weggefährte und Freund aus der Parteijugend Heinrich Krone und Heinrich Vockel[24] die politischen Mentoren waren. Eine wissenschaftliche und politische Visitenkarte war die während seiner Tätigkeit für das Institut für Konjunkturforschung abgefaßte Arbeit über das Wahlverhalten der Katholiken im Kaiserreich und in der Weimarer Republik, die 1927 abgeschlossen war[25]. Die Arbeit war auch aus materiellen

---

18 Karin Schauff, Wechselvolles Familienschicksal, S. 20.
19 Schauff, Autobiographische Notizen; ebenso Karin Schauffs Schilderung: „Ich verdanke vor allem Carl Sonnenschein, den Schritt nach Berlin damals gewagt zu haben. Es war nicht leicht gewesen, die Heimat und damit die Fürsorge der Eltern zu verlassen: das Rheinland war besetzt, der passive Widerstand hatte sich dort organisiert, die meisten meiner rheinischen Freunde und auch ich selbst konnten von zu Hause keine Studienhilfe erwarten. Aber Carl Sonnenschein wußte Rat ... Oft teilte er mit mir die Mahlzeiten, die ihm von den Ordensschwestern, bei denen er wohnte, zugeschickt wurden. Dafür half ich ihm in jeder freien Stunde in seinem von Akten, Post, Karteikästen und Bittstellern überfüllten Büro", in: Das Klingelband, S. 46.
20 Krone war ab 1922 Referent für Jugendfragen beim Reichsgeneralsekretariat der Zentrumspartei und danach Geschäftsführer des Reichsverbandes der Windthorstbunde, ab 1925 Reichstagsabgeordneter.
21 Zur weiteren Entwicklung der Familie s. Kap. VII, S. 125 ff.
22 Zur Biographie von Carl Sonnenschein vgl. u.a. Grote, An den Ufern der Weltstadt; Eschenburg, Carl Sonnenschein.
23 Karin Schauff, Wechselvolles Familienschicksal, S. 20.
24 Heinrich Vockel war ab 1922 Generalsekretär der Zentrumspartei und ab 1930 Reichstagsabgeordneter, Heinrich Krone in seiner Eigenschaft als Leiter der Jugendorganisation einer der Stellvertreter des Generalsekretärs.
25 Schauff, Die deutschen Katholiken. Das Vorwort trägt das Datum des 22. November 1927. Eine von Rudolf Morsey in der Reihe Veröffentlichungen der Kommission für Zeit-

Zwängen in Angriff genommen worden, doch war die eigentliche Motivation politischer Natur[26].

Die Familie Schauff vergrößerte sich rasch. Nach der Geburt des zweiten Kindes und Schauffs Anstellung bei der Gesellschaft zur Förderung der inneren Kolonisation zog die Familie 1929 in eine größere Wohnung in der Roonstraße, in unmittelbarer Nähe des Reichstags. Karin Schauff unterbrach ihr Medizinstudium und absolvierte auf der Sozialen Frauenschule[27] eine Ausbildung als Wohlfahrtshelferin; bis 1933 kamen fünf Kinder zur Welt.

---

geschichte herausgegebene und eingeleitete Neuauflage unter dem Titel „Das Wahlverhalten der deutsche Katholiken im Kaiserreich und in der Weimarer Republik" erschien 1975.

[26] „Ich hatte mir das Ziel gesetzt, damit meine noch unklare jugendliche politische Betätigung zu beenden und eine sachlich reife Arbeit zu liefern," in: Schauff, Aus meiner beruflichen und politischen Arbeit, S. 1.

[27] Soziale Frauenschulen bestanden ab 1905 (Christlich-Soziale Frauenschule des Deutsch-Evangelischen Frauenbundes in Hannover), die später in verschiedenen Städten bzw. Ländern entstandenen weiteren Sozialen Frauenschulen schlossen sich 1917 zur „Konferenz der Sozialen Frauenschulen Deutschlands" zusammen. Es gab eine einheitliche theoretische und praktische Ausbildung (u. a. Gesundheitslehre, Pädagogik, Psychologie, Volksbildungsfragen, Sozialpolitik).

II. Beruflicher und politischer Werdegang vor 1933

Beruflicher und politischer Werdegang von Johannes Schauff greifen zeitlich und inhaltlich ineinander, doch soll zuerst auf seine berufliche Option vor dem Hintergrund bäuerlicher Lebensprägung und anschließend auf den genuin politischen Lebensabschnitt in der Weimarer Republik eingegangen werden.

1. Berufliche Tätigkeit

Die Gesellschaft zur Förderung der inneren Kolonisation

Auch Schauffs beruflicher Wechsel zur Gesellschaft zur Förderung der inneren Kolonisation (GFK) am 1. Oktober 1926 kam durch die Vermittlung von Heinrich Brüning zustande[1]. Seine neue Tätigkeit für die ländliche Siedlung vornehmlich im deutschen Osten war der Schritt in einen neuen Lebensabschnitt, auch wenn er durch Interesse und Neigung für diesen Bereich bereits gründlich vorbereitet war. Die bewußte Erfahrung seiner ländlichen Herkunft aus der von der Natur ja keineswegs besonders begünstigten Eifel hatte bereits in der Studienzeit Stoff zu Diskussionen über die „Agrikultur" geboten – nach Schauffs Auffassung die Grundlage aller Kultur, ein Thema, das er in zahlreichen Zeitungsartikeln über den „Katholizismus und das Landproblem" zu vertiefen bemüht war[2]. Als Statistikfachmann hatte er ebenfalls in der Presse schon frühzeitig die Kreditlage der Landwirtschaft untersucht[3].

Schauff analysierte die Verbindung zwischen Katholizität und ländlichem Leben vor allem am Beispiel der ihm vertrauten rheinischen Gebiete. Dort sei das katholische Volksleben vor allem ländlich geprägt, seine Träger seien das Bauerntum und das ländliche Kleinbürgertum. Hier habe der Krieg eine Wende herbeigeführt, eine Erosion des katholischen Milieus insbesondere bei den jungen Menschen bewirkt. In die entstandene Leere dränge zunehmend die völkische Ideologie als „Surrogat für die verlorene Bauernkultur und den mit ihr verlorenen Glauben"[4]. Eine Konsequenz daraus sei die Landflucht und Verstädterung mit

---

1 Brief Karin Schauff an Heinrich Brüning vom 5. März 1948, in dem sie für Brünings Unterstützung beim Start ihres Mannes ins Berufsleben dankt (vgl. S. 20, Anm. 13).
2 Vgl. *Rhein-Mainische Volkszeitung*, 28./29. Juli 1924 („Der Katholizismus und das Landproblem"); *Rheinisches Zentrum. Mitteilungen der Rheinischen Zentrumspartei*, Nr. 11/12, November/Dezember 1925, Nr. 1, April 1926 sowie Nr. 2, Juli 1926 („Wo steht unsere Landjugend?"); *Das neue Ufer*, 20. März 1926 („Das Landproblem des deutschen Westens").
3 Vgl. u.a. *Germania*, 14. Juli 1926 und 25. August 1926; *Kölnische Volkszeitung*, 20. Juni 1926 und 24. August 1926.
4 Schauff, Der Katholizismus und das Landproblem.

allen Gefahren der sozialen Entwurzelung. Als Gegenstrategie schlug Schauff eine „Bauernhochschulbewegung" nach dänischem Beispiel vor, wie sie Karin Schauff kennengelernt und studiert hatte[5]; sie könne der Regeneration bäuerlicher Kultur und christlicher Lebensweise dienen. Träger dieser Bewegung sollte die Landjugend sein, konkret die Jugendorganisation des Reichslandbundes[6].

Die exemplarische Beschäftigung mit der Entwicklung bäuerlichen Lebens in den katholischen Gebieten Westdeutschlands trübte jedoch keineswegs Schauffs Blick nach Osten, wo ähnliche ländliche Strukturprobleme bestanden, zumal er unterdessen Studium und berufliche Aktivitäten in diesen Raum verlegt hatte. Mehr noch, die Beschäftigung mit der Landjugend auch in Ostdeutschland führte zu konkreter Betrachtung der bäuerlichen West-Ost-Siedlung. Schauff konnte sich bei seinem Eintritt in die GFK vor allem auch auf Heinrich Brünings Überlegungen und Pläne stützen. So hatte Brüning beispielsweise auf der Reichstagung der Windthorstbunde im August 1926 in Soest Grundüberlegungen zur „Siedlungsfrage" entwickelt: Aus Bevölkerungs- und nationalpolitischen Gründen müsse eine starke Bauernsiedlung und Seßhaftmachung von Landarbeitern im deutschen Osten „beschleunigt durchgeführt" werden; den nachgeborenen Bauernsöhnen solle zur landwirtschaftlichen Selbständigkeit verholfen werden; die Frage der Bereitstellung von Krediten müsse gelöst und damit Mißstände bei den Siedlungsgesellschaften beseitigt sowie eine Überwachung der Siedlungsaktivitäten der Länder und des Reichs gewährleistet werden[7]. Diese Überlegungen beschreiben auch in wesentlichen Punkten den programmatischen Rahmen der Arbeit der GFK.

Zunächst scheinen jedoch einige Bemerkungen zu Entstehung und bisheriger Entwicklung der GFK notwendig. Sie war vor allem auch eine Reaktion auf die Industrialisierung und die mit ihr einhergehende Abwanderung vom Land in die Städte, die zu einem Nachdrängen polnischer Bevölkerungsteile in die ohnehin bereits von national gemischter Landbevölkerung bewohnten preußischen Provinzen Westpreußen und Posen führte. Die Großgrundbesitzer füllten das entstandene Arbeitskräfte-Defizit mit polnischen Wanderarbeitern, denen gegenüber für sie keine sozialen und rechtlichen Verpflichtungen bestanden. Ihre Verwendung hatte zudem einen ständigen Lohndruck gegenüber den deutschen Landarbeitern zur Folge, die dadurch zunehmend proletarisiert wurden. Die polnischen Wanderarbeiter verstärkten die Gefahr eines Rückgangs des deutschen Bevölkerungsanteils in diesen Provinzen, in denen sich überdies auch der Großgrundbesitz zu einem beträchtlichen Teil in polnischer Hand befand[8].

---

[5] Vgl. Karin und Johannes Schauff, Volk und Volksbildung.
[6] Schauff, Wo steht unsere Landjugend?, S. 39. Der Reichslandbund war der Zusammenschluß des im Kaiserreich gegründeten Bundes der Landwirte mit den während des Ersten Weltkriegs entstandenen Landbünden, eine agrarische Interessenvertretung gegenüber den politisch bestimmenden Kräften in der Weimarer Republik. Vgl. Merkenich, Grüne Front gegen Weimar.
[7] *Abendblatt* der *Frankfurter Zeitung*, 30. August 1926, S. 4.
[8] In der Provinz Posen waren dies 1 124 000 ha in polnischem gegenüber 1 618 000 ha. in deutschem Besitz. Vgl. Schwerin, Die Bedeutung der Grundbesitzverteilung, S. 31.

Angesichts dieser Entwicklung war schon im späten 19. Jahrhundert im Umfeld des „Vereins für Sozialpolitik", ausgehend von dem Berliner Hochschullehrer und Agrarwissenschaftler Max Sering, die Initiative zu einem parteiübergreifenden Engagement für die „innere Kolonisation" auf breiterer Basis entstanden, also zu einer koordinierten deutschen Siedlungs- und Volkstumsbewegung in den betroffenen Ostgebieten. Aufgrund historisch-geographischer Gegebenheiten war es vorerst allein Preußen gewesen, das entsprechende Maßnahmen eingeleitet hatte. 1886 wurde das Gesetz über die Beförderung deutscher Ansiedlungen in den Provinzen Westpreußen und Posen erlassen und die Königlich-Preußische Ansiedlungs-Kommission begründet. Die anschließende Gründung und Durchsetzung von gemeinnützigen Siedlungsgesellschaften, z. T. gegen heftige Widerstände aus der Ministerialbürokratie, ist mit dem Namen Friedrich von Schwerin verbunden, Vortragender Rat im Preußischen Innenministerium und dort Referent für die Preußische Ansiedlungs-Kommission.

Schließlich war im Jahr 1912 auf Betreiben von Sering, Schwerin und Erich Keup, einem Agrarfachmann und Schüler Schwerins, die „Gesellschaft zur Förderung der inneren Kolonisation" (GFK) gegründet worden – mit dem Ziel einer Zusammenführung aller an diesem Unternehmen interessierten Organisationen und gesellschaftlichen Gruppen „unabhängig von allen bürokratischen und allen parteipolitischen Einflüssen"[9]. Sinn und Zweck waren die ständige Aufklärung über die Notwendigkeit der Siedlung, aber auch die Anleitung zu deren praktischer Durchführung.

All diese staatlichen und privatgesellschaftlichen Aktivitäten hatten bis zum Ersten Weltkrieg nur gedämpfte Resonanz erfahren; zudem hatte sich das Problembewußtsein auf Seiten der Konservativen wie auch der Sozialdemokraten vorerst allein an den großen Gütern orientiert[10]. Erst der Weltkrieg und der Übergang zur Republik führte zu einer grundlegenden Wende. Während des Krieges gab es zahlreiche Bestrebungen, Frontsoldaten Land und Siedlungsmöglichkeiten in Aussicht zu stellen[11]. Um sozialen Unruhen vorzubeugen, aber auch aus Sorge vor Engpässen in der agrarischen Grundversorgung, brachten sozial-konservative Abgeordnete unmittelbar nach Kriegsende einen Reichssiedlungsgesetzentwurf in die Nationalversammlung ein, der am 19. Juli 1919 angenommen wurde und am 11. August in Kraft trat[12].

Das Gesetz überließ die Durchführung und Finanzierung der Siedlung den Ländern und diente in erster Linie zur Regelung der Landbeschaffung. Vor allem im Osten sollte ein Drittel des Großgrundbesitzes in bäuerlichen Besitz überführt werden. Als organisatorischer Rahmen waren sogenannte Landlieferungsverbände der Eigentümer der großen Güter vorgesehen. Herangezogen werden soll-

---

[9] Boyens, Siedlung, Bd. I, S. 27.

[10] Vgl. die im Erfurter Programm der SPD geforderte Beseitigung des „Junkertums" bei Belassung der Großbetriebe in Staatsbesitz – siehe dazu Kautsky, Die Agrarfrage; zur Haltung der politischen Rechten in der Frage vgl. Boyens, Siedlung, Bd. I, S. 25.

[11] Vgl. die Rede Hindenburgs vom 1. Dezember 1918, zit. in Topf, Die grüne Front, S. 269f.

[12] Zur Genesis dieses Gesetzes unter dem Einfluß der GFK und namentlich von Sering und Schwerin vgl. Boyens, Siedlung, Bd. I, S. 30ff.; der Text des Gesetzes ebenda., S. 44–51.

ten zunächst Güter, die eine bestimmte Größe überschritten; weitere Kriterien
waren schlechte Bewirtschaftung aufgrund ständiger Abwesenheit der Besitzer, häufiger Besitzerwechsel sowie der Erwerb durch Nichtlandwirte während
des Krieges. Das Reichssiedlungsgesetz sah als ultima ratio auch Enteignungen
vor – bei angemessener Entschädigung der bisherigen Besitzer. Die staatlichen
Domänen sollten nach Ablauf der bestehenden Pachtverträge gemeinnützigen
Siedlungsunternehmen zum Kauf angeboten werden. Auch unbewirtschaftetes
Öd- und Moorland war für eine Enteignung zugunsten von Siedlungen vorgesehen; dies betraf innerhalb der Reichsgrenzen etwa zwei Millionen Hektar Land.

Die Verabschiedung dieses Reichssiedlungsgesetzes führte allerdings nicht zu
unmittelbaren Ergebnissen – seine Umsetzung wurde sozusagen „auf Eis" gelegt:
Von seiten des Reichs wurden keine Durchführungsbestimmungen erlassen, die
die Länder zum Handeln gezwungen hätten[13]. Mit anderen Worten, das Reich
verzichtete auf eine eigene Mitwirkung bei der Umsetzung des Gesetzes. Es gab
weder ein zentrales Siedlungsamt[14] noch wurde die Finanzierung der vorgesehenen Siedlung geregelt. Gleichwohl schufen die Länder durch den Erlaß von Aus-
führungsgesetzen und den Aufbau von Siedlungsbehörden – den sogenannten
Kulturämtern[15] – sowie durch die Bereitstellung von Krediten erste Grundlagen
für eine praktische Siedlungsarbeit.

Die von Sering projektierten 10 000 Siedlerstellen per annum erwiesen sich dennoch als Illusion. Dies lag vor allem an dem allgemeinen Kapitalmangel, der von
den Ländern auch durch Anleihen nicht behoben werden konnte. Allein Preußen
vermochte durch Gründung der Roggenrentenbank größere Summen für die
Siedlung bereitzustellen. Neben finanziellen Schwierigkeiten fiel auch die zöger-
liche Landabgabe des Großgrundbesitzes, verbunden mit einer unzureichenden
Resonanz des Siedlungsgedankens im Reich, erschwerend ins Gewicht. In den ersten Nachkriegsjahren siedelten vornehmlich Flüchtlinge aus den verlorengegan-
genen Ostgebieten, später kamen Siedler vor allem aus dem östlichen Deutschland
hinzu. Die gängige Siedlungsform in jenen Jahren war die sogenannte Anliegersiedlung, die in den ersten Nachkriegsjahren vorherrschte[16].

Ab Mitte der zwanziger Jahre bekam die Siedlungspolitik durch den Aufbau
der sogenannten „West-Ost-Siedlung", d. h. die Einbeziehung von Siedlern aus
den westlichen und südlichen Teilen Deutschlands, eine neue Qualität. Dieser Gedanke hatte bis zu diesem Zeitpunkt kaum eine Rolle gespielt. Die Werbung um

---

[13] Preußen erließ am 15. Dezember 1919 ein eigenes „Ausführungsgesetz zum Reichssiedlungsgesetz" (dem die „Ausführungsanweisungen" I-IV sowie das „Gesetz über die Genehmigung von Siedlungen" vom 1. März 1923 folgten). Die preußische Gesetzgebung
diente auch anderen deutschen Ländern bei der Herausarbeitung von Durchführungsge-
setzen als Vorbild. Vgl. Boyens, Siedlung, Bd. I, S. 84 f.
[14] Lediglich im Reichsarbeitsministerium wurde ein kleines Referat gebildet.
[15] Ende 1920 waren in allen deutschen Ländern Siedlungsbehörden enstanden; Preußen
hatte eine Landeskulturverwaltung mit 8 Landeskulturämtern und 138 Kulturämtern auf-
gebaut. Vgl. Boyens, Siedlung, Bd. I, S. 100.
[16] Nach dem Reichssiedlungsgesetz konnten Kleinbetriebe durch Landzulage aus Großbe-
sitz aufgewertet werden, jedoch nur bis auf die Größe einer „selbständigen Ackernah-
rung", vgl. Boyens, Siedlung, Bd. I, S. 101 ff.

Interessenten wie deren fachkundige Beratung wurden institutionalisiert. Damit eröffnete sich für Johannes Schauff ein ganz neuer beruflicher und politischer Aufgabenbereich.

Vor allem infolge der ungesicherten Finanzierung hatte die Siedlungtätigkeit zu diesem Zeitpunkt einen Tiefstand erreicht; sowohl der Mangel an Siedlern wie auch die Gegnerschaft aus den Reihen des Großgrundbesitzes verstärkten den negativen Trend. Die Formierung einer „West-Ost-Siedlung" war die unmittelbare Reaktion auf diese Entwicklung; ihr Träger sollte in erster Linie das katholische Bauerntum Westdeutschlands sein. Hier galt es, das soziale Problem der „nachgeborenen Bauernsöhne" zu lösen[17] und zugleich einen neuen nationalpolitischen Akzent zu setzen.

Als Motor dieser Entwicklung war die „Siedlervermittlungsstelle der Gesellschaft zur Förderung der inneren Kolonisation" vorgesehen, die auf Vorschlag des Direktoriums der provinziellen Siedlungsgesellschaften vom 23. September 1926 eingerichtet wurde[18] und am 1. Oktober desselben Jahres ihre Arbeit aufnahm; in einem Beirat waren neben der GFK das Reichsarbeitsministerium und die Deutsche Rentenbank-Kreditanstalt vertreten. Die Leitung der Siedlervermittlungsstelle der GFK wurde Silvio Broederich[19] und Johannes Schauff übertragen.

Boyens, damals selbst Mitarbeiter der GFK, beschreibt Johannes Schauff in seiner neuen Funktion als den „jungen Mann" inmitten der alten „Siedlungskapitäne", der sich dort mit „scharfem, schnellen Geist" behauptet habe[20]. Die Tätigkeit der neuen Vermittlungsstelle hatte sowohl organisatorische wie inhaltliche Aspekte: Es galt einmal, die Tätigkeit der verschiedenen mit Siedlung befaßten Reichsministerien und der einzelnen Siedlungsgesellschaften zu koordinieren. Dies brachte zahlreiche Probleme mit sich, die das Siedlungsverfahren in der Praxis und vor allem die Finanzierung der Projekte betrafen[21].

Die von Schauff und Broederich erarbeiteten inhaltlichen Vorgaben für eine West-Ost-Siedlungspolitik blieben allerdings nicht unwidersprochen. Bereits auf der ersten Tagung der Siedlervermittlungsstelle im Sitzungssaal der Rentenbank-Kreditanstalt am 21. September 1928 in Berlin warnte Freiherr von Gayl, nach dem Tode Schwerins 1925 Vorsitzender der GFK[22], angesichts des wachsenden Interesses an der West-Ost-Siedlung – auf der Tagung bestand die Teilnehmerschaft vornehmlich aus Westdeutschen – vor dem Irrglauben, der Osten sei unbeschränkt aufnahmefähig. Schauff dagegen vertrat den Anspruch der Mitgestaltung

17 Vgl. Anton Fehr (Bayerischer Bauernbund, 1920–1933 MdR) in: Archiv für innere Kolonisation, XVIII (1926), S. 338.
18 Archiv für innere Kolonisation, XIX (1927), S. 296 („Die Siedlervermittlungsstelle der Gesellschaft zu Förderung der inneren Kolonisation").
19 Der Deutsch-Balte Broederich (1870–1952) hatte Theologie studiert und war Gutsbesitzer im Kurländischen; vor und während des Ersten Weltkrieges hatte er zu den bekanntesten Vertretern der deutschen Belange im Baltikum gehört und mußte deshalb nach Kriegsende ins Reich fliehen.
20 Boyens, Siedlung, Bd. I, S. 296f.
21 Vgl. hierzu Schauffs Kommentar in Heft 24 der Schriften zur Förderung der inneren Kolonisation: „Beiträge zur Frage der West-Ostsiedlung" (1929).
22 Wilhelm Freiherr von Gayl (1879–1945), Direktor Ostpreußische Landgesellschaft, einer der Vertreter Preußens im Reichsrat. Vgl. Boyens, Bd. I, S. V.

der Ostsiedlung durch den Westen und legte in einem Grundsatzreferat seine Sicht der Tätigkeit der Vermittlungsstelle dar[23]. Seine zentrale Forderung war die Siedlung nach landsmannschaftlichen und konfessionellen Kriterien, die erst eine echte Gemeindebildung ermögliche. Die Siedlungsfrage sei ganz entscheidend eine Siedlerfrage und diese wiederum ein „seelisches" Problem. Um dem kolonisatorischen Charakter der ländlichen Siedlung wieder mehr Geltung zu verschaffen, sollte man bei der Werbung auch auf sozial schwächere, aber leistungsfähige und anspruchslose Siedler setzen. Schauff trug viel dazu bei, daß eine im Westen wie im Osten gemeinsame Sprachregelung in allen Siedlungsbelangen gesucht wurde. Hierzu wurde auf der Tagung ein gesonderter Ausschuß eingesetzt.

Eine besondere Brisanz besaß Schauffs Forderung nach einer konfessionellen Ausrichtung der Siedlungsbewegung. In Arbeitsteilung kümmerte sich der Protestant Broederich um Siedlungwillige protestantischer Konfession, während Schauff Kontakte zu den Caritasverbänden, den christlichen Gewerkschaften und den katholischen Jugendorganisationen knüpfte. Dabei zeigte sich, daß das evangelische Bauerntum des Westens und Südens für die Ostsiedlung kaum zu erwärmen war; die rheinischen und westfälischen Katholiken hingegen zeigten sich den Siedlungsofferten gegenüber viel offener.

Dies führte dazu, daß die ohnehin bestehenden Konflikte innerhalb von Siedlungspolitikern und Siedlungsträgern zusätzlich eine konfessionelle Dimension erhielten. Protestantisch waren die Gegner des Siedlungsprojektes vor allem in den Reihen des ostdeutschen Großgrundbesitzes. Den Katholiken haftete in der noch frischen Erinnerung des Kulturkampfes das Odium nationaler Unzuverlässigkeit an, und man erblickte in der katholischen Kirche nicht zuletzt auch eine Hauptstütze des polnischen Einflusses östlich der Elbe. Ihr Engagement, im Osten zu siedeln, wurde als ein Versuch Roms gewertet, eine Gegenreformation auf den Weg zu bringen[24].

Die katholische Seite ließ sich durch solche politisch diffamierenden Anwürfe freilich keineswegs entmutigen, sondern ergriff in der West-Ost-Siedlung sogar die Initiative. In der Öffentlichkeit meldeten sich Männer wie der Jesuit Oswald von Nell-Breuning als Verfechter eines christlich-katholischen Siedlungsgedankens zu Wort[25], und Schauff rief eine „Auskunfts- und Beratungsstelle beim katholischen Volksverein" in Berlin ins Leben. Ein weiterer und gewichtigerer Schritt war schließlich die auf die Initiative von Johannes Schauff im Jahr 1929 erfolgte Gründung der katholischen Siedlerschule Matgendorf in Mecklenburg; 1930/31 leitete er zudem einen „Katholischen Siedlungsdienst", dessen Leitung er jedoch nach einer „scharfen Auseinandersetzung" mit Bischof Berning von Osnabrück niederlegte. Schauff warf dem Bischof vor, das Programm einer Ansiedlung

---

[23] Vgl. Archiv für innere Kolonisation, XX (1928), S. 435 ff.

[24] Vgl. Boyens, Siedlung, Bd. I, S. 308; Fiederlein, Der deutsche Osten, S. 344 ff.

[25] „Wenn wir in die letzten Jahre zurückblicken, so können wir sagen: Bismarck hat durch seine Stellungnahme die Katholiken zur Einigung gebracht; der Schulkampf hat ihr weltanschauliches Gewissen wachgerüttelt, und jetzt muß die große Bewegung kommen, die alle vorangegangene Arbeit durch die Erfüllung des christlichen Familienideals krönt. Die Siedlungsarbeit muß aus weltanschaulichem Urgrund hervorgehen", in: Archiv für innere Kolonisation, XXI [1929], S. 430.

von Katholiken in Ostdeutschland zu sabotieren, indem er zur Siedlung in der eigenen Diözese aufrief[26]. Hinter einer solcherart konfessionellen Akzentuierung der West-Ost-Siedlung stand zum einen der Gedanke der Milieubewahrung – die Kraft des katholischen Milieus hatte Schauff in seiner rheinischen Heimat selbst positiv erfahren. Sie bildete eine besonders günstige Voraussetzung für katholische Siedlungen im protestantisch geprägten Osten; unübersehbar war aber auch der noch aus dem Kulturkampf herrührende Impetus, „Flagge" zu zeigen.

Mitte der zwanziger Jahre hatte Karin Schauff als Austauschstudentin die Internationale Volkshochschule in Helsingor in Dänemark sowie die bekanntesten Volkshochschulen des Landes besucht[27]. Die dort entwickelte Schulungsarbeit für die ländliche Bevölkerung mit dem Ziel einer beispielhaften Agrar- und Genossenschaftsorganisation hatte bei Karin und auch bei Johannes Schauff nachhaltigen Eindruck hinterlassen, den sie publizistisch umzusetzen verstanden[28]. Diese Erfahrung, Jungbauern geistig zu schulen und sie damit auf die Siedlungsarbeit vorzubereiten, stand sicherlich bei der Planung und Gründung der Siedlerschule in Matgendorf Pate, die u. a. von dem katholischen Jungmännerverband und ihrem Präses Ludwig Wolker unterstützt wurde. Zielgruppe waren nachgeborene Bauernsöhne vor allem aus dem Westen und Süden Deutschlands, von denen bereits eine Anzahl auf mecklenburgischen Gütern arbeitete. Träger der Schule waren der Caritasverband und der Volksverein für das katholische Deutschland. Das Reichsarbeitsministerium und die mecklenburgische Landgesellschaft unterstützten das Projekt finanziell.

Die Schule von Matgendorf, die von Boyens als Vorposten eigenständigen west- und süddeutschen Bauerntums bei der Wiederbesiedlung der Ostgebiete interpretiert wurde[29], führte wegen ihres dezidiert katholischen Charakters jedoch sogleich zu Kritik von protestantischer Seite, vor allem von seiten des Evangelischen Siedlungsdienstes. Dieser Dissens konnte jedoch aufgehoben werden, als die protestantische Seite mit der Siedlerschule Diestelow ebenfalls in Mecklenburg eine analoge Einrichtung schuf, die neben die bereits bestehende Volkshochschule Hermannsburg in der Lüneburger Heide trat.

Schauff wie auch Broederich betonten immer wieder die kirchlich-religiöse Grundhaltung der Bauernschaft, die für die Ostsiedlung ein tragendes Element sei. Hatten somit all diese organisatorischen Anstrengungen zur Schulung potentieller Siedler eine ausgesprochen weltanschaulich-religiöse Komponente, so war die Tätigkeit der Siedlervermittlungsstelle gleichwohl sehr pragmatisch orientiert. Dies betraf die bessere Organisation der Umsiedlung: Anstelle des bisherigen schematischen Einzelstellenverkaufs trat eine mehr gruppenbezogene Siedlungs-

---

[26] Vgl. das Schreiben Bischof Kallers zu Schauffs Ausscheiden aus dem Katholischen Siedlungsdienst, 22. August 1931 (IfZ, NL Schauff, Bd. 9); Schreiben Johannes Schauff an Prälat Wosnitza vom 28. Juni 1965 (ebenda).

[27] Erstmals 1925/26 und ein zweites Mal – nach Eheschließung mit Johannes Schauff – 1928/29, zusammen mit dem ersten Kind (vgl. oben, S. 21 f.).

[28] Vgl. Karin und Johannes Schauff, Volk und Volksbildung in Dänemark.

[29] Boyens, Siedlung, Bd. I, S. 313.

methode. Dies betraf aber auch die Vorbereitung in der Heimat und die Zusammenstellung solcher Gruppen an Ort und Stelle[30].

Dieses praktisch orientierte Vorgehen erwies sich als außerordentlich erfolgreich: Ab 1927 nahm die West-Ost-Siedlung kontinuierlich zu und erreichte mit dem Jahr 1930 einen Höhepunkt. Im Reichsgebiet waren 7441 landwirtschaftliche Siedlungen geschaffen worden, wovon 4551 mehr als 5 Hektar umfaßten. Im Rahmen der West-Ost-Siedlungsaktion waren 852 Familien nach dem Osten gebracht worden; damit entfielen auf sie fast 20 Prozent aller Siedlungsstellen über 5 Hektar[31].

Die Reichsstelle für Siedlerberatung war unterdessen bemüht, das Bauerntum generell gegenüber der rapide um sich greifenden städtischen Entwicklung aufzuwerten und griff mit diesem gesellschaftlichen Anspruch über den eigentlichen Aufgabenbereich der West-Ost-Siedlungsorganisation hinaus. Ein wichtiges Forum war hierbei die Zeitschrift „Der Ost-Siedler" unter ihrem Schriftleiter und späteren Herausgeber Johannes Schauff[32]. Als bedeutende Einzelschrift in dieser inhaltlichen Standortbestimmung eines erneuerten und selbstbestimmten Bauerntums erwies sich die ebenfalls von Schauff herausgegebene und wesentlich mitverfaßte Broschüre „Wer kann siedeln?"[33]. Sie arbeitete insbesondere die „seelischen Voraussetzungen" des siedlungswilligen Bauerntums im Kontrast zum „hedonistischen Leben" in den Städten heraus – die Freude an Familie und Kindern, die Bereitschaft zur Selbsttätigkeit anstelle der Erwartung von Fürsorge, das Vorhandensein von Gemeinschaftsgeist und die Fähigkeit zum Arbeiten in der Gruppe[34].

Das Jahr 1930 bildete den Höhepunkt der Siedlung im Osten und der Tätigkeit der Siedlervermittlungsstelle. Aus der reinen Vermittlung war eine Beratung und Anleitung der landsuchenden Bauern im Westen geworden, eine Hilfe aber auch für die Siedlungsorganisation im Osten selbst. In der „Reichsstelle für Siedlerberatung", wie die Vermittlungsstelle inzwischen hieß, hatten Broederich und Schauff in wenigen Jahren zwanzig bis dreißig Mitarbeiter um sich gesammelt und geschult, die an den verschiedenen organisatorischen und regionalen Fronten engagierte Arbeit leisteten[35]. Im Hause des „Archivs der inneren Kolonisation" wurde ein Saal eingerichtet, in dem Schauff regelmäßig zu Tagesfragen der Siedlungspolitik Stellung nahm und zu Fragen und Diskussion zur Verfügung stand. Doch bedeutete dieses erfolgreiche Jahr zugleich eine zunehmende und direktere Einbindung der Tätigkeit der Reichsstelle für Siedlerberatung in die Politik während des nunmehr beginnenden Niedergangs der Weimarer Republik.

---

[30] Vgl. Schauff, Die West-Ost-Siedlung.
[31] Zahlen, Tabellen und graphische Darstellung der Wanderungsbewegung bei Schauff, ebenda, sowie Boyens, Siedlung, Bd. I, S. 315 ff.
[32] Die Zeitschrift erschien 1930–33, Schauff war ab 1930 verantwortlicher Schriftleiter und ab Nr. 10/1931 bis Nr. 4/1933 Schriftleiter und Herausgeber; sein Nachfolger wurde Geert Koch-Weser.
[33] Schauff (Hrsg.), Wer kann siedeln? Mitarbeiter an dieser Broschüre waren neben Schauff Wilhelm Boyens, Friedrich Kann, Geert Koch-Weser, Artur von Machui und Karl Maßmann.
[34] Schauff, Das Bauerntum, ebenda, S. 28 f.
[35] Vgl. Erich Keup, Vorwort zu Boyens, Siedlung, Bd. I, S. VII.

Die Siedlung in der Ära Brüning, Papen und Schleicher

Während der Regierungszeit Brünings wurde von der Reichsregierung die „Osthilfe" („Maßnahmen zur Linderung der wirtschaftlichen Not des deutschen Ostens") eingeführt, die fortan in einem politisch befrachteten, dialektischen Spannungsverhältnis zum Gedanken der Ostsiedlung stand. Brüning hatte, wie schon angemerkt, den jungen Schauff der Gesellschaft zur Förderung der inneren Kolonisation vermittelt. Er hatte sich bereits als Abgeordneter mit der Ostsiedlung befaßt, die er vorrangig unter sozial- und bevölkerungspolitischen Aspekten, aber auch unter nationalpolitischen und konfessionellen für bedeutsam hielt[36]. In seiner Regierungserklärung vom 1. April 1930 propagierte Brüning eine „zielbewußte Bauern- und Anliegersiedlung"[37], sah aber zugleich die Erhaltung der bestehenden Güter als Priorität an. Für die hiermit intendierte Bewahrung des Status quo sollte die „Osthilfe" den politischen und finanziellen Rahmen bilden.

Hervorgegangen aus der 1928 gegründeten „Ostpreußenhilfe" hatte die Osthilfe das Ziel, die durch den Weltkrieg und die darauffolgende wirtschaftliche Entwicklung hervorgerufene Agrarkrise, die zudem noch durch die territorialen Veränderungen verschärft wurde, überwinden zu helfen. Das Mittel dazu war die Ent- bzw. Umschuldung der Landwirtschaft, eine Unterstützungsaktion, die zwischen 1929 und 1931 auf das gesamte ostelbische Gebiet ausgedehnt wurde. Am 18. Mai 1929 hatte der Reichstag das Ostpreußenhilfsgesetz verabschiedet[38]; unter der Regierung Brüning setzten großzügige Maßnahmen zur Hilfe für die Ostgebiete ein. So sind im Reichshaushalt 1930 für die Osthilfe rund 122 Millionen Mark ausgewiesen, zu denen noch 10 Millionen aus dem preußischen Haushalt kamen. Für das Jahr 1931 wurden 10 Millionen bereitgestellt, und mit dem Osthilfegesetz vom 31. März 1931 wurde für die weiteren Jahre die enorme Summe von 900 Millionen Mark anvisiert. Dieses Geld sollte in erster Linie der Entschuldung bereits bestehender landwirtschaftlicher Güter dienen, während für die Siedlung und innere Kolonisation vergleichsweise nur Brosamen übrigblieben[39]. Bei der Reichskanzlei wurde eine „Oststelle" als oberste Dienststelle für die Osthilfe etabliert, deren Aufgaben im Herbst 1931 auf einen Reichskommissar übergingen.

Aus sozial- und nationalpolitischen Gründen besaß das Siedlungsprojekt für Brüning durchaus hohe Bedeutung; er wurde dabei besonders von Arbeitsminister Adam Stegerwald nachdrücklich unterstützt. Eine Reihe von Maßnahmen wie die Gründung der Deutschen Siedlungsbank[40], an deren Ausstattung in Höhe

---

[36] Vgl. Fiederlein, Der deutsche Osten, S. 285, mit den dort angegebenen Belegstellen; ebenso Archiv für innere Kolonisation, XX (1928), S. 457.

[37] Verhandlungen des Reichstags, 4. Wahlperiode, Stenographische Berichte, Bd. 427, 153. Sitzung 2. April 1930, S. 4730.

[38] Ostpreußenhilfsgesetz, RGBl. 1929, S. 97/98

[39] Nach Erlaß des Osthilfegesetzes vom 31. März 1931 erhielt der Großgrundbesitz bis März 1933 ca. 806 Millionen RM, während auf die kleineren Betriebe 43 Millionen RM entfielen, vgl. RGBl. 1931, S. 117–122 und Sachwörterbuch, Bd. 2, S. 239; Fiederlein, Der deutsche Osten, S. 290 ff.; Wengst, Schlange-Schöningen, S. 539 f.

[40] 17. September 1930, der Text des Abkommens in: Seraphim (Hrsg.), Deutsche Siedlungsbank, S. 35–41; Fiederlein, Der deutsche Osten, S. 288 ff.

von 100 Millionen RM sich das Reich und Preußen paritätisch beteiligten, stellen dies unter Beweis. Dennoch hatte der Gedanke der Entschuldung für ihn weiterhin Vorrang vor dem Konzept der Siedlung mit seiner strukturpolitischen bzw. agrarreformerischen Intention.

Schauff und Broederich waren im Verein mit ihrem Team in der GFK-Vermittlungsstelle indes nicht ohne Einfluß auf die zuständigen Gremien der Regierung wie auch auf den Kanzler selbst, der einen Besitzwechsel und die grundsätzliche Änderung der ostdeutschen Agrarstruktur ja keineswegs prinzipiell ablehnte. Schauff wurde vom Siedlungsausschuß des Reichstags als Sachverständiger hinzugezogen und nach Gründung der Siedlungsbank in deren Aufsichtsrat berufen. Ein besonderes Vertrauensverhältnis bestand zu Minister Stegerwald.

Im November 1931 wurde Hans Schlange-Schöningen zum Reichskommissar für die Osthilfe im Range eines Ministers ernannt. Er zog Schauff mit seinem Arbeitskreis zur Beratung und Mitarbeit heran. Schlange–Schöningens Programm lag durchaus auf der Linie der GFK: Überführung der „zusammenbrechenden Großbetriebe in die Nutzungsform der bäuerlichen Familienwirtschaft" sowohl aus ökonomischen wie auch bevölkerungspolitischen Gründen[41]. Zwar vertrat der neue Reichskommissar zunächst und wohl aus taktischen Gründen weiterhin die Erhaltung des Status quo[42], doch änderte sich die Richtung angesichts der rapide ansteigenden Arbeitslosigkeit mit ihren schwerwiegenden Implikationen im staatlichen und gesellschaftlichen Bereich schon um die Jahreswende 1931/32. Die Verbindung zwischen Arbeitsbeschaffungsmaßnahmen und landwirtschaftlicher Siedlung führte allerdings zu Kompetenzstreitigkeiten zwischen Schlange-Schöningen und dem Reichsarbeitsminister Stegerwald, zwischen denen Schauff als Beauftragter des Reichskanzlers zu vermitteln suchte – allerdings mit der Zielvorgabe, „die Siedlung mit der Osthilfe in der Hand Schlange-Schöningens zu vereinigen"[43]. Daß es schließlich dazu kam und die Kompetenzen in der Siedlungsfrage auf Schlange-Schöningen übergingen, war nicht zuletzt Ergebnis von Schauffs Bemühungen. Der Kompetenzstreit zwischen dem Osthilfekommissar und Stegerwald hatte jedoch politische Konsequenzen, und das Konfliktszenario innerhalb der Regierung wie auch in Hinblick auf die Opposition erfordert eine genauere Betrachtung.

Schauff berichtet, daß es wie eine Bombe eingeschlagen habe, als Minister Schlange-Schöningen in der Mitgliederversammlung der Gesellschaft zur Förderung der inneren Kolonisation „als Ergänzung zum Sanierungsgesetz der Osthilfe eine großzügige Agrarreform für das Frühjahr ankündigte"[44]. Waren einerseits Osthilfe und Siedlung nur schwer auf einen politischen und wirtschaftlichen Nenner zu bringen, so verbanden sich beim Siedlungprojekt die Ziele einer grundsätzlichen Agrarreform mit dem Zweck von Arbeitsbeschaffungsmaßnahmen.

---

[41] Vgl. Muth, Agrarpolitik, S. 323 f.
[42] Muth, Agrarpolitik, S. 326; Wengst, Schlange-Schöningen, S. 239 f.
[43] Schauff, Aus meiner beruflichen und politischen Arbeit, S. 3.
[44] Es handelte sich um die Tagung der GFK vom 29. Februar 1932; Text der Rede von Schlange-Schöningen in: Archiv für innere Kolonisation, XXIV (1932), S. 79 f.; Schauff, Aus meiner beruflichen und politischen Arbeit, S. 3 f.

Während der Gewerkschafter Stegerwald vorrangig an einer Entlastung des Arbeitsmarktes interessiert war, sah Schlange-Schöningen die Siedlung als Teil eines Agrarreformwerkes im größeren Rahmen einer wirtschaftlichen Stützungspolitik für den deutschen Osten, wobei er dem landwirtschaftlichen Berufsstand allerdings eine herausragende Bedeutung zumaß[45].

Neben der Finanzierungsproblematik rief vor allem die Frage der Landbeschaffung in Hinblick auf die nicht entschuldungsfähigen Güter einen schwierigen Kompetenzkonflikt hervor. Hier setzte sich Schlange-Schöningen durch, dem in der Kabinettssitzung des 20. Mai 1932 in einem Verordnungsentwurf die alleinige Kompetenz zugesprochen wurde, nicht entschuldungsfähige Güter „für das Reich freihändig oder im Wege der Zwangsversteigerung zu erwerben"[46]. Dies war das Kernstück eines Gesetz-Vorentwurfs, an dessen Ausarbeitung Johannes Schauff und Josef Franken als Vertreter der GFK beteiligt waren[47].

Diese Kompetenzkonflikte und schließlich die Vorbereitungsarbeiten zu einer Siedlungsnotverordnung waren der Öffentlichkeit und insbesondere ostdeutschen grundbesitzenden Familien sowie dem Reichslandbund nicht verborgen geblieben. In der rechtsorientierten Presse wurde das Recht zur Einleitung von Zwangsversteigerungen als bolschewistisches Experiment bezeichnet – eine polemische Apostrophierung, die Schule machen sollte. Zugleich intervenierten einflußreiche Persönlichkeiten aus dem ostelbischen Grundbesitz beim Reichspräsidenten, der mit seinem Anwesen in Neudeck in Westpreußen selbst Gutsbesitzer war. Schauff trug unfreiwillig zur Verschärfung dieser Situation bei, als er aus Pflichtbewußtsein Wilhelm von Gayl, Direktor der Ostpreußischen Landgesellschaft und ehemaliger Präsident der GFK, den dritten vorläufigen Verordnungsentwurf übersandte, den dieser gegenüber Hindenburg als ein „Abgleiten in den Staatssozialismus" kritisierte[48]. Der Reichspräsident stellte sich auf die Seite der Kritiker: In der Möglichkeit, nicht mehr entschuldungsfähige Grundstücke ohne Antrag der Gläubiger der Zwangsversteigerung zuführen zu können, sah er eine „Enteignung ohne Rechtsgarantie"[49].

Dieser Konflikt trug zum Sturz der Regierung Brüning bei, wobei Schlange-Schöningens loyale Haltung gegenüber dem Reichskanzler betont werden muß[50]. Schauff hebt bei diesen Vorgängen die Rolle der konfessionellen Denunziation beim Reichspräsidenten und in der Öffentlichkeit hervor, bei der sich insbesondere der Bruder des amtierenden Außenministers, Freiherr von Neurath, hervorgetan habe[51]. Die Entwicklung traf Schauff schwer, hatten doch er und sein Team

---

[45] Vgl. Fiederlein, Der deutsche Osten, S. 323 ff.; Wengst, Schlange-Schöningen, S. 540 ff.

[46] Niederschrift der Ministerbesprechung am 20. Mai 1932, BA, R 43 I/1456, abgedruckt in: Akten der Reichskanzlei. Die Kabinette Brüning I und II, Bd. 3, S. 2544–2550; vgl. auch Fiederlein, Der deutsche Osten, S. 340; Wengst, Schlange-Schöningen, S. 544 f.

[47] Dies vermerkt Johannes Schauff in einem Brief an Oswald von Nell-Breuning vom 6. Dezember 1971, in: IfZ, NL Schauff, Bd. 36.

[48] Brief vom 20. Mai 1932, zit. in Braatz, Die agrarisch-industrielle Front, S. 560.

[49] Vgl. Wengst, Schlange-Schöningen, S. 545.

[50] Vgl. Fiederlein, Der deutsche Osten, S. 376 f. sowie 404 f.; Wengst, Schlange-Schöningen, S. 546 f.

[51] Schauff, Aus meiner beruflichen und politischen Arbeit, S. 4 f.

in der Beratungsstelle nach Schlange-Schöningens Ankündigung einer Agrarreform einen Schub zu neuen Aktivitäten erhalten, die ihn und die GFK in der Konfliktphase auch zur Zielscheibe politischer Angriffe machten. Dabei wurde Schauff besonders wegen seiner angeblich einseitigen Interessennahme für die katholischen Siedler aus Westdeutschland angegriffen.

„Mit dem Kabinett Papen fehlte unserer Siedlungsarbeit die Basis der Regierung. Die Siedlungsgegner hatten Trumpf", vermerkte Schauff[52]. In der Tat fanden nun die agrarpolitischen Gesichtspunkte des Großgrundbesitzes Gehör. Schlange-Schöningens und Brünings Notverordnungsentwurf war nichtig, auf die Siedlung als Mittel sowohl der Agrarreform wie auch der Arbeitsbeschaffung wurde verzichtet. Zu einer gesetzgeberischen Lösung der anstehenden Probleme kam es unter der Regierung Papen nicht, die sich auf die Verbesserung des Sicherungsschutzes und damit des Osthilfesystems konzentrierte und auf die Siedlung als mögliche Alternative völlig verzichtete[53]. In dieser Phase wendete sich Schauffs Tätigkeit noch stärker ins Politische: Zur Reichstagswahl im Juli 1932 wurde er von der Zentrumspartei als Kandidat für den Wahlkreis Liegnitz nominiert.

2. Politisches Engagement

Windthorstbunde und Republikanischer Studentenbund

Die Kandidatur Schauffs für den Reichstag fiel in eine Zeit, als die Weimarer Republik bereits im Niedergang begriffen war. In seinem Wahlkreis Liegnitz in Niederschlesien, der für das Zentrum ohnehin ein Diasporawahlkreis war, erreichte die NSDAP in den Jahren 1932/33 zuletzt 54 Prozent der Wählerstimmen[54]. Schauff wurde zwar am 31. Juli 1932 über die Reichswahlliste des Zentrums in den Reichstag gewählt, stand jedoch während des Wahlkampfes auf verlorenem Posten.

Im Wahlkreis Liegnitz folgte Schauff als Zentrumskandidat 1932 auf Joseph Wirth. Der ebenfalls niederschlesische Wahlkreis Breslau mit für die Katholiken ähnlich ungünstigen demographischen Bedingungen wurde seit 1924 von Heinrich Brüning gehalten[55]. Die politisch-geographische Nachfolge und Nachbarschaft zu diesen beiden prominenten Zentrumspolitikern und ehemaligen Reichs-

---

[52] Schauff, Aus meiner beruflichen und politischen Arbeit, S. 5.
[53] Vgl. Fiederlein, Der deutsche Osten, S. 415 ff.
[54] Wahlkreis Liegnitz, Reichstagswahlen vom 31. Juli 1932: NSDAP 48% gegenüber 7,2% des Zentrums (im Vergleich zum Reichsdurchschnitt: 37,3% NSDAP und 12,5% Zentrum); Reichstagswahlen vom 6. November 1932: NSDAP 42,1% und Zentrum 7,1% (Reichsdurchschnitt: NSDAP 33,1% und Zentrum 11,9%); Reichstagswahlen vom 5. März 1933: NSDAP 54% gegenüber Zentrum 6,4% (Reichsdurchschnitt: NSDAP 43,9% und Zentrum 11,2%), nach Falter/Lindenberger/Schumann, Wahlen und Abstimmungen, S. 73 ff.
[55] Wirth war vom September 1930-Juli 1932 Abgeordneter für den Wahlkreis Liegnitz, Brüning vom Mai 1924-Juli 1932 für den Wahlkreis Breslau.

kanzlern ist weniger Zufall als Hinweis auf beider Rolle und Einfluß auf den jungen Politiker Schauff. Dabei entwickelten sich Einfluß und Bindungen im Falle Wirths vor allem im Umfeld von Schauffs Aktivitäten in der Jugendorganisation des Zentrums, den Windthorstbunden, sowie dem Republikanischen Studentenbund, während die Verbindung zu Brüning in erster Linie mit seiner Arbeit für die innere Siedlung und Kolonisation zusammenhängt.

Doch noch einmal zurück zu den politischen Anfängen. Franz H. Mueller, ein politischer Weggefährte Schauffs seit dessen Jugendtagen, berichtet über das Treffen der Windthorstbunde 1922 in Hildesheim, jener beträchtlichen Schar „bewegter" Jugend mit Wimpeln und Klampfen und in Wandervogel-Kluft, unter denen er Johannes Schauffs kräftige Stimme herauszuhören meint beim Singen jenes Liedes aus dem Bauernkrieg, dessen Refrain lautet: „Spieß voran, drauf und dran, setzt aufs Klosterdach den roten Hahn"[56].

Muellers launige Erinnerung an die jugendbewegte Zeit darf nicht darüber hinwegtäuschen, daß es den Jungen in der Zentrumspartei mit ihrem politischen Anliegen sehr ernst war. Die Windthorstbunde der Weimarer Republik waren dezidiert republikanisch, ihre politischen Galionsfiguren waren die Kanzler Joseph Wirth und Wilhelm Marx, aber auch Zentrumspolitiker wie Joseph Joos und Friedrich Dessauer[57]. Vor allem Wirths Persönlichkeit und Politik besaß wohl für die Zentrumsjugend eine charismatische Ausstrahlung. Dies galt nicht zuletzt für Johannes Schauff, der sich selbst dem „linken Zentrum" zurechnete, und ein Anhänger sowohl der Reparations- wie Rapallo-Politik von Wirth war. In dieser Phase politischer Sozialisation lernte Schauff auch den offenen Umgang mit Angehörigen der liberalen und der sozialen Demokratie. Während seines Engagements für die Windthorstbunde kristallisierten sich für ihn weiter jene zwei Themenkreise heraus, die für sein berufliches und politisches Leben bestimmend werden sollten: zum einen die Siedlung und Migration vor allem der ländlichen Bevölkerung, zum anderen die Verbesserung republikanischer Strukturen durch eine Änderung des vorherrschenden Wahlrechts[58].

Parallel zu seinen Aktivitäten in den Windthorstbunden spielte Schauff eine wichtige Rolle bei der Gründung und Führung des „Reichskartells republikanischer Studenten". Dieses republikanische Studentenkartell war unter dem Eindruck der Ermordung Rathenaus Ende Juli 1922 in Jena aus den Hochschul- bzw. Jugendgruppen der drei Weimarer Koalitionsparteien – SPD, Zentrum und DDP – gebildet worden. Vorausgegangen war die Gründung eines Republikanischen Studentenbundes an der Universität Freiburg, an der Schauffs späterer Schwager Hermann Kopf beteiligt war[59]. Schauff war als Vertreter der Windthorstbunde an der Gründung des Reichskartells beteiligt und leitete später die Gruppen in Berlin und dann in Leipzig. Die Leitung auf Reichsebene bildeten Kopf (Zentrum), Helmuth Preuß (Deutsche Demokratische Partei) und Otto Stammer (SPD), ein stän-

---

[56] Franz H. Mueller/Therese J. Mueller, Vor sechs Jahrzehnten, in: Um der Freiheit willen, S. 1267.
[57] Vgl. Schauff, Vom Jungen Zentrum.
[58] Hierzu der ebenfalls von S(chauff) gezeichnete Artikel: Jungzentrum.
[59] IfZ, NL Schauff, Bd. 9.

diges Sekretariat wurde in München eingerichtet[60]. Das Kartell verfolgte das politische Ziel des Kampfes „gegen die Reaktion, den Geist der Volksverhetzung und der militaristischen Gewaltpolitik" an den Hochschulen und damit gegen den völkisch-reaktionären Deutschen Hochschulring. Neben den katholischen Jugend- und Hochschulgruppen bildete es die einzige halbwegs ernstzunehmende Gegenbewegung gegen die immer radikaler werdenden Völkischen[61].

Es lag in der Konsequenz ihres politischen Engagements, wenn sich die republikanischen Studenten auch international betätigten. So gründeten sie, als der Weimarer Staat noch kein Mitglied des Völkerbundes war, die „Zentralstelle für studentische Völkerbundsarbeit". Diese wurde wiederum Mitglied der „Fédération Universitaire Internationale pour la Société des Nations" (FUI), deren Exekutivkomitee Hermann Kopf angehörte. Die FUI organisierte Tagungen und Zusammenkünfte mit Repräsentanten des Völkerbundes in verschiedenen europäischen Hauptstädten. Schauff selbst nahm an einer solchen Tagung 1924 in Genf teil, dem Ort, der später eine wichtige Station in seiner internationalen Tätigkeit sein würde.

In diesen Zusammenhang gehört auch das Engagement der katholischen Studenten in der internationalen Friedensbewegung. So nahm Schauff mit Berliner Kommilitonen und motiviert durch Carl Sonnenschein an dem von Marc Sangnier organisierten dritten Friedens- und Versöhnungskongreß der „Internationale Démocratique pour la Paix" im August 1923 in Freiburg/Breisgau teil[62]. Dieses Treffen, so berichtet Schauff, habe vor allem zu einer persönlichen Begegnung mit den französischen Teilnehmern geführt[63].

Schauffs politische Betätigung als Student insbesondere im Rahmen des Republikanischen Studentenbundes schuf Verbindungen, die sein weiteres Leben beeinflussen sollten[64]. Hier sei vor allem auf seine Bekanntschaft mit dem Kreis der „Religiösen Sozialisten" an der Universität Leipzig hingewiesen. Die religiös-soziale Bewegung hatte ihre Wurzeln im 19. Jahrhundert und erstarkte vor allem in der Zeit vor dem Ersten Weltkrieg. Ihre eigentliche, relativ kurze Blütezeit erfuhr sie in der Weimarer Republik. 1919 begann der organisatorische Zusammenschluß verschiedener religiös-sozialer Bewegungen in Deutschland, der 1924 in

---

[60] Ein späteres Mitglied der Reichsleitung war Lichteritz (Pazifist), weitere Aktivisten u. a. Konrad Heiden und der spätere Oberbürgermeister von Frankfurt am Main, Walter Kolb, der Schauff freundschaftlich verbunden war (IfZ, NL Schauff, Bd. 34).

[61] Vgl. Schwarz, Studenten in der Weimarer Republik, S. 163.

[62] Marc Sangnier (1873–1950) gehörte zu den Wegbereitern einer deutsch-französischen Verständigung nach dem Ersten Weltkrieg; Hauptvertreter der christlich-sozialen Bewegung und der Friedensbewegung in Frankreich, 1921 Gründer der „Internationale Démocratique pour la Paix", nach 1945 einer der geistigen Väter des „Mouvement Républicain Populaire" (MRP). Vgl. Riesenberger, Friedensbewegung, S. 1-20.

[63] Vgl. Brief Johannes Schauff an Julius Kardinal Döpfner vom 21. November 1973 (IfZ, NL Schauff, Bd. 32). Ein deutscher Exponent der deutsch-französischen Annäherung im Rahmen der katholischen Friedensbewegung war der Mitarbeiter Carl Sonnenscheins und Romanist Hermann Platz, vgl. Riesenberger, Friedensbewegung, S. 2 f.

[64] Zum Freundeskreis der Berliner Studienjahre und des Kreises um Carl Sonnenschein gehörten auch Engelbert Dollfuß und Fritz Kühr, beide später Exponenten des ständestaatlichen Regimes in Österreich.

Merseburg in die „Arbeitsgemeinschaft der religiösen Sozialisten Deutschlands"
mündete und 1926 zum „Bund religiöser Sozialisten Deutschlands" erweitert
wurde mit Gruppierungen wie der „Vereinigung der Freunde für Religion und
Völkerfrieden"[65].
Die wichtigste Verbindung bildete zweifelsohne der Hofgeismarer Kreis der
Jungsozialisten um Paul Tillich. Waren die Hofgeismarer betont national- und
staatsbewußt orientiert, nahmen die „Religiösen Sozialisten" zugleich Elemente
der Jugendbewegung vor allem in ihrer antibürgerlichen Ausprägung auf. Hendrik de Man formulierte als gemeinsame Ideenplattform den „Sozialismus als See-
lenerlebnis, die Wiederbelebung der religiösen Impulse in der Arbeiterbewegung,
die Bildung sozialistischer Menschen als die große Kulturaufgabe von heute"[66].
Allerdings waren die Hofgeismarer als Gruppe in der SPD bereits 1926 gescheitert, als Individuen jedoch weiterhin aktiv. Ehemalige Hofgeismarer, der Tillich-
Kreis und Hendrik de Man gründeten schließlich zur Jahreswende 1929/30 die
Zeitschrift „Neue Blätter für den Sozialismus" als gemeinsames politisches
Forum, eine Initiative, bei der auch der Staatsrechtler Hermann Heller zu nennen
ist. In der Führung des „Bundes religiöser Sozialisten" sah man inhaltliche Berüh-
rungspunkte zwischen marxistischer Gesellschaftsanalyse und christlicher Sozialethik, und auch Tillich und sein Kreis vertraten durchaus ähnliche Auffassungen.
Die „Neuen Blätter für den Sozialismus" befaßten sich vor allem mit allgemeinen
Fragen der geistigen Orientierung, sozialen Problemen sowie mit dem Zusammenhang von Bildung und Politik.
Der Bruch der großen Koalition im März 1930 und der Beginn der Brüningschen Notverordnungspolitik bedeutete auch für den Kreis um die „Neuen
Blätter", der sich zunehmend profilierte, ein zunehmend konkreter werdendes
politisches Engagement. Die Frontstellung richtete sich gegen den politischen Immobilismus der Sozialdemokratie, zugleich aber auch gegen linksradikale Kräfte.
Die „Neuen Blätter" waren von einer militanten Gegnerschaft gegenüber dem
aufkommenden Nationalsozialismus geprägt, während ihr personelles Umfeld innerhalb der SPD bestrebt war, die Funktionäre nicht nur politisch, sondern auch
durch die Formierung von „Kadern" nahezu militärischen Zuschnitts auf den
drohenden Umsturz vorzubereiten. Dabei bauten sie bei einem eventuell erforderlichen Widerstand auf Offiziere der Reichswehr, ja sogar auf linke Dissidenten
innerhalb der NSDAP. Analoge Gedankengänge und Forderungen sollten sich
später auch bei Johannes Schauff finden, dessen Verbindungen zu den „Religiösen
Sozialisten" und damit auch zum weiteren Kreis um die „Neuen Blätter für den
Sozialismus" noch aus seiner Leipziger Zeit herrührten.
Schauff sah sich selbst als eine „Ausnahmeerscheinung" im Kreis der „Religiösen Sozialisten"[67]. Dies bezog sich wohl vor allem auf seinen Katholizismus, der
gleichwohl bei dem jungen Mann aus der Eifel bereits erstaunlich weltoffen und

[65] Vgl. Breipohl, Religiöser Sozialismus, S. 13ff.
[66] Denkschrift Hendrik de Mans vom 25. März 1926, zit. in: Martiny, Neue Blätter, S. 380.
[67] „Als Katholik und Zentrumsmann war ich in diesen Kreisen – jüdisch, evangelisch oder
antikirchlich – ein Unikum" (Handschriftl. Notizen Johannes Schauff, IfZ, NL Schauff,
Bd. 24).

vor allem sozial orientiert war. Zu dieser Offenheit hatte während der Berliner Studienjahre vor allem die Begegnung mit Oswald von Nell-Breuning beigetragen, der die 1931 veröffentlichte Enzyklika Papst Pius XI. „Quadragesimo anno" mit ihren fundamentalen Aussagen über die berufsständische Ordnung und das Subsidiaritätsprinzip mit entwarf und ein entschiedener Verfechter des katholischen Siedlungsgedankens war[68].

Auch das gemeinsame Engagement für die Pädagogik verband Schauff mit den „Religiösen Sozialisten" und dem Kreis um die „Neuen Blätter". So hatte sich Hermann Heller intensiv an der Volksbildungsarbeit in Leipzig beteiligt, und in Hamburg und Berlin setzte man sich für den Ausbau des Zweiten Bildungsweges ein[69]. Hier fanden sich viele Berührungspunkte zum eigenen Engagement in der Volkshochschulbewegung von Johannes und vor allem auch Karin Schauff.

Neben Heller waren Hans Simons[70], Reinhold Niebuhr[71], Karl Thieme[72] und Maria Grollmus[73] für Johannes Schauff in den späten zwanziger und frühen drei-

---

[68] Siehe oben, S. 28.

[69] Vgl. Heller, Gesammelte Schriften, Bd. I, S. 579 ff.; Martiny, Neue Blätter, S. 378. Zur Rolle Hermann Hellers vgl. die Einleitung von Martin Draht und Christoph Müller zu Heller, Gesammelten Schriften, Bd. I, S, IX ff. sowie die dort angegebene Literatur.

[70] Hans Simons (1893–1972), preußischer Ministerialbeamter, Mitgl. SPD, 1925–29 Professor und Direktor Deutsche Hochschule für Politik in Berlin, im Kreis um die „Neuen Blätter für den Sozialismus", ab 1927 kommissarischer Oberpräsident von Stettin und 1930 bis zum sogenannten Preußenschlag 1932 Oberpräsident für Niederschlesien. 1933 Emigration in die USA, u.a. Hochschullehrer, 1950–60 Präsident New School for Social Research. Nach 1945 Tätigkeit für OMGUS, beteiligt an der Vorbereitung des Grundgesetzes der Bundesrepublik Deutschland (BHB I).

[71] Reinhold Niebuhr (1892–1971), amerikanischer Theologe deutscher Abstammung, 1928–60 Professor für christliche Sozialethik am Union Theological Seminary in New York. Radikaler Kritiker des demokratischen Utopismus und Kapitalismus, später jedoch erbitterter Gegner des Kommunismus. Berief im Sommer 1933 Paul Tillich an das Union Theological Seminary (vgl. dazu Radkau, Deutsche Emigration, S. 43 f.).

[72] Karl Thieme (1902–1963), Theologe und Historiker, vor 1933 Professor an der Pädagogischen Akademie Elbing, aktiv in Erwachsenenbildung und Volkshochschulbewegung; gehörte zum Hofgeismarer Kreis der Jungsozialisten, Mitglied SPD; 1927 im Vorstand des „Bundes religiöser Sozialisten". Thieme erhielt 1933 Berufsverbot, war vorübergehend in Schutzhaft und konvertierte wegen der „Gleichschaltung" der Evangelischen Kirche 1934 zum Katholizismus; 1934–35 war er Mitherausgeber der Zeitschrift „Junge Front/Michael", die sich zu einem Organ des katholischen Jugendwiderstands entwickelte und verboten wurde. Thieme emigrierte 1935 in die Schweiz, gehörte dort zur Gruppe um den Vita-Nova-Verlag, war Mitarbeiter der von Waldemar Gurian und Otto Michael Knab herausgegebenen „Deutschen Briefe" und stand in politischer Verbindung zu Joseph Wirth und Hermann Rauschning. Nach 1945 war er Hochschullehrer in Mainz und ab 1953 Professor und 1954 Direktor des Dolmetscherinstituts Germersheim/Pfalz; ab 1948 Mitherausgeber des „Freiburger Rundbriefs", setzte er sich besonders für die Verständigung und gegenseitige Akzeptanz von Christen und Juden ein (BHB II; IfZ, NL Thieme und IfZ, NL Schauff).

[73] Maria Grollmus fand nach dem Staatsexamen eine Anstellung als Studienassessorin am Lehrerinnenseminar in Offenburg/Baden. Sie lernte dort Joseph Wirth kennen und wurde Mitarbeiterin an der von ihm mitherausgegebenen Wochenschrift *Deutsche Republik* sowie der *Rhein-Mainischen Volkszeitung.* 1929 Übertritt zur KPD, die sie bald wieder verließ. Nach der NS-Machtübernahme wurde ihr Elternhaus in Ratibor zu einer Kontaktstelle des politischen Widerstands, sie leistete Fluchthilfe in die Tschechoslowakei und

ßiger Jahren von besonderer Bedeutung. Maria Grollmus spielte in diesem Zusammenhang politisch und menschlich vielleicht die bedeutendste Rolle. Schauff hatte die aus Ratibor stammende Sorbin an der Leipziger Universität und im Republikanischen Studentenbund kennengelernt. Sie war Katholikin, hatte sich jedoch, aus der katholischen Jugendbewegung stammend, der Sozialdemokratie angeschlossen und kam später über KPD und KPDO zur Sozialistischen Arbeiterpartei Deutschlands (SAPD). Zu Maria Grollmus, die 1925 in Leipzig das Staatsexamen für das höhere Lehramt ablegte (und dort 1929 auch mit einer Arbeit über Joseph Görres promovierte), fanden Johannes und Karin Schauff eine enge menschliche Beziehung, die sich später bei gegenseitigen Besuchen in Berlin und der Lausitz oder auf gemeinsamen Wanderungen fortsetzte. „Damals [1925]" – schreibt Schauff – „erschütterte uns der Tod von Friedrich Ebert, und in der Wahl Hindenburgs zum Reichspräsidenten sahen wir das Ende der jungen Republik herannahen"[74]. Maria Grollmus, die sich unmittelbar nach der NS-Machtübernahme dem Widerstand anschloß, wurde 1934 verhaftet und starb 1944 im Konzentrationslager Ravensbrück: Ihr Schicksal, von dem sie erst nach Rückkehr aus dem Exil erfuhren, war Johannes und Karin Schauff ein Leben lang gegenwärtig[75].

Im Spannungsfeld zwischen Christentum und Sozialismus ist auch die frühe Bekanntschaft zwischen Schauff und dem späteren KPD-Funktionär Herbert Wehner in Leipzig anzusiedeln, die nach 1945 zu einer tiefen menschlichen Beziehung führen sollte[76]. Hier bestätigen Schauff wie auch der Freund aus Leipziger Tagen, Karl Thieme, die Neugier und letzten Endes vergebliche Suche nach Verbindendem mit jener militanten und schillernden Bewegung der anarchistischen und kommunistischen Linken, die nicht ohne intellektuelle Attraktion gewesen sei und doch zugleich auch die eigenen geistigen Waffen geschärft habe[77].

Reichstagsmandat und Wahlrechtsfrage

Windthorstbunde und Republikanischer Studentenbund waren für Johannes Schauff wichtige Stationen auf dem Weg zu einem Reichstagsmandat der Zentrumspartei. Nicht minder wichtig als die dort gemachten politischen und organisatorischen Erfahrungen waren aber auch Schauffs bereits erwähnte wissenschaft-

---

kümmerte sich vor allem mit Unterstützung katholischer Kreise um Inhaftierte und deren Familien. Sie wurde 1934 in Ratibor verhaftet und 1935 vom VGH Berlin wegen „Vorbereitung zum Hochverrat" zu sechs Jahren Zuchthaus verurteilt (vgl.: Widerstand als „Hochverrat" 1933–1945, Fiche 0046 f.); 1940 wurde Maria Grollmus als „politische Häftling" in das KL Ravensbrück überstellt, wo sie am 6. August 1944 starb. Johannes Schauff bemühte sich später um ihre postume Würdigung durch eine Briefmarke der Bundespost und Bemühungen für eine Biographie, an der Birgit Sack/Sorbisches Institut, Bautzen, arbeitet.

[74] IfZ, NL Schauff, Bd. 24.
[75] Weitere biographische Materialien in IfZ, NL Schauff, Bd. 24.
[76] Wehner war ursprünglich Anarchist und kam erst 1927 zur KPD. Vgl. Soell, Der junge Wehner, sowie Mehringer, Widerstand und Emigration, S. 12–39.
[77] Zur Auseinandersetzung mit den Kommunisten innerhalb des Republikanischen Studentenbundes vgl. IfZ, NL Thieme, Bd. 11.

lich-schriftstellerische Unternehmungen, die seine Partei auf ihn aufmerksam machten. Dies betraf die auf Anraten seiner Freunde Heinrich Vockel und Heinrich Krone sowie mit Unterstützung von Theodor Heuss, damals Reichstagsabgeordneter der DDP, nach Abschluß seines Studiums und während seiner Tätigkeit beim Institut für Konjunkturforschung verfaßte Untersuchung über das Wahlverhalten der deutschen Katholiken im Kaiserreich und der Weimarer Republik. Das Buch erschien 1928 im Verlag J. P. Bachem in Köln[78] und war nicht nur – so der Untertitel – eine „politisch-statistische Untersuchung der Reichstagswahlen seit 1871", sondern darüber hinaus der „Anfang einer Soziologie der Zentrumspartei"[79].

1929 schließlich erschien das von Schauff herausgegebene Sammelwerk „Neues Wahlrecht", das eine Wahlrechtsdiskussion förderte, die nach den Reichstagswahlen vom 20. Mai 1928 verstärkt aufgebrochen war[80]. Zwar hatte der Generalsekretär des Zentrums, Vockel, selbst einen parteioffiziösen Wahlreformentwurf ausgearbeitet, der den Parteigliederungen zugesandt und vielfach publiziert wurde[81]. Auf Anfrage Vockels stellte Reichskanzler Müller aber Schauff 1000 Reichsmark zur Publikation der von ihm initiierten Aufsatzsammlung zur Verfügung[82]. Zur gleichen Zeit zirkulierte in den Führungsgremien der Zentrumspartei eine Untersuchung Schauffs mit dem Titel „Wieviel Katholiken gaben bei den Wahlen vom 20. Mai 1928 in den deutschen Großstädten dem Zentrum bzw. der Bayerischen Volkspartei ihre Stimme?", eine Fortführung seiner zuvor veröffentlichten Untersuchung aus dem Jahre 1928[83]. Schauff analysierte in einer Reihe weiterer Artikel den Stimmenrückgang des Zentrums aus dem Jahr 1928 und wies in einer weiteren Denkschrift „Die Schicksalskurve der Zentrumspartei" auf die Problematik des Übergewichts der Frauenstimmen hin, dem kein entsprechender Zuwachs an (vor allem männlichen) Erstwählern gegenüberstehe[84].

Zum Verständnis der Diskussion über eine Wahlrechtsreform in der Weimarer Republik, die schon bald nach Einführung des Verhältniswahlrechts 1918/19 begonnen hatte, ist ein kurzer Rückblick auf die Entwicklung des Wahlsystems im Kaiserreich erforderlich. Das Grundprinzip des Bismarckschen Wahlsystems, des Wahlrechts zum Deutschen Reichstag zwischen 1871 und 1918, bestand in der absoluten Mehrheitswahl für Männer in Einzelwahlkreisen[85]. Um bereits im ersten

[78] Schauff, Das Wahlverhalten.
[79] Vgl. die (ungezeichnete) Rezension in Das Junge Zentrum 6 (1929), S. 27 f.; Morsey, Einleitung zu: Schauff, Wahlverhalten, S. VII, Anm. 1 (mit weiterführenden Rezensionen). Eine kritische Wertung von Schauffs Studie in Hinblick auf Fragen und Methoden der historischen Wahlforschung durch Otto Büsch, Historische Wahlforschung als Zugang zur Geschichte, in: Büsch/Wölk/Wölk (Hrsg.), Wählerbewegung, S. 14.
[80] Schauff (Hrsg.), Neues Wahlrecht. Beiträge zur Wahlreform. Weitere Autoren waren: Karl Braunias, Georg Decker, H.G. Erdmannsdörfer, John H. Humphreys, Carlo Mierendorff, Karin Schauff, Richard Schmidt, Adolf Tecklenburg, Heinrich Teipel, Else Ulich-Beil.
[81] Vockel, Wahlrechtsreform, S. 73–78; vgl. Plum, Gesellschaftsstruktur, S. 130; Schanbacher, Wahlen und Wahlsystem, S. 194.
[82] Schanbacher, Wahlen und Wahlsystem, S. 194.
[83] Schauff, Wahlverhalten; Schanbacher, Wahlen und Wahlsystem, S. 194.
[84] Vgl. Morsey, Zur Einführung, in: Schauff, Wahlverhalten, S. VIII f.
[85] Wahlgesetz für den Reichstag des Norddeutschen Bundes vom 31. Mai 1869 (BGBl 1869,

Wahlgang gewählt zu werden, mußte ein Bewerber die absolute Mehrheit der gültigen Stimmen erreichen. In Wahlkreisen, in denen dies keinem Kandidaten gelang, fiel die Entscheidung in einer Stichwahl zwischen den beiden Kandidaten mit der höchsten Stimmenzahl aus dem ersten Wahlgang. Die zunehmende Auf-fächerung des Parteienfeldes und die damit verbundene Zunahme der Zahl der Kandidaten hatten zu einem raschen Anstieg der Stichwahlverfahren geführt, so daß bei den Reichstagswahlen ab den achtziger Jahren (zuletzt 1912) zumeist rund 50 Prozent der Mandatsträger erst im zweiten Wahlgang ermittelt werden konn-ten. In Konsequenz hatte sich die Praxis der Bündnisse mit anderen Parteien her-ausgebildet, die vor allem das bürgerliche Lager begünstigte – „Kartell" von 1887, „Bülow-Block" von 1907[86]; die Sozialdemokraten, denen solche Bündnismög-lichkeiten nicht offenstanden, wurden dadurch massiv benachteiligt.

Deren Chancenungleichheit rührte auch daher, daß trotz einer erhöhten Bevöl-kerungsfluktuation die Wahlkreiseinteilung nahezu ein halbes Jahrhundert unver-ändert blieb. Die Beibehaltung der alten Wahlkreise bewirkte, daß zur Erlangung eines SPD-Mandats in den städtischen Wahlkreisen ein Mehrfaches an Stimmen erforderlich war als zur Erlangung eines Mandats in ländlichen Wahlkreisen. Bei der Zuteilung der Reichstagsmandate waren jene zudem mit 29 Prozent über-repräsentiert; hinzu kam, daß mehr als die Hälfte in den ostelbischen Reichsgebie-ten lag, die sozial und wirtschaftlich durch den Großgrundbesitz geprägt waren[87]. So kam es, daß noch in den Wahlen von 1907 die SPD in 90 Wahlkreisen zur Stich-wahl antrat, jedoch nur 14 Mandate gewinnen konnte, obwohl ihre Kandidaten in 73 dieser Wahlkreise im ersten Wahlgang die relative Mehrheit erreicht hatten[88].

Das Wahlsystem in der für die Reichstagswahlen praktizierten Form begün-stigte aber auch regional verankerte Parteien, darunter nationale Minderheiten der Polen, Dänen und Elsaß-Lothringer sowie Parteien mit Schwerpunkt in schwä-cher besiedelten agrarischen Gebieten wie die Konservativen in den Reichsteilen jenseits der Elbe. Einen Vorteil hatte auch das Zentrum, dessen Hochburgen in den katholischen Regionen West- und Süddeutschlands sowie in Oberschlesien lagen.

In der schon in den letzten beiden Jahrzehnten des 19. Jahrhunderts einsetzen-den Diskussion um Wahlreformen bzw. die Einführung der Verhältniswahl traten die sozialdemokratische Seite, aber auch die Liberalen aufgrund ihrer negativen Erfahrungen mit der Mehrheitswahl zunehmend für ein Proporz- bzw. Verhält-niswahlrecht ein. In der SPD kam die Diskussion um eine Neugestaltung des Wahlsystems schon Ende der siebziger Jahre in Gang, und nach den für die Sozi-aldemokraten ungünstig verlaufenen Reichstagswahlen von 1887 wurde die For-derung nach der Verhältniswahl erstmals offen formuliert und nach dem Erfurter Parteitag 1891 im Parteiprogramm festgeschrieben[89].

---

[86] 1887 waren dies die beiden konservativen Parteien und die Nationalliberalen, 1907 zusätz-lich die Linksliberalen. Vgl. Schanbacher, Wahlen und Wahlsystem, S. 25.
[87] Vgl. Büsch/Wölk/Wölk, Wählerbewegung, S. 611f.; Schanbacher, Wahlen und Wahl-system, S. 29.
[88] Zahlen und Statistiken bei Schanbacher, Wahlen und Wahlsystem, S. 26ff.
[89] Vgl. Schröder, Handbuch, Bd. 1, S. 471.

Auch die Liberalen hatten aufgrund ihrer spezifischen Benachteiligung schon früh Interesse am Verhältniswahlsystem bekundet[90]. Bei den Linksliberalen befürwortete insbesondere Friedrich Naumann angesichts der für die Partei schlechten Wahlergebnisse ab 1912 den Proporz, obwohl er ihn zuvor noch heftig bekämpft hatte. Die Verhältniswahl wurde während der Auseinandersetzungen der Kriegsjahre zum allgemeinen Parteiprogramm der Liberalen, und als Naumann nach Verabschiedung der Weimarer Verfassung sich neuerlich gegen das Verhältniswahlsystem wandte, blieb er in der Partei isoliert[91]. Das Zentrum und die Konservativen hingegen hielten bis Kriegsende an dem für sie vorteilhaften Mehrheitswahlsystem fest.

Im November 1918 wurde durch den Rat der Volksbeauftragten ein neues Wahlrecht „auf Grund des proportionalen Wahlsystems" propagiert, das auch für die einzuberufende konstituierende Versammlung gelten sollte[92]. Am 30. November 1918 wurde die „Verordnung über die Wahlen zur verfassunggebenden deutschen Nationalversammlung" erlassen und die Wahlordnung bekanntgegeben; als Wahltermin wurde der 19. Januar 1919 festgelegt. Wahlsystem und Wahlrecht unterschieden sich jetzt grundlegend von den Regelungen im Kaiserreich. In insgesamt 38 Wahlkreisen wurde die im Verhältnis zur Bevölkerung pro Wahlkreis festgesetzte Zahl von Mandaten nach dem d'Hondtschen Höchstzahlverfahren[93] auf die Parteien verteilt, die mit sogenannten starren, von den Wählern nicht mehr veränderbaren Listen antraten. Das Wahlrecht wurde auf alle Männer und Frauen ausgedehnt, die das zwanzigste Lebensjahr vollendet hatten. Dieses nach den Grundsätzen der Verhältniswahl gestaltete Übergangssystem erfuhr 1920 noch einige Modifizierungen[94]: Es gab nun nur noch 35 Wahlkreise, die wiederum zu Wahlkreisverbänden zusammengefaßt wurden. Pro 60 000 Stimmen (im Vergleich zu 150 000 in der ersten Wahlordnung von 1918) wurde ein Mandat zugeteilt, mögliche Reststimmen wurden in den meisten aus zwei benachbarten Wahlkreisen gebildeten Wahlkreisverbänden und die dann noch verbleibenden Reststimmen auf Reichsebene verrechnet[95].

Das Reichswahlgesetz war definitiv ausgearbeitet worden, nachdem Erich Koch-Weser am 30. Oktober 1919 Eduard David im Amt des Innenministers abgelöst hatte. Koch-Weser, dessen Schicksal sich nach 1933 im brasilianischen Exil mit dem von Johannes Schauff verbinden sollte, hatte sogleich seine kritische Sicht des neuen Wahlmodus formuliert: „Es ist der große Vorzug des Verhältniswahl-

---

[90] Sowohl National- wie Linksliberale waren unter dem herrschenden Wahlverfahren ohne regionale oder lokale Hochburgen und erhielten im ersten Wahlgang stets weniger Mandate, als ihrem Stimmenverhältnis entsprochen hätte. Vgl. Schanbacher, Wahlen und Wahlsystem, S. 39 f.

[91] Vgl. Heuss, Friedrich Naumann. Bd. 2, S. 608.

[92] RGBl 1918, S. 1304; Schanbacher, Wahlen und Wahlsystem, S. 47 ff.

[93] Nach dem d'Hondtschen Höchstzahlverfahren werden die für die einzelnen Wahlvorschläge (Parteien, Listen) abgegebenen Stimmen nacheinander durch 1, 2, 3 etc. geteilt, bis aus den gewonnenen Teilungszahlen so viele Höchstzahlen ausgesondert werden können wie Sitze zu vergeben sind. Jeder Wahlvorschlag erhält so viele Sitze, wie Höchstzahlen auf ihn entfallen.

[94] Schanbacher, Wahlen und Wahlsytem, S. 83 ff.

[95] Vgl. Falter/Lindenberger/Schumann, Wahlen und Abstimmungen, S. 23 f.

systems, daß es ermöglicht, jede Partei entsprechend ihrer Stärke im Reichstag vertreten zu lassen. Dagegen ist mit der Verhältniswahl unverkennbar die Gefahr verbunden, daß die Persönlichkeit des Abgeordneten in den Hintergrund tritt und die Partei alles wird."[96] Eindringlich wies Koch-Weser auch auf die Gefahr der Zersplitterung und Aktionsunfähigkeit der parlamentarischen Mehrheit hin[97].

Dennoch schienen die demokratischen Parteien – die sogenannte Weimarer Koalition aus SPD, Zentrum und DDP, die bereits in den Verfassungskämpfen im Interfraktionellen Ausschuß zusammengearbeitet hatten – mit dem neuen Wahlrecht gut zu fahren. Bei den Wahlen zur Nationalversammlung konnten sie mehr als drei Viertel der Wählerstimmen auf sich vereinigen, während die USPD auf der Linken und die DNVP auf der Rechten zusammen nicht einmal 20 Prozent der Stimmen erreichten[98]. Daß es sich um ein „bürgerliches" Parlament handelte und die „Mehrheitssozialdemokraten nicht den erhofften großen Erfolg hatten (von 421 Mandatsträgern gehörten nur 163 der SPD an), führten jene jedoch keineswegs auf das neue Wahlrecht zurück[99]. Dies änderte sich auch nicht, als achtzehn Monate später mit der Wahl zum 1. Reichstag die SPD fast die Hälfte ihrer Wähler verlor und auch Zentrum[100] und DDP empfindliche Einbußen erlitten. Dagegen gewannen die radikalen Flügelparteien an Boden. Die Weimarer Koalition, die in der Nationalversammlung fast 80 Prozent der Mandate auf sich hatte vereinigen können, blieb deutlich unter der absoluten Mehrheit[101], ein Verlust der politischen Mitte, der während der gesamten Weimarer Republik nicht mehr ausgeglichen werden konnte.

Die Einführung des „automatischen" Systems anstelle des d'Hondtschen Verfahrens und der besonderen Reststimmenverwertung bei der Wahl des Reichstags begünstigte die Zersplitterung des Weimarer Parteiensystems weiter[102]. Da

---

[96] Interview in der *Württembergischen Zeitung*, Nr. 274, 22. November 1919.
[97] Schanbacher, Wahlen und Wahlsystem, S. 83 ff.; zum Problem der Zersplitterung s. Falter/Lindenberger/Schumann, Wahlen und Abstimmungen, S. 24 f.
[98] Ergebnisse und Zahlen bei Falter/Lindenberger/Schumann, Wahlen und Abstimmungen, S. 41 ff.
[99] Die Hauptursache für das Verfehlen der Mehrheit sahen die Sozialdemokraten in der Aufsplitterung der Arbeiterbewegung und in den vehementen Angriffen der Spartakisten und der USPD, vgl. Müller, Novemberrevolution, S. 207; Schanbacher, Wahlen und Wahlsystem, S. 66.
[100] Hinzu kam, daß durch die Abspaltung der Bayerischen Volkspartei für das Zentrum ein weiterer erheblicher Aderlaß an Wählern stattfand.
[101] 205 bzw. mit der Bayerischen Volkspartei 226 Sitze im Reichstag von insgesamt 459. Tabellen bei Falter/Lindenberger/Schumann, Wahlen und Abstimmungen, S. 44.
[102] Automatisches System: Für je 60 000 Stimmen erhielt eine Partei in den großen Wahlkreisen einen Sitz; mehrere Wahlkreise wurden zu Wahlkreisverbänden zusammengeschlossen, in denen eine Partei wiederum für insgesamt 60 000 Stimmen einen Sitz erhalten konnte, falls sie in diesem Kreis mindestens 30 000 Stimmen erhalten hatte. Reststimmen wurden auf die Reichsliste übertragen, wo die Parteien wiederum für 60 000 Stimmen jeweils einen Sitz bekamen (allerdings nicht mehr Sitze als sie insgesamt in den Wahlkreisen und -verbänden erhalten hatten). Vgl. Hermens, Demokratie oder Anarchie, S. 168 f.; Falter/Lindenberger/Schumann, Wahlen und Abstimmungen, S. 24 f.; Schanbacher, Wahlen und Wahlsystem, S. 217 ff.

keine Sperrklausel, wie später in der Bundesrepublik die Fünfprozent-Hürde, existierte, waren im 5. Reichstag 1930 15 Parteien bzw. Listenverbindungen vertreten, während es 1919 nur neun waren. Die Tendenz zu extremistischen Randparteien war bereits in der sogenannten Inflationswahl vom Mai 1924 deutlich geworden, bei der die NSDAP erstmals in den Reichstag gelangte. Die Rechte insgesamt konnte dabei ihren Stimmenanteil gegenüber 1920 auf insgesamt 3,4 Millionen steigern, nachdem auch die DNVP sich fast um ein Viertel verbessern konnte. Die KPD dagegen profitierte von der Spaltung der USPD über der Frage des Beitritts zur Kommunistischen Internationale im Oktober 1920. Danach ging die Mehrheit der USPD-Abgeordneten zur KPD über, die ihr durchschnittliches Reichstagswahlergebnis von 2,1 Prozent bis zum Jahre 1922 auf 12,6 Prozent in den Reichstagswahlen von 1924 steigern konnte[103]. Die weitere Entwicklung der Wählerbewegung – bis 1933 und dem Ende der Weimarer Republik wurden die Wähler weitere sechsmal zu den Urnen gerufen – stand zunächst im Zeichen der sogenannten „goldenen" Zwanziger Jahre wachsender politischer Stabilität und wirtschaftlicher Prosperität, bis ab 1930 unter dem Einfluß von Weltwirtschaftskrise und wachsender Arbeitslosigkeit die zeitweilig zurückgedrängten radikalen Flügelparteien der Rechten und der Linken wieder politischen Auftrieb bekamen. Die Diskussion um das Wahlrecht und dessen Änderung und Reform, die im Zusammenhang mit der parteipolitischen Entwicklung bereits Anfang der zwanziger Jahre eingesetzt hatte, bekam nunmehr ein besonderes Gewicht.

Trotz des allgemeinen Konsenses der demokratischen Parteien über die Einführung der Verhältniswahl hatte es schon bei den Beratungen zum Wahlgesetz kritische Stimmen[104] gegeben, daß der Proporz die Freiheit des Wählers beeinträchtigen könne. Man sah die Gefahr, daß sich Parteileitungen zwischen Wähler und Abgeordnete drängen und damit jedes persönliche Verhältnis unterbinden könnten[105]. Die bereits früh unter dem Eindruck des Wahlresultats vom 6. Juni 1920 einsetzende Kritik am Wahlsystem war jedoch verfassungsimmanent und hatte allenfalls eine Reform zum Ziel. Im Zentrum der Kritik standen in den frühen Jahren der Weimarer Republik neben der Wahlkreisorganisation die „Unpersönlichkeit der Wahl" und das „Vordringen der Interessen- und Berufsvertreter und der Wirtschafts- und Splitterparteien"[106]. Als Hauptursachen der häufigen Koalitionskrisen und der Schwierigkeiten bei Mehrheitsbildungen wurden das automatische Proporzsystem und die Einheitsstimmzettel angesehen, deren Konsequenz die Zunahme von Splitterparteien und Interessengruppen, eine „Atomisierung" des Parteienwesens sei[107].

---

[103] Vgl. Falter/Lindenberger/Schumann, Wahlen und Abstimmungen, S. 68f.
[104] Erich Koch-Weser wurde bereits erwähnt – vgl. S. 43.
[105] Vgl. Karin Schauff, Proportionalsystem, in: Schauff, Neues Wahlrecht. Beiträge zur Wahlreform, S. 131.
[106] Schauff, Neues Wahlrecht. Beiträge zur Wahlreform, S. 3.
[107] Vgl. Mierendorff, Lebendige Demokratie, S. 1402; Hermens, Demokratie oder Anarchie, S. 29f.

Kernpunkte der Kritik waren somit einmal die Entfremdung zwischen Wählern und Mandatsträgern und zum andern die mangelnde Funktionalität innerhalb des parlamentarischen Systems. Die Reformvorschläge differierten inhaltlich allerdings deutlich. Vorschläge zu einer partiellen und verfassungsimmanenten Änderung des Wahlrechts, die aus den Reihen der Verfassungsparteien gemacht wurden[108], zielten auf eine Abschaffung der „reaktionären" durch eine freie Liste[109]. Dem Wähler sollte ein Mitspracherecht bei der Reihenfolge der von den Parteigremien vorgelegten Listen gegeben werden, um dem Mißstand zu begegnen, daß durch das herrschende System der „streng gebundenen Liste" der Wähler „einer kleinen Gruppe von Parteigrößen überantwortet [wird], denen auf Parteidogmen eingeschworene Mittelmäßigkeiten am genehmsten sind"[110]. Andere Reformvorschläge zielten auf eine Proportionalisierung der Mehrheitswahl oder eine Majorisierung der Verhältniswahl[111]. Vorschläge mit verfassungsänderndem Charakter, die von einer Reihe zumeist jüngerer Abgeordneter, Publizisten und Wissenschaftler wie z.B. Heinrich Teipel[112], Ferdinand A. Hermens[113] und Carlo Mierendorff[114] gemacht wurden, verlangten die Einführung der relativen Mehrheitswahl nach englischem Muster mit dem erhofften Zwang zu einem stabilen Zweiparteiensystem[115]. All diese Vorschläge gingen quer durch die demokratischen Parteien und wurden – häufig von jüngeren Leuten und über die Parteigrenzen hinweg – à titre individuel gemacht. Ganz anders stellten sich die Reformbemühungen um das Reichswahlgesetz in der politischen Praxis, d.h. in den Regierungen und Ministerien dar. Die bis zum Ende der Weimarer Republik auf parlamentarischem Wege durchgesetzten Änderungen bzw. Novellierungen des Reichswahlgesetzes blieben marginal und waren – wie z.B. die Erhöhung des Unterschriftenquorums für die Einreichung von Wahlvorschlägen – lediglich wahltechnische Neuerungen von untergeordneter Bedeutung. Hinzu kam, daß

108 Hier sind u.a. zu nennen Georg Decker, Else Ulich-Beil, Richard Thoma, Heinrich Vokkel, Adolf Tecklenburg, Werner Hans. Vgl. Schanbacher, Wahlen und Wahlsystem, S. 126. Auch Schauff gehörte zu diesem Kreis, worauf noch zurückzukommen sein wird.
109 Schauff, Neues Wahlrecht. Beiträge zur Wahlreform, S. 4.
110 Pohl, Das Reichstagswahlrecht, Bd. 1, S. 394.
111 Vgl. Erdmannsdörfer, Bestandteile und Wirkungen der Wahlgesetz-Reform, in: Schauff, Neues Wahlrecht. Beiträge zur Wahlreform, S. 165; Schanbacher, Wahlen und Wahlsystem, S. 122 ff.
112 Teipel war Redakteur des „Reichsdiensts der deutschen Presse", später Redakteur der von Joseph Wirth u.a. hrsg. Wochenschrift *Deutsche Republik*; siehe unten, S. 46 f.
113 Zu Hermens siehe S. 48 f.
114 Mierendorff, Mitgl. der SPD, war Pressereferent im Hessischen Innenministerium, 1925–1928 Sekretär der sozialdemokratischen Reichstagsfraktion. Siehe unten, S. 49 f.
115 Vgl. u.a. die Veröffentlichungen von Teipel und Mierendorff in dem von Johannes Schauff herausgegebenen Sammelwerk Neues Wahlrecht. Beiträge zur Wahlreform sowie weitere Veröffentlichungen von Mierendorff im *Vorwärts* („Gefahren der Verhältniswahl", Nr. 408/1. September 1930) und den *Neuen Blättern für den Sozialismus* („Wahlreform, die Losung der jungen Generation", 1. Januar 1930, S. 342 ff.); Ferdinand A. Hermens, Verfassung und Verhältniswahl, 21. November 1931 (unveröffentlichte Denkschrift, zit. in: Friedrich Schäfer, Zur Frage des Wahlrechts, in: Hermens/Schieder (Hrsg.), Staat, Wirtschaft und Politik, S. 138 f.); Schanbacher, Wahlen und Wahlsystem, S. 121 f.

die Bemühungen um eine Neugestaltung des Wahlsystems und eine Neuregelung des Wahlrechts nur von wenigen, oft isolierten Experten der Fraktionen ausgingen[116]. Das auf Anregung von Erich Koch-Weser am 6. März 1924 in Hinblick auf die anstehenden Wahlen novellierte Wahlgesetz sah zur Eindämmung der Parteienzersplitterung die Erhöhung der notwendigen Unterschriften für die Einrichtung einer Wahlliste von 20 auf 500 vor, ohne daß diese Bemühungen den erwünschten Erfolg gezeitigt hätten.

Die Wahlrechtsdiskussion wurde vornehmlich in den Parteien der „Weimarer Koalition" geführt, die das gleiche Anliegen hatten, den Parlamentarismus im Rahmen der Weimarer Republik funktionsfähig zu erhalten. Dabei traten Parteiegoismen häufig zurück. Gleichwohl gelangten diese drei demokratischen Parteien weder gemeinsam noch innerhalb der einzelnen Parteien zu einer unumstrittenen Zielvorstellung für die notwendige Wahlrechtsreform. Doch lohnt es, Unterscheidungen und Differenzierungen zu beachten.

Johannes Schauffs Partei, das Zentrum, hatte sich 1918 ebenfalls für die Einführung der Verhältniswahl stark gemacht, obwohl die Partei im Kaiserreich mit der Mehrheitswahl gut gefahren war. Doch anders als die Sozialdemokraten, für die die Verhältniswahl eine der wichtigsten Errungenschaften der Revolution darstellte, bewertete das Zentrum den neuen Wahlmodus vornehmlich unter dem funktionalen Aspekt eines konstruktiven Zusammenspiels der demokratischen Kräfte im parlamentarischen System. So konnte das Zentrum ohne ideologischen Ballast durchgängig für eine Wahlreform eintreten, auch wenn der innerparteiliche Konsens über den einzuschlagenden Weg nicht immer gegeben war.

Ein früher Verfechter einer Wahlreform mit dem Ziel eines relativen Mehrheitswahlrechts war der bereits erwähnte Heinrich Teipel[117], der wiederum mit seinem überparteilichen Ansatz, die Zersplitterung des Parteiwesens zu überwinden, völkisch-bündisch orientierten Vorstellungen der Windthorstbunde nahekam. Neben Heinrich Krone, damals Sekretär der Windthorstbunde, war auch Johannes Schauff mit den Vorstellungen Teipels, der zu den Autoren der bereits angeführten Wahlstudie von Johannes Schauff gehörte, vertraut. Aber erst blieb die Wahlreform ein uneingelöster Programmpunkt parteioffizieller Verlautbarungen. Im Januar 1927 war das Kabinett Marx gebildet worden, in dem der Deutschnationale Walter von Keudell den Demokraten Wilhelm Külz im Innenressort ablöste und somit von dieser Seite keine Initiativen zur Wahlreform zu erwarten waren. Die Reichstagsfraktion des Zentrums versuchte daraufhin mit einer Interpellation am 18. Oktober 1927 die Regierung zum Handeln zu bewegen – ein letzten Endes vergeblicher Vorstoß, auch wenn er sich auf politisch realisierbare Forderungen beschränkte[118].

Nach der Reichstagswahl vom 20. Mai 1928 und der anschließenden Kritik regionaler Parteigliederungen, die vor allem die Wahlkreisgrößen und den Druck

---

[116] Vgl. Wirth, Eine offene Antwort, S. 708 f.

[117] Teipel, Das Wahlrecht in der Demokratie, in: Schauff, Neues Wahlrecht. Beiträge zur Wahlreform, S. 7–13; Schanbacher, Wahlen und Wahlsystem, S. 190 ff.

[118] Vgl. Protokolle der Reichstagsfraktion und des Fraktionsvorstands, S. 144; Schanbacher, Wahlen und Wahlsystem, S. 193.

von Interessenverbänden bei der Listenaufstellung betrafen, kam die Wahlreform-
diskussion verstärkt in Gang, führte jedoch weiterhin zu keiner gemeinsamen
Linie. In dieser unbefriedigenden Situation ergriff nunmehr Heinrich Vockel als
Generalsekretär der Partei die Initiative und verfaßte einen parteioffiziösen Entwurf für eine baldige Wahlreform[119]. In diesem Zusammenhang wurde von
Johannes Schauff mit organisatorischer und finanzieller Unterstützung des Generalsekretärs des Zentrums sowie der Reichskanzlei das Sammelwerk „Neues
Wahlrecht" herausgegeben: Darin waren die wichtigsten Beiträge zur Wahlgesetz-
diskussion zusammengetragen, parteiübergreifend und im Vergleich auch mit dem
europäischen Ausland. In dem Buch kommen u. a. mit Heinrich Teipel und Carlo
Mierendorff die kompromißlosen Gegner der bestehenden Verhältniswahl zu
Wort, allerdings weist der Herausgeber Schauff in der Einleitung darauf hin, daß
es sich dabei um Beiträge handelt, die angesichts der verfassungsändernden Mehrheiten bei der bestehenden politischen Konstellation keine aktuelle Bedeutung
besäßen[120].

„Ein verfassungsänderndes Wahlrecht scheidet aus" – so Schauff kategorisch in
einem eigenen Beitrag „Gesichtspunkte zur Wahlreform"[121]. Er propagierte lediglich eine „kleine Wahlreform", die sich mit der Einführung der „freien Liste"
begnügte – d. h. der Wähler sollte die Möglichkeit erhalten, die Reihenfolge der
Kandidaten auf der Parteiliste selbst zu bestimmen. Verhältniswahl und Wahl-
kreisgröße sollten jedoch prinzipiell beibehalten werden. Obwohl Vockel den
Schauffschen Reformentwurf durch ein vertrauliches Memorandum an den Par-
teivorstand untermauerte[122], wurde er von Kritikern der Verhältniswahl als
„Scheinreform" gerügt[123].

Gleichwohl wurde Schauff durch seine Wahlstudie wie seine in der Presse erschienenen Artikel zur Wahlfrage in Parteikreisen bekannt, und sie verschafften
ihm auch „in den Parteigremien ein Mitspracherecht"; die Resonanz war seiner
eigenen Aussage nach ansonsten jedoch eher dürftig[124]. Eine besondere Erwähnung verdient der Beitrag von Karin Schauff, in dem sie einen kritischen Über-
blick über „Die Entwicklung zum Proportionalsystem in Deutschland" gibt[125].
Karin Schauff, die damals bereits eine vierköpfige Familie zu versorgen hatte und
zudem einen Teil ihrer Zeit den sozialen Unternehmungen von Carl Sonnenschein
zukommen ließ, hatte sich in kürzester Zeit sowohl mit der Arbeit ihres Mannes
im Bereich der Siedlung und der Erwachsenenbildung vertraut gemacht als auch
in die schwierige Materie der Wahlgesetzgebung eingearbeitet, wobei sie insbesondere auch entsprechende Entwicklungen im Ausland zum Vergleich heranzog.

---

[119] Siehe oben, S. 40, Anm. 81.
[120] Schauff, Neues Wahlrecht. Beiträge zur Wahlreform, S. 3 f.
[121] Ebenda, S. 200 ff.
[122] Das Memorandum vom 11. April 1929. Schanbacher, Wahlen und Wahlsystem, S. 195.
[123] So z. B. von dem Schriftleiter der „Centrums-Parlaments-Korrespondenz", Franz Fort-
   mann. Schanbacher, Wahlen und Wahlsystem, S. 195.
[124] Schauff, Aus meiner beruflichen und politischen Arbeit, S. 2; Morsey, Zur Einführung,
   in: Das Wahlverhalten, S. VIII f.
[125] Schauff, Neues Wahlrecht. Beiträge zur Wahlreform, S. 126–138.

Diese schon früh sich zeigende Fähigkeit beider Eheleute Schauff, über den deutschen Tellerrand hinauszublicken, sollte sich schon bald als nützlich erweisen.

Fand Schauffs Bestandsaufnahme der Wahlrechtsdiskussion, die er selbst durchaus auch als Anleitung zum Handeln verstand, in der Zentrumspartei und ihrer Reichstagsfraktion nur partielles Interesse, so sah Joseph Wirth, vom 30. März 1930 bis zum 9. Oktober 1931 Reichsinnenminister, bei seinen Bemühungen, die Wahlreform voranzubringen, in Johannes Schauff den geeigneten Assistenten[126]. Aber auch der von Wirth schließlich vorgelegte Reformentwurf erhielt nicht die notwendige Unterstützung der Reichstagsfraktion des Zentrums[127]. Dies lag auch daran, daß Reichskanzler Brüning sich – trotz gegenteiliger Äußerungen vor dem Fraktionsvorstand[128] – nicht für die weitgehenden Reformabsichten Wirths engagierte. Brüning war der Auffassung, einer Wahlrechtsreform komme beim Versuch einer Überwindung der Wahl- und Parlamentsmisere keine zentrale Bedeutung zu; vielmehr seien die eigentlichen Gründe für die Auflösung des demokratischen Konsenses und den Vormarsch der Radikalen die Verarmung des Mittelstandes und die Folgen des Versailler Vertrages[129].

Schauff hatte, wie schon angeführt, Wirth im Innenministerium einige Wochen bei der Ausarbeitung eines neuen Wahlrechts-Entwurfs zugearbeitet. Später, bereits in Vorbereitung auf die Emigration, notierte er über diese Erfahrung: „Hier konnte ich einen Einblick tun, wie sowohl seitens des Ministers, der von der Bedeutung der Wahlrechts-Frage als solcher durchdrungen und ein erklärter Anhänger des englischen Wahlrechts war, als auch von Seiten des Referenten Dr. Kaisenberg[130], der alle Wahlrechtsverschlechterungen seit 1919 verschuldete, die Frage mangelhaft angepackt wurde, so daß es mich nicht wunderte, daß der Entwurf im Kabinett versandete"[131].

Die Erfahrung des Niedergangs der Republik, der Verfolgung und der Emigration ließ manche Zentrumspolitiker – und auch manche Sozialdemokraten – später in der Verhältniswahl eine der wesentlichen Ursachen für das Scheitern der ersten deutschen Demokratie sehen. Dies gilt vor allem für einen Kreis jüngerer Zentrumsanhänger und -politiker um Johannes Schauff, zu dem auch Ferdinand Hermens gehörte. Dieser bereits angeführte Weggefährte Schauffs aus dem katholischen Westfalen war „im Sommersemester 1928 als Student nach Berlin" gekommen und hatte sich „von Dr. Johannes Schauff in die Wahldiskussion einspannen" lassen; Schauffs Untersuchungen und Analysen zur Wahlrechtsfrage bildeten für Hermens eine fruchtbare Grundlage für eigene Arbeiten auf diesem Gebiet, die ihn zu einem der engagiertesten Gegner der Verhältniswahl werden ließen[132].

126 Schauff, Aus meiner beruflichen und politischen Arbeit, S. 2.
127 Ziel des Entwurfs war eAus meiner beruflichen und politischen Arbeit, s, Elemente der Mehrheitswahl in die Verhältniswahl zu integrieren, übergroße Wahlkreise abzuschaffen und Sperrklauseln gegen Splitterparteien einzuführen. Vgl. Schanbacher, Wahlen und Wahlsystem, S. 143 f.
128 Vgl. Protokolle der Reichstagsfrakrion und des Fraktionsvorstands, Nr. 648, S. 506.
129 Brüning, Memoiren 1918–1934. Stuttgart 1970, S. 54 f.
130 Georg Kaisenberg, geb.1883, ab 1920 (Ministerialrat) im Reichsministerium des Innern.
131 Schauff, Aus meiner beruflichen und politischen Arbeit, S. 2.
132 Hermens bewertet Schauffs Buch zur Wahlrechtsfrage als die „ersten verläßlichen Be-

Schauffs Analysen und Stellungnahmen zum Wahlrecht wurden, wie schon erwähnt, auch in mehreren Zeitungsartikeln, vor allem in dem Zentrumsorgan
„Germania", veröffentlicht. Sie beförderten seine Kontakte zu Persönlichkeiten,
„die sich über Verfassungsfragen und die Zukunft von Weimar Gedanken machten, viele davon aus der demokratischen und sozialdemokratischen Partei"[133].
Schauff selbst führt vor allem Theodor Heuss und Carlo Mierendorff an, letzterer
ebenso Mitautor des Sammelbandes „Neues Wahlrecht" wie der ebenfalls schon
angeführte Demokrat Hans Gustav Erdmannsdörfer[134].
    Die Vertreter der DDP bzw. der Deutschen Staatspartei hatten seit der ersten
Legislaturperiode in und außerhalb des Parlaments immer wieder auf eine Wahlrechtsreform gedrängt mit dem Ziel, der „Persönlichkeit" im parlamentarischen
Leben wieder mehr Entfaltungsmöglichkeiten zu geben. Protagonisten dieser
Vorstöße waren neben Erdmannsdörfer insbesondere Theodor Heuss, Karl Pfi-
ster, Wilhelm Külz, Anton Erkelenz, Otto Nuschke und Wilhelm Heile. Diese
Politiker standen in der Tradition von Friedrich Naumann und Max Weber, die
beide das Verhältniswahlrecht abgelehnt hatten. Ihr Engagement stand in zeitli-
chem Zusammenhang mit den zunehmend gravierenden Stimmenverlusten in den
Wahlen 1928 und 1930, deren Gründe die Demokraten vor allem in der versäum-
ten Wahlrechtsreform sahen. Ihre Bemühungen blieben letzten Endes ebenso
fruchtlos wie die von Gleichgesinnten in der Zentrumspartei. Schließlich hatte die
Deutsche Staatspartei in den Novemberwahlen 1932 mit nur mehr zwei Mandaten
ihre parlamentarische Repräsentanz fast völlig eingebüßt[135].
    Auf sozialdemokratischer Seite hatte es selbst ein Carlo Mierendorff schwer,
sich in seiner Partei in der Frage der Wahlrechtsdiskussion Gehör oder gar Zustimmung zu verschaffen. Mierendorff hatte in Schauffs Wahlveröffentlichung der
Verhältniswahl eine kompromißlose Absage erteilt, jenem Wahlmodus, um den
die SPD seit dem Kaiserreich gekämpft hatte und der nach der Revolution als zentrale Errungenschaft gewissermaßen ideologisch unantastbar geworden war.
Dabei hätte die SPD nach Schauffs Analyse bei Wahlen unter den veränderten Bedingungen der Weimarer Republik auf der Grundlage des Mehrheitswahlrechts
mehr als die absolute Mehrheit der Mandate erreichen können[136]. Doch taucht die
Wahlreform weder im Görlitzer (1921) noch im Heidelberger (1925) Parteiprogramm auf, und auch in der Reichsregierung gingen von der SPD keine entsprechenden Impulse aus[137].

    rechnungen über die voraussichtlichen Wirkungen einer Wahlreform" (Hermens, Siche-
    rung, T. 1, S. 24; das Textzitat ebenda, S. 26; Hermens, Demokratie oder Anarchie; Her-
    mens, Änderung des Wahlrechts, S. 38–60; zur Wahlrechtsfrage in der Bundesrepublik
    und der Rolle von Schauff und Hermens siehe Kap. IX/1, S. 145 ff.
[133] Schauff, Autobiographische Notizen.
[134] Schriftsteller, bis 1923 Referent in der Presseabteilung der Reichsregierung, wiederholt
    Reichstags- und Landtagskandidat der DDP.
[135] Vgl. Schanbacher, Wahlen und Wahlsystem, S. 197–204.
[136] Schauff, Die parteipolitische Struktur Deutschlands, in: Neues Wahlrecht. Beiträge zur
    Wahlreform, S. 150.
[137] Vgl. Schanbacher, Wahlen und Wahlsystem, S. 204 ff.

Erst gegen Ende der Weimarer Republik formierte sich innerhalb der Sozial-
demokratie eine Gruppe meist jüngerer Abgeordneter, die angesichts des fort-
schreitenden Verfalls des demokratischen Parlamentarismus das herrschende
Wahlgesetz kritisch unter die Lupe nahmen. Initiator dieses Kreises war Carlo
Mierendorff, damals Pressereferent im hessischen Innenministerium, der über
Schauff Kontakt zu Nachwuchspolitikern des Zentrums knüpfte. Ein weiterer
Fokus war der Kreis um die „Neuen Blätter für den Sozialismus", zu dem Schauff,
wie schon erwähnt, enge Verbindungen besaß. In den „Neuen Blättern" hatten
Mierendorff, Julius Weber, Walter Pahl, Adolf Reichwein, Theodor Haubach,
Paul Nevermann, Hans Simons und Hugo Sinzheimer ein Sprachrohr für ihre kritische Argumentation zur Wahl- und Verfassungsreform. Die Erkenntnis, daß die
absolute Verhältniswahl in der Praxis der Listenaufstellung zu einer Erstarrung
der Parteien führe, fand jedoch keinen Eingang in die offizielle Parteipolitik. Erst
durch die Erfahrung des Scheiterns der Republik, der Verfolgung und auch der
Emigration wandten sich auch führende Sozialdemokraten vom Proporzsystem
ab, eine Neuorientierung, auf die noch einzugehen sein wird.

Schauffs Nomination für ein Reichstagsmandat war innerhalb der Zentrumsführung nahezu einmütig erfolgt, „nur Dr. [*Andreas*] Hermes schoß quer"[138].
Dabei stellt sich die Frage nach der Motivation und den Hintergründen dieser
Nomination. Auch bei beschränkter Resonanz hatten Schauffs Untersuchungen
zur Geschichte und Politik des Zentrums seinen Bekanntheitsgrad in der Partei
wachsen lassen. Sein Einstieg in die Politik geht aber wohl in erster Linie auf
seine Förderung durch Heinrich Brüning zurück[139]. Das Verhältnis zu diesem
Mentor, der ihm ja auch die Stellung in der GFK vermittelt hatte, prägte jedoch
zugleich eine gewisse Ambivalenz. Schauff nahm dazu in seinen Aufzeichnungen
aus dem Jahre 1934 Stellung: „Wenige Monate vor seiner Kanzlerschaft war er
[*Brüning*] Fraktionsführer geworden. Als solcher suchte er einen ständigen
Mitarbeiter und Sekretär. Ich sagte in einer persönlichen Verhandlung prinzipiell
zu. Dieselben gingen auch weiter, als Dr. Brüning Kanzler geworden [*war*] und
er ebenfalls einen persönlichen Referenten brauchte. Obwohl ich mich auf die
Arbeit eingerichtet hatte – eine Beurlaubung und Bezahlung von der Gesellschaft zur Förderung der inneren Kolonisation war möglich – und davon Mitteilung machte, bekam ich nie eine rechte Antwort von ihm. Eine Zeit lang ging
er mir deshalb auch aus dem Wege ... Obwohl mich sein Verhalten sehr geärgert
hat, hat es meine Gefühle der Hochachtung ihm gegenüber nicht beeinträch-
tigt."[140]

Mag dieser Vorgang vor dem Hintergrund einer generellen Entscheidungsschwäche der Regierung Brüning zu sehen sein[141], so ist doch offensichtlich, daß
der Kanzler mit Schauff gezielt einen jungen, unverbrauchten Politiker fördern

---

[138] Schauff, Aus meiner beruflichen und politischen Arbeit, S. 5.
[139] Auf Schauff wird hingewiesen in „Brüning und die katholisch-sozialen Kräfte in der Weimarer Republik", in: Brüning, Reden und Aufsätze, S. 330–333.
[140] Schauff, Aus meiner beruflichen und politischen Arbeit, S. 5.
[141] Vgl. Wengst, Schlange-Schöningen, S. 542; Schulz, Zwischen Demokratie und Diktatur,
Bd. 3, S. 768ff.

und ihm die Möglichkeit der Bewährung geben wollte. Dies zeigt sich in seiner Feuerwehrfunktion auf fast aussichtslosem politischem Terrain wie dem niederschlesischen Wahlkreis, wo Schauff nicht nur geographisch als ein politischer Flügelmann agierte. Ein weiterer Grund für die Nominierung war sicherlich Schauffs agrarpolitische Kompetenz, und Schlesien war zudem ein Gebiet der West-Ost-Siedlung.

So ist es nicht verwunderlich, daß Schauff im Wahlkampf die Siedlungsfrage zu einem der zentralen Themen machte. Insgesamt absolvierte er von Juli 1932 bis März 1933 an die 160 Wahlveranstaltungen[142], wobei die „Annehmlichkeiten, Fahrkarten und Diäten in keinem Vergleich zu den Opfern persönlicher wie auch allgemeiner Art" standen, zumal „einem die Vergeblichkeit des Bemühens immer klarer wurde"[143]. Unterstützt wurde er in seinem Wahlkampf von politischen Freunden wie Heinrich Krone, Heinrich Lübke, Heinrich Vockel und Heinrich Brauns sowie Freunden aus dem Siedlungsbereich; die gewichtigsten Stützen waren jedoch die ehemaligen Reichskanzler Brüning und Wirth, mit denen Schauff einige Male gemeinsam auftrat. So heißt es in einem Zeitungsbericht über eine Wahlrechtsveranstaltung in Glogau, daß während einer Rede Schauffs Wirth im Saale erschienen sei. „In diesem Augenblick setzte ein so ungeheuer großer Beifallssturm ein, daß Dr. Schauff seine Ausführungen nicht mehr fortsetzen konnte."[144] Über einen vergleichbaren Vorgang, diesmal einen gemeinsamen Auftritt mit Heinrich Brüning, wird anläßlich von dessen Wahlkampfreise durch Schlesien berichtet: In Liegnitz sei Schauff von dem dortigen Zentrumsvorsitzenden Dr. John als Vertreter der jungen Generation bezeichnet worden, der an den rechten Platz gestellt worden sei[145].

Inhaltliche Schwerpunkte von Schauffs Wahlkampf waren neben der Agrar- und Siedlungsfrage die Auseinandersetzung mit der amtierenden Regierung Papen. Diese sei – so Schauff am 14. Juli 1932 im Wahlkreis Löwenberg – nichts anderes als eine „Kreatur Hitlers" und fordere vor allem auf landwirtschaftlichem Gebiet Kritik heraus. Schauff beschuldigte die Nationalsozialisten eines inflationären Entschuldungsprogramms und griff ihre Grund- und Boden-Ideologie an, die sie als „Kurpfuscher auf dem Gebiet der Landwirtschaft" ausweise. Dabei sei die Siedlungsfrage eine „Lebensfrage des Bauerntums" – eine Sicht, die vor allem Brüning teilte. Dessen Politik sei, „das gesamte deutsche Volk und alle Berufsschichten auf die gewaltige Not des Ostens und der deutschen Landwirtschaft zu lenken, um sie zu Opfern heranzuziehen, die der Landwirtschaft zufließen sollten"[146].

Schauff agierte in seinem Wahlkampf als engagierter Parteigänger Brünings. Voraussetzung für eine Rückkehr zur Regierung – dies der verbreitete Tenor auf den Wahlveranstaltungen, den auch Schauff vertrat – sei die Etablierung einer stabilen, „autoritären" Demokratie: „Wir wollen nicht, daß einzelne Stände verkauft

---

[142] Die verschiedenen Auftrittsdispositionen in Glogau, Beuthen, Liebau, Hirschberg und anderen Orten in: IfZ, NL Schauff, Bd. 9.
[143] Schauff, Aus meiner beruflichen und politischen Arbeit, S. 6.
[144] *Schlesische Volkszeitung*, 7. Juli 1932.
[145] *Neue Schlesische Nachrichten*, 12. Juli 1932.
[146] *Der Greif*, 16. Juli 1932.

werden. Wir treten ein für autoritäre Demokratie. Wir treten ein für christlichen Staatsaufbau ...“[147]. An anderer Stelle betonte Schauff noch einmal, „daß wir eine berufsständische Entwicklung brauchen, daß auch die großen kulturellen und weltanschaulichen Verbände und die berufsständischen Vertretungen des Volkes ihr eigenes Leben behalten und ihre Wirksamkeit weiter entfalten müssen“[148]. Als übergeordnete Leitlinie wurde vorgegeben, daß das Zentrum ein „Ordnungsblock der Mitte“ werden müsse.

Waren viele der Wahlkampfaussagen auch politisches Getöse und plakativ, so gibt es doch charakteristische Akzente, die sich auf die zurückliegende und wieder anzustrebende Kanzlerschaft von Heinrich Brüning beziehen: Schauff überhöht Brüning einmal zur „Führergestalt“ und erhebt zum anderen die Forderung nach autoritären Strukturen, wobei Schauffs Formulierungen deutlich an ständestaatliche Vorstellungen erinnern. Sie sollten später noch klarere Konturen bekommen, sich nach den Erfahrungen des vergeblichen Versuchs, dem Vordringen der nationalsozialistischen Flut Einhalt zu gebieten, jedoch auch verfestigen.

Als Schauff in der Reichstagswahl am 31. Juli 1932 erstmals gewählt wurde – das Zentrum rangierte im Wahlkreis Liegnitz mit 7,2 Prozent der Wählerstimmen an vierter Stelle[149] –, war er mit 30 Jahren der Benjamin seiner Fraktion. „Zu einer eigentlichen Tätigkeit in Fraktion und Reichstag“ – so bilanzierte Schauff im Jahre 1934 – „bin ich in den vierzehn Monaten des Mandats nicht gekommen.“ Als Gründe für den Immobilismus des Zentrums meinte er rückblickend zu erkennen, daß die Fraktion „ein undisziplinierter Haufen ohne Führung“ gewesen sei – vor allem durch den immer offensichtlicher werdenden Gegensatz zwischen Brüning und Kaas. Gegenüber den „geschäftigen alten Herren“ fühlte Schauff sich als junger Abgeordneter gewissermaßen überflüssig, und seine Versuche, sich auf agrar- bzw. siedlungspolitischem Gebiete zu profilieren, stießen nur auf geringes Interesse. Dennoch war es nicht zuletzt auch sein parlamentarisches Engagement, das die politische Entwicklung beschleunigte und schließlich zum Sturz der Regierung Schleicher beitrug: Der vor dem Hintergrund dubioser Praktiken bei der Verteilung von Agrarsubventionen („Osthilfe-Skandal“) am 13. Januar 1933 gestellte Zentrums-Antrag über die Durchführung der „Osthilfe“, einer der Anlässe für den Sturz Schleichers[150], war von Schauff und Schlange-Schöningen vorbereitet worden[151]. Schauff stand wieder an vorderster Stelle an der ihm vertrauten Agrarfront. Kurt von Schleicher, Reichskanzler seit Dezember 1932, war im Prinzip siedlungsfreundlich und hatte an die Brüningsche Politik auf diesem Gebiete angeknüpft. Als Offizier sah er in der Siedlung einen wichtigen Faktor zur Landesverteidigung im Osten, aber auch zur Arbeitsbeschaffung[152]. Dies

---

[147] Schauff auf einer Wahlkampfveranstaltung in Glogau, 5. Juli 1932, Bericht in: *Neue Niederschlesische Nachrichten*, 8. Juli 1932.
[148] Rede in Görlitz, in: *Der Greif*, 27. Oktober 1932.
[149] Vg. Falter/Lindenberger/Schumann, Wahlen und Abstimmungen, S. 73.
[150] Vgl. Morsey, Die Deutsche Zentrumspartei, S. 335 ff.
[151] Vgl. Schauff, Aus meiner beruflichen und politischen Arbeit, S. 6.
[152] Rundfunkrede Schleichers vom 26. Juli 1932, zit. nach: Schulthess' Europäischer Geschichtskalender 73/1932, S. 131, sowie Regierungserklärung vom 15. Dezember 1932

brachte ihm die Unterstützung des Allgemeinen Deutschen Gewerkschaftsbundes ein, und im Reichstag erfuhr Schauff die Genugtuung, daß seine Fraktion einen acht Punkte umfassenden großen Siedlungsantrag einbrachte[153]. Schleichers Stab hielt enge Verbindung zur GFK, die ihrerseits den Kanzler zur Aufhebung des Sicherungsverfahrens und des Vollstreckungsschutzes für die großen Güter zu bewegen suchte, was mit der Verordnung vom 19. Dezember 1932 auch geschah[154]. Wie bereits unter Brüning, provozierte diese Entwicklung den heftigsten Protest der Ostelbier, die sich aufs neue in ihrer Existenz bedroht sahen. Träger des Protestes war der Reichslandbund, der auf die Unterstützung Hindenburgs bauen konnte[155]. Aufs neue wurden die Vorwürfe des „Marxismus" und des „Agrarbolschewismus" erhoben. Die Entwicklung eskalierte vor allem durch das Bekanntwerden des „Osthilfe-Skandals" und seine Behandlung im Reichstag.

War das Anliegen der Siedlungsbewegung die Änderung der bestehenden Agrarstruktur durch Besitzwechsel, bemühten sich vor allem die DNVP unter ihrem Vorsitzenden Alfred Hugenberg und die Landvolkpartei mit dem Schlagwort „Sicherung des Grundbesitzes" um eine Rettung des ostelbischen Großgrundbesitzes, dessen Vertreter sich selbst neben der Armee als „tragende Säule" des Staates verstanden[156].

Gegen diese Position wandten sich nicht nur die Linksparteien, sondern auch das Zentrum und die Nationalsozialisten. Schauff, der in seiner Siedlungsarbeit eine klassenkämpferische Attitüde gegenüber dem Großgrundbesitz immer abgelehnt hatte[157], gehörte nun innerhalb seiner Partei zu den treibenden Kräften, die sich dagegen wandten, daß „die Osthilfemaßnahmen zum weitaus überwiegenden Teil der Erhaltung von Großgrundbesitz" dienten und das Bauerntum damit benachteiligt werde[158]. Schlimmer noch, die Privilegierung der großen Güter schien korruptes Verhalten geradezu zu provozieren. Hier bot sich für die demokratischen Parteien die Gelegenheit, zum Gegenschlag gegen ihre Verteufelung als „Agrarbolschewisten" auszuholen.

In der Debatte des Haushaltsausschusses am 19. Januar 1933 und den darauffolgenden Sitzungstagen ging es fast ausschließlich um die Frage, inwieweit einzelne Großgrundbesitzer sich unter Mißachtung der gesetzlichen Vorschriften in den Genuß von Osthilfe-Mitteln gebracht oder – vom Standpunkt der sozialen Gerechtigkeit gesehen – zu hohe finanzielle Zuwendungen erhalten hätten. Schauff hatte zu dieser Debatte mit eigenem Material beigetragen und war im Ausschuß persönlich Angriffen der Deutschnationalen gegen die Siedlung entgegenge-

---

(Akten der Reichskanzlei. Das Kabinett von Schleicher, Dokument Nr. 25, S. 104); Fiederlein, Der deutsche Osten, S. 422 ff.

[153] Archiv für innere Kolonisation, XXV (1933), S. 33.

[154] Betroffen waren die nicht mehr entschuldungsfähigen Güter. Vgl. Boyens, Siedlung, Bd. II, S. 2351 f.; Fiederlein, Der deutsche Osten, S. 427.

[155] Vgl. Bert Hoppe, Von Schleicher zu Hitler; Merkenich, Grüne Front gegen Weimar, S. 266 ff.

[156] Fiederlein, Der deutsche Osten, S. 64, Anm. 4.

[157] Schauff, Das Bauerntum, in: Wer kann siedeln?, S. 29; Boyens, Siedlung, Bd. I, S. 297.

[158] Das Zentrum 4 (1933), S. 58 (dort auch Zahlenmaterial, bei dessen Zusammenstellung Schauff nach eigenen Angaben behilflich war).

treten[159]. Es war dies Schauffs letzter parlamentarischer Auftritt. Die Osthilfe-Debatte hatte den heftigen Unwillen des Reichspräsidenten erregt, und daß der amtierende Kanzler Schleicher sie nicht hatte unterbinden können oder wollen, brachte auch ihm den Vorwurf des „Agrarbolschewismus" ein und führte letztlich zu seinem Sturz[160]. Daß das Zentrum nicht nur Mißstände in der Osthilfe anprangerte, sondern zugleich für eine Weiterführung der Siedlung unter einer „angemessenen Berücksichtigung des Klein- und Mittelbauerntums" eintrat, entsprach allerdings weiterhin Schauffs Politik[161]. Während seines dritten und letzten Wahlkampfes zum Reichstag (5. März 1933) standen noch einmal die Siedlung und ihre Behinderung durch die Osthilfe im Mittelpunkt seines Engagements.

Das Ende der Zentrumspartei

Am 30. Januar 1933 wurde Adolf Hitler mit der Regierungsbildung betraut. Damit war der Endpunkt des Niedergangs der Weimarer Demokratie erreicht, und es begannen die Terrorisierung, das Verbot und die Selbstauflösung der linken und der bürgerlichen Parteien. Über die Gründe des Untergangs des politischen Katholizismus und der Auflösung der traditionsreichen Zentrumspartei in nur wenigen Monaten notierte Johannes Schauff in seinen schon angeführten „Aufzeichnungen" aus dem Jahr 1934:

„Die Fraktionssitzungen sowohl kurz vor und nach dem 30. Januar [1933] und wie auch vor dem ‚Tag von Potsdam' vergingen mit Berichten des Parteivorsitzenden Kaas über seine mehr oder minder erfolgreichen Verhandlungen [mit der NSDAP]. An den Entscheidungen hatte, soweit ich seit meiner Mitgliedschaft in der Fraktion feststellen konnte, außer einer kleinen Gruppe sonst niemand Anteil … Wir Neulinge empfanden es als unwürdig, wie die Gesamtfraktion mit vagen Ergebnisberichten abgespeist wurde und man dabei durchblicken ließ, daß man ihrer Diskretion nicht mehr sicher und ihr deshalb nicht mehr wert sei. Besonders übertrieben schienen Vorsicht und Zurückhaltung von Brüning. Dabei konnte man nicht die Auffassung haben, als wenn alle Mitglieder aus privilegierten Führerkreisen sachlich und auch menschlich ihren Aufgaben gewachsen waren [wie] z.B. ein Thomas Esser[162], [Hans] Bell[163] und selbst Perlitius[164]. Man hatte gehofft, in den schweren Monaten der Entscheidung in eine treu und fest zusammenhaltende, weltanschaulich geschlossene Kampfgemeinschaft hineinzukommen, statt dessen fühlte man sich in einen undisziplinierten, zu Interessengruppen und ehrgeizigen Cliquen und auseinanderfallenden Haufen versetzt. Für das

---

[159] Reichstag, 5. Ausschuß (Reichshaushalt), 1932–33, BA, RD 1/6; Schauff, Aus meiner beruflichen und politischen Arbeit, S. 6; seine Intervention im Ausschuß ebenfalls in: *Der Greif*, 2. Februar 1933, S. 3.
[160] Fiederlein, Der deutsche Osten, S. 450 ff. (mit weiterführender Literatur).
[161] Das Zentrum 4 (1933), S. 70.
[162] Thomas Esser (1870–1948), MdR 1921–1933, 1933 in Schutzhaft, nach dem 20. Juli 1944 in der sogenannten „Aktion Gewitter" verhaftet und bis Oktober 1944 Lagerhaft.
[163] Hans Bell (1868–1949), MdR 1912–1918 und 1919–1933.
[164] Ludwig Perlitius (1872–1938), MdR 1924–1933, ab 1929 Vorsitzender der Reichstagsfraktion des Zentrums.

Neuaufkommende grundsätzlich andere im Nationalsozialismus, für das Totalitär-Dämonische hatte man kaum ein Gespür. Nur in Taktik denkende routinierte Parlamentarier betrachteten ihn wie jede andere Partei, der man ebenso wie 1918 der Sozialdemokratie schon die Giftzähne in Zusammenarbeit ausbrechen würde. Besonders Thomas Esser tat sich auf Grund der Zusammenarbeit mit Göring als Reichstagspräsident und der väterlichen Beratung, die er ihm als solchem angedeihen ließ, besonders hervor. Ich war oft verwundert, in welchem Vertrauensverhältnis Brüning zu diesen zweitklassigen Leuten stand, wenn er auch die Gefahr der Katastrophe sehr deutlich sah und zum Ausdruck brachte. Ich mußte bald einsehen, daß es vergeblich war, mit den wenigen anderen Jungen, wie Hermann Joseph Schmitt[165], in den „verfahrenen Laden" eingetreten zu sein. Später sollte ich bei meiner Mitwirkung bei der Liquidation der Zentrumspartei noch mehr einsehen, daß Partei und Fraktion irgendwie reif zum Untergang waren und daß sich deshalb an ihnen ein notwendiges Schicksal vollzog. Besonders schmerzlich war die sich immer mehr aufdrängende, wenn für uns auch nicht konkret zu belegende Tatsache, daß zwischen Parteiführung, d. h. Prälat Kaas[166] und der Fraktion [mit] Dr. Brüning, der nur sporadisch erschien und die praktische Arbeit durch Dr. Perlitius durchführen ließ, keine Übereinstimmung bestand. Von den Verhandlungen vor und nach dem 30. [31.] Juli hielt er [Brüning] sich vollkommen zurück. Er lehnte jedes Zusammentreffen mit Herrn von Papen, der in diesen Tagen wichtigsten Figur, ab. Man mußte den Eindruck gewinnen, daß er während und nach seiner Kanzlerschaft schwere persönliche Enttäuschungen erlitten hatte, über die er, mehr Mensch als Politiker, nicht hinwegkommen konnte. Deutlich wurde der Bruch bei dem Kampf um das Ermächtigungsgesetz. Er war ausgesprochen dagegen, und bei der Probeabstimmung der Fraktion stimmten 14 Mann mit ihm, ich eingeschlossen, dagegen. Prälat Kaas, der m[eines] E[rachtens] sehr ungern die Partei führte und zu ihrer Existenzberechtigung nicht mehr das volle Zutrauen zu haben schien, schien nur darauf auszugehen, die deutschen Katholiken irgendwie in das neue System einzubauen, um dann nach der erfüllten Aufgabe des Liquidators abzutreten. Er wußte der Fraktion die Zustimmung mit überklugen Argumenten schmackhaft zu machen, indem er auf die vielen ihm zugesagten Bindungen und Vorbehalte hinwies. … Er kam mir immer vor wie der kirchliche Diplomat, der Berater des Nuntius, der in der Zentrumspartei das politische Instrument der Kirchenpolitik sah und dabei nicht mit der Methode des Politikers, sondern der des klugen und juristisch geschulten Verhandlungsführers vorging. Für ihn war deshalb die Zentrumspartei weniger ein Bestandteil des deutschen Volkes und mit seinem Schicksal verhaftet, auf einer langen Tradition fußend, sondern er sah sie als Prälat. Somit konnte ihre Aufgabe für ihn nur eine

---

[165] Hermann Joseph Schmitt (1896–1964), MdR März–November 1933, war bis 1939 Generalsekretär der Dachorganisation der katholischen Arbeitervereine, nach 1939 in Verbindung zu katholischen Widerstandskreisen (Alfred Delp, Bernhard Letterhaus, Nikolaus Groß), 1944 verhaftet, Verfahren vor dem Volksgerichtshof, bis Dezember 1944 im KL Dachau; nach 1945 Verbandspräses der Katholischen Arbeiterbewegung, mit Johannes Schauff befreundet (Korr. Schauff – Schmitt in IfZ, NL Schauff, Bd. 7). Zum katholischen Widerstand siehe unten, S. 68f.

[166] Ludwig Kaas, MdR 1919–1933, 1928–1933 Parteivorsitzender des Zentrums.

taktische Frage sein, die die Zeitlage erforderte und die der überzeitlichen Kirche in dem schnellen Frontenwechsel nicht viel bedeutete. Er scheint mir ebenso wenig – unter internationaler und moralischer Sicht – richtig zu handeln wie der persönlich geblendete, mißtrauische [*und*] national voreingenommene Brüning ..."[167]

Solche kritischen Wahrnehmungen waren in Anbetracht der Tatsache, daß der Betrachter noch kaum über das Medium zeitlicher Distanz verfügte, erstaunlich klarsichtig und sind von der späteren Forschung weitgehend bestätigt worden[168]. Die von Schauff im Verlauf dieser Entwicklung vollzogene Wandlung zum Anhänger eines „konservativ-autoritären Regierungssystems"[169] lag durchaus in der allgemeinen Entwicklung der Zentrumspartei seit dem Amtsantritt Brünings, charakterisiert durch den mit der Brüningschen Notverordnungspolitik einhergehenden Funktions- und Machtverlust des Parlaments[170]. Angesichts der zunehmend erschwerten Mehrheitsfindung im Zusammenhang mit dem Erstarken des politischen Extremismus von links und von rechts war das Zentrum während Brünings Kanzlerschaft und nach seinem Sturz vorübergehend sogar bereit, mit den Nationalsozialisten zu koalieren[171].

Dies alles blieb nicht ohne Eindruck auf Johannes Schauff. Auf junge Zentrumspolitiker wie ihn wirkte offensichtlich das Charisma Brünings in besonders starkem Maß. Der Kanzler schien das Symbol einer Zeitenwende. Brünings Wahlkampf-Kritik am überkommenen Parlamentarismus und seinen „Auswüchsen" und „Übertreibungen"[172] machten sich vor allem jüngere Zentrumspolitiker zu eigen. Schauffs Kritik am Verhältniswahlrecht – bis dahin relativ zurückhaltend und verfassungskonform – wandelte sich nun zu der Erkenntnis, daß der Proporz eine der wesentlichen Ursachen des Niedergangs des Parlamentarismus und der Weimarer Republik gewesen sei.

Auch Schauffs Kritik an der inneren Struktur des Zentrums vor allem hinsichtlich des Führungspersonals und seiner inneren Querelen zeigt sich im nachhinein als nicht unzutreffend. Rudolf Morsey weist auf die Dominanz der noch im Wilhelminischen Deutschland geprägten Honoratioren einerseits sowie zum andern der „Zentrumsprälaten" in den Spitzenpositionen des politischen Katholizismus hin, darunter auf die in seiner Persönlichkeit begründete problematische Führungsrolle des Parteivorsitzenden Ludwig Kaas. Wie Brüning ein Zauderer und Skeptiker, war Kaas dem Amt nicht zuletzt auch wegen körperlicher Gebrechen nur bedingt gewachsen; auch beobachtete Schauff richtig, daß die Denkwelt von Kaas in juristischen Konstruktionen gefangen blieb und sein vordringlichstes Ziel darin bestand, einen vertragsrechtlichen Ausgleich von kirchlichen und staat-

---

[167] Schauff, Aus meiner beruflichen und politischen Arbeit, S. 6 f.
[168] Vgl. vor allem Morsey, Der Untergang. In dieser Studie sind die angeführten Aufzeichnungen Schauffs vom Dezember 1934 berücksichtigt und zitiert (S. 212 Anm. 19).
[169] Schauff, Aus meiner beruflichen und politischen Arbeit, S. 3.
[170] Vgl. Bracher, Die Auflösung der Weimarer Republik, S. 299 ff. Bracher spricht in diesem Zusammenhang von einem „Semiparlamentarismus" (S. 335); Schulz, Zwischen Demokratie und Diktatur, Bd. 3, S. 241 ff.
[171] Morsey, Untergang, S. 24 und 51 ff.
[172] Ebenda, S. 50.

lichen Interessen zustandezubringen[173]. Daß die Fraktion zu einem „undisziplinierten Haufen ohne Führung" hatte werden können, lag aber auch an der von Schauff beklagten Entfremdung zwischen Brüning und Kaas, die allerdings erst im Zusammenhang mit dem Ermächtigungsgesetz zu offenem Dissens wurde[174].

Schauffs auch hinsichtlich seiner eigenen „Mitwirkung bei der Liquidation" der Partei polemisch geäußerte Meinung, das Zentrum sei „irgendwie reif zum Untergang" gewesen[175], bedarf indes eines kurzen begründenden Exkurses. In der Weimarer Republik hatte die ursprünglich im katholischen Sozialmilieu wurzelnde sowie einer religiösen Wertordnung verpflichtete Partei die traditionelle kulturpolitische Einigungsformel des politischen Katholizismus in Anbetracht der nunmehr verfassungsmäßig garantierten staatsbürgerlichen und kirchenpolitischen Freiheitsrechte weitgehend eingebüßt. Gleichwohl war dem Zentrum im Rahmen des neuen politisch-weltanschaulichen und sozialen Pluralismus eine Schlüsselrolle zugefallen. „Im Weimarer Verfassungssystem" – so Morsey – „war das Zentrum in die Rolle einer staatstragenden und -stabilisierenden Mittelpartei und damit in eine parlamentarische Schlüssel- und Scharnierstellung hineingewachsen. Die Reichstagsfraktion des Zentrums bildete den eigentlichen Stabilisierungsfaktor für die rasch wechselnden und politisch heterogenen Koalitionsregierungen."[176] Allerdings hatte die seit Beendigung des Kulturkampfes und verstärkt im Weimarer Staat zunehmende Laizität einen langsamen Abwärtstrend der Wahlerfolge, verbunden mit einer Stagnation der Wählerschaft, verursacht – eine Entwicklung, die durch das Verhältniswahlrecht und die Wahlkreiseinteilungen noch verstärkt wurde. Johannes Schauff hatte in seinen schon angeführten Studien bereits auf diese Entwicklung hingewiesen[177].

Die strukturelle Krise der Weimarer Republik, bedingt vor allem durch die politische und wirtschaftliche Hypothek des verlorenen Kriegs und des Versailler Vertrags, die zwischen 1919 und 1930 eine Regierung im Schnitt nicht länger als acht Monate im Amt ließ, hatte Brüning nach seinem Amtsantritt im März 1930 zu überwinden versucht. Sein sittlich-moralischer Imperativ und sein nationalkonservatives Dienst- und Staatsethos mochte zwar dem von ihm verehrten Reichspräsidenten imponieren, für dessen Wiederwahl im Frühjahr 1932 Brüning sich persönlich einsetzte, genügte jedoch nicht zu einer Reform der eigenen Partei an Haupt und Gliedern, der Wandlung zu einer christlich-demokratischen Volkspartei, die in der Lage gewesen wäre, den totalitären Bedrohungen von links und rechts zu begegnen. Es galt, den Versuch zu wagen, einen Umsturz zu verhindern, „und zwar durch Revision der parlamentarischen Substanz der Verfassungsordnung zum ‚wahren' und verantwortungsbewußten Parlamentarismus, ergänzt um eine ‚Volkssammlung', einem ‚auf Zeit begrenzten Zweckhandeln'. Dabei sollte

---

[173] Schauff, Aus meiner beruflichen und politischen Arbeit, S. 7; Morsey, Untergang, S. 30 ff.
[174] Ebenda, S. 47 ff.
[175] Schauff, Aus meiner beruflichen und politischen Arbeit, S. 7.
[176] Morsey, Untergang, S. 16. 1919 bis 1930 war das Zentrum in 16 unterschiedlich zusammengesetzten Koalitionsregierungen vertreten.
[177] Schauff, Wahlverhalten; Tabelle über Stimmen- und Mandatsanteile auch bei Morsey, Untergang, S. 14 f.

die ‚bloße Formaldemokratie' und der ‚ungesunde', funktionsunfähig gewordene Parlamentarismus überwunden und einer von den Parteien unabhängige Regierung die Möglichkeit kontinuierlicher Arbeit gegeben werden."[178]

Die avisierte „Volkssammlung" bedeutete 1932/33 zunächst den Versuch einer parlamentarischen Mehrheitsbildung unter Einschluß sowohl der Deutschnationalen als auch von gemäßigt geltenden Teilen der Nationalsozialisten. Indessen gelang es Brüning nicht, diese politischen Kräfte in Koalitionen einzubinden und damit vielleicht zu neutralisieren, ein Bemühen, das auch in Kontrast stand zu der in Preußen weiterbestehenden „Weimarer Koalition" mit den Sozialdemokraten. Deren kulturpolitischer Kurs wurde allerdings mitverantwortlich gemacht für den fortschreitenden Säkularisierungsprozeß, dessen Folgen auch im Vatikan kritisch wahrgenommen wurden, was Brüning und Wirth anläßlich von Besuchen in Rom im Jahr 1931 aufmerksam registrierten. Das Kabinett Brüning wurde schließlich am 30. Mai 1932 gestürzt – einer der Gründe war der Vertrauensentzug durch den Reichspräsidenten, für dessen Wiederwahl im Frühjahr 1932 der Kanzler sich noch wie ein treuer Ekkehard eingesetzt hatte. Statt einer nationalen Sammlungsbewegung zur Bildung regierungsfähiger parlamentarischer Mehrheiten kam es zu den Präsidialkabinetten Papen und Schleicher, bei deren Bekämpfung das Zentrum wiederum nicht auf die Unterstützung der Nationalsozialisten glaubte verzichten zu können. Der Kampf galt vor allem dem „abtrünnigen" Papen, dessen „Preußenschlag", d.h. die staatsstreichartige Beseitigung der preußischen Landesregierung am 20. Juli 1932, den Dissens noch verschärft hatte. Wie Schauff vermerkte, wurden die Koalitionsbemühungen und -verhandlungen der Zentrumsführung mit der NSDAP von den Parteianhängern und der Fraktion keineswegs positiv aufgenommen. Schließlich hatte die Partei beim Reichspräsidenten gegen die terroristischen Wahlkampfmethoden der Nationalsozialisten protestiert[179], und es war vielen Abgeordneten bewußt, daß die „neuheidnische" Ideologie des Nationalsozialismus von höchster kirchlicher Warte abgelehnt wurde[180].

Im letzten Reichstagswahlkampf im Februar/März 1933 war der Hauptgegner der Partei weniger Hitler als Hugenberg. Die Verhandlungsführer Kaas und Perlitius, aber auch die übrigen Parteiführer besaßen, wie Schauff anmerkt, kaum ein „Gespür" für das „Totalitär-Dämonische" der neuen Machthaber[181]. Die fatale Unterschätzung der nationalsozialistischen Bewegung führte schließlich zur Zustimmung zum sogenannten Ermächtigungsgesetz. Nach der nationalsozialistischen Machtübernahme und vor allem im Vorfeld der angesetzten Neuwahlen hatte das Zentrum als „Systempartei" gleichwohl bald die ersten Repressionsmaßnahmen erfahren, waren die Presse unterdrückt und nach dem Reichstagsbrand am 27. Februar 1933 die ersten einschneidenden Notverordnungen

---

[178] Ebenda, S. 23.
[179] Vgl. Das Zentrum 3 (1932), S. 206; Morsey, Untergang, S. 53.
[180] Vgl. Wahlhirtenbrief der Fuldaer Bischofskonferenz vom 12. Juli 1932; Morsey, Untergang, S. 22, 51.
[181] Schauff, Aus meiner beruflichen und politischen Arbeit, S. 6 f; Morsey, Untergang, S. 88 ff.

erlassen worden. Am 9. März wurde der oberschlesische Zentrumspolitiker Prälat Ulitzka, dem Schauff aus der Zeit seiner schlesischen Wahlkämpfe freundschaftlich verbunden war, von der SA mißhandelt und in Schutzhaft genommen[182]. Ein anderer Aspekt, der auch Schauff direkt betraf, war die Verdrängung von Zentrumspolitikern aus ihren Stellungen im öffentlichen Leben und im Öffentlichen Dienst[183].

Bereits mit der Auflösung des Reichstags war vom Kabinett beschlossen worden, dem neuen Parlament ein Ermächtigungsgesetz vorzulegen, ein Vorgang, mit dem Hitler einen Schlußpunkt hinter die Verhandlungen mit den allzu gutgläubigen Zentrumsvertretern gesetzt hatte[184]. Auch die späteren Bemühungen, auf die inhaltliche Formulierung des Ermächtigungsgesetzes Einfluß zu nehmen, scheiterten: Am 20. März hatten Kaas und Stegerwald mit Hitler und Frick verhandelt, später hatte Brüning sich sogar bemüht, mit dem bis dahin befehdeten Hugenberg in der Sache ein Zweckbündnis zu schließen[185]. Auch diese Verhandlungen waren, wie Schauff kritisierte, ohne Hinzuziehung der Fraktion geführt worden. Gleichwohl war eine Mehrheit der Abgeordneten grundsätzlich bereit, dem Ermächtigungsgesetz zuzustimmen; neben einem gewissen Verständnis für die von nationalsozialistischer Seite angeführte politische Begründung für einen solchen Eingriff dürfte hierbei der zunehmende terroristische Druck der SA auf den Straßen wie innerhalb des Parlaments nicht ohne Einfluß gewesen sein. Beratungen innerhalb der Fraktion bzw. eine offene Aussprache waren zu diesem Zeitpunkt kaum noch möglich; hinzu kam, daß der entsprechende Gesetzentwurf entgegen der Zusage Hitlers der Fraktion nicht übermittelt worden war.

Die Bereitschaft, positiv auf die Gesetzesvorlage zu reagieren, war innerhalb der Fraktion vor allem von Hackelsberger[186] gefördert worden, aber auch Kaas, der nach Schauff „der Fraktion die Zustimmung mit überklugen Argumenten schmackhaft zu machen" bemüht war, spielte eine zweideutige Rolle[187]. Obwohl die taktisch geschickten Ausführungen des Reichskanzlers Hitler zu dem Gesetz in der Reichstagssitzung vom 23. März 1933 die Mehrheit der Zentrumsabgeord-

---

[182] Gerhard Webersinn, Prälat Carl Ulitzka, in: Jahrbuch der Schlesischen Friedrich-Wilhelm-Universität zu Breslau 15 (1970), S. 191; Hitze, Die Zentrumspartei, S. 175 f.

[183] Diese Verdrängung sollte später für das Wiedergutmachungsverfahren Schauffs in der deutschen Bundesrepublik eine Rolle spielen. Allerdings war die GFK ursprünglich eine Gesellschaft bürgerlichen Rechts und später ein eingetragener Verein (Boyens, Siedlung, Bd. I, S. III und 77 ff.); vgl. den Wiedergutmachungsbescheid Johannes Schauff vom 26. Juni 1959, IfZ, NL Schauff, Bd. 27; zu dem Vorgang der Wiedergutmachung siehe unten, S. 136 f.; Morsey, Untergang, S. 105 f.

[184] Ebenda, S. 92.

[185] Ebenda, S. 126 ff.

[186] Albert Hackelsberger (1893–1940), MdR 1932–33, anschließend bis 1938 (Ausschluß) Gaststatus in der NSDAP-Fraktion; 1938 Verfahren wegen Volksverrat und bis 1940 in Haft.

[187] So heißt es in einer „Eidesstattlichen Erklärung" des sozialdemokratischen Politikers und früheren Reichstagsabgeordneten Heinrich Ritzel vom 30. August 1961, daß ihn Kaas zu einem positiven Votum gedrängt habe: „Herr Ritzel, Sie haben Frau und drei Kinder; ich beschwöre Sie, stimmen sie dem Ermächtigungsgesetz zu" (IfZ, NL Schauff, Bd. 24); vgl. auch Morsey, Untergang, S. 256, Anm. 6.

neten schließlich zu beruhigen vermochten, war eine Minderheit unter Brüning entschlossen, mit „Nein" zu votieren. Daraufhin setzte Kaas in der Sitzungspause eine Probeabstimmung an. Unterlagen oder Stimmzettel zu dieser Abstimmung sind nicht mehr vorhanden. Nach Schauffs Aufzeichnungen vom Dezember 1934 gehörten zu der dissidenten Gruppe 15 von insgesamt 72 Abgeordneten[188]. Darunter fanden sich Heinrich Brüning und führende Zentrumspolitiker wie Joos und Wirth sowie andere prominente Abgeordnete wie Bolz, Bockius, Dessauer, Ersing, Fahrenbrach, Imbusch, Christine Teusch und Helene Weber[189] sowie jüngere bzw. neu gewählte Zentrums-Parlamentarier – neben Schauff Hermann Joseph Schmitt[190] und Jakob Kaiser.

Für den weiteren Fortgang der Dinge blieb der Vorgang dieser Probeabstimmung jedoch ohne Konsequenzen. Auf Kaas' Drängen hin beschloß die Fraktion, mit Rücksicht auf das Schicksal der Partei ein „entpersönlichtes" Votum abzugeben und, der Mehrheit folgend, geschlossen für das Ermächtigungsgesetz zu stimmen. In der am Nachmittag weitergeführten Sitzung votierten schließlich die 72 Zentrums-Abgeordneten, darunter auch Schauff, ohne Ausnahme mit Ja[191].

Ausschlaggebend für diese Entscheidung war einerseits wohl das Bemühen, bei der von Hitler propagierten „nationalen Sammlung" politisch nicht abseits zu stehen, zum andern brachte die Zustimmung zum Ermächtigungsgesetz für das Zentrum scheinbar durchaus inhaltliche Vorteile wie z. B. die Sicherung der katholischen Schulerziehung und die Respektierung der Länderkonkordate – Hitler hatte in seiner Reichstagsrede ausdrücklich auf die guten Beziehungen zum Heiligen Stuhl hingewiesen, die es auszugestalten gelte. Darüber hinaus mag Furcht die Entscheidungsfindung der Abgeordneten beeinflußt haben, stand doch das Schicksal der Sozialdemokraten und Kommunisten in den Konzentrationslagern vielen warnend vor Augen. Doch blieb die Fraktion letztlich der Gefangene des eigenen Zähmungs- und Tolerierungskonzepts gegenüber den Nationalsozialisten sowie der eigenen Sammlungsparole[192]. Für viele Zentrums-Parlamentarier bedeutete die Entscheidung für das Ermächtigungsgesetz eine schwere Hypothek, die noch lange nachwirkte; zwischen Brüning und Kaas bewirkte sie eine nachhaltige und tiefe Entfremdung.

Die nunmehr „legalisierte" politische Entwicklung schritt allerdings rasch über das Zentrum hinweg. Nachdem Kaas am 7. April nach Rom abgereist und Wirth

---

[188] Morsey hat recherchiert, daß es sich wohl um 12 bis 14 Abgeordnete gehandelt habe (Morsey, Untergang, S. 140).

[189] Von den genannten Zentrumsabgeordneten wurden Fritz Bockius und Eugen Bolz noch 1945 im Konzentrationslager Mauthausen (Bockius) und in Plötzensee (Bolz) ermordet; Josef Joos (ab 1940), Heinrich Fahrenbrach (1944) und Joseph Ersing (1944) waren in Konzentrationslager- und Gefängnishaft; Helene Weber und Christine Teusch wurden mit Berufsverbot belegt und von der Gestapo schikaniert; Heinrich Brüning, Joseph Wirth, Friedrich Dessauer und Heinrich Imbusch gingen in die Emigration. Alle Biographien in M.d.R. Die Reichstagsabgeordneten der Weimarer Republik in der Zeit des Nationalsozialismus, sowie in BHB I.

[190] Zur Biographie Hermann Joseph Schmitt siehe S. 55, Anm. 165.

[191] Bei der Abstimmung fehlte der Zentrumsabgeordnete Karl Diez. Morsey, Untergang, S. 143.

[192] Ebenda, S. 162.

bereits am 24. März emigriert war[193], geriet die Partei in eine Phase vollständiger Führungslosigkeit, bis am 7. Mai Heinrich Brüning zum neuen Parteivorsitzenden gewählt wurde. Die danach erfolgte geradezu kultische Hinwendung zum Führerprinzip und die in Angriff genommenen Reorganisationspläne, bei denen vor allem junge Kräfte wie Schauff eingesetzt werden sollten, konnten den beschleunigten Niedergang der Partei dennoch nicht aufhalten. Auch Brüning war um Vorleistungen gegenüber dem nationalsozialistischen Regime bemüht, wenn es sich um den Appell an nationale Gemeinsamkeiten handelte – so zuletzt anläßlich Hitlers außenpolitischer Regierungserklärung auf der Reichstagssitzung vom 17. Mai 1933. Dieses nachgiebige Verhalten erschien den Gegnern jedoch als ein Zeichen der Schwäche, die sie zu sich steigernden Angriffen auf den politischen Katholizismus nutzten. Zu gleicher Zeit wurde bekannt, daß Kaas in Rom an Konkordatsverhandlungen mit dem Vatikan beteiligt war. Ein an Brüning übersandter Entwurf wurde von diesem als ungenügend abgelehnt, die an der Partei vorbei geführten Verhandlungen offenbarten zugleich deren politisches Abseits und trugen damit zur steigenden Resignation des Vorsitzenden bei. Das Bemühen einer kleinen Gruppe von jüngeren Abgeordneten – darunter Johannes Schauff und Bernhard Letterhaus – angesichts des sich abzeichnenden Niedergangs ein „anständiges Sterben" des Zentrums in die Wege zu leiten, blieb erfolglos[194].

In der zweiten Junihälfte 1933 begannen Regierung und NSDAP, mit terroristischen Maßnahmen die Zentrumspartei zu zerschlagen; eine Reihe ihrer Abgeordneten wurde verhaftet[195]. Nachdem am 22. Juni das Verbot der SPD erfolgt war, wurden im Zuge der Gleichschaltungsmaßnahmen zahlreiche katholische Organisationen aufgelöst, darunter die Windthorstbunde; der Volksverein für das katholische Deutschland löste sich selbst auf. Auch die bevorstehende Paraphierung des Reichskonkordats (8. Juli 1933) verhalf dem Zentrum nicht aus seinem politischen Dilemma, vielmehr konnte Hitler nunmehr die von ihm propagierte positive Regelung der Beziehungen zur katholischen Kirche als Erfolg verbuchen, zu dem er die Zentrumspartei nicht mehr benötigte[196].

Die Selbstauflösung des Zentrums wurde vor allem von Hackelsberger betrieben, der zugleich mit Innenminister Frick verhandelte, um Zentrumsabgeordnete als Hospitanten in die Reichstagsfraktion der NSDAP zu übernehmen. Am 5. Juli 1933 schließlich wurde nach letzten Gesprächen zwischen Brüning, Joos, Hakkelsberger und Wegmann die Selbstauflösung des Zentrums bekanntgegeben[197]. In dem alsbald gegründeten „Kuratorium für das Restvermögen" der Partei, das

[193] Wirth war am 24. März 1933 in die Schweiz emigriert, BHB I; zu Kaas' Emigration und ihrer Motivation vgl. Georg May, Ludwig Kaas, Bd. 3, S. 371 ff.; zur Emigration von Kaas und Wirth (und Brüning) vgl. Morsey, Leben und Überleben um Exil, S. 86–117.
[194] Morsey, Untergang, S. 191.
[195] Am 19. Juni 1933 war Eugen Bolz verhaftet und mißhandelt worden, später auch der württembergische Reichstagsabgeordnete und Gewerkschaftsführer Josef Ersing; Helene Weber wurde als Ministerialrätin im preußischen Kultusministerium entlassen.
[196] Allgemein zum Reichskonkordat von 1933: Volk, Das Reichskonkordat; Morsey, Untergang, S. 202 f.
[197] Der in der Presse veröffentlichte Auflösungsbeschluß abgedruckt in: Morsey, Die Deutsche Zentrumspartei, S. 439 f.

die finanzielle Gesamtabwicklung regeln sollte, übernahm Schauff eine letzte Auf-
gabe[198]. Er figuriert auch auf einer weiteren Hospitantenliste für die NSDAP, die
Hackelsberger am 19. Oktober 1933 Frick vorlegte und die 27 Namen umfaßte[199].
Akzeptiert wurden schließlich lediglich Hackelsberger und der württembergische Gutsbesitzer Oskar Farny. „Ich war anwesend", erinnert sich Schauff, „als
Domkapitular Lenné/Köln bei Dr. Hackelsberger in Berlin im Auftrag des Kölner
und des Breslauer Kardinals intervenierte[200], damit möglichst viele katholische
Abgeordnete übernommen würden. Hackelsberger hat aber eine Vorschlagsliste
abgegeben, die ausgesprochene Nazigegner enthielt und sie dadurch zum Schei-
tern gebracht. Er selbst wurde übernommen sowie Dr. Farny ... Als politischer
Vertrauensmann von Erzbischof Gröber/Freiburg hielt Hackelsberger engen
Kontakt mit Kaas im Vatikan. Ich traf ihn mehrfach in Rom, voller Sorge und
Skepsis über die Haltbarkeit des Konkordats."[201] Rom war zu dieser Zeit für die
Familie Schauff bereits die erste Station ihres Weges in die Emigration. Doch
räumte Johannes Schauff keineswegs völlig kampflos das Feld.

---

[198] Dem Kuratorium, das sich am 18. Oktober 1933 wieder auflöste, gehörten neben Schauff
Heinrich Krone, Hackelsberger, Gerig, Wegmann und Landgerichtsdirektor Cremer an.
Morsey, Untergang, S. 211.
[199] Neben Schauff und Hackelsberger selbst befinden sich auf dieser Liste die weiteren Namen Krone, Fonk, Wegmann und Vockel, vgl. Morsey, Untergang, S. 212, Anm. 19.
[200] Kardinal Karl Joseph Schulte (Köln) und Kardinal Adolf Bertram (Breslau).
[201] Schauff, „Wer von den Zentrumsabgeordneten wurde in die nationalsozialistische Fraktion als Hospitant und später auf die Einheitsliste der NSDAP übernommen und gewählt?" (Ms. [Entwurf], IfZ, NL Schauff, Bd. 24).

III. Opposition und Widerstand

Wie schon angeführt, brachte Schauff seine Betrachtungen über das Ende der Weimarer Republik im Dezember 1934 zu Papier, während seiner Rückreise von Südamerika auf der „Oceania", einer der Reisen zur Vorbereitung der Emigration. Der Blick zurück im Zorn wurde zusätzlich durch die Erkenntnis verdunkelt, daß inzwischen alle Hoffnung auf Widerstand und einen Sturz Hitlers geschwunden war.

Schauff war selbst involviert in jenen Widerstandsversuch von konservativer Seite, den Hitler mit der Mordaktion vom 30. Juni 1934 im Zusammenhang mit dem „Röhm-Putsch" gleichfalls auszuschalten trachtete. Als junger Politiker eher dem linken Zentrum um Wirth zuzurechnen, war Schauff seiner eigenen Aussage nach durch die Erfahrung der Regierung Brüning und aufgrund der allgemeinen politischen Entwicklung am Ende der Weimarer Republik zum Anhänger eines „konservativ-autoritären Regierungssystems" geworden[1]. Im Mai 1933 war er von seinen Ämtern in der Leitung der Reichsstelle für Siedlerberatung und als geschäftsführendes Mitglied der GFK zurückgetreten; bereits einen Monat zuvor war der Verwaltungsrat der Deutschen Siedlungsbank, dem Schauff ebenfalls angehörte, aufgelöst worden[2]. Schauffs Rücktrittsentscheidung wurde offenbar getroffen, um einer drohenden Entlassung mit unwägbaren politischen und finanziellen Komplikationen zuvorzukommen. Sie sollte aber auch den nötigen Spielraum für Widerstand oder die möglicherweise unausweichlich gewordene Emigration schaffen.

Nach Hitlers Ernennung zum Reichskanzler erlebte der Preußens Gloria so skeptisch gegenüberstehende Rheinländer Schauff den „Tag von Potsdam" (21. März 1933) mit dem Bild des Händedrucks zwischen dem zum Reichskanzler avancierten Weltkriegsgefreiten und dem Feldmarschall und Reichspräsidenten Hindenburg. Er mußte erleben, wie katholische Abgeordnete der NSDAP, darunter Heinrich Himmler, sich im Gottesdienst in der Stadtkirche provokativ respektlos verhielten; die Zentrumsabgeordneten waren zudem bei ihrer Anreise im Autobus nach Potsdam von der Kriminalpolizei molestiert worden, die sie auf Waffen durchsuchen wollte[3]. Dies waren systematische Einschüchterungsversuche, ebenso wie zwei Tage später bei der parlamentarischen Behandlung des Ermächtigungsgesetzes die massive Präsenz der SA im Sitzungssaal. Die demokratischen Parteien resignierten, doch regte sich auch Widerstand.

---

[1] Schauff, Aus meiner beruflichen und politischen Arbeit, S. 3.

[2] Schreiben des Stellvertretenden Vorsitzenden des Verwaltungsrates der Deutschen Siedlungsbank an Johannes Schauff vom 13. April 1933 sowie der Gesellschaft zur Förderung der inneren Kolonisation an Johannes Schauff vom 1. Juni 1933 (IfZ, NL Schauff, Bd. 9).

[3] Vgl. Morsey, Untergang, S. 128; Bericht des damaligen DNVP-Abgeordneten Edmund Forschbach: „Vier Tage, die Deutschland zum Verhängnis wurden. Meine Erlebnisse und Beobachtungen in Berlin und Potsdam vom 20. bis 23. März 1933" (IfZ, NL Schauff, Bd. 2).

Am Abend der pompösen Inszenierung des Potsdamer Staatsaktes wurde Johannes Schauff von seinem bereits erwähnten Reichstagskollegen Hermann Joseph Schmitt, Generalsekretär der katholischen Arbeiter- und Arbeiterinnenvereine, zu einem Treffen mit Edgar Julius Jung im Hotel „Excelsior" mitgenommen. Schmitt hatte sich aufgrund der unwürdigen Behandlung der Zentrumsabgeordneten geweigert, an der Potsdamer Zeremonie teilzunehmen; das Zusammentreffen mit Jung und seinem Kreis war der erste Kontakt mit einem Kreis, der zu aktivem Widerstand bereit war.

Jung, ein aus der Pfalz stammender Münchner Rechtsanwalt, der früher gegen die Separatisten in seiner Heimat gekämpft hatte, war einer der intellektuellen Protagonisten der „konservativen Revolution"[4]. Sein Einfluß wirkte vor allem in der Studentenschaft, wo er im „Jungakademischen Klub" in München gegen die nationalsozialistische Bewegung in früher Erkenntnis ihres totalitären politischen Anspruchs Front machte[5]. Dabei entwickelte sich sein politisches Credo in der Auseinandersetzung mit den Nationalsozialisten zu einem dezidiert christlichen Staatsverständnis mit einem transzendentalen Bezug des politischen Handelns. Er wandte sich gegen die Vermassung und Gleichschaltung im totalen Staat und seine Darstellung als Religionsersatz. Gegen Aufklärung und Säkularisierung wurde die Forderung nach einer Rückkehr zu neuer Religiosität und einer universalistischen Weltanschauung erhoben[6]. Jungs Einfluß nahm schließlich noch zu, als er nach Papens Ernennung zum Reichskanzler Juni 1932 als dessen Referent und Ghostwriter in Berlin arbeitete. Er behielt diese Stellung auch nach Papens Rücktritt und gehörte nach dessen Eintritt in die Regierung Hitler zum Mitarbeiterstab der Vizekanzlei. Hier hielt er Kontakte zur Reichswehr und erörterte Möglichkeiten der Opposition u.a. mit Otto Graf, Rudolf Pechel, Martin Spahn, Eduard Stadtler, Hans Bernd Gisevius[7] und Edmund Forschbach. Letzterer sollte zusam-

---

4 Zur Biographie Jungs: Forschbach, Edgar J. Jung.; Korrespondenz Schauff – Forschbach, in: IfZ, NL Schauff, Bd. 2 u. 33; Mehringer, Widerstand und Emigration, S. 112ff.
5 Diese Aktivitäten riefen sehr bald die Nationalsozialisten auf den Plan: Vgl. Schreiben Baldur von Schirach an die NS-Hochschulgruppe Jena vom 20. November 1928: „… Dr. Edgar Jung, Halbjude [eine Desinformation], der sich gerne als ‚hundertprozentiger Revolutionär' bezeichnet, hat mit der NSDAP nichts zu tun. Ich persönlich halte ihn für den schlimmsten Feind der Bewegung" (zit. in: Forschbach, Edgar J. Jung, S. 14).
6 Zur intellektuellen Haltung und Entwicklung Jungs vgl. Forschbach, Edgar J. Jung, und Graß, Edgar Jung, in: Ders., Papenkreis und Röhmkrise, S. 6 ff. und 79 ff. Sie steht im geistigen Kontext des konservativen Widerstandes schlechthin. Vgl. Klemperer, Glaube, Religion, Kirche; Solchany, Vom Antimodernismus zum Antitotalitarismus.
7 Pechel, Spahn und Stadtler gehörten zum nationalkonservativen Spektrum der Weimarer Republik: Spahn und Stadtler, beide DNVP, waren 1933 Hospitanten bzw. Mitglieder der NSDAP-Reichstagsfraktion (Stadtler bis November 1933, Spahn bis 1945); Pechel war aufgrund seiner Verbindungen zum konservativen Widerstand 1942–1945 in den Konzentrationslagern Sachsenhausen und Ravensbrück; Gisevius, bis 1935 höherer preußischer Polizeibeamter, gehörte ab 1938 zum aktiven Widerstand (Attentatsvorbereitung), ab 1940 Vizekonsul in Zürich, Kontakte zu Allen W. Dulles und dem amerikanischen Geheimdienst; Otto Graf, MdR Juli 1932–November 1933 (BVP), war Regierungsrat in Amberg und Regensburg, 1933 in Schutzhaft.

men mit Schmitt und Johannes Schauff die Verbindung mit oppositionellen Kreisen im Rheinland herstellen[8].

Als Hitler im November 1933 auf einer Einheitsliste den neuen Reichstag wählen ließ, konnten Hindenburg und Papen erreichen, daß eine Anzahl von „parteilosen" Kandidaten nominiert wurde. Jung und seine Freunde sahen hierin eine Möglichkeit, das NS-Regime von innen zu bekämpfen: Auf der von Jung und Papens Pressereferent Herbert von Bose zusammengestellten Liste figurierten rund 80 Nicht-Nationalsozialisten aus den bürgerlichen Parteien und dem Zentrum, darunter auch Johannes Schauff. Das Unternehmen scheiterte: Nur ein knappes Dutzend der vorgeschlagenen Kandidaten wurde von der Parteikanzlei akzeptiert. Die Ablehnung von Schauff war jedoch schon vorher durch das Büro des Reichspräsidenten erfolgt. Dort hatte man offenbar Schauffs Engagement in der Siedlungsbewegung noch in frischer Erinnerung[9].

Nach diesem vergeblichen Versuch einer legalistischen Opposition traten die konspirativen Widerstandspläne dieser Kreise in ein neue Phase. Eine zentrale Rolle spielte dabei die spannungsgeladene Beziehung zwischen Reichswehr und SA, über die Papen und seine jungkonservativen Ratgeber erwartungsgemäß gut unterrichtet waren. Bei einer Zuspitzung der Krise sollte Papen aufgrund seiner Vertrauensstellung beim Reichspräsidenten eine Ablösung der Regierung Hitler erreichen.

Eine bewußte Provokation der Nationalsozialisten bedeutete schließlich Papens Rede vor Marburger Studenten am 17. Juni 1934, die dem konservativen Widerstand zur Artikulation verhelfen sollte. Autor der Rede war Edgar Jung[10], der in seinem Redeentwurf noch einmal seine Einschätzung des Nationalsozialismus akzentuierte. Die Rede forderte eine Abwendung vom „Staatstotalismus" und die definitive Einstellung des Terrorregimes und griff die NSDAP wegen ihres Byzantinismus und Personenkults sowie der sich zunehmend ausbreitenden Korruption an. Sie kritisierte die Gleichschaltung der Presse und wandte sich gegen die Ausgrenzung von Minderheiten. Einen „widernatürlichen Totalitätsanspruch" müsse man aus religiöser und christlicher Motivation ablehnen, sonst bestehe die Gefahr, daß Deutschland im Kreis der christlichen Völker Europas isoliert werde. Den Angriffen des Nationalsozialismus auf die Kirchen wurde die Forderung entgegengestellt, auf die Revolution von 1789 und den Vorgang der Säkularisation und Rationalisation einen religiös fundierten Staat folgen zu lassen, der das „Leben wieder unter die natürlichen Gesetze der Schöpfung stellt". Die neuen Machthaber glaubten, alles Leben organisieren zu können, das damit jedoch nur mechanisiert werde. Dieser hier erkennbare Primat des Geistes über das

---

8 Edmund Forschbach (1903–1988) war damals Rechtsanwalt in Dortmund, ab 1934 beim Oberlandesgericht in Köln, 1933 (bis Oktober) MdL Preußen für die DNVP; Juli 1933 zum Führer des Cartellverbandes der Katholischen Deutschen Studenten-Verbindungen (CV) berufen, der im März 1934 gleichgeschaltet wurde (Überführung in die „Deutsche Studentenschaft"– siehe unten, S. 68 ff.).

9 Vgl. Edmund Forschbach, Edgar Jung und der Widerstand gegen Hitler, S. 84 f.; Forschbach, Brief an Schauff (IfZ, NL Schauff, Bd. 2 u. 33).

10 Abdruck in Forschbach, Edgar J. Jung, S. 154–194; Graß, Edgar Jung, in: Papenkreis, S. 226 ff.

Materielle, der Verlust des Glaubens und die Abwendung von Gott als die eigentliche Ursache für das Aufkommen des Totalitarismus ist ein wesentlicher Bestandteil der geistigen Identität des konservativen Widerstandes, der auch die
Frauen und Männer des 20. Juli 1944 prägte[11]. Einige von ihnen gehörten bereits
in der beschriebenen Zeitphase zum Widerstand und bildeten über die Jahre hinweg ein Netzwerk, das schließlich, so wird zu zeigen sein, über 1945 hinaus wirksam wurde.

Johannes Schauff hatte bereits Mitte Mai von Edgar Jung einen Entwurf seiner
Redevorlage für Papen erhalten und an Brüning weitergeleitet[12]. Allerdings
führten die Folgen der Marburger Rede schließlich zu einem ersten Scheitern des
konservativen Widerstands. Doch waren dessen Protagonisten bis zum sogenannten Röhm-Putsch, d. h. jener Mordaktion des 30. Juni 1934, durchaus noch vom
Gelingen ihrer Pläne überzeugt. Die Marburger Rede hatte in diesen Plänen die
taktische Funktion, den Ausbruch der schwelenden Krise zwischen Reichswehr
und SA zu beschleunigen. Zwar suchte Goebbels die Verbreitung der Rede in der
Presse und im Rundfunk zu unterbinden, die Resonanz in der Öffentlichkeit war
dennoch beträchtlich, zumal man der Auslandspresse den Redetext im vorhinein
zugespielt hatte[13].

Papens Mitarbeiter aus der Vizekanzlei versuchten ihrerseits direkten Einfluß
auf die Reichswehr zu nehmen und die Opposition gegen die SA zu munitionie-
ren[14]. Die sich zuspitzende Krise sollte zum auslösenden Faktor für die Entlassung der Regierung Hitler und die Übernahme der Macht durch Konservative
und Reichswehr werden. Eine zentrale Funktion in diesem Plan kam dem Reichspräsidenten zu, dem die Reichswehr unterstand und der allein die amtierende
Regierung entlassen konnte. Die Bemühungen, den Reichspräsidenten durch Vermittlung seines Sohnes Oskar für das weitere Vorgehen zu gewinnen, scheiterten
jedoch daran, daß dieser den Umsturzplan im Reichswehrministerium Blomberg
mitteilte, der seinerseits Reichenau informierte. Dadurch wurde auch Hitler zumindest soweit ins Bild gesetzt, daß er die ihm von konservativer Seite drohende
Gefahr erkannte und – offenbar erst danach – den geplanten Schlag gegen die SA-
Führung auf den Papen-Kreis und auf weitere katholische und demokratische
Politiker ausdehnte[15]. Bereits am 25. Juni 1934 war Edgar Jung aufgrund der von
ihm verfaßten Rede auf persönliche Anordnung Hitlers von der Gestapo verhaftet

[11] Solchany, Vom Antimodernismus zum Antitotalitarismus, S. 382 ff.: Mehringer, Widerstand und Emigration, S. 187 ff.
[12] Der Entwurf des Redetextes wurde Schauff im Hause von Wilhelm Fonk (MdR des Zentrums 1932/33, Parteisekretär) im Beisein von Pater Friedrich Muckermann übergeben.
Schauff berichtet, daß er selbst die Bekanntschaft von Brüning und Jung vermittelt habe
(Schauff an Morsey, 20. Juli 1982, Anlage, IfZ, NL Schauff, Bd. 35).
[13] Forschbach, Edgar Jung und der Widerstand gegen Hitler, S. 88; Graß, Edgar Jung, in:
Papenkreis, S. 236 ff.
[14] Die Kontakte bestanden zu den Generälen Rundstedt, Witzleben, Bock, Kluge und Adam
(und nicht zu Blomberg und Reichenau) – alles Männer, die später in unterschiedlich enger
Verbindung zum militärischen Widerstand gegen Hitler standen; über Jung und Franz
Mariaux liefen die Kontakte zu Schleicher und Bredow (Graß, Edgar Jung, in: Papenkreis,
S. 235, Anm. 602).
[15] Ebenda, S. 264 ff.

worden. Alle Interventionen Papens zu seiner Freilassung waren vergeblich. Fünf Tage nach Jungs Verhaftung, am 30. Juni, fand dann die blutige Generalabrechnung Hitlers mit seinen tatsächlichen und potentiellen Gegnern statt, die, bar jeglicher gesetzlichen Norm, an die Stalinschen Säuberungen erinnert. Neben der SA-Führung und prominenten Parteirivalen wie Gregor Straßer wurden General Kurt von Schleicher ermordet, Edgar Jung, die Katholiken Erich Klausener und Adalbert Probst[16] sowie der bereits erwähnte Pressechef Papens, Herbert von Bose, Generalmajor Ferdinand von Bredow und Gustav von Kahr[17].

Schauff war in diese Ereignisse direkt involviert. Als ihn Edmund Forschbach am 25. Juni in Steinfeld in der Eifel besuchte, wohin sich die Familie nach dem Reichstagsbrand zurückgezogen hatte, erörterten sie Pläne zur Ausschaltung der SA und SS im entmilitarisierten Rheinland, wenn die Reichswehr losschlage. Man erwog die Möglichkeit, die St.-Sebastianus-Schützenbruderschaften, die zu diesem Zeitpunkt mehr als 100000 aktive Mitglieder umfaßten[18], durch die Reichswehr bewaffnen zu lassen[19]. Die Vermittlerrolle zwischen Reichswehr und den St.-Sebastianus-Bruderschaften hatte Schauffs Freund Adalbert Probst übernommen. Das weitere Vorgehen sollte bei einer Zusammenkunft mit Edgar Jung, Forschbach, Schauff und Paul Franken[20] in Forschbachs Wohnung in Köln abgesprochen werden; Franken wollte zudem Walther Hensel hinzuziehen, damals Syndikus der Stadtverwaltung Düsseldorf[21]. Als dieses Treffen schließlich am 30. Juni stattfand, war Jung allerdings bereits verhaftet und der Widerstand ohne Unterstützung der Reichswehr gescheitert. Über ausländische Sender hörten die Verschwörer von der Ermordung Jungs, Boses und Probsts.

---

16 Klausener war Ministerialdirektor im Reichsverkehrsministerium, Leiter der Katholischen Aktion in Berlin, einer der einflußreichsten katholischen Laien; Adalbert Probst war Mitglied der Reichsleitung der Deutschen Jugendkraft (DJK), verantwortlich für den – im Zuge der nach 1933 einsetzenden Gleichschaltungsbestrebungen der Nationalsozialisten gegenüber den konfessionellen Jugendverbänden – bei der DJK eingeführten, vormilitärisch ausgerichteten Geländesport (vgl. Schellenberger, Katholische Jugend, S. 134 ff.).

17 Unter Kahr – damals Generalstaatskommissar in Bayern – war 1923 der „Hitler-Putsch" niedergeschlagen worden; Bredow war Chef des Ministeramts und Vertrauter des Reichswehrministers und späteren Reichskanzlers Kurt von Schleicher. Zur Liquidierung der „alten Eliten" durch das NS-Regime anläßlich des „Röhm-Putsches" vgl. u. a. Mehringer, Widerstand und Emigration, S. 114 ff.

18 Die „Erzbruderschaft vom Heiligen Sebastianus" war vor allem im Rheinland und in Westfalen aktiv und eine typische Organisation des katholischen Milieus, das dem Nationalsozialismus ablehnend gegenüberstand. Sie wurde 1936 aufgelöst. Wiedergründung 1948 auf Diözesanebene und 1951 als „Zentralverband der Historischen Deutschen Schützenbruderschaften". Die Zahlenangaben nach einer Information des Archivs des Zentralverbands der Historischen Deutschen Schützenbruderschaften in Leverkusen, das über keine Unterlagen mehr verfügt, diese weiter zu präzisieren (Hochrechnung ca. 125000 Mitglieder in den Jahren 1933/34).

19 Forschbach, Brief an Johannes Schauff, S. 82 f.

20 Franken war 1930–1936 Geschäftsführer des Kartell-Verbandes der katholischen Studentenvereine Deutschlands, 1937–1939 in Haft.

21 Hensel gehörte zum Führungskreis der katholischen Jugend Deutschland und stand in Verbindung mit deren Generalpräses Ludwig Wolker (Zeugenschrifttum Walther Hensel, IfZ, ZS 534).

Der Bauernhof in der Eifel wurde nun zum Refugium nicht nur der Familie Schauff, sondern auch für gefährdete und politisch verfolgte Freunde. Der Eifelhof war das Elternhaus von Karin Schauff, das Ende der zwanziger Jahre in den Besitz der jungen Eheleute gelangt war, zu einer Zeit, als sie, bereits in Unruhe wegen der zunehmenden politischen Radikalisierung, ein sicheres Ausweichquartier suchten[22]. Als einer der ersten fand hier Edmund Forschbach Zuflucht, dem wegen seiner persönlichen Nähe zu Jung politische Verfolgung drohte und der im Juli 1934 auch sein Reichstagsmandat verloren hatte[23]. Über Steinfeld floh Forschbach vorübergehend nach Holland, wo er in dem Jesuitenkolleg in Valkenburg Zuflucht fand[24].

Als Forschbach im September 1934 wieder zurückkehren konnte, hatte vor allem jener rheinische Widerstandskreis an Kontur gewonnen, dessen Anfänge mit Edgar Jungs Aktivitäten zusammenhängen. Dieser Kreis besaß über Hermann Joseph Schmitt Verbindung zu den katholischen Arbeitervereinen, deren Widerstand sich im Ketteler-Haus in Köln konzentrierte[25], und zu Vertretern der ehemaligen christlichen Gewerkschaften. Johannes Schauff hatte den Kontakt zu Karl Thieme und mit diesem zusammen zu den katholischen Jungmänner-Organisationen hergestellt. Über den Berliner Rechtsanwalt Josef Wirmer[26] und über Forschbach waren Walther Hensel und Paul Franken zu dem Kreis um Jung gestoßen. Nach dem 30. Juni 1934 drängten vor allem Männer wie Walther Hensel auf den Aufbau einer planmäßigen Widerstandsbewegung. Zu diesem Kreis gehörten ebenso der ehemalige Landesgeschäftsführer der christlichen Gewerkschaften, Heinrich Körner, sowie Eduard Stadtler. Über Hensel lief der Kontakt zu Karl Arnold[27], und es bestanden über Franken enge Verbindungen zu Josef Müller[28] in München. Nach Ostern 1935 fand in der Kölner Wohnung Forsch-

---

[22] Karin Schauff, Das Klingelband („Der Eifelhof"), S. 45 f.

[23] Forschbach war im November 1933 als Hospitant der NSDAP in den Reichstag gewählt worden.

[24] Karin Schauff habe ihn zum Bahnhof noch ein Stück des Weges begleitet und ihm Guardinis „Kreuzweg" mitgegeben: Forschbach, Brief an Schauff, S. 84; Forschbach, Edgar J. Jung („Auf der Flucht"), S. 130 ff.

[25] Die Verbandsführung bestand 1933 aus Otto Müller (Verbandsvorsitzender), Bernhard Letterhaus (Verbandssekretär), Joseph Joos und Nikolaus Groß. Im Ketteler-Haus fanden ab Mitte der dreißiger Jahre Zusammenkünfte von christlichen Gewerkschaftern und Zentrumspolitikern statt, von denen einige – Jakob Kaiser, Nikolaus Groß, und Bernhard Letterhaus – über Alfred Delp später in Verbindungen zu Widerstandskreisen im Umfeld des 20. Juli 1944 standen. Groß, Letterhaus und Delp wurden hingerichtet. Vgl. Mehringer, Widerstand und Emigration, S. 100 ff.

[26] Wirmer gehörte zu den führenden Köpfen der Berliner Zentrumspartei und der katholischen Jugendbewegung (1928 mit Joseph Joos Initiator des Reichsjugendausschusses des Zentrums).

[27] Arnold war in der christlichen Gewerkschaftsbewegung tätig; 1947–1956 Ministerpräsident von Nordrhein-Westfalen.

[28] Müller war Rechtsanwalt in München, vor 1933 BVP; ab 1939 Anschluß an die Widerstandsbewegung um Ludwig Beck und Wilhelm Canaris; 1946–1949 Landesvorsitzender der CSU, bayerischer Justizminister (1947–1952) und stellvertretender Ministerpräsident (1947–1950).

bachs ein Treffen statt, an dem Johannes Schauff, Karl Thieme und Karl Fütterer[29] teilnahmen; Thieme propagierte bei dieser Gelegenheit aktiven Widerstand gegen Hitler, denn dieser strebe nach einer völligen Umwälzung des europäischen Staatensystems, die nur durch einen Krieg zu erreichen sei[30].

Weitere Verbindungen bestanden zu dem ehemaligen Düsseldorfer Oberbürgermeister Robert Lehr, in Berlin konnten wenig später Hensel und Körner den Kontakt zu Jakob Kaiser herstellen – und damit eine Verbindung zu einem Kreis in der Hauptstadt, in den auch Nikolaus Groß, Rudolf Pechel, Josef Wirmer und Franz Etzel einbezogen waren[31]. Dort versuchten die Rheinländer weiterhin, die Armee in Pläne zum Sturz des nationalsozialistischen Regimes einzubinden, da man realistischerweise davon ausging, daß nur mit ihrer Unterstützung ein solches Vorhaben gelingen könne. Durch die Vermittlung Lehrs kam schließlich der Kontakt Kaisers zu Generaloberst Hammerstein-Equord, bis 1. Februar 1934 Chef der Heeresleitung und Gegner Hitlers, zustande – und damit eine Verbindung zur Bendlerstraße, die später auch Wilhelm Leuschner und Max Habermann[32] einschloß und die sich bis zum 20. Juli 1944 als tragfähig erweisen sollte.

Im Rheinland selbst bemühte man sich mit Unterstützung von Theodor Scharmitzel, dem ehemaligen Generalsekretär der Windthorstbunde, um Einfluß auf die katholische Akademikerschaft. In diesem Kreis agierte auch Pater Ignatius Eschmann O. P., der 1937 mit großer öffentlicher Resonanz gegen die antikirchlichen Kampagnen der Nationalsozialisten vor dem Hintergrund der manipulierten Ordensprozesse von der Kanzel protestierte und infolgedessen am 2. Juli 1937 von der Gestapo verhaftet wurde. Eine weitere Verhaftungswelle hatte als konkreten Auslöser die Aufdeckung von Korruptionsskandalen in Düsseldorf, in die Nationalsozialisten verwickelt waren; ihr fielen Walther Hensel und später auch Paul Franken und Jakob Kaiser zum Opfer[33].

Im Zusammenhang mit dieser Atmosphäre der zunehmenden Bedrohung und Verfolgung erinnert sich Forschbach „besonders lebhaft" an eine Zusammenkunft mit Schauff am 16. November 1937 in Steinfeld, an der auch der frühere Vertreter der Rheinprovinz im Reichsrat, Wilhelm Hamacher, sowie die Journalisten Bachmann und Kadow teilnahmen. „Unsere Stimmung", so Forschbach, „war gedrückt, weil am Allerheiligentage Walther Hensel, der sich mutig für einen Aufbau von Widerstandskreisen im Rheinland eingesetzt hatte, von der Gestapo verhaftet worden war. Kurz danach wurden auch Paul Franken und Jakob Kaiser

---

29 Fütterer kam wie Schauff aus der Siedlungsbewegung; nach 1945 Direktor der Siedlungsgesellschaft „Rote Erde" in Münster. Über die oppositionelle Tätigkeit Fütterers unter dem Nationalsozialismus und die Zusammenarbeit mit Schauff vgl. Schauffs Rede zum 60. Geburtstag Fütterers, IfZ, NL Schauff, Bd. 33.
30 Forschbach, Edgar J. Jung, S. 136.
31 Kaiser und Etzel waren später (1949–1957 bzw. 1957–1961) Minister in der Regierung Adenauer.
32 Max Habermann, führender Vertreter des Deutschnationalen Handlungsgehilfen-Verbands, war u. a. Vertrauensmann Brünings (Morsey, Untergang, S. 238, Anm. 16).
33 Hensel wurde am 1. November 1937 verhaftet, Kaiser am 2. Februar 1938; er war bis 27. Oktober 1938 in Haft und stand ab 1941 in Verbindung mit Carl Goerdeler und dem Kreis um den 20. Juli 1944 (Zeugenschrifttum Hensel, IfZ, ZS 534; Forschbach, Edgar J. Jung, S. 141 ff.).

eingekerkert. Wir wußten jetzt, daß die Gestapo in unserer unmittelbaren Nähe ihre Opfer aufspürte ... Am Abend dieses Tages gingen wir in die Steinfelder Kirche, um für unsere gefangenen Freunde und für uns selbst den Schutz Gottes anzuflehen."[34]

Die Familie Schauff, die unterdessen definitiv nach Steinfeld umgezogen war, nachdem man noch eine Zeitlang zwischen Berlin und der Eifel hin und her gependelt war, geriet allerdings selbst zunehmend ins Visier der Gestapo. Die Kinder – mit der Geburt von Zwillingen in Steinfeld waren es unterdessen sechs – wurden in der Schule ausgegrenzt, und die von Karin Schauff bereits bei der Übernahme des Hofes zusammen mit ihrer Schwester Agnes begründete Siedlerinnenschule zur Unterstützung der Arbeit der GFK[35] sollte gleichgeschaltet werden. Schauff wurde wiederholt von der Gestapo vorgeladen – in Berlin aufgrund seiner Verbindung zu den Religiösen Sozialisten und insbesondere zu Maria Grollmus, in Steinfeld, weil man zu Recht vermutete, daß das Schauffsche Anwesen als Fluchtstation für politisch und rassisch verfolgte Menschen diente. In der Tat waren es nicht wenige, die vor allem von Karin Schauff versorgt und von ortskundigen Freunden über die grüne Grenze gebracht wurden, darunter Waldemar Gurian, ein Berliner Studienfreund der Schauffs[36]. Johannes Schauff, der bereits häufig auf Reisen war, um Emigrationsmöglichkeiten für Regimegegner zu erkunden – dabei gelangte er anläßlich einer Erkundungsreise des Völkerbundes bis in die Mandschurei[37] –, traf sich mit seiner Frau nur noch heimlich und außerhalb des Wohnortes[38].

---

[34] Forschbach, Brief an Schauff, S. 84 f.
[35] Karin Schauff, Zur Geschichte des Hauses Steinfeld (Ms.), S. 4 (IfZ, NL Schauff, Bd. 40).
[36] Siehe unten, S. 206 sowie Anm. 17; Karl Thieme berichtet in einer „Erklärung" vom 20. November 1956: Neben Gurian wurde in den Jahren 1935/36 „der einzige Sohn Erik der nach Prag emigrierten Schwiegertochter des Dichters Gustav Falke bei Schauffs aufgenommen; in der Zwischenzeit haben sie noch mehreren anderen Gefährdeten über kürzere oder längere Zeiträume hinweg bei sich Asyl gewährt; auch ich selbst und andere Mitarbeiter von Generalpräses Wolker im Düsseldorfer katholischen Jugendhaus durften wiederholt in der verhältnismäßigen Geborgenheit des Steinfelder Hauses Zuflucht finden ... Karin Schauff hat durch all dies persönlich ein großes Risiko übernommen." (IfZ, NL Schauff, Bd. 8); vgl. auch Heinz Hürten, Waldemar Gurian, S. 89.
[37] Die Reise fand 1936 statt, die Rückreise über Kanada und die Vereinigten Staaten (Mitteilung Schauffs an Professor Arnold Wolfers/Yale University vom 10. September 1942). Wolfers war Schauffs Studienkollege an der Berliner Hochschule für Politik gewesen (IfZ, NL Schauff, Bd. 8); ein von Schauff signiertes Photo („Auf Weltreise mit Kiesel Stein") in IfZ, NL Schauff, Bd. 28.
[38] Vgl. Karin Schauff, Das Klingelband, S. 47 ff.

IV. Emigration

1. Die Vorbereitung

Bereits im November 1933 war Schauff mit Erich Koch-Weser, Hans Schlange-Schöningen und Friedrich Wilhelm Lübke zu einer Reise nach Brasilien aufgebrochen mit dem Ziel, angesichts der einsetzenden politischen Repression und Verfolgung Siedlungsmöglichkeiten als materielle Voraussetzungen für die Emigration von Regimegegnern zu erkunden. Hintergrund dieser Unternehmung waren die angesichts der zunehmenden Wirtschafts- und Agrarkrise von der Gesellschaft zur Förderung der inneren Kolonisation und besonders mit Unterstützung der Regierung Brüning schon vor 1933 unternommenen Bemühungen, auch im Ausland und vor allem in Übersee Siedlungsmöglichkeiten zu erkunden. Bereits 1927 war auf Initiative des ehemaligen Reichskanzlers Luther die „Gesellschaft für Studien in Übersee" gegründet worden, nachdem brasilianische Kaffeepflanzer um die Einwanderung von deutschen Arbeitskräften nachgesucht und die brasilianische Regierung freie Passage zugesagt hatten[1]. Neben diese von Wirtschaftskreisen, aber auch mit Unterstützung des Reichspräsidenten unternommenen Bemühungen, die sich auf ganz Südamerika erstreckten, waren noch andere Initiativen getreten – so 1929, als im Rahmen der Aktion „Brüder in Not" ein Teil der rußlanddeutschen Flüchtlinge meist mennonitischen Glaubens in Brasilien angesiedelt und aus dieser ursprünglich karitativen Aktion 1931 auf Veranlassung des Auswärtigen Amtes die „Gesellschaft für Siedlung im Ausland" gegründet worden war. Um der drückenden sozialen und wirtschaftlichen Lage durch Beschäftigung im Ausland zu entgehen, waren auf private Initiative Siedler- und Auswanderergemeinschaften entstanden; darunter sind besonders die Aktionen des Berliner Kaplans Beil[2] und des österreichischen Landwirtschaftsministers Thaler anzuführen: Beils Aktion stand in Zusammenhang mit der katholischen Jugendbewegung und führte zu einer Ansiedlung von 350 jungen Menschen im Urwald des Hochlandes von Santa Catarina. Mit Thaler war Schauff auf Initiative seines Freundes Dollfuß in Berlin zusammengetroffen und war zu dieser Zeit das erste Mal mit dem Problem und der Notwendigkeit der Beschaffung von Siedlungsmöglichkeiten für nachgeborene Tiroler Bauernsöhne konfrontiert worden[3].

---

[1] Vorangegangen waren Studienreisen des Regierungsrates und Kolonisationsexperten Hermann von Freeden (Leiter der Abt. Südamerika der Reichsstelle für Auswanderungswesen) sowie des Agrarexperten Paul Vageler in Brasilien und anderen südamerikanischen Ländern (IfZ, NL Schauff, Bd. 10); vgl. Freeden, Meilensteine, S. 52.

[2] Vgl. Beil, Urwald.

[3] Diese Tiroler Bauern sollten ursprünglich in Ostpreußen angesiedelt werden, jedoch scheiterten die von Artur Müller und Heinrich Lübke – beide Geschäftsführer der Deutschen Bauernschaft – geführten Verhandlungen nach dem Sturz der Regierung Brüning. Thaler brachte später die Auswanderung in den brasilianischen Staat Santa Catarina auf den Weg. Vgl. *Der Greif*, 15. Dezember 1932 („Deutsche und österreichische Zusammen-

Die Reise Schauffs mit Friedrich Wilhelm Lübke und Schlange-Schöningen stand also im Zusammenhang bereits länger zurückreichender Bemühungen von deutscher Seite um Auswanderungsmöglichkeiten. Durch die Aktivitäten einer englischen Siedlungsgesellschaft, der „Paraná Plantation Ltd." in Brasilien, hatte sich eine neue Situation ergeben: Die Siedlungs- und Entwicklungspolitik der Gesellschaft wurde zur notwendigen Voraussetzung für die Siedlungsambitionen Schauffs und seiner Freunde. Die „Paraná Plantation" sowie die „Companhia de Terras Norte do Paraná" (CTNP)[4] waren 1925 auf Initiative von Lord Lovat, einem schottischen Agrar- und Siedlungsexperten und Mitglied der britischen Wirtschaftskommission, nach einer Brasilien-Reise gegründet worden, bei der jener vor allem das Paraná-Gebiet mit seinem günstigen Klima und dem fruchtbaren roten Boden, der „terra roxa", als ideales Siedlungsland ausgemacht hatte.

Leiter des Unternehmens vor Ort wurde Arthur H. M. Thomas, ein Agrarfachmann mit Erfahrung in subtropischer Landwirtschaft[5]. Die „Paraná Plantation" erwarb mit Zustimmung der brasilianischen Regierung Landtitel für ein Gebiet von nahezu 1,2 Millionen Hektar zwischen den Flüssen Paranápanema, Tibagí und Ivaí. Sie verpflichtete sich zu dessen verkehrsmäßiger Erschließung durch den Bau von Straßen und Eisenbahnen. Das Gebiet sollte in Klein- und Mittelbetrieben parzelliert und der beim Verkauf erzielte Erlös zum Bau der Verkehrswege herangezogen werden. Die sorgfältige Vorbereitung des Projekts dauerte über fünf Jahre, wobei neben der Landerwerbs- und Verkaufspolitik vor allem die verkehrsmäßige Erschließung Priorität hatte. Bis zum Jahre 1928 hatte die CTNP bereits rund 12 500 qkm Waldland im Gebiet südlich des Rio Paranápanema und westlich des Rio Tibagí erworben – zum größten Teil in malariafreier Höhenlage von 500–875 Metern. 1928 erwarb die CTNP die Aktienmehrheit einer Eisenbahnlinie, die Plantagenbesitzer aus São Paulo von Ourinhos bis Cambará (29 km) im äußersten Nordosten des betreffenden Gebietes gebaut hatten und die nun zum Rio Tibagí und von dort bis 1935 nach Londrina weitergeführt wurde.

Nach solch gründlichen Vorbereitungen trat „Paraná Plantation" 1932 an die Gesellschaft für Studien in Übersee mit der Offerte heran, auf dem von ihr in Brasilien erworbenen Gebiet deutsche Siedler unterzubringen. Im selben Jahr reiste Erich Koch-Weser, der 1930 von Luther die Leitung der Studiengesellschaft übernommen hatte, nach Brasilien, um sich vor Ort zu informieren und entsprechende Verhandlungen einzuleiten. Mit den Verhandlungen wurden außerdem Oswald

---

arbeit auf landwirtschaftlichem Gebiet. Minister Thaler besichtigt Siedlungen in Deutschland – Reichstagsabgeordneter Dr. Schauff spricht in Wien vor 25 000 Bauern" – betr. die „planmäßige Gruppenauswanderung nach Südamerika"); Schauff, Auswanderung nach Roland, S. 181 f.

[4]	„Paraná Plantation Ltd." mit Sitz in London war für die Finanzierung des Projekts zuständig. Das Anfangskapital von 750 000 Pfund wurde später auf 1,85 Millionen Pfund erhöht (Schauff, Die private Eisenbahn- und Siedlungsgesellschaft, in: 25 Jahre Rolândia, S. 35), während der „Companhia de Terras Norte do Paraná" die Aufgabe oblag, den Landkauf zu tätigen, die Landerschließung durchzuführen und Siedler anzuwerben (vgl. Kohlhepp, Agrarkolonisation, S. 37 ff.).

[5]	Vgl. Schauff, Die private Eisenbahn- und Siedlungsgesellschaft, in: 25 Jahre Rolândia, S. 35 ff.

Nixdorf, ein Angestellter der Studiengesellschaft, und Hermann von Freeden, damals Regierungsrat im Reichsinnenministerium, beauftragt. Sie schufen die Voraussetzung für eine deutsche Kolonisation in Paraná, die vor allem nach 1933 größeren Umfang annahm. Von der Paraná Plantation wurde ein eigenes Reservat zur Verfügung gestellt, wasserreich und 600 Meter über dem Meeresspiegel gelegen. Die Bodenbeschaffenheit eignete sich vor allem vorzüglich zum Anbau von Kaffeestauden. Das Land war billig und die Finanzierung günstig[6]. Außerdem stellte die englische Gesellschaft Transportmittel zur Verfügung, vermittelte Rodungstrupps und sorgte für die nötige soziale und medizinische Rahmenstruktur.

Dies war der Sachstand, als Schauff zusammen mit Friedrich Wilhelm Lübke und Schlange-Schöningen Ende 1933/Anfang 1934 das erste Mal nach Brasilien reiste – gründlich informiert von Erich Koch-Weser, der bereits seine Absicht erklärt hatte, sich im Paraná-Gebiet einzukaufen. Das Team bereiste mehrere bereits bestehende deutsche Siedlungsgebiete wie die des Kaplans Beil in Timbo und des Ministers Thaler in „Dreizehnlinden" und entschloß sich schließlich nach Besichtigung des Gebietes von Nord-Paraná, dort ebenfalls Land zu erwerben[7]. Dies war die Keimzelle eines größeren zusammenhängenden Siedlungsgebietes, das den Namen „Roland" erhielt. Pate dieser Namengebung war der Roland vor dem Bremer Rathaus, ein Sinnbild der Freiheit in jener Stadt, in der Koch-Weser, Freeden und Nixdorf zu Hause waren[8].

Erich Koch-Weser hatte nach der nationalsozialistischen Machtübernahme von der Diktatur bedrohte Politiker in einem Rundschreiben auf die Möglichkeit des Ausweichens nach Brasilien hingewiesen[9]. Wer eine Emigration ins Auge faßte, hatte jedoch mit restriktiven Devisenbeschränkungen zu kämpfen: Bis Mai 1934 konnten auswanderungswillige Siedler noch bis zu 10000 Reichsmark in Devisen transferieren; dies wurde jedoch immer stärker eingeschränkt, bis endlich von der das gesamte Auswanderungswesen kontrollierenden Reichsstelle jährlich insgesamt nur noch 65000 RM an Devisen konzediert wurden[10].

---

[6] Das Normal-Los von 10 Alqueiras (98 Morgen) kostete 1000 Reichsmark, zahlbar in fünf Jahren (IfZ, NL Schauff, Bd. 10); Schauff, Die private Eisenbahn- und Siedlungsgesellschaft, in: 25 Jahre Rolândia, S. 38.

[7] „Schlange-Schöningen (sen.) kaufte sich damals am Anfang des nächsten zum Verkauf gestellten „Espigao" an, dem später nach ihm benannten Schlangenweg, wo Geert Koch-Weser 1934 folgte. Lübke und ich entschlossen uns für den Ankauf an einem neuen, weiter westlich gelegenen „Espigao", am Anfang des heutigen Zeppelinweges." (Schauff, Auswanderung nach Roland, S. 184).

[8] Ursprünglich rührte die Namensgebung wohl von dem portugiesischen „terra crua" her, übersetzt mit „rohes Land" oder „Roh-Land". Marie Luise Ritzen in: Pro-Arte-Rolândia: Mitteilungsblatt Nr. 2, Juli 1957 (Rolândia 1957), S. 1; Breuning, Die deutsche Roland-wanderung, S. 49.

[9] Paul C. Ettighofer, Weiter Weg von Mecklenburg nach Brasilien. Schaffen und Schicksal eines Politikers der Weimarer Zeit, Ms. in IfZ, NL Schauff, Bd. 41, S. 23.

[10] Vgl. die entsprechenden „Runderlasse der Reichsstelle für Devisenbewirtschaftung" (Hauptabteilung III/Außenhandel des Reichswirtschaftministeriums), u.a. vom 7. März 1933 und 2. Januar 1936. Staatsarchiv München, Bestand Oberfinanzdirektion München; die Devisengenehmigung Schauff durch den Oberfinanzpräsidenten Düsseldorf vom 8. Juli 1938 (§ 1 Abs. 4 Devisengesetz in Verbindung mit Einz. Erl. der Reichsstelle für Devisenbewirtschaftung – Dev. A 4/62858/36 vom 1. 2. 1937), IfZ, NL Schauff, Bd. 10.

In dieser mißlichen Lage suchte Schauff nach einer Lösung, um den finanziellen
Weg zur Emigration dennoch möglichst freizumachen. Ergebnis seines ersten
Aufenthalts in Brasilien war vor allem eine Intensivierung der Zusammenarbeit
mit der englischen „Paraná Plantation", die Erich Koch-Weser und die von ihm
geführte „Gesellschaft für wirtschaftliche Studien in Übersee" eingeleitet hatten.
Bei seinem zweiten Brasilienbesuch im Herbst 1934 konnten bereits konkrete Ab-
sprachen zur Umsetzung der Ansiedlungspläne im Gebiet von Nord-Paraná
getroffen werden, die vor allem die verkehrsmäßige Erschließung des Gebietes als
Voraussetzung für die projektierte Siedlung betrafen. Das britische Konsortium
trieb von Westen her die erwähnte Eisenbahnlinie in das von Urwald bedeckte
Land vor, dessen rentable Nutzung nur möglich war, wenn im Umfeld der Bahn-
linie gesiedelt wurde. Zur Finanzierung des Bahnbaus und vor allem auch des
rollenden Materials an Waggons und Lokomotiven war jedoch eine Vorabfinan-
zierung nötig, die angesichts der internationalen wirtschaftlichen Schwierigkeiten
in den dreißiger Jahren immer schwieriger wurde. Von der Paraná Plantation
mußten über mehrere Jahre hinweg Kapitalzuschüsse ohne Zinsrückflüsse oder
Rendite geleistet werden[11].

Zur Behebung dieser Schwierigkeiten entwarf Johannes Schauff ein Finanzie-
rungsmodell, das in seiner Funktionsweise an den jüdischen „Haavera"-Transfer
nach Palästina erinnert[12]: Angesichts der nach 1933 allgemein verschärften Devi-
senkontrolle durch die deutsche Regierung und vor dem Hintergrund handels-
politischer Maßnahmen des Auslands mußten Möglichkeiten gefunden werden,
Vermögenswerte von jüdischen Bürgern und Regimegegnern, die emigrieren
wollten, ins Ausland zu transferieren. Schauffs Bemühungen richteten sich vor allem darauf, für den betroffenen Personenkreis die Auswanderung selbst zu organisieren und die Aufnahme im neuen Land auch völkerrechtlich vorzubereiten.
Das Modell hieß „Deutsche Eisenbahnschienen gegen Land in Nord-Paraná":
Wer Eisenbahn-Material für die „Paraná-Plantation" in Deutschland bezahlte, erhielt dafür im Gegenzug Landanteilscheine; diese bedeuteten die Einreise- und
Niederlassungsgenehmigung in Brasilien, das der Paraná-Gesellschaft zu diesem
Zweck ein eigenes Visumkontingent zur Verfügung stellte. Die Gesellschaft
beauftragte ihrerseits Johannes Schauff, in Deutschland entsprechende Verhandlungen mit den Behörden zu führen und zugleich auch den betroffenen Personenkreis zu informieren und zu betreuen. Dazu installierte Schauff den „Deutsch-
Brasilianischen Wirtschaftsdienst", der über die mit der Reichsstelle für Devisenbewirtschaftung verhandelten Konditionen sowie über die Durchführungsbedin-
gungen und Kosten des Landkaufs informierte[13]. Als Beauftragter der Paraná-
gesellschaft konnte er auch die zur Emigration entschlossenen Siedler in der
brasilianischen Botschaft vorstellen, wo sie ihre Einreisepapiere erhielten.

Bis 1935 profitierten in erster Linie nicht-jüdische Regimegegner – vor allem
aus dem katholischen politischen Milieu – mit Schauffs Hilfe von diesen Aus-

---

[11] Vgl. Schauff, Die private Eisenbahn- und Siedlungsgesellschaft, in: 25 Jahre Rolândia,
     S. 36f.
[12] Vgl. hierzu: Feilchenfeld/Michaelis/Pinner, Haavera-Transfer.
[13] IfZ, NL Schauff, Bd. 10.

tauschgeschäften. Die ersten Siedler-Emigranten konnten über die „Studiengesellschaft" sogar das notwendige Betriebskapital transferieren. Die Lage änderte sich, als mit zunehmender Diskriminierung und Verfolgung der jüdischen Bürger – Kulminationspunkte bildeten die Nürnberger Gesetze von 1935 und die „Reichskristallnacht" vom November 1938 – auch deutsche Juden dringend auf Emigrationsmöglichkeiten angewiesen waren. Eine Anzahl von ihnen – vor allem aus dem gehobenen Mittelstand – konnte in das Transferunternehmen aufgenommen werden; dies hatte sicherlich auch damit zu tun, daß Industriekreise in Deutschland und England in das Unternehmen involviert waren: so Hans Graf Henckel von Donnersmarck, Edmund Stinnes und die Röhrenproduzenten Hahn[14] in Deutschland sowie in Großbritannien – neben den Exponenten der „Paraná-Plantation" – die Bankiers Dreyfus, Warburg, Arnold und Steger. Auch die Repräsentanten der in den Austauschgeschäften wichtigen Unternehmen „Ferrostaal", Hirschfeld und Kirchfeld, waren keinesfalls Antisemiten. Vor allem nach der „Reichskristallnacht" sei es, so Schauff, extrem schwierig geworden, Menschen zu retten, und man habe mit den Visumsbescheinigungen der „Paraná Plantation" noch manchen aus dem Gefängnis oder Konzentrationslager herausholen können[15]. Erschwerend war hinzugekommen, daß die „Studiengesellschaft" inzwischen in nationalsozialistische Hand übergegangen war, so daß 1935 das Abkommen mit der „Paraná-Gesellschaft" aufgelöst wurde. Dies betraf das Siedlungsgebiet „Terra Nova", danach wurde neues Siedlungsgebiet jenseits des Flusses Bandeirantes erschlossen. Bis zum Kriegsausbruch 1939 wurden 16 Austauschgeschäfte mit mehr als 150 Teilnehmern abgewickelt: Es handelte sich um große und kleine Transfers, und „hinter den meisten „Fällen" verbargen sich „erschütternde menschliche Tragödien"[16].

Schauff pendelte in dieser Zeit nicht weniger als neunmal zwischen Deutschland und Brasilien hin und her, ein aufgrund der Verkehrsmöglichkeiten und politischen Fährnisse in beiden Ländern nicht ganz einfaches Unterfangen. Schon im Herbst 1934 reiste er mit einem Teil der eigenen Familie in das Siedlungsgebiet in Nord-Paranà, wo er bereits 1933 Land erworben hatte. Zusammen mit seiner Schwägerin Agnes Mager[17] richtete er auf seinem Grundstück, dem er den Namen „Kreuzhof" bzw. „Santa Cruz" gab, ein erstes Refugium und Aufnahmezentrum ein; es folgte Ehefrau Karin, die bei diesem ersten Besuch von mehreren Monaten einen ersten Eindruck von den örtlichen Gegebenheiten erhielt und bei der Versorgung des bereits vorhandenen Personals half. Sie seien damals die „ersten Menschen in diesem Gebiet" gewesen, schreibt Karin Schauff. „Die Natur zeigte sich zwar tropisch grandios, aber chaotisch und gefährlich. Kinder dort aufzuziehen und auszubilden, allein schon, sie gesund halten zu wollen, erschien mir geradezu

---

[14] Georg Hahn (1897–1964), Mitinhaber der Hahnschen Röhrenwerke in Großenbaum/ Westfalen, emigrierte 1938 mit seiner Familie nach Großbritannien und siedelte später in Rolândia (BHB I).
[15] Schauff, Auswanderung nach Roland, S. 188.
[16] Ebenda, S. 186.
[17] Agnes Mager wurde später die Ehefrau von Hermann Kopf, einem Mitstreiter Schauffs im Republikanischen Studentenbund, später Bundestagsabgeordneter.

als ein Frevel"[18]. Nach diesem Eindruck hoffte sie, daß der Kelch einer länger andauernden Emigration an der Familie vorübergehen möge. Doch war die politische Entwicklung in Deutschland bereits so weit fortgeschritten, daß die Entscheidung zum Verlassen der Heimat nicht weiter aufgeschoben werden konnte.

2. Fluchtstation Rom

Um sich Klarheit über die definitive Emigration, diese unwiderrufliche Flucht aus der angestammten Heimat zu verschaffen, entschloß sich Karin Schauff im Februar 1936 zu einer Pilgerreise nach Rom, die in drei Monaten zu Fuß absolviert werden sollte. An dieser von der Eifel ausgehenden Fußwanderung nahmen die älteste Tochter Eva, Karin Schauffs jüngste Schwester Gertrud sowie Renate Lanz teil, eine zum Katholizismus konvertierte junge Jüdin, die im Steinfelder Haus Aufnahme gefunden hatte. Auf dieser Pilgerreise reifte der Entschluß, der Diktatur in Deutschland definitiv den Rücken zu kehren. An konkreten Maßnahmen wurde für die Tochter Eva in Rom bereits die Einschulung und für Renate Lanz, die in Deutschland nur noch privat und heimlich ihr Abitur hatte machen können, das Studium an der Katholischen Universität in Mailand vorbereitet[19]. In Rom trafen die Reisenden mit Johannes Schauff zusammen, der dort von Brasilien kommend ebenfalls eingetroffen war.

In Steinfeld war der politische Druck inzwischen noch stärker und persönlich bedrohender geworden. Italien bzw. Rom sollte deshalb das erste Emigrationsziel sein – Karin Schauff hoffte, von dort nicht gleich weiterziehen zu müssen. Heimlich traf sie die nötigen Vorbereitungen. Mit Unterstützung eines Eisenbahnbeamten wurde das Gepäck im Kölner Frachtbahnhof Sankt Gereon in einen Zug nach Rom geschafft und der Familie selbst bis zum Ziel zwei verschlossene Abteile in einem Personenzug reserviert. Es war bereits Winter 1937, als sie sich in Rom niederließen[20].

Johannes Schauff war zu dieser Zeit bereits mit den politischen Gegebenheiten in Italien gut vertraut. Über Joseph Wirth hatte er Mussolini kennengelernt, der ihm seinerzeit das Studium der Kolonisierungsarbeiten in den Pontinischen Sümpfen ermöglicht hatte[21]. Auch Karin Schauff war auf dieser Reise im Jahre 1923 von dem ehemaligen Reichskanzler mit Rom vertraut gemacht worden, auf das in Berlin der ebenfalls italophile Carl Sonnenschein das junge Paar aus der Eifel eingestimmt hatte[22]. Rom war für Johannes Schauff nach 1933 eine zentrale

---

[18] Karin Schauff, Wechselvolles Familienschicksal, S. 24.
[19] Karin Schauff, Das Klingelband, S. 49 ff.
[20] Ebenda, S. 59 f.
[21] Hierüber ein Bericht in der Zeitschrift *Der Ost-Siedler* (1933), Nr. 6/7, S. 89–91, und Nr. 10, S. 140–145, „Die innere Kolonisation in Italien".
[22] Vgl. Karin Schauff, Wahlheimat Rom, S. 8 ff.; zum Besuch Wirths in Rom im Spätsommer 1923 vgl.: Protokolle der Reichstagsfraktion und des Fraktionsvorstands, S. 485. Wirth kannte Mussolini seit 1920, vgl. Küppers, Wirth, S. 275; er traf mit ihm im Verlauf der zwanziger Jahre viermal zusammen, vgl. Hörster-Philipps, Wirth, S. 437.

Zwischenstation bei seinen Reisen nach Südamerika und bei den Vorbereitungen der Siedlungsprojekte[23].

Bei der Niederlassung in der italienischen Hauptstadt und dem Zentrum der katholischen Kirche fand die Familie die Unterstützung jenes Mannes, den der junge Zentrumsabgeordnete Schauff für mitschuldig an der Machtübernahme der Nationalsozialisten gehalten hatte und der unterdessen selbst nach Rom emigriert war: Ludwig Kaas. Was oder wer bewirkte diese sich nun herausbildende enge und freundschaftliche Verbindung zu dem Zentrumsprälaten, dessen engagierte und selbstlose Hilfe der Familie über viele Schwierigkeiten hinweghalf? Es war wohl Karin Schauff, die bei der häufigen Abwesenheit des die Emigration vorbereitenden Ehemannes den Kontakt zu diesem zurückgezogenen und politisch verbitterten Mann aufnahm, der im Vatikan zu den Vertrauten des ehemaligen Berliner Nuntius Eugenio Pacelli gehörte, der unterdessen Kardinalstaatssekretär geworden war. In Trier, der Heimatstadt von Kaas, lebten nahe Verwandte von Karin Schauff, die mit dem Prälaten befreundet waren[24]. War dies ein Anknüpfungspunkt, so öffnete sich alsbald auch Kaas gegenüber der jungen Familie. Seine Freundschaftsdienste betrafen die Suche nach einem geeigneten Haus und dessen Einrichtung; er war vor allem auch bemüht, den Kindern in Rom ein heimatliches Gefühl zu vermitteln. Später war er hilfreich bei der Vorbereitung der Emigration nach Brasilien. Die Sensibilität, mit der Karin Schauff dem politisch ausgegrenzten Mann im vatikanischen Exil ihrerseits gegenübertrat, dokumentiert ihre spätere biographische Würdigung[25]. Aber auch Johannes Schauff selbst fand schließlich freundschaftlichen Zugang zu Kaas, mit dem ihn die rheinische Prägung und ein dezidiertes Antipreußentum verbanden[26].

Zunächst konnte die Familie mit damals sieben kleinen Kindern im Haus der Grauen Schwestern in der Via dell'Olmata 9 unterkommen, in dem auch Prälat Kaas bei seinen früheren Aufenthalten in Rom sowie unmittelbar nach seiner Emigration gewohnt hatte[27]. Danach mietete die Familie ein eigenes Heim in der Via Alpi Apuane auf dem Monte Sacro am Rande von Rom. Die Hoffnung, in Rom bleiben zu können, bis die Diktatur in Deutschland überwunden sein würde, war jedoch trügerisch. Gleichwohl erhielten die Familie und vor allem die Schauffschen Kinder während ihres bis zum Sommer 1939 währenden Aufenthalts in Rom eine nachhaltige lateinische Prägung. Karin Schauff hat diese auch für die Weiterwanderung so wichtige Zeit mit großer Sensibilität geschildert:

„Noch nie hatten wir von den apuanischen Bergen gehört, daß es aber Alpen waren, genügte uns zunächst, um einen Teil jener allgemeinen Fremdheit zu überwinden, die im Spiele ist, wenn sich eine ganze Familie in ein anderes Land und in

---

23 Vgl. Voigt, Zuflucht auf Widerruf, Bd. 1, S. 259.
24 Vgl. Schauff, Ludwig Kaas, S. 110.
25 Ludwig Kaas (1881–1952), 1935 Domherr der Basilika St. Peter und 1936 zum Ökonomen und Leiter der Bauhütte St. Peter ernannt, vgl. Schauff, Ludwig Kaas, sowie: Wahlheimat Rom, S. 10 f.; Das Klingelband, S. 58 f.
26 Kaas war 1919 an politischen Bestrebungen zur Gründung einer Rheinischen Republik beteiligt; vgl. die Sitzung des Westdeutschen politischen Ausschusses in Köln am 30. Mai 1919, Dok. in: Erdmann, Adenauer, S. 253–279.
27 May, Ludwig Kaas, Bd. III, S. 372.

völlig unbekannte Umstände begibt. In den Südtiroler Alpen liebten die Kinder bereits ein uraltes und schönes altes Haus und fühlten sich mit ihm durch den Namen der Straße verbunden[28]. Dies trug sich im Anfang des Monats März [*1938*] zu. Es sollte nach den Versicherungen aller Freunde längst Frühling sein. Und an manchen Tagen war er auch wirklich da mit seinem neuen Glanz, den er über alle Dinge legte, die sich für uns in den voraufgegangenen Monaten erheblich getrübt hatten; aber im Haus war es bitterkalt. Die Böden bestanden aus Stein. Heizungsmöglichkeiten gab es nicht, keine Doppelfenster. Das Haus, wie fast alle andern auch, war auf Sommer eingerichtet, obwohl es fünf Monate kühl, ja frostig war ... Die ganze Tagesarbeit bestand eigentlich darin, uns warm und damit am Leben zu halten. Petersplatz und Piazza Navona entdeckten wir als Zentralheizungen der Stadt. Am Morgen beschien die Sonne die rechte Seite der Kolonnaden der Piazza Navona, die Seite von Tre Scalini, umgekehrt am Nachmittag. So fuhr ich alle sieben Kinder plus Betreuerin und eine junge deutsch-ungarische Lehrerin zu jener Zeit meist zweimal am Tage vom Monte Sacro durch die Porta Pia zu diesen Wärmequellen. Gleichzeitig lernten sie, sich schnell in der Stadt auszukennen. Nach einem Jahr war es so weit, daß sie mit den römischen Kindern auf die kleine Kanzel beim Bambino Gesù in der Kirche Aracoeli auf dem Kapitol kletterten und ihre Gebete und kleinen Reden dahersagten. Später, zu Anfang April, ging die Sonnenreise dann in die Campagna und zu den Castelli Romani ... Das normalere Leben ... begann mit der Einschulung der größeren Kinder, während die kleineren weiter Hausunterricht hatten, der sich draußen in der Weinlaube vollzog." Es sei schwierig gewesen, in Anbetracht der geringen Sprach- und Auslandskenntnisse Freunde unter den Römern zu finden, die Kinder hätten gleichwohl begonnen Wurzeln zu schlagen. „Aber gleichzeitig mit ihrer wachsenden Liebe zum neuen Dasein vermehrte sich die elterliche Erkenntnis eines sich wieder unheimlich nahenden Abschieds. Knapp zwei Jahre waren uns in der apuanischen Alpenstraße gegeben. Haus und Garten, zum Schluß gerade erst richtig angenehm und eigentlich fertig, wurden bereits wieder, zunächst unmerklich für alle drinnen und draußen, zum Weggang vorbereitet."[29]

Johannes Schauff war sich der latenten Kriegsgefahr bewußt, und ihn beunruhigte vor allem der seit dem deutsch-italienischen Kulturabkommen immer engere Schulterschluß zwischen Hitler und Mussolini[30]. Die von ihm und Karin Schauff in diesem Zusammenhang als auch in Italien zunehmend prekär empfundene Lage ließ den Entschluß reifen, die in Brasilien geschaffene neue Lebensbasis auch zu nutzen. Im Frühjahr 1939 wurde die Schiffspassage von Neapel aus gebucht, und es war ein hoher faschistischer Zollbeamter aus der Nachbarschaft am Monte Sacro, der half, alle bürokratischen Kontrollen zu überwinden[31].

---

[28] Es handelte sich um den Sitz „Löwenegg" bei Sterzing, den Ludwig Kaas in den zwanziger Jahren erworben hatte. Siehe unten, Kap. VII, S. 125 ff.
[29] Karin Schauff, Wahlheimat Rom, S. 12 ff.
[30] Vgl. Jens Petersen, Vorspiel zu „Stahlpakt".
[31] Karin Schauff, Wahlheimat Rom, S. 15.

3. Siedlung in Brasilien

In Brasilien angekommen, führte die von der Paraná-Plantation gebaute Eisenbahnstrecke bis zum sogenannten Stadtplatz am Rande des Siedlungsgebietes in
Nord-Paraná. Von dort aus waren Schneisen zu den verschiedenen Parzellen ge-
schlagen worden. Karin Schauff erinnert sich, daß bei dieser Ankunft zwei Maul-
tierfuhrwerke für das Gepäck und zwei gemietete Autos für die Personen bereitgestellt waren:
„Seit sechs Wochen regnete es schon in Strömen. Ehe noch Gepäck und Menschen in die Fahrzeuge verstaut waren, war bereits alles durchnäßt und von oben
bis unten mit roter Lehmerde beschmutzt. Fauchend, von einer Straßenseite zur
anderen schlingernd, bewegten sich die vollgepfropften Autos vorwärts. Plötzlich hielten sie bei einem Verkaufsladen an. Ich sollte aussteigen, vernahm ich
wie durch Nebel die Stimme meines Mannes hinter mir im Wagen, und ‚schnell
alles einkaufen, was nötig sei‘, die Fuhrwerke würden es dann einladen. ‚Was nötig
sei?‘ Alles, was Menschen zum Leben brauchten, war nötig. Aber ich vermochte
plötzlich nicht mehr, mir etwas Rechtes darunter vorzustellen: hier in dieser
Wüstenei, bei dem entsetzlichen Wetter, beim Gedanken an die vielen Menschen,
die zu versorgen sein würden, verließ mich der Mut. Mir war vom Schaukeln des
Zuges und vom Hin und Her des Autos bereits übel geworden. Darum torkelte ich
wie auf schwankendem Grund in das mit seltsamen Düften erfüllte Magazin. Es
roch ekelerregend nach getrocknetem, öligem Stockfisch und Dörrfleisch. In
großen Ballen lag alles ohne Verpackung auf dem bloßen Fußboden. Ein Hund
schnupperte daran herum. Dicht daneben stand ein Faß mit gesalzenem Speck und
mehrere Kanister mit Fischtran, Säcke mit Bohnen und Reis, mit verstaubtem
Zucker, Mandioca- und Maismehl. Zur Seite lagen Stacheldraht, Pakete mit Nägeln
und seltsam geschwungene Werkzeuge, Eisenkessel, Herdringe. Strohbesen, rosa
und grellgrüne Staubwedel, grobe Stoffe für Arbeitskleidung und derbes Schuh-
zeug … Wie aus weiter Ferne hörte ich meine mir völlig fremde Stimme Wort-
fetzen herunterleiern: eine ungefähre Liste von allem, was möglicherweise nötig
war und woran ich mich nebelhaft aus meiner vor Jahren im Rancho verbrachten
ersten Urwaldzeit erinnerte … Außer uns vierzehn Neuankömmlingen, so sagte
man mir im Laden, der wichtigsten und zuverlässigsten Nachrichtenzentrale der
Gegend, seien noch weitere fünf Männer auf unserm Land zu versorgen; zwei davon stünden seit einiger Zeit unter Typhusverdacht. Draußen warteten die beiden
Autos. Aus jedem Fenster waren drei müde, schmutzige Gesichter auf mich ge-
richtet – vorwurfsvoll, so schien es mir. Das gab mit den Rest. Meine Füße versag-
ten plötzlich. Anstatt einzusteigen, hielt ich mich am Türrahmen fest und rang
nach Luft, bis eine Stimme nahe bei meinem Ohr auf Deutsch sagte: ‚Ich bin der
Arzt, dem Ihr Mann das Leben gerettet hat … Nun bin ich an der Reihe, für Sie etwas zu tun; haben Sie also keine Angst. Als erstes erscheine ich morgen früh, um
alle gegen Typhus zu impfen‘. Dieser freundliche Zuspruch in der Muttersprache
gab mir neue Kraft, auf dem begonnen Weg Schritt für Schritt weiterzugehen.“³²

---

³² Karin Schauff, Ananas, S. 40 ff.

Seit Karin Schauffs erstem Aufenthalt in Brasilien im Jahr 1934 hatte sich im Siedlungsbereich der Familie viel verändert. Die Rodung des Urwalds, die Schauff durch einheimische Waldarbeiterkolonnen hatte durchführen lassen, war vorangeschritten, und in dem inzwischen ausgebauten Rancho lebte unterdessen ein Viehpfleger, der eine zehnköpfige Kuhherde, vier Pferde, zwei Maulesel sowie Schweine, Hühner und Enten versorgte. Ein ebenfalls im Zuge der Austauschgeschäfte emigrierter junger Architekt hatte zudem ein größeres Holzhaus gebaut. „Es war dunkel damals," – erinnert sich Karin Schauff weiter –, „als wir in die regentriefende, finstere Picade [Feldweg] kamen; dunkel und ausgestorben war auch das Haus, in das wir einkehrten. In dem äußerst einfachen Küchenbau hantierte bei trübem Licht am gemauerten Herd eine alte, mürrische Frau. Sie begrüßte uns kaum und teilte uns lediglich mit, daß sie eben das Abendessen für den Viehpfleger und die anderen Helfer bereitstelle und dann nach Hause gehen müsse ... Diese Zugehfrau war im Nebenberuf Hebamme. Vom ersten Augenblick an mußten wir also zusehen, selbst mit allem fertig zu werden." Dies betraf vornehmlich die Versorgung der vielen Kinder in ungewohnter Umgebung; es galt vor allem, für alle Brot zu backen, zu schlachten und zu waschen[33]. Die Anfangsjahre, und vor allem die ersten Monate beim Aufbau der Farm, so Karin Schauff, seien sehr schlimm gewesen. Einige von den aus Europa mitgereisten Angestellten für das Haus und die Fazenda seien schon sehr bald in die Städte gegangen, da sie das neue Leben als zu armselig und entbehrungsreich gefunden hätten. „Dann, nach etwa einem Jahr, zogen wir die Töchter unserer Kaffeearbeiter, Indianer und Afrikaner, zu Haushilfen heran. Sie waren guten Willens, aber man mußte ständig selbst mitarbeiten. Von früh um halb sechs bis tief in die Nacht war ich auf den Beinen."[34] Der Umfang des Schauffschen Anwesens betrug 121 000 brasilianische Alqueires, das sind etwa 48 400 Hektar[35]. Das Land bestand aus der schon erwähnten fruchtbaren roten Urwalderde, jener „terra roxa apurada", die durch die nach Abbrennen des Urwaldes zurückbleibende Asche zusätzlich gedüngt wurde. Boden und Klima[36] waren hervorragend geeignet zum Kaffeeanbau, der auch auf dem Schauffschen Anwesen dominierte. Für die Siedler bedeutete er ab 1939 eine sichere Existenz und nach dem Beginn des freien Kaffee-Exports Ende der vierziger Jahre und dem darauffolgenden internationalen Kaffee-Boom auch zunehmenden Wohlstand[37]. Es war jedoch vor allem in den Anfangsjahren viel Schweiß gesetzt, bevor – wie es der emigrierte und ebenfalls auf Rolândia siedelnde und Kaffee anbauende Jurist Rudolf Isay formulierte – der „Übergang vom heroischen Zeitalter zur bürgerlichen Epoche" erfolgt war[38]. Dies betraf die Wohnverhält-

---

33 Ebenda, S. 43 f.
34 Interview mit „Frau im Blickpunkt", Ms. in IfZ, NL Schauff, Bd. 10; zum pionierhaften Leben auf der Farm siehe auch Kap. VII, S. 128 ff.
35 IfZ, NL Schauff, Bd. 10.
36 Das Siedlungsgebiet liegt 550 bis 850 Meter über dem Meeresspiegel; die Niederschläge durchschnittlich 1600 mm im Jahr bei einer durchschnittlichen Temperatur von 29 Grad Celsius im Sommer und 17 Grad im Winter (IfZ, NL Schauff, Bd. 10).
37 Hierzu Kohlhepp, Agrarkolonisation, S. 55 f. sowie Kap. IV, S. 68 ff.; Breuning, Die Deutsche Rolandwanderung, S. 83 ff.
38 Zit. in Lehmann, Exil in Brasilien, S. 39.

nisse, die Qualifizierung des Personals und die technische Ausstattung der Farm. Für die Familie Schauff bedeutete es aber vor allem die Erziehung und schulische Ausbildung der Kinder. Übernahmen zuerst und für die Kleinsten weiterhin Hauslehrer, die ebenfalls und zum Teil mit den Eltern aus Deutschland gekommen waren, diese Aufgabe – darunter ein Studienrat jüdischer Abstammung, der die Kadettenanstalt in Berlin-Lichterfelde absolviert hatte –, so besuchten die Ältesten englische und brasilianische Schulen in verschiedenen Städten. Auf der Schauffschen Fazenda entstand während der ersten Jahre eine Art Hausschule, die schließlich auch von Kindern anderer Fazendas besucht wurde. Der nächstgelegene Ort war Londrina, der Stadtplatz am Ende der Eisenbahnstrecke, der im Zuge des wirtschaftlichen und zivilisatorischen Fortschritts der Roland-Siedlung ebenfalls an urbaner Statur gewonnen hatte[39].

Einen besonderen Stellenwert bei dieser Erziehung der Kinder wiesen die Eltern Schauff dem Benediktinerpater Paulus Gordan zu, der 1939 aufgrund seiner jüdischen Abstammung ebenfalls nach Brasilien emigriert und von dem Benediktinerkloster São Bento in Rio de Janeiro aufgenommen worden war. Gordan, der zu einem der engsten Vertrauten von Johannes und Karin Schauff wurde[40], war zugleich Seelsorger der Hausgemeinschaft und der vielen Gäste und Nachbarn. Am Aufbau einer katholischen Gemeinde in Rolândia waren jedoch vor allem der ehemalige Bürgermeister von St. Ingbert, Nikolaus Kempf[41], und Johannes Schauff beteiligt. Sie wurde ab 1935 von dem ebenfalls emigrierten Kölner Pfarrer Josef Herions geleitet. Die Siedlungsgemeinschaft, die sich im Zuge der rettenden Austauschgeschäfte in Rolândia zusammengefunden hatte, umfaßte die verschiedensten gesellschaftlichen Gruppen und Individuen: Politiker und Beamte, Wissenschaftler, Ärzte, Juristen, Geistliche, Lehrer, Kaufleute wie auch gelernte Landwirte. Dazu gehörte Erich Koch-Weser, ehemaliger Reichsinnen- und -justizminister, der als der eigentliche Initiator der Roland-Siedlung anzusehen ist und mit seiner Familie bereits 1933 nach Brasilien emigriert war und Land erworben hatte. Koch-Weser war Vorsitzender des „Vereins Kolonie Roland" und hatte – mit Unterstützung Schauffs – auch dessen Statuten ausgearbeitet[42]. Ein weiterer Homo politicus, der allerdings erst unmittelbar nach Kriegsende nach Roland gelangte, wo bereits seine Frau lebte, war Friedrich Kühr, ehemals Redakteur des Zentrumsorgans *Germania* und Angehöriger des politischen Freundeskreises um

---

[39] Londrina war im Jahr 1932 gegründet worden und Sitz der Verwaltung der Paraná-Siedlungsgesellschaft. Der Ort wurde 1934 zum „Municip" und 1938 zum Kreis (Comarca) erhoben. Bei der Ankunft Schauffs hatte er bereits ca. 8000 Einwohner, Elektrizität, Wasserleitungen, ein Krankenhaus, Schulen, Post, Hotels, ein Telegraphenamt und ein Kino (vgl. Werbeprospekt der Cia. de Terras Norte do Paraná, Mai 1938, IfZ, NL Schauff, Bd. 10).
[40] „Zehn Jahre jünger als wir, war er ein Bruder oder ‚ältester Sohn', wurde in die Familie einbezogen und ist das bis heute geblieben" (Karin Schauff in: Um der Freiheit Willen, S. 27).
[41] Kempf war als aktiver NS-Gegner 1935 nach der Rückgliederung des Saargebietes emigriert. Vgl. Schneider, „... Ein Land der Zukunft", S. 156 f.
[42] IfZ, NL Schauff, Bd. 10; zur Biographie von Erich Koch-Weser vgl. BHB I.

Johannes Schauff[43]. Zu dieser Gruppe gehörte auch der Jurist Joachim Marckwald, ebenfalls ein Gegner des Nationalsozialismus aus christlicher Motivation,
der aber auch aufgrund seiner Herkunft aus einer jüdischen Familie nach Rolândia
emigriert war[44].

Eine erstaunlich hohe Anzahl von profilierten Juristen, die Deutschland aus
Gründen rassischer Verfolgung, aber auch wegen ihrer demokratischen Haltung
und Opposition gegen das NS-Regime hatten verlassen müssen, wurden Farmer
in Rolândia. Dazu gehörte Rudolf Isay, der sich neben seiner Tätigkeit als er-
folgreicher Wirtschaftsanwalt einen wissenschaftlichen Namen als Kommentator
des Preußischen Allgemeinen Berggesetzes und des Kohlewirtschaftsgesetzes
gemacht hatte[45]. Kurt Häntzschel, vor 1933 Ministerialdirektor im Reichsministerium des Innern, wo Schauff während der Amtszeit Wirths ebenfalls vorübergehend tätig war, war ein bekannter Presserechtler. 1933 als Beamter entlassen,
emigrierte er zuerst nach Wien, wo er zeitweilig den Verlag des *Neuen Wiener
Journals* leitete. 1937 ging er nach São Paulo und von dort als Siedler nach Rolândia, wo er jedoch bereits 1941 verstarb. Anfang 1939 siedelte der jüdische
Frankfurter Anwalt Max Hermann Maier in Rolândia. Maier war ein entschiedener Demokrat und langjähriges Mitglied der Deutschen Demokratischen Partei;
bis zu seiner Emigration leitete er den hessischen Bezirk des „Hilfsvereins der
Juden in Deutschland". Neben seiner Tätigkeit als Farmer war Maier Mitarbeiter
verschiedener brasilianischer und jüdischer Zeitungen[46].

In Rolândia siedelte auch der ehemalige Verkaufsdirektor der Mannesmann
AG, Oskar Altmann. Nur sehr wenige der Emigranten, die im Urwald siedelten,
waren vor ihrem Eintreffen gelernte Landwirte – so z. B. der Siedlungspartner von
Max Hermann Maier, Heinrich Kaphan, und der spätere Wahlkonsul der Bundesrepublik Deutschland, Hermann Miguel Bresslau[47]. Ein ausgesprochener Agrar-
experte war Geert Koch-Weser, der Sohn von Erich Koch-Weser. Er war ausgebil-
deter Landwirt und hatte ein agrarwissenschaftliches Studium mit der Promotion
bei Professor Friedrich Aereboe[48] abgeschlossen. 1931 wurde er Mitarbeiter der

---

[43] Friedrich Kühr war 1933 nach Österreich emigriert, wurde Ende 1935 von Bundeskanzler
  Schuschnigg zum Generalsekretär des „Gewerkschaftsbundes der österreichischen Arbeiter und Angestellten" berufen und arbeitete im Auftrag Schuschniggs eine ständische Ar-
  beitsverfassung aus. Nach dem Anschluß Österreichs 1938 verhaftet, war er bis 1943 im
  Konzentrationslager Dachau inhaftiert (BHB I).

[44] Marckwald hatte zum Kreis der religiösen Sozialisten gehört, mit dem auch Schauff verbunden war, und war Mitglied des „Tat-Kreises". Nach 1933 leitete er den Verband nichtarischer Christen und schloß sich der Bekennenden Kirche an. Marckwald wurde Landwirt in Rolândia und war 1958 bis 1972 Professor für deutsche Literatur und Sprache an
  der unterdessen gegründeten Universität Londrina (BHB I).

[45] Isay kehrte 1951 nach Deutschland zurück und konnte seine wissenschaftliche Tätigkeit
  als Professor an der Universität Bonn fortführen, wo er einen Reformentwurf für ein Bun-
  desberggesetz erarbeitete. Er starb 1956 in Bonn (BHB II).

[46] Vgl. Maier, Frankfurter Rechtsanwalt.

[47] BHB I.

[48] Friedrich Aereboe, Professor an der Landwirtschaftlichen Hochschule in Berlin, gehörte
  in der Weimarer Republik zu den führenden Agrarwissenschaftlern und Siedlungspolitikern.

Reichsstelle für Siedlerberatung und Redakteur der Zeitschrift *Der Ostsiedler;* 1933/34 war er für die „Siedlungsgesellschaft Ostland" tätig. Aufgrund der jüdischen Abstammung der Großmutter väterlicherseits als nicht „bauernfähig" erklärt, emigrierte er 1934 zu den Eltern nach Rolândia und wurde Kaffeepflanzer. Er spielte eine wichtige Rolle in der Siedler-Selbstverwaltung und war später langjähriger Vorsitzender der evangelisch-lutherischen Kirchengemeinde in Rolândia[49].

Bis zum Ausbruch des Zweiten Weltkriegs siedelten in Rolândia etwa 80 emigrierte Familien und bildeten damit die wohl geschlossenste Gruppe von Hitler-Flüchtlingen in Brasilien[50]. Johannes Schauff hatte einen wichtigen und entscheidenden Beitrag zu dieser geglückten Migration von Regimegegnern und Verfolgten zu leisten vermocht und war darüber hinaus bemüht, auch andere Unternehmungen dieser Art nach Möglichkeit zu unterstützen oder zumindest mit ihnen zu kooperieren.

Ein wichtige Aktion zur Rettung von sogenannten nichtarischen Christen spielte – besonders nach der sich ab 1938 und dem Fanal der „Reichskristallnacht" verschärfenden Lage der Juden – der „St. Raphaels-Verein". Seine Bemühungen, die Auswanderung deutscher Emigranten nach Übersee und insbesondere nach Brasilien zu ermöglichen, fanden die Unterstützung des Vatikans, die sich nach der Wahl Eugenio Pacellis zum Papst am 2. März 1939 noch verstärkte: Auf die Initiative des Präsidenten des St. Raphael-Vereins, Bischof Wilhelm Berning, und von Kardinal Michael von Faulhaber setzte sich Pius XII. bei der brasilianischen Regierung für die Zuteilung von 3000 Visa für christliche „Nicht-Arier" ein, die Präsident Vargas schließlich auch zusagte. Von diesem Kontingent wurden 1000 Visa für deutsche Emigranten im europäischen Ausland abgezweigt, deren Ausreise nach Kriegsausbruch allerdings immer schwieriger wurde[51].

---

[49] Geert Koch-Weser kehrte 1969 nach Deutschland zurück, nachdem er bereits vorher als Wahlkonsul für Nord-Paraná (1956–1968) und als Beauftragter des Deutschen Entwicklungsdienstes für Brasilien wichtige Aufgaben für die Bundesrepublik Deutschland übernommen hatte (Korrespondenz Schauff – Koch-Weser in: IfZ, NL Schauff, Bd. 4; zur Biographie vgl. BHB I). Ein weiterer Agrar- und Siedlungsexperte, Heinrich Lenz, Leiter der Siedlerschule Matgendorf/Mecklenburg und in dieser Stellung eng mit Johannes Schauff und der GFK verbunden, ließ sich nach der Emigration jedoch nicht in Rolândia nieder, sondern in der Kolonie des Volksvereins für das katholische Deutschland in Itaporanga/ Santa Catarina, wo er eine Landwirtschaftssiedlung aufbaute (Korrespondenz Lenz-Schauff in: IfZ, NL Schauff, Bd. 10; Biographie in: BHB I).

[50] Zahlenangaben nach Max Hermann Maier (BHB-Archiv, IfZ). Johannes Schauff nennt die Namen folgender weiterer Familien und Siedler: Gayr/Eugen Ranke/Loeb-Caldenhof/Rolf Heinemann/Steinbrecher/Hinrichsen/Scheithauer/Gebhardt/Clodius/Hermann/Horalek/Bickmann/Dicks/Irmscher/Hürland/Knoor/Hermans/Bender/Hermann und Johannes Mager/Elfes/Geschwister Bäumler/Giesen/Fendel/Haas/Troost; ferner die Brüder Simons, als letzte siedelnde Gruppe die sogenannten „Duisburger": Schmeidler/Lehmann/Weber/Maier sowie die sogenannten „Düsseldorfer": Traumann/Angermayer/Kirchheim/Sekles/Moszkowski/Loewenfeld/Haenschel (vgl. Roland. Monatliches Mitteilungsblatt von Pro-Arte-Rolândia, Nr. 5, November 1957).

[51] Um die Vergabe der übrigen 2000 Visa, mit denen man Verfolgte aus dem unmittelbaren Reichsgebiet retten wollte, bemühte sich der St. Raphaels-Verein vom Sommer 1939 bis zu

Eine weitere Rettungsaktion, die von der Schweiz aus organisiert wurde, ist mit dem Namen von Hermann Mathias Goergen verbunden. Der Saarländer Goergen war Assistent des bekannten Sozialpädagogen und engagierten Pazifisten Friedrich Wilhelm Förster. Als Gegner des Nationalsozialismus emigrierte er 1935 nach Österreich und von dort in die Schweiz. Hier organisierte er mit Unterstützung F. W. Försters, aber auch des Schweizer Caritasverbandes und des Genfer „Comité d'Aide aux Intellectuels Réfugiés", die Ausreise von politisch und rassisch verfolgten Menschen aus der Schweiz nach Brasilien[52]. Das zentrale Problem war in all diesen Fällen der Transit durch Spanien zum Hafen von Lissabon. Zwar hatte Goergen, der über zahlreiche internationale Beziehungen verfügte, bei der tschechoslowakischen Exilregierung erreicht, daß diese über ihren Gesandten beim Völkerbund, Jaromir Kopecky, eine Anzahl von CSR-Pässen zur Verfügung stellte. Diese Papiere wurden von den spanischen Behörden jedoch nur dann als Reisedokumente anerkannt, wenn sie den Stempel eines deutschen Konsulats trugen. Da jedoch auch in der Schweiz – und auf deren Anregung hin – ab Oktober 1938 deutsche Konsulate bei Paßangelegenheiten jüdischer Bürger das diskriminierende „J" eintrugen, scheuten viele Emigranten die Weiterwanderung, nachdem bekannt geworden war, daß brasilianische Einwanderungsbehörden häufig eine antisemitische Haltung einnahmen. In dieser Lage gewann Goergen die Unterstützung des Apostolischen Nuntius in der Schweiz, Monsignore Felippe Bernardini, der sich angesichts des Drucks der Schweizer Behörden auf die Flüchtlinge, das Land zu verlassen, um Hilfe nach Rom wandte. Auch in diesem Fall erfolgte die Intervention des Heiligen Stuhls, diesmal bei der spanischen Regierung; sie erreichte zumindest, daß der Gruppe Goergen der Transit nach Portugal mit den CSR-Visen ohne weitere Auflagen gestattet wurde. Sie konnte sich am 27. April 1941 von Lissabon nach Brasilien einschiffen[53]. Zu dieser Gruppe gehörte nicht zuletzt Johannes Hoffmann, der 1935 als einer der führenden Gegner des Anschlusses des Saargebietes an das nationalsozialistische Deutschland hatte emigrieren müssen.

Der prominenteste Emigrant aus dieser Gruppe war jedoch sicherlich der Bankier und ehemalige preußische Finanzminister Hugo Simon. Sowohl Hoffmann wie Simon waren zuerst nach Frankreich geflohen und von dort 1940 beim Heranrücken der deutschen Truppen zuerst nach Südfrankreich und von dort, mit dem tschechischen Dokument versehen, nach Portugal und Brasilien gelangt,

---

seiner Auflösung im Juni 1942 trotz tatkräftiger Unterstützung des Vatikans vergeblich (vgl. Reutter, Katholische Kirche; Voigt, Vatikan).

[52] Friedrich Wilhelm Förster emigrierte 1940 über Portugal und Brasilien in die USA. Goergen erwähnt auch die Unterstützung, die er von den ebenfalls emigrierten Ordensgeistlichen Theodosius Briemle OFM und Odo von Württemberg OSB erfahren hatte. Die von ihm zusammengestellte „Gruppe Goergen" war nach seinen Angaben 45 Personen stark (vgl. Goergen, Wie der Vatikan uns rettete. Katholische Nachrichtenagentur, Nr. 1, 4. Januar 1979, sowie Goergen, Ein Leben gegen Hitler, S. 141; zu den Biographien von Förster, Briemle und Württemberg vgl. BHB I und II).

[53] Zum Fluchtweg Spanien-Portugal bzw. Lissabon, der „Fluchtstation am Rande Europas", vgl. die Ausstellung des Goethe-Instituts Lissabon von 1995, die 1996 auch in München gezeigt wurde (der Begleitband gleichen Titels mit weiterführender Literatur wurde von Christa Heinrich, Hans Winterberg und Barb Kirkamm erstellt).

Simon allerdings unter dem Tarnnamen Hubert Studenic[54]. Auch Walter Kreiser, in der Weimarer Republik ein bekannter Pazifist und Mitstreiter Carl von Ossietzkys, konnte mit einem solchen Visum gerettet werden, ebenso der Schriftsteller Ulrich Becher, dessen Bücher nach 1933 in Deutschland indiziert worden waren[55]. Goergen selbst emigrierte ebenfalls nach Brasilien, wo er später ein Industrieunternehmen leitete und 1950 eine Professur an der wirtschaftswissenschaftlichen Fakultät der Bundesuniversität Juiz de Fora in Minas Gerais erhielt[56].

Johannes Schauff vermochte in solchen und anderen Fällen nützlich zu sein, wo es um die direkte Einreise nach Brasilien ging, wo in Anbetracht der für die Hitlerflüchtlinge nicht gerade günstigen innenpolitischen Verhältnisse des Landes die Aufnahme häufig Schwierigkeiten aufwarf[57]. Der seit 1930 als Staatspräsident regierende Getúlio Vargas hatte einen 1935 von Komintern-Agenten geschürten Putschversuch zum eigenen Staatsstreich im November genutzt, in dessen Verlauf die bisher gültige Verfassung außer Kraft gesetzt und ein neuer Staat nach faschistischem Vorbild errichtet worden war[58]. Der „Estado Novo" verbot die politischen Parteien und verfügte die Pressezensur; er war autoritär bis hin zur offenen Diktatur, geprägt von militantem Nationalismus und Antikommunismus. Der von außen gesteuerte kommunistische Putschversuch von 1935 hatte zudem ohnehin vorhandene xenophobe Tendenzen verstärkt. Brasilien kannte wie auch die übrigen südamerikanischen Staaten kein Asylrecht, Flüchtlinge wurden als Einwanderer klassifiziert, deren Anzahl nach arbeitsmarktpolitischen Erfordernissen kontrolliert wurde. 1934 wurde eine gesetzliche Unterscheidung von Immigranten und Nichtimmigranten eingeführt – als Einwanderer wurden nur diejenigen betrachtet und akzeptiert, die bereit waren, sich als Landwirte in unterentwickelten Regionen niederzulassen. Nach argentinischem Vorbild wurden die „Caritas de chamada" (Rufbriefe) eingeführt, mit denen bereits eingewanderte Personen ihre Angehörigen nachholen konnten. Diese Einwanderungspolitik begünstigte in den dreißiger Jahren Projekte wie das von Rolândia.

Ähnlich wie die übrige Staatenwelt reagierte auch Brasilien auf den nach 1933 ansteigenden Flüchtlingsstrom mit Restriktionen, die zudem eine starke antisemitische Komponente hatten: So erließ das Vargas-Regime 1937 Richtlinien, nach denen eine jüdische Immigration zu verhindern sei[59]. Dadurch wurden die verschiedenen Rettungsaktionen immer wieder gefährdet. Durch seine Tätigkeit für

---

[54] Die Biographien Johannes Hoffmann und Hugo Simon in BHB I; vgl. auch Schneider, Saarpolitik; Schneider, „... Ein Land der Zukunft", S. 154f.; Lehmann/Hohnschopp, Exil in Brasilien, S. 42ff.

[55] Die Biographien Kreiser und Becher in BHB I und II; Lehmann/Hohnschopp, Exil in Brasilien, S. 106ff.

[56] Hermann Mathias Goergen (1908–1994) war (ab 1960) langjähriger Präsident der Deutsch-Brasilianischen Gesellschaft in Bonn und Herausgeber der *Brasilianischen Hefte* (BHB I sowie IfZ, NL Schauff, Bd. 3; Goergen, Ein Leben gegen Hitler).

[57] Hierzu generell: zur Mühlen, Fluchtziel Lateinamerika, S. 187–210; ders., Exil in Brasilien. Die deutschsprachige Emigration 1933–1945, in: Lehmann/Hohnschopp, Exil in Brasilien, S. 11–24.

[58] Allgemein dazu und zu den Auswirkungen auf die deutschsprachige Emigration in Brasilien vgl. zur Mühlen, Fluchtziel Lateinamerika, S. 188.

[59] Vgl. Tucci Carneiro, O Anti-Semitismo.

die englische Siedlungsgesellschaft hatte Johannes Schauff Zugang zu Regierungskreisen. Er berichtet, daß vor allem der Bruder des Staatspräsidenten, Benjamino
Vargas, in einigen Fällen behilflich gewesen sei, manche Einwanderungsprobleme
zu lösen: darunter war der Fall des oben bereits erwähnten Journalisten und späteren saarländischen Ministerpräsidenten Johannes Hoffmann, der nach dem
Kriegseintritt Brasiliens versehentlich als NS-Anhänger interniert worden war.
Hilfreich waren aber auch finanzielle Mittel der Betroffenen für größere Inve-
stitionen im Lande wie auch zur Bestechung. Manchmal genügte allerdings ein
prominenter Name wie im Fall des vom Vargas-Regime bevorzugt behandelten
Stefan Zweig.

Bis in die Kriegszeit hinein gelangten 16000 bis 19000 Flüchtlinge nach Brasilien – der Kriegseintritt des Landes an der Seite der Alliierten unterbrach jedoch
jede weitere Einwanderung von dieser Seite und veränderte auch die innere Situation der Flüchtlinge zu ihrem Nachteil. Die bereits vorher vorhandenen Tendenzen einer „Brasilianisierung" der Immigranten verstärkten sich. Deren deutschem
Teil wurde nun der Gebrauch der Muttersprache untersagt und deutsche Schulen,
Kirchen und soziale Einrichtungen geschlossen. So mußte sogar die Roland-Ko-
lonie umbenannt werden in „Cuviana". Die meisten dieser Maßnahmen wurden
am Ende der Vargas-Diktatur zwar wieder aufgehoben, sie behinderten jedoch
nachhaltig die politischen Aktivitäten der Hitlerflüchtlinge[60]. Die politisch aktive
Emigration in Brasilien mit ihrem besonders hohen Prozentsatz von Intellektuellen, Literaten und Künstlern hatte ihre Zentren in den Städten – hier sind vor
allem Rio de Janeiro und São Paulo zu nennen[61]. Wie in anderen lateinamerikanischen Staaten entstanden Ableger der 1937 in Buenos Aires ins Leben gerufenen
Bewegung „Das Andere Deutschland" (DAD), die vor allem Sozialdemokraten
und Linkssozialisten vereinigte, sowie die Anfang 1942 auf Initiative der Kommunisten in Mexiko gegründete Volksfrontorganisation „Bewegung Freies Deutschland". Da das Vargas-Regime ein Parteienverbot erlassen hatte, handelte es sich
lediglich um lose Gruppierungen ohne Mitgliederstatus und Funktionäre, die zudem auch zahlenmäßig nicht allzu sehr ins Gewicht fielen. Dagegen war Brasilien
– wie Patrik von zur Mühlen zu Recht feststellt – eines der wenigen Exilländer, in
denen Emigranten christlicher sowie bürgerlich-konservativer Herkunft in stärkerem Maße politisch in Erscheinung traten[62].

Wenn das Regime Vargas offen war gegenüber vatikanischen Interventionen in
der Flüchtlingsfrage, so korrelierte diese Haltung mit einer ausgesprochen feind-
seligen Haltung auslandsdeutscher katholischer Milieus gegenüber dem Hitler-
Regime, die zumindest für Chile und Brasilien festgestellt werden kann. In diesen
Milieus konnte die ansonsten sehr aktive NSDAP-Auslandsorganisation wenig
Einfluß nehmen. In Brasilien gab es eine starke Präsenz deutscher katholischer
Orden sowie kirchlicher und kirchennaher Institutionen. Auch einzelne katholi-
sche Persönlichkeiten unter den Auslandsdeutschen in Brasilien leisteten Hilfe für
Emigranten und standen der politischen Entwicklung in Deutschland zunehmend

---

[60] Vgl. Breuning, Die deutsche Rolandwanderung, S. 230 ff.
[61] Hierzu zur Mühlen, Fluchtziel Lateinamerika, S. 187 ff.
[62] Ebenda, S. 194 ff.

kritisch gegenüber[63]. Von dieser Haltung künden eine Reihe Berichte der deutschen Botschaft und Konsulate, in denen als Hochburgen der Kritik am NS-Regime die katholischen Emigrantensiedlungen Rolândia und Porto Novo genannt werden[64]. Diese Kritik nahm allerdings keine politischen Formen an. Dem stand die allgemeine politische Repression des Vargas-Regimes entgegen, die sich nach dem Kriegseintritt Brasiliens auf seiten Amerikas vor allem in bezug auf die deutschen Emigranten noch verschärfte. Für Johannes Schauff und viele andere Siedler standen zudem der Aufbau der Farm und die schwierige Kultivierung des Landes als unabdingbare Grundlage eines freien Lebens auf Jahre hinaus im Vordergrund. Hinzu kamen schwierige Verkehrsbedingungen, die sich während des Krieges noch einmal verschärften. Gleichwohl hielt Schauff eine Vielzahl von politischen Verbindungen aufrecht – auf dem Korrespondenzweg, durch Besuche in Rio de Janeiro wie auch durch Besuche von Emigranten in der Schauffschen Fazenda; ein häufiger Gast war z.B. Hugo Simon. Ein brieflicher Kontakt bestand zu dem in die USA emigrierten Heinrich Brüning[65], Verbindungen bestanden aber auch zu dem alten Studienfreund Waldemar Gurian, dem Karin Schauff in Steinfeld zur Flucht verholfen hatte[66], sowie zu Ludwig Kaas in Rom. „Obwohl kaum eine schriftliche Verständigung möglich war" – so Karin Schauff – „erfand Kaas immer

---

[63] Patrik von zur Mühlen nennt hier stellvertretend den Franziskanerpater Petrus Sinzig (1876–1952), der aus Linz stammte und im Bereich der geistlichen Musik Brasiliens eine führende Stellung einnahm. Sinzig genoß im öffenlichen Leben und unter den Volks- und Auslandsdeutschen hohes Ansehen. Er war Verfasser der 1939 erschienenen Broschüre „O Nazismo sem Máscara" [*Der Nazismus ohne Maske*], in der das Dritte Reich als Reich des Satans charakterisiert wird (vgl. zur Mühlen, Fluchtziel Lateinamerika, S. 194).

[64] Porto Novo war eine am Rio Grande gelegene Siedlung des Volksvereins für das katholische Deutschland. Vgl. die bei zur Mühlen, Fluchtziel Lateinamerika, S. 194f., Anm. 21–23, angeführten Belege.

[65] Mitteilung Johannes Schauffs an den Verfasser, daß der Briefwechsel offenbar in Brasilien verlorengegangen sei. Nach dieser Auskunft waren es jedoch nur wenige Briefe, überdies weitgehend privater Natur; die gleiche Information findet sich auch in einer Mitteilung von Schauff an Morsey vom 20. Juli 1982 (IfZ, NL Schauff, Bd. 35). Die Korrespondenz Brünings für die Jahre 1936–1945 ist – gemessen an dem Gesamtbriefwechsel – ohnehin von relativ geringem Umfang (9,3%). Vgl. Müller, Brüning Papers, S. 388–410. In der von Müller aufgelisteten politischen Korrespondenz für diese Jahre (S. 394ff.) findet sich der Name Johannes Schauff nicht, ebensowenig in der von Claire Nix herausgegebenen Brüning-Edition. Die Verbindung Schauff–Brüning im Exil bestätigt Pablo Hesslein, ehemaliger Generalsekretär und Landtagsabgeordneter des Zentrums in Sachsen, der 1938 nach England und 1939 nach Chile emigrierte (BHB I): In einem Brief vom 31. Oktober 1940 teilte Hesslein Schauff mit, er habe seine Adresse von Brüning erhalten: „Unter dem 21. Mai 1940 hat mir Dr. Heinrich Brüning … Ihre Adresse in Rolândia mitgeteilt und mir weiter davon Kenntnis gegeben, er habe mit gewöhnlicher Post an Sie geschrieben und Sie auf mich aufmerksam gemacht." (IfZ, NL Schauff, Bd. 34).

[66] Gurian war 1934 in die Schweiz und von dort 1937 in die USA emigriert, nachdem er einen Ruf an die katholische Universität Notre Dame/Indiana erhalten hatte (vgl. Kap. VIII/1, S. 206f.). An einen Umsturz in Deutschland glaube er nicht, schrieb er am Karsamstag 1940 an Schauff: „Leute wie Brüning, Treviranus, Reichswehrgeneräle etc. sind Hitler in keiner Weise gewachsen. An eine innere Krise des NS glaube ich nicht, solange die Aufstiegsperiode andauert. – Geht es Hitler schlecht, hat er immer noch die Chance einer Friedensoffensive." (IfZ, NL Schauff, Bd. 3).

wieder neue Zeichen geistiger Verbundenheit, die er uns zukommen ließ: Grüße auf phantasiereichen Umwegen, Telegramme zu bedeutungsvollen Daten, es kamen Menschen, die Nachrichten über ihn und sein Wirken brachten."[67] Über Vorgänge im Reich wurde Schauff dagegen von Freunden unterrichtet, die noch länger als er in Deutschland ausgeharrt hatten oder die – wie Karl Thieme – vom schweizerischen Exil aus die Entwicklung der nationalsozialistischen Diktatur aus unmittelbarer Nachbarschaft verfolgen konnten[68].

Zu diesen Informationen trugen auch Schauffs Besuche in Rio de Janeiro bei, wo er Zugang zur Umgebung des Staatspräsidenten hatte. Ein Zentrum der katholischen Emigration befand sich in dem Benediktinerkloster São Bento in Rio, dessen deutscher Abt Thomas Keller vielen Verfolgten Asyl gewährte; hier hatte auch der Schauffsche Hauslehrer Pater Paulus Gordan Aufnahme gefunden. Pater Paulus verband in dieser Zeit eine tiefe Freundschaft mit Georges Bernanos, der ebenfalls im brasilianischen Exil lebte und sich dem französischen Widerstand unter General de Gaulle angeschlossen hatte[69]. In Rolândia selbst war bei dem Versuch einer kritischen Bewertung der Vorgänge in Deutschland der Siedlungsnachbar Erich Koch-Weser ein wichtiger Gesprächspartner. Koch-Weser arbeitete während des Krieges an einem Verfassungsentwurf für ein demokratisches Nachkriegsdeutschland und schrieb in dieser Zeit das programmatische Buch „Hitler and Beyond", das 1945 durch Vermittlung von Thomas Mann in New York erscheinen konnte[70].

Koch-Weser, Elder Statesman der Demokraten, und Johannes Schauff als junger Reichstagsabgeordneter des Zentrums waren vor 1933 vor allem in Zusammenhang mit der Wahlrechtsfrage in politischen Kontakt gekommen. Der langjährige Parteiführer und Minister der DDP[71] war nach dem Entzug der Anwaltschaft wegen „nichtarischer" Abstammung mütterlicherseits im Herbst 1933 nach Brasilien emigriert.

Im Exil verfaßte Koch-Weser eine Reihe von politischen Schriften, die 1941/42 in einem „Entwurf einer Deutschen Reichsverfassung nach Hitlers Sturz" kulminierten: Ausgangspunkt hierbei war für ihn die Ablehnung einer „Kollektivschuld" des deutschen Volkes an der Katastrophe[72]. Die inhaltliche Quintessenz des Entwurfs ist einmal die Forderung nach dem „dezentralisierten Einheitsstaat", d. h. nach Stärkung der Kompetenzen des Reichs und Umwandlung der Länder in bloße Selbstverwaltungskörperschaften – eine Forderung, die Koch-Weser bereits 1919 erhoben hatte und die antiföderalen Vorstellungen entsprach, die vor allem die Sozialdemokraten vertreten hatten – die SPD bekannte sich erst nach Grün-

---

[67] Karin Schauff, Ludwig Kaas, S. 15.
[68] Vgl. Briefwechsel Schauff mit dem ab 1935 in der Schweiz exilierten Karl Thieme in IfZ, NL Schauff, Bd. 8.
[69] Vgl. Gordan, Freundschaft.
[70] Koch-Weser, Hitler and Beyond, siehe auch Portner, Koch-Wesers Verfassungsentwurf.
[71] Koch-Weser war Mitbegründer und 1924–1930 Vors. der DDP, 1916–1919 Oberbürgermeister von Kassel, Oktober 1919–Mai 1921 Reichsminister des Innern und Juni 1928– April 1929 Reichsjustizminister. Koch-Weser (geb. 1875) verstarb am 19. Oktober 1944 auf seiner Fazenda „Janeta" in Rolândia (BHB I).
[72] Koch-Weser, Hitler and Beyond, S. 205.

dung der Bundesrepublik zum Föderalismus – wie später auch die Nationalsozialisten.

Auf der anderen Seite betrachtete Koch-Weser – nach den Erfahrungen der Weimarer Republik – den politischen Reifegrad der Deutschen als noch nicht hinreichend „für ein System, bei dem die letzte Verantwortung für die Reichspolitik beim Parlament liegt"[73]. Schon aus diesem Grunde gelte es, die Verhältniswahl durch die Persönlichkeitswahl zu ersetzen. Hier zeigt sich, daß sich seine Haltung zum Verhältniswahlrecht nach der Erfahrung von Hitlers Machtübernahme deutlich verändert hatte – war er doch zuvor dem Proporz zwar skeptisch gegenüberstanden, hatte ihn aber nicht grundsätzlich abgelehnt. Bei Koch-Weser vollzog sich nun, so sah es Schauff, eine Hinwendung zu einem „konservativ-autoritären Regierungssystem". Er setzte auf die Gewinnung einer parlamentarischen Elite, deren Förderung durch die Herabsetzung der Zahl der Wahlkreise auf 150 ermöglicht werden sollte. Nach Koch-Wesers Überzeugung konnte Demokratie nicht die Herrschaft der „breiten Masse" sein; zu ihren Aufgaben gehöre vielmehr die Elitebildung. Die Überzeugung, daß das herkömmliche Schema parlamentarischer Demokratie Weimarer Prägung nicht mehr als Modell dienen könne, liegt bezeichnenderweise auf der gleichen Linie wie die Neuordnungsvorstellungen des von den alten Eliten getragenen Widerstands: Hier wie dort das Bestreben, die Exekutive zu stärken und das Wahlrecht zu personalisieren[74].

Zugleich war Koch-Weser jedoch auch zum Europäer geworden. So forderte er sowohl eine europäische Armee wie weitreichende Souveränitätsbeschränkungen. „In mancher Hinsicht" – so Ernst Portner – „zeugen die Artikel [*des Verfassungsentwurfs*] von fortschrittlichem Geist. Der Emigrant hat erkannt, daß das Ideal des Nationalstaats überholt und die Herstellung eines Systems kollektiver Sicherheit europäische Aufgabe sei. Indem er den Schutz der Verfassungsgrundlagen und die Verteidigung der freiheitlich-demokratischen Ordnung gegen ihre inneren Gegner verlangt, hat Koch [-*Weser*] die herrschende Lehre der Weimarer Zeit überwunden, der die Demokratie als Staatsform des Relativismus galt."[75]

Auch Johannes Schauff, der sich selbst aufgrund der Erfahrungen des Scheiterns der Weimarer Demokratie konservativ-autoritären Ordnungsvorstellungen zuwandte, nahm solche politischen Reflexionen auf. Dies betrifft vor allem die Rolle von Eliten in einer wehrhaften Demokratie. Jetzt war ihm ein ganz anderer intellektueller Zugang zu den Analysen des Sozialdemokraten und späteren „Kreisauers" Carlo Mierendorff möglich, der in dem von Schauff herausgegebenen Wahlrechtsbuch die „fehlende Ausbildung der demokratischen Führerqualitäten" beklagt hatte[76]. Auch war ihm die Entwicklung seines ehemaligen Schülers Ferdinand Hermens nicht verborgen geblieben, der sich zu einem der radikalsten Kritiker des Proporzwahlsystems entwickelt hatte und später in der Bundesrepublik ein engagierter Parteigänger Schauffs bei dessen neuerlichem Anlauf werden

---

[73] Portner, Koch-Wesers Verfassungsentwurf, S. 288.
[74] Vgl. Mehringer, Widerstand und Emigration, S. 180 ff.
[75] Portner, Koch-Wesers Verfassungsentwurf, S. 296.
[76] Neues Wahlrecht. Beiträge zur Wahlreform, S. 22 f.; zur Rolle Mierendorffs in der Weimarer Wahlrechtsdiskussion und seiner Verbindung mit Schauff siehe oben, S. 45.

sollte, das Mehrheitswahlrecht durchzusetzen[77]. Auch frühere Ideen und Prägungen, die Schauff im Umgang mit Freunden aus der Zeit des Studiums und der ersten politischen Gehversuche empfangen hatte, wurden für ihn wieder virulent – so etwa die ständestaatlichen Vorstellungen von Engelbert Dollfuß oder auch von Friedrich Kühr[78]. Noch im November 1932 hatte Dollfuß – ab Mai 1932 österreichischer Bundeskanzler – Schauff nach Wien geholt, damit er vor der niederösterreichischen Bauernschaft spreche. Dies geschah im Zusammenhang mit Bauerndemonstrationen gegen nationalsozialistische Aktivitäten[79]. Beide Namen – Dollfuß und Kühr – repräsentieren die Idee des christlichen Ständestaats; auch Klaus Dohrn, der 1933 zusammen mit Dietrich von Hildebrand die Wochenzeitung *Der christliche Ständestaat* gegründet hatte, gehörte zum engen Freundeskreis von Johannes Schauff[80].

Für Schauff hatten die Erfahrung des brasilianischen Exils und die sich entwickelnden Bindungen zu der später sogenannten Dritten Welt ganz sicher zu einer zumindest partiellen Auflösung der nationalen Identifikation beigetragen. Mit Karl Thieme wurden später sogar wieder rheinische Separationspläne erörtert; so schrieb Thieme am 15. Dezember 1944 nach Brasilien: „Zugleich kommen jene so entscheidenden wichtigen Meldungen, wonach Stalin den Wünschen de Gaulles, Spaaks und Gerbrandys[81] auf Internationalisierung von Rheinland und Ruhrgebiet zugestimmt habe." Damit sei nun endlich – „wenn auch nicht ganz in der damals gewünschten Form und nach welchen schauerlichen Zwischenakten!" – erreicht, daß das „preußische Joch" vom Rheinland abgenommen werde, „auf dem es 130 Jahre immer härter gelastet" habe[82]. Thieme wollte offensichtlich der nationalsozialistischen politischen und intellektuellen Vergiftung ein neues „lotharingisch zentriertes" Bild der christlich-abendländischen Geschichte entgegensetzen[83]. Dies alles regte die politische Phantasie an und weckte die Neugier, das Geschehen vor Ort selbst zu beobachten. Doch konnten erst nach Kriegsende und der Ablösung der Vargas-Diktatur im Oktober 1945, nachdem auch die Nachrichten aus Europa und Deutschland dichter wurden, konkretere Aktionen ins Auge gefaßt werden.

Am 21. August 1945 ließ Johannes Schauff in der Abtei São Bento ein öffentliches Requiem feiern für die von den Nationalsozialisten ermordeten christlichen

---

[77] Siehe unten, Kap. IX, S. 145 ff.
[78] Zu Kühr und seiner späteren Emigration nach Rolândia siehe oben, S. 82.
[79] *Neue Zeitung*, Wien, 26. November 1932; *Welt-Blatt*, Wien, 26. November 1932; *Der Greif*, 15. Dezember 1932 („Reichstagsabgeordneter Schauff spricht in Wien vor 25 000 Bauern").
[80] Schauff hatte Dohrn 1934 durch Joseph Wirth in Rom kennengelernt (vgl. Dohrn, Das Amerikabild Adenauers, S. 512); zur Biographie Dohrns siehe unten, S. 132, Anm. 9; die Biographie von Hildebrand, der später in die USA emigrierte, in BHB I; zur Geschichte und Ideologie des Ständestaats vgl. Ebneth, Der christliche Ständestaat.
[81] Alle drei Politiker waren ab 1940 im Londoner Exil: Charles de Gaulle als Führer des „Freien Frankreich" und ab 1944 Chef der Provisorischen Regierung; der Belgier Paul Henri Spaak als Außen- und Informationsminister der Exilregierung und Pieter Gerbrandy als Ministerpräsident der niederländischen Exilregierung.
[82] Der Brief in IfZ, NL Schauff, Bd. 8.
[83] Brief Thieme an Johannes Schauff vom 18. Februar 1946 (IfZ, NL Schauff, Bd. 8).

deutschen und österreichischen Politiker. Dies war sowohl eine politische Demonstration als auch ein Akt schmerzlicher Erinnerung und innerer Befreiung.

Die Erinnerung an die Opfer verband sich bei Schauff, seiner Wesensart gemäß, jedoch unmittelbar mit konkreten Planungen, um den überlebenden Opfern zu helfen. Unter Einschaltung von Prälat Kaas im Vatikan sowie hoher kirchlicher Würdenträger in Brasilien wie dem Erzbischof von Rio de Janeiro, Jaime de Barros Câmara, und dessen Amtsbruder in São Paulo, Carlos Carmelo de Vasconcelos Mota, bemühte sich Schauff um eine „Relief Organisation for the Victims of Nazism and War in Germany"[84]. Sein Bemühen ging dahin, Südamerika und vor allem Brasilien für diesen Personenkreis zu öffnen und unbürokratische Möglichkeiten zur Niederlassung und Siedlung zu schaffen[85]. Daneben organisierte er Hilfsaktionen, in die er Produkte seiner eigenen Fazenda einbezog, worunter vor allem die Kaffeesendungen mit dankbarer Freude aufgenommen wurden. Bei einer von ihm angeregten Geldsammlung in Brasilien „für Angehörige, insbesondere Frauen und Kinder von Opfern des 20. Juli 1944 und des Konzentrationslagers Dachau" waren als Verteiler in Deutschland vorgesehen der Verbandspräses der KAB, Hermann Joseph Schmitt, sowie in Frankfurt Eugen Kogon[86].

---

[84] Schreiben bzw. Memoranden von Januar 1945–1947 in IfZ, NL Schauff, Bd. 10.
[85] Vgl. „Rundschreiben" Johannes Schauff an „Freunde und frühere Mitarbeiter" sowie „Bekannte und Unbekannte" aus „Gefangenen- und Flüchtlingslagern" betr. Einreise- und Siedlungsmöglichkeiten in Brasilien 1946–1948 (IfZ, NL Schauff, Bd. 10).
[86] Schreiben Johannes Schauff an Pater Pauquet/Caviuna (d.i. Rolândia) vom 8. Februar u. 14. September 1947, ebenso die entsprechende Korr. mit Rudolf Isay, der ebenfalls Kaffeespenden vor allem Opfern der Konzentrationslager zukommen lassen wollte (Schreiben vom 22. u. 24. September 1947, NL Schauff, Bd. 34), sowie Schauff an Hermann Joseph Schmitt, 4. April 1947 (NL Schauff, Bd. 6 und 7).

V. Rückkehr nach Europa

Trotz Schauffs Skepsis, daß auf zurückkehrende Emigranten sogleich „staatspolitische Aufgaben" warteten[1], verstärkte sich mit diesen Aktivitäten der innere Drang einer Rückkehr nach Europa, um dort, vor Ort, helfend in das Geschehen eingreifen zu können, aber auch, um politisch wieder präsent zu sein oder doch die Möglichkeit politischer Betätigung selbst auszuloten. Stark war auch das Bedürfnis, nach alten politischen Freunden zu forschen und festzustellen, ob sie den Terror überlebt hatten. Dazu kam die Überzeugung, daß trotz allen Elends und der Zerstörungen unter den Trümmern noch viele Werte weiter vorhanden seien, die die Eltern Schauff und ihre Kinder in der Neuen Welt hatten entbehren müssen[2]. Indes war die Rückkehr nicht ohne Hindernisse.

Innerhalb Brasiliens durfte Schauff reisen – wenn auch nur mit Sondergenehmigungen. Als er sich 1948 anschickte, das erste Mal außer Landes zu gehen, hatte allerdings – in Brasilien wie im übrigen Lateinamerika – der amerikanische Botschafter das letzte Wort, wenn es um die Rückwanderung von politischen Emigranten nach Deutschland ging. Wie in zahlreichen anderen Fällen waren auch im Falle Schauff amerikanische Dienststellen für anonyme Einflüsterungen und Denunziationen empfänglich, deren Urheber konservative Emigranten einer genuinen Komplizenschaft mit den Nationalsozialisten beschuldigten. Als Schauff sich um ein Reisevisum beim US-Konsulat in São Paulo bemühte, wurde er vom Vizekonsul mit einem „file" konfrontiert, aus dem hervorging, daß er bis 1940 Mitglied des Reichstags und somit ein „Nazi" gewesen sei. Diese Affäre, die von April bis Oktober 1948 andauerte und Schauff zunächst die Bewilligung eines amerikanischen Visums kostete, konnte schließlich bereinigt werden[3]. Schauff erhielt durch die brasilianischen Behörden einen sogenannten Fremdenpaß; seine definitive Einbürgerung sollte erst 1950 erfolgen[4]. Noch im gleichen Jahr 1948 flog er von Rio de Janeiro nach Rom.

Dort traf Schauff zuerst auf Ludwig Kaas – jenen ehemaligen Reichstagskollegen, der der Familie bereits in den römischen Exiljahren zur Seite gestanden hatte. Kaas, Vertrauter des Kardinalstaatssekretärs und späteren Papstes Pius XII., war seit 1936 verantwortlicher ökonomischer Leiter der Basilika Sankt Peter und in dieser Funktion auch mit archäologischen Forschungen unter der Peterskirche

---

[1] Schreiben Johannes Schauff an den ebenfalls emigrierten Gründer der „Volkssozialistischen Bewegung", Hans Jaeger (BHB I), 21. August 1946 (IfZ, NL Schauff, Bd. 34).

[2] So Karin Schauff in: Um der Freiheit willen, S. 30.

[3] Korrespondenz mit US-Botschaft, 21. April-27. Oktober 1948; Protokoll eines Gesprächs Johannes Schauff mit dem US-Konsul John B. Ocheltree (IfZ, NL Schauff, Bd. 10).

[4] IfZ, NL Schauff, Bd. 27. Innerhalb Brasiliens war bis dahin nach Schauffs Aussage ein Ersatzdokument der Companhia de Terras Norte do Paraná bei Behörden und Regierungsstellen von außerordentlicher Effizienz (die Kopie eines solchen Dokuments in IfZ, NL Schauff, Bd. 27, datiert vom 10. April 1943).

befaßt[5]. Während der Herrschaft des Faschismus in Italien und vor allem unter
der deutschen Besetzung Roms hatte sich Kaas zunehmend unsicher und bedroht
gefühlt[6] und war unterdessen „ein geprüfter und leidgereifter Mann"geworden[7].
Die durch den Krieg ausgelöste Flüchtlingswelle bereitete Kaas ebenso große
Sorgen wie Johannes Schauff. Bereits Ende 1946 hatte eine Delegation des Vatikans Schauff auf seiner brasilianischen Fazenda besucht, um Immigrationsmög-
lichkeiten auszuloten[8]. Während Schauffs Aufenthalt in Rom konnte er mit Kaas
in dieser Frage auch bei Pius XII. vorsprechen, der Schauff bereits bei dieser ersten
Begegnung darum bat, sich für die Bewältigung des Flüchtlingsproblems zur
Verfügung zu stellen. Dies kam Schauffs Intentionen durchaus entgegen[9]. Erste
organisatorische Überlegungen wurden zusammen mit Vertretern der amerikanischen und internationalen Caritas angestellt, die sich zu dieser Zeit ebenfalls in
Rom befanden: James J. Norris, seit 1947 Direktor der europäischen Sektion der
Catholic Relief Services, und Monsignore Luigi Ligutti, Exekutivdirektor der
National Catholic Rural Life Conference.

Bemühungen, von Italien aus auch Deutschland zu besuchen, scheiterten an
den Besatzungsverwaltungen, die Schauff keine Einreisepapiere auszustellen bereit waren. Erster Begegnungsort mit politischen Freunden aus Deutschland
wurde daher die Schweiz, in die einzureisen Schauff keine Schwierigkeiten hatte.

Die Schweiz war – neben den USA und Lateinamerika sowie England und der
Türkei – ein Zentrum der bürgerlichen und konservativen Emigration. Hier lebte
der ehemalige Reichskanzler Joseph Wirth, der – zusammen mit seinem Paladin,
dem Schriftsteller Jakob Kindt-Kiefer[10] – in der Gruppe „Demokratisches
Deutschland" aktiv war. Zur Exilbewegung „Freies Deutschland"[11] gehörten der
katholische Publizist Franz Albert Kramer und der protestantische Theologe
Siegmund-Schultze[12], die die Organisation nach deren Majorisierung durch die
Kommunisten allerdings wieder verließen. Auch Wilhelm Röpke, der 1933 zu-

---

[5] Die Ausgrabungen unter der Basilika führten 1950 zur Auffindung des Grabes des Apo-
stels Petrus.

[6] Vgl. Karin Schauff, Ludwig Kaas, S. 15f.

[7] May, Ludwig Kaas, Bd. III, S. 451.

[8] Brief Johannes Schauff an Hermann Dietrich (ehemals Reichsminister in den Kabinetten
Müller und Brüning, nach 1945 Vorsitzender des Ernährungs- und Landwirtschaftsrats
der US- und der britischen Besatzungszone) vom 15. Februar 1947: Das Problem werde
von Tag zu Tag dringlicher, „aber leider fehlt sowohl den Auswanderungs- wie den Einwanderungsländern jede Großzügigkeit in der Behandlung dieser Frage" (IfZ, NL
Schauff, Bd. 32).

[9] Er wolle nur nach Europa zurückkehren, schrieb er am 18. Juli 1946 an Karl Thieme,
wenn er auf seinem „Fachgebiet der Agrarreform, Kolonisation und Auswanderung Positives leisten" könne. „Leider geschieht auf diesem Gebiet meines Erachtens östlich der
Elbe zuviel, westlich zu wenig. Zwar hoffe ich, daß die Welt bald einsehen wird, daß Zen-
traleuropa Menschen an die übrigen Kontinente abgeben muß. Dann wäre mein Platz in
der internationalen Wanderungsbewegung, in der ich aber nicht als Lakai zu arbeiten ge-
denke." (IfZ, NL Schauff, Bd. 8).

[10] Biographie Jakob Kindt-Kiefer in BHB I; siehe auch S. 132, Anm. 3.

[11] Vgl. Bergmann, Freies Deutschland.

[12] Friedrich Siegmund-Schultze (1885–1969), Hochschullehrer und Sozialpädagoge, kehrte
1946 nach Deutschland zurück (BHB I).

nächst in die Türkei emigriert war, befand sich ab 1937 in der Schweiz und lehrte am Institut des Hautes Etudes in Genf[13]. Die Schweiz bildete darüber hinaus nach Kriegsende eine wichtige Zwischenstation für eine Rückkehr nach Deutschland und war der Ort, an dem erste Begegnungen von Emigration und innerem Widerstand stattfanden.

In einem Hotel in Luzern traf Schauff nach langen Jahren auch Joseph Wirth wieder, seinen früheren politischen Mentor. Zu einem ersten Gedankenaustausch kam er auch mit seinem alten, ebenfalls rheinisch-katholisch geprägten politischen Weggefährten Franz Albert Kramer zusammen, der als Lizenträger des *Rheinischen Merkur* in Westdeutschland politisch einflußreich geworden war[14]. Er traf auf Karl Thieme und Karl Fütterer[15] sowie auf weitere Männer des inneren Widerstands wie den ehemaligen Präses der katholischen Arbeitervereine, Hermann Joseph Schmitt, der ihm aus seiner Haft im Konzentrationslager berichtete[16].

Als Schauff drei Monate später von dieser ersten Informationsreise in Europa nach Brasilien zurückkehrte, stand für ihn angesichts der politischen Schwierigkeiten und der materiellen Not heimatlos gewordener Bevölkerungsteile in Europa die Entscheidung zur Rückkehr fest. Bereitschaft und Drang, vor Ort tätig zu werden, hatten Schauff von jeher ausgezeichnet; seine eigenen Erfahrungen von Widerstand, Verfolgung und Emigration trachtete er in einen Versuch der Hilfe zur Selbsthilfe einzubringen.

Der wirtschaftliche Erfolg der Fazenda in Brasilien, dessen Grundlage die weltweit günstige Kaffeekonjunktur war, erleichterte die Entscheidung zur Rückkehr.

---

[13] Wilhelm Röpke (1899–1966), 1928 Professor für politische Ökonomie in Graz, 1929 in Marburg; offener NS-Gegner, als Hochschullehrer entlassen; 1933 Emigration in die Türkei, Professor an der Universität Istanbul, dort mit Alexander Rüstow und Fritz Neumark Aufbau der wirtschaftswissenschaftlichen Fakultät. 1937 Berufung nach Genf. Nach 1945 einer der Theoretiker der „sozialen Marktwirtschaft". Röpke war Vertreter eines wirtschaftlichen Liberalismus von weltanschaulich konservativer Prägung und Föderalist. Er hatte bereits von 1945 bis 1947 mit Johannes Schauff korrespondiert und die gesellschaftliche und politische Entwicklung in Deutschland erörtert. In diesem Zusammenhang findet sich Schauffs Vorschlag einer Neuauflage der „Notgemeinschaft deutscher Wissenschaftler im Ausland", IfZ, NL Schauff, Bd. 6. (Die Biographien von Röpke, Rüstow und Neumark in BHB II).

[14] Franz Albert Kramer (gest. 1950), Mitarbeiter und Korrespondent der *Kölnischen Volkszeitung* und des Zentrums-Blattes *Germania*, erhielt nach 1933 Berufsverbot. Nach seiner Emigration war er journalistisch in Paris, London und Rom tätig, wurde auf deutsche Intervention aus Italien ausgewiesen und emigrierte in die Schweiz, in contumaciam zum Tode verurteilt. Kramer erhielt sehr früh die Lizenz für eine Zeitungsgründung, so daß am 15. März 1946 die erste Ausgabe des *Rheinischen Merkur* erscheinen konnte. Vgl. Boll/Schulze/Süssmuth, Zeitungsland Nordrhein-Westfalen, S. 443 ff.; Schneider, Christliche und konservative Remigranten, S. 167 ff. Zum politischen Einfluß des *Rheinischen Merkur* vgl. Schwarz, Vom Reich zur Bundesrepublik, S. 394 ff., bes. S. 421 f.; siehe auch Kap. XIII, S. 211 f.

[15] Karl Fütterer, ein Bekannter Schauffs aus der Siedlungsbewegung, hatte zu christlichen Widerstandskreisen im Rheinland gehört. Siehe oben, S. 69.

[16] Schmitt stand in Verbindung zu Kreisen des 20. Juli 1944 (Alfred Delp, Nikolaus Groß und Bernhard Letterhaus – vgl. oben, S. 68, Anm. 25), war ab Dezember 1944 im KL Dachau inhaftiert, dort vorübergehend in Bunkerhaft; Flucht während des Evakuierungsmarsches (Ende April 1945).

Die Ländereien in Schauffs Besitz hatten im Laufe der Jahre immens an Wert gewonnen, wobei das während des Krieges durch die brasilianischen Behörden ausgesprochene Verkaufsverbot für Grundbesitz von deutschen Siedlern sich nach
1945 finanziell schließlich ausgesprochen positiv auswirkte. Die Farm machte
Schauff auch bei einer Rückkehr nach Europa materiell unabhängig.

An dieser Stelle sei noch einmal auf Schauffs organisatorische Begabung und
seine profunde Kenntnis des bäuerlichen Wirtschaftens und Siedelns hingewiesen,
die solche wirtschaftliche Erfolge erst ermöglichten. In Rolândia waren zwar auch
andere Siedler erfolgreich, deren bürgerliche Berufe sie zu solchen Unternehmungen an sich nicht prädestiniert hatten[17]. Doch scheint Schauff mit seinen spezifischen Talenten in dieser Gruppe ein Primus inter pares gewesen zu sein[18].

Bevor die Familie 1951 definitiv nach Europa zurückkehrte, brach Johannes
Schauff im Frühjahr 1949 zu einer weiteren Tour d'horizon auf den alten Kontinent auf, um Klarheit über zwei mögliche Optionen seines Engagements zu gewinnen: Dies waren die deutsche Nachkriegspolitik und die internationale
Flüchtlingsarbeit. Bei dieser zweiten Europareise konnte Schauff Deutschland besuchen: Seine Einreise in die französische Besatzungszone wurde durch eine Einladung des Freiburger Universitätsprofessors Constantin von Dietze ermöglicht,
der in der Weimarer Republik zu den engagierten Verteidigern der inneren Kolonisation gehört hatte[19]. Zum Zeitpunkt dieser Reise stand die Gründung der Bundesrepublik unmittelbar bevor. Schauff konnte mit alten politischen Freunden
und Weggefährten aus der Zeit der Windthorstbewegung wie Heinrich Krone und
Hermann Kopf zusammentreffen.

Krone hatte zum katholischen Widerstand gegen die nationalsozialistische Diktatur gehört. Eines der inhaltlichen Ziele dieser Widerstandskreise war eine große,
konservative christliche Volkspartei, nachdem das Zentrum politisch gescheitert
war[20]. Die Politiker, die Schauff in diesem Umfeld antraf, gehörten zu den Weg-

---

[17] So etwa der Frankfurter Rechtsanwalt Max Hermann Maier (vgl. oben, S. 82, Anm. 46).
[18] Dies läßt sich etwa aus dem Beitrag von Wolfgang Hoffmann-Harnisch (Regisseur und
Autor, ab 1938 im brasilianischen Exil, 1951 Rückkehr nach Deutschland) zu dem von
Schauff hrsg. Band: Landerschließung, S. 6, ableiten.
[19] Constantin von Dietze (1891–1973), ab 1937 o. Prof. an der Universität Freiburg, Agrar-
wissenschaftler; ab 1951 Herausgeber der Zeitschrift *Innere Kolonisation* (vgl. Boyens,
Siedlung, Bd. II, S. 29 und 209 ff.). Dietze gehörte dem am 11. September 1950 unter dem
Vorsitz von Bundespräsident Theodor Heuss konstituierten ersten Wissenschaftlichen
Beirat des „Deutschen Instituts für Geschichte der nationalsozialistischen Zeit" an (ab
1952 Institut für Zeitgeschichte).
[20] Siehe Kap. II/2, S. 57 f.; Winfried Becker, Politische Neuordnung aus der Erfahrung des
Widerstands: Katholizismus und Union, in: Steinbach (Hrsg.), Widerstand., S. 261–292.
Walther Hensel, einer der Exponenten des rheinischen katholischen Widerstands (siehe
oben, S. 67), berichtet, daß die „Idee einer die positiven katholischen und evangelischen
Christen umfassenden Partei" in dem Widerstandskreis, dem er angehörte, „wohl erstmals
um die Mitte des Jahres 1934 erörtert worden" sei. Der Wille zur Gründung einer über-
konfessionellen Partei sei nicht nur aus dem „Gedanken einer Vereinigung der Kräfte zum
Zwecke der Abwehr" entstanden, sondern habe vielmehr in der Überzeugung gewurzelt,
„daß die Entchristlichung des Lebens in Deutschland ursächlich gewesen" sei „für die
Entartung unseres politischen Lebens ... und daß nur eine Partei, die von den Grundsätzen des Christentums getragen" sei, auch „die notwendige Erneuerung und Gesundung"

bereitern der Christlich-Demokratischen Union. Deren herausragende Gestalt und erster Kanzler der jungen Bundesrepublik, Konrad Adenauer, war schließlich in Bonn ein wichtiger Gesprächspartner in Hinblick auf Schauffs Rückkehr in die deutsche Politik.

Mit Konrad Adenauer verband Schauff die rheinisch-katholische Prägung und es bestanden durchaus persönliche und freundliche Beziehungen. Dies illustriert eine Begegnung in den sechziger Jahren, an der auch Heinrich von Brentano teilnahm und bei der u.a. die Frage debattiert wurde, wer von beiden – Adenauer oder Schauff – die meisten Kinder und Enkelkinder habe. Dabei wurde offenbar, daß der um 27 Jahre jüngere Schauff deutlich mehr Enkelkinder vorweisen konnte als Adenauer (die Familie Schauff hatte zu dieser Zeit bereits 40 Enkel, Adenauer zu Lebzeiten deren 24). Schauff führte dieses ungleiche Zahlenverhältnis darauf zurück, daß sich unter Adenauers Kindern ein Geistlicher befinde, worauf Adenauer bestätigte: „Dat stimmb, dä deeth nit mit." Adenauer führte seinerseits an, daß Schauff ja Zwillingssöhne habe, worauf dieser auf den aus seiner Sicht „unlauteren Wettbewerb" hinwies, weil Adenauer ja zweimal verheiratet gewesen sei. Der edle Wettstreit sei mit einer guten Flasche Wein beschlossen worden[21].

Daß aus einem Amt in der neuen Regierung dann doch nichts wurde – Schauff hatte zuletzt auch die Offerte abgelehnt, als Botschafter nach Brasilien zu gehen –, lag wohl vor allem an Unterschieden in politischer Haltung und Entwicklung von Adenauer und Schauff. Daß in der CDU Remigranten so gut wie keine Rolle spielten, hatte sehr viel mit Vorurteilen auf beiden Seiten zu tun – das Exil war ein schwer überbrückbarer Graben. Dies gilt für Heinrich Brüning, aber auch für den politisch so unglücklich agierenden Joseph Wirth[22], den Schauff zuvor wieder in Freiburg getroffen hatte und dem er sich solidarisch verbunden fühlte, ebenso für Andreas Hermes[23], Carl Spiecker[24] und Reinhold Treviranus[25], der im Exil zum

---

der Gesellschaft und der Politik bewirken könne (Walther Hensel in einem Brief vom 5. Mai 1952 an den damaligen Ministerpräsidenten von Nordrhein-Westfalen, Karl Arnold, der ebenfalls zum rheinischen Widerstand gehört hatte; vgl. auch Zeugenschrifttum Walther Hensel, IfZ, ZS 534).

[21] Diese Adenauer-Anekdote, die der Kölner Zeitungsverleger Heinrich Heinen (*Kölner Rundschau, Bonner Rundschau*) bei einem Gespräch mit Schauff am 10. September 1975 aufzeichnete, erschien in der Silvesternummer der *Bonner Rundschau*, 1. Januar 1976; die diesbezügliche Korrespondenz Schauff-Heinen in IfZ, NL Schauff, Bd. 3.

[22] Vgl. Morsey, Leben und Überleben im Exil, S. 88ff.; Schwarz, Adenauer. Der Aufstieg, S. 642ff.; Küppers, Wirth, S. 301–328; Hörster-Philipps, Wirth, S. 714ff.

[23] Andreas Hermes (1879–1964), Zentrumspolitiker, 1920–22 Reichsminister für Ernährung, 1922–23 Reichsfinanzminister im Kabinett Cuno, 1924–29 Mitglied des Preußischen Landtags, 1928–33 MdR., Agrarpolitiker, Präsident der Deutschen Bauernvereine und des Raiffeisenverbandes. Nach 1933 politisch verfolgt und inhaftiert. 1936 Emigration nach Kolumbien, Aufbau eines ländlichen Genossenschaftswesens. März 1939 Deutschlandbesuch, vom Kriegsausbruch überrascht, Anschluß an Widerstandskreis um Carl Goerdeler, 20. Juli 1944 verhaftet und am 11. Januar 1945 zum Tode verurteilt. Nach der Befreiung aus der Vollstreckungshaft Mitbegründer und Vorsitzender der CDU in der SBZ, von der sowjetischen Besatzungsmacht zum Rücktritt gezwungen, Übersiedlung nach Bad Godesberg. 1946–54 Vorsitzender des wiedergegründeten Bauernverbandes und 1947–61 Vorsitzender des Deutschen Raiffeisenverbands; Mitglied des Frankfurter Wirtschaftsrates (BHB I).

[24] Carl Spiecker (1888–1953), Journalist, Redakteur der Zentrums-Presse, 1922–23 Verlags-

Kreis um Heinrich Brüning gehört hatte. Ohne politische Fortüne blieb schließlich auch Schauffs Weggefährte aus der Weimarer Siedlungsbewegung, Hans Schlange-Schöningen, der zu den Wegbereitern der Siedlung auch in Brasilien gehört hatte und dennoch nicht emigriert war, sondern sich statt dessen dem Widerstand angeschlossen hatte[26].

Schauff gewann damals den Eindruck, daß Adenauer beim staatlichen Neuaufbau allzu sehr auf Vertreter der alten bürgerlichen Eliten setzte, die in seinen Augen durch den Nationalsozialismus diskreditiert seien: „Im neuen Auswärtigen Amt" – so schrieb er 1950 enttäuscht an den Jesuitenpater Robert Leiber – „,regieren' die Korpsstudenten schon wieder."[27] Schauff, der auf seiner zweiten Europareise auch mit Kurt Schumacher zusammentraf, war dagegen überzeugt, daß nach dem vorangegangenen politischen Desaster und den Gründen, die dazu geführt hatten, die Sozialdemokraten bei der Neubildung des Staates nicht ausgeschlossen werden dürften.

Schauffs Vorbehalte gegen die Übernahme eines Regierungsamtes in Deutschland hatten darüber hinaus ihren Grund aber auch in der stark eingeschränkten Souveränität und Bewegungsfreiheit der neuen deutschen Regierung. Allzu drückend und ohne absehbares Ende erschien ihm bei diesen ersten Besuchen das Gewicht der alliierten Militärregierungen. Zu fragen ist, ob hinter dieser negativen Bestandsaufnahme nicht auch eine im Exil vollzogene Abkehr von nationalstaatlichem Denken stand, wie sie auch Koch-Weser in Rolândia geistig vollzogen hatte. So mochte für den inzwischen zum Weltbürger gewordenen Johannes Schauff die definitive Option für die in Rom offerierte internationale Tätigkeit näherliegend gewesen sein, in deren Rahmen zudem die Möglichkeit gegeben schien, der jungen Republik von außen mehr nützen zu können.

---

direktor der *Germania*; Tätigkeit im Auswärtigen Amt und als Leiter der Presseabteilung der Reichsregierung, 1930–31 unter Innenminister Joseph Wirth Sonderbeauftragter zur Bekämpfung der NS-Bewegung. 1933 Emigration nach Frankreich, aktiv in der Volksfrontbewegung. 1937/38 Initiator der „Deutschen Freiheitspartei" (Exilorganisation liberal-konservativen Zuschnitts, die sich als Auslandsvertretung des innerdeutschen Widerstands verstand und Rückhalt vor allem in Kreisen der Wehrmacht, Kirchen und Wirtschaft hatte; die ab 1937 ins Reich geschleusten „Deutschen Freiheitsbriefe" betonten die Rolle der Wehrmacht als einzigem Machtfaktor zum Sturze des Regimes, ihr Vertriebsnetz wurde aber 1938 aufgedeckt, es kam zu Hochverratsverfahren gegen Sympathisanten). 1940 nach der Besetzung Frankreichs Flucht nach Großbritannien, Aufbau und Leitung eines „Freiheitssenders der Deutschen Freiheitspartei"; 1941 Emigration nach Kanada und 1945 Rückkehr nach Deutschland. Lizenzträger der *Rhein-Ruhr-Zeitung* in Essen, 1946 beteiligt an Neugründung des Zentrums, 1947 MdL Nordrhein-Westfalen und Mitglied des Wirtschaftsrats in Frankfurt, 1949 CDU, Minister ohne Geschäftsbereich (BHB I).

25 BHB I; Möller, Treviranus, S. 134 ff.
26 Hans Schlange-Schöningen (1886–1960) gehörte in der Weimarer Republik zur DNVP, war Mitbegründer der „Volkskonservativen Vereinigung" und hatte später Verbindungen zum Kreisauer Kreis. Nach 1945 gehörte er zu den Mitbegründern der CDU, 1949 MdB, 1950 Generalkonsul und ab 1953 Botschafter in London, 1955 im Ruhestand. Unorthodoxer und aktiver Ostpolitiker. Zum problematischen Verhältnis Adenauer–Schlange-Schöningen vgl. die Korrespondenz Johannes Schauff mit dem Sohn Hans-Joachim Schlange-Schöningen (IfZ, NL Schauff, Bd. 7).
27 Brief Johannes Schauff an Robert Leiber SJ, 6. Februar 1950 (IfZ, NL Schauff, Bd. 14).

VI. Flüchtlingshilfe

Schauff war auf dieser zweiten Reise bei einem Treffen in Düsseldorf, das Karl Arnold und Heinrich Lübke – zu dieser Zeit war Arnold Ministerpräsident und Lübke Landwirtschaftsminister in Nordrhein-Westfalen – organisiert hatten, ebenfalls mit Freunden aus der inneren Kolonisation zusammengekommen, die die Diktatur überlebt hatten. Dabei wurden Fragen der Fortführung dieser Arbeit angesichts der drängenden Flüchtlingsproblematik erörtert wie auch die Möglichkeiten der Migration und Siedlung in Übersee, über die Schauff zu berichten wußte[1]. Eine wichtige Begegnung, die Schauff in seinem Entschluß bestärkte, sich der internationalen Flüchtlingsbewegung zu widmen, war die mit Kardinal Josef Frings in Köln. Der Kardinal nahm regen Anteil an der Flüchtlingsproblematik und sollte die Arbeit Schauffs auf diesem Gebiet auch künftig intensiv begleiten[2].

1. Organisation der Flüchtlingshilfe nach 1945

Das Schicksal von Verfolgung und Flucht, das Johannes Schauff am eigenen Leib erfahren hatte, war nach dem Kriege für ihn der wesentliche Anlaß, den Menschen zu helfen, die durch die nationalsozialistische Diktatur und den Krieg zum menschlichen Treibgut geworden waren. Auf seiner Deutschlandreise konnte er sich durch den Besuch einiger Lager selbst vom Schicksal der Flüchtlinge und dem Los der sogenannten Displaced Persons (DPs) überzeugen.

Schon unmittelbar nach Kriegsende hatte Schauff dem apostolischen Nuntius in Brasilien die Notwendigkeit der Schaffung einer internationalen katholischen Flüchtlingsorganisation dargelegt[3]; über die neu entstandenen Migrations- und Flüchtlingsprobleme war er auch brieflich von seinem politischen Weggefährten und Freund Karl Thieme informiert worden[4]. Während seiner ersten Europareise hatte er dann im Februar 1948 in Rom ein Memorandum zur katholischen Flüchtlingshilfe verfaßt, das durch Monsignore Kaas und Pater Robert Leiber zur

---

1 Vgl. den Briefwechsel zwischen 1947 und 1949 mit Karl Fütterer, Wilhelm Boyens, Johann H. Haefs, Max Helble und Johann Schäfer (IfZ, NL Schauff, Bd. 32–37).
2 Schauff, Autobiographische Notizen/Fragmente, o. p.; zur Flüchtlings- und Vertriebenenpolitik während der Amtszeit von Kardinal Frings vgl. den entsprechenden Bestand im Historischen Archiv des Erzbistums Köln, CR II (betr. auch die Tätigkeit des ICMC und ihre Zusammenarbeit mit dem deutschen Episkopat, insbesondere mit Kardinal Frings; vgl. dazu auch die Korr. Johannes Schauff mit Prälat Böhler/Katholisches Büro, ebenda CR II, 22, 22 h, 5); Schreiben Johannes Schauff an P. Robert Leiber vom 6. Februar 1950 (IfZ, NL Schauff, Bd. 14).
3 Memorandum vom 20. August 1945 (IfZ, NL Schauff, Bd. 14).
4 Thieme (siehe oben, S. 38 sowie Anm. 72) setzte Schauff über die Vertreibungen aus dem Osten ins Bild und meinte, hier läge für ihn ein neuer Aufgabenbereich (Schreiben Thieme an Schauff vom 12. Februar 1946); Schreiben Schauff an Thieme in der gleichen Angelegenheit vom 18. Juli 1946, zit. S. 94 Anm. 9; beide Schreiben in IfZ, NL Schauff, Bd. 8).

Kenntnis von Pius XII. gebracht wurde und das wohl als eigentlicher Anstoß für die spätere Gründung der „International Catholic Migration Commission" (ICMC) gelten kann[5].

In diesem Memorandum erhebt Schauff die Forderung nach einem „pflichtgemäßen Beitrag" der katholischen Kirche zur Lösung der Flüchtlingsfrage, die angesichts der exorbitanten Zahlen der sich vor allem in Westdeutschland und Österreich befindenden DPs – Schauff sprach von zwölf Millionen – von der „International Refugee Organisation" (IRO) allein nicht gelöst werden könne. Zudem fehle es an einheitlichem und planmäßigem Handeln, das vor allem angesichts neuer globaler Bedingungen unabdingbar sei. Darüber hinaus würden Flüchtlingshilfe und Migration zunehmend aufgrund der Einwanderungsrestriktionen außereuropäischer Aufnahmeländer erschwert, die in erster Linie für Deutschland gälten. Hier könne die katholische Kirche vor allem in Lateinamerika ihren Einfluß geltend machen.

Schauffs konkreter Vorschlag lautete, in Genf eine entsprechende „Arbeitsstelle für Flüchtlinge, Auswanderung und Siedlung" zu schaffen. Sie solle auf der einen Seite die Arbeit der verschiedenen bereits bestehenden katholischen Organisationen koordinieren, die bereits auf nationaler und internationaler Ebene Flüchtlingshilfe leisteten[6], und zum andern ihren Einfluß bei den entsprechenden internationalen Organisationen[7] geltend machen. Eine solche „internationale Arbeitsstelle" müsse mit einigen ständigen Fachleuten besetzt werden, wobei vor allem Personen mit Erfahrungen in Europa sowie Nord- und Südamerika beizuziehen seien. Daneben müsse ein Beratungskomitee maßgeblicher katholischer Persönlichkeiten aus Politik und großen Sozial- und Wohlfahrtsverbänden gebildet werden. Darüber hinaus gelte es, die Tätigkeit der Arbeitsstelle durch einen Beauftragten des Heiligen Stuhls mit den diplomatischen Aktivitäten des Vatikans abzustimmen.

In diesem Memorandum umriß Schauff zugleich die neue Qualität der Nachkriegsmigration: An die Stelle der spontanen Einzelwanderung sei zunehmend die dirigierte Massenwanderung getreten, an deren Ende nicht mehr der endgültige Ansiedlungsprozeß von Familien stehe, sondern die reine Arbeitskraftvermittlung. Die Verelendung der Nachkriegszeit und das damit verbundene Anwachsen karitativer Tätigkeit berge zudem die Gefahr, den Wanderungs- und Ansiedlungsprozeß, der eine Aufgabe für Pioniere sei, „nicht in erster Linie wirtschaftlich auf

---

5 Pro-Memoria zur internationalen Zusammenfassung der katholischen Arbeit für Flüchtlinge, Wanderung und Ansiedlung (Februar 1948), IfZ, NL Schauff, Bd. 14.
6 Schauff nennt auf internationaler Ebene die Vertretung des Vatikans bei der IRO, die Internationale Caritas mit ihrer Sektion „Profugi" sowie die Bemühungen der interamerikanischen katholischen sozialen Aktion (Kongreß in Rio de Janeiro 1948); auf nationaler Ebene die amerikanischen Organisationen National Catholic Welfare Conference (NCWC) und War Relief Services (WRS); in Deutschland der Raphaels-Verein zur Betreuung katholischer Auswanderer im Rahmen des Caritas-Verbandes; in Italien und dem Vatikan die Giunta Cattolica di Emigrazione und Pontificia Commissione Assistenza sowie in den verschiedenen südamerikanischen Ländern die Einwanderungsabteilungen der Acción Social Cattolica (ASA).
7 Hier nennt Schauff neben der IRO das Internationale Arbeitsamt (International Labour Organisation – ILO) sowie die Organisation des Marshall-Plans.

der Basis der Selbstverantwortung durchzuführen, sondern ihn durch zu starke sozial-fürsorgerische Gesichtspunkte seiner Kraft zu berauben."
Auf diese Denkschrift erfolgte von seiten des Vatikans zunächst keine Reaktion. Am 27. November 1949 klagte Schauff in einem Brief an den Jesuitenpater Robert Leiber in Rom, daß sich in der Angelegenheit einer katholischen Migrationsorganisation nichts bewege. Leiber, langjähriger Berater und persönlicher Vertrauter von Pius XII.[8], nahm daraufhin die Dinge in die Hand, zumal der zuständige Substitut im vatikanischen Staatssekretariat, Montini – der spätere Papst Paul VI. –, erkrankt war.

Montini war ursprünglich ein Gegner einer autonomen katholischen Flüchtlingsorganisation, die er allenfalls direkt an Rom anbinden und kontrollieren wollte; hinzu kam, daß bereits ein vatikanisches Migrationsbüro als Verbindungsstelle zur IRO in Genf bestand. Doch obsiegte der Einfluß Leibers, der sich Schauffs Position, eine unabhängige Organisation zu gründen, zu eigen gemacht hatte[9]. Auch Montini nahm schließlich eine konstruktive Haltung zur Gründung der späteren ICMC ein[10].

Schauff seinerseits warb vor allem in Deutschland und Brasilien für das projektierte Unternehmen und drängte angesichts der internationalen Entwicklung der Flüchtlingspolitik zur Eile. Da Brasilien eines der wichtigsten Aufnahmeländer für eine solche Migration darstellte, unterrichtete er in Rio de Janeiro unmittelbar den vatikanischen Nuntius, und dort traf er auch mit Monsignore Luigi Ligutti zusammen, der in Rom im Auftrag des Vatikans als Beobachter bei der Food and Agriculture Organisation (FAO) akkreditiert war, um über das weitere Procedere zu diskutieren[11].

In Deutschland bestanden wichtige Verbindungen zu Oswald von Nell-Breuning, vor allem aber weiterhin zu Kardinal Frings, der als deutscher Vertrauensmann für das geplante Migrationskomitee den bundesdeutschen Vertriebenenminister Hans Lukaschek[12] benannte und anläßlich einer Romreise als Vorsitzender der Fuldaer Bischofskonferenz im Vatikan eine Note betreffend die Errichtung einer internationalen katholischen Flüchtlingsorganisation überreichte[13]. In der weiteren Personaldiskussion schlug Schauff Professor Josef Haltmayer als Vertreter für die in Österreich befindlichen Flüchtlinge, vor allem die Donauschwaben,

---

[8] Robert Leiber (1887–1967), 1906 Eintritt in den Jesuiten-Orden, seit 1924 enger Mitarbeiter des damaligen päpstlichen Nuntius Eugenio Pacelli, vermittelte während des Zweiten Weltkrieges Kontakte zwischen dem Heiligen Stuhl und verschiedenen Widerstandsgruppen. Lehrte als Kirchenhistoriker ab 1930 an der Gregoriana in Rom. Vgl. Karl H. Neufeld, Robert Leiber, NDB Bd. 14; Deutsche Biographische Enzyklopädie, Bd. 6, München u. a. 1997, S. 302.
[9] Korrespondenz Schauff–Leiber vor allem 1951/52 (IfZ, NL Schauff, Bd. 14).
[10] Vgl. die Korrespondenz u.a. zwischen Schauff und Ligutti, Norris sowie Erzbischof Francis B. Keough, Baltimore 1950/51 (IfZ, NL Schauff, Bd. 12 u. 15).
[11] Vgl. Vincent A. Yzermans, The people I love, S. 119ff.
[12] Hans Lukaschek, ehemaliger Zentrumspolitiker und Oberpräsident der preußischen Provinz Oberschlesien, gehörte während des Krieges zum „Kreisauer Kreis" (vgl. Mehringer, Widerstand und Emigration, S. 191ff.).
[13] Schauff an Leiber, 27. Februar 1950; Schauff an Msgr. Ligutti, 27. Februar 1950 (IfZ, NL Schauff, Bd. 14 und 15).

vor[14]. In Rom selbst erreichte Leiber schließlich einen Durchbruch im Sinne Schauffs, wobei beider Haltung insbesondere durch den Jesuiten Gustav Gundlach unterstützt wurde, der wie Leiber an der päpstlichen Universität Gregoriana lehrte, sowie nicht zuletzt durch Ludwig Kaas.

Mit dem Plazet des Papstes formulierte Leiber in Schreiben an Kardinal Frings und an Schauff zentrale Punkte, die von Schauffs Vorstellungen ausgingen und später für die ICMC konstitutiv wurden: Leitung durch Personen, die auf dem Gebiet der Migration und Siedlung Erfahrung hätten; Ausrichtung der Arbeit nach wirtschaftlich-sozialen und nicht nach karitativen Gesichtspunkten; die Kommission solle keine päpstliche Kommission, wohl aber vom Heiligen Stuhl anerkannt und mit ihm organisch verbunden sein[15].

Zu diesem Zeitpunkt war von vatikanischer Seite bereits die Entscheidung über die personelle Besetzung der Führungsspitze der Migrationsorganisation gefallen. Die Wahl fiel auf jene drei Männer, die bereits während Schauffs erster Nachkriegsreise nach Europa 1947 in Rom zusammengekommen waren und damals bereits, angeregt von Pius XII., das Flüchtlingsproblem thematisiert hatten: James J. Norris, Luigi Ligutti und Johannes Schauff. Schauffs Drängen auf eine katholische Initiative bei der Lösung der internationalen Flüchtlingsproblematik hing eng mit der sich nunmehr abzeichnenden Politik der Westmächte, vor allem der Vereinigten Staaten zusammen, wobei Schauff auch entsprechende Aktivitäten der Evangelischen Kirche vor Augen hatte[16]. Angesichts dieser internationalen Entwicklung war Schauff bemüht, auch die unterdessen konstituierte Bundesrepublik Deutschland in die Pflicht zu nehmen. Mit Unterstützung von Heinrich Lübke und Hermann Kopf propagierte er aufs neue den Gedanken der Auslandssiedlung und versuchte mit einem eigens gefertigten Memorandum den Bundeskanzler zu gewinnen[17]: Die Zielgruppe derjenigen, deren Migration unterstützt werden sollte, umfaßt Heimatvertriebene aus dem deutschen Osten und Volksdeutsche aus Südosteuropa, die nur schwer in den jungen deutschen Weststaat zu integrieren seien, aber auch Landarbeiter aus Italien. Es sollte sich um homogene Gruppen und Landsmannschaften möglichst bäuerlicher Provenienz handeln, für die

---

[14] Vgl. das Schreiben Schauff an Andreas Rohracher, Erzbischof von Salzburg, vom 18. 3. 1950 betr. die Gründung und personelle Zusammensetzung der ICMC (IfZ, NL Schauff, Bd. 14).

[15] Schreiben Leiber an Schauff vom 15. 3. 1950 sowie Leiber an Kardinal Frings vom 9. 3. 1950, IfZ, NL Schauff, Bd. 14.

[16] Vgl. Schauffs Hinweise auf den sogenannten Walter-Bericht im amerikanischen Repräsentantenhaus über „Vertriebene und Flüchtlinge volksdeutschen Ursprungs" (Bericht Nr. 1841, 81. Kongreß, 2. Sitzungsperiode, 24. 3. 1950) sowie auf die Resolution der drei westlichen Außenminister auf der Londoner Konferenz vom 14. 5. 1950 zum Problem des Bevölkerungsüberschusses in den Ländern Westeuropas. Im Zusammenhang mit den protestantischen Aktivitäten bemerkt er, daß er immer wieder auf die Figur des Dr. Gerstenmaier gestoßen sei, „der überall, zwar nicht die obersten sichtbaren, aber doch die arbeitsmäßigen Positionen besetzt hat" (Brief an Pater Leiber vom 6. 2. 1950, IfZ, NL Schauff, Bd. 14).

[17] „Europäische Überseesiedlung. Bemerkungen zur deutschen Auswanderungsfrage", Juni 1950 (IfZ, NL Schauff, Bd. 14); vgl. auch den entsprechenden Briefwechsel mit dem Ministerialdirigenten im Bundeskanzleramt, Herbert Blankenhorn, ebenda.

vor allem in den lateinamerikanischen Ländern eine hohe Akzeptanz gegeben sei. Bei einem solchen „landwirtschaftlich-ländlichen Umsiedlungsprozeß" müßten die Aufnahmeländer einen sozialen und ökonomischen Zugewinn erwarten dürfen. Um die Organisation der Auswanderung sollten sich deutsche staatliche Stellen im Verbund mit anderen europäischen Staaten kümmern – insbesondere mit Frankreich, Österreich und Italien.

Schließlich trat das Vorhaben in die Phase konkreter Umsetzung ein: Im September 1950 trafen sich in dem römischen Restaurant Ranieri die Vertreter von 14 freien katholischen Verbänden zur Vorbereitung der Gründung einer internationalen Flüchtlingshilfe- und Migrations-Organisation[18]. Von dieser Versammlung erging an Schauff, Norris und den Italiener Giovanni Battista Vicentini – als Vertreter der Organisationen seines Landes – der Auftrag, einen provisorischen Statutenentwurf zu erarbeiten. Dies geschah Anfang Oktober 1950 in Padua. Der Entwurf, den Schauff an Leiber zur Begutachtung weiterleitete, war eine Überarbeitung der Gedanken, die er sich bisher zu diesen Fragen gemacht hatte; er bildete die Grundlage für die spätere definitive Satzung. Das provisorische Statut wurde schließlich von dem zuständigen vatikanischen Staatssekretär, Montini, als Arbeitsgrundlage „approbiert"[19].

Zusammengefaßt ergaben sich folgende zentralen Punkte: Die Organisation sollte durch einen vom Vatikan benannten kirchlichen Verbindungsmann mit dem Heiligen Stuhl verbunden sein, der sich auch das Agrément bei der Benennung des Präsidenten vorbehielt. Der organisatorische Aufbau gliederte sich in einen Rat mit 15 Mitgliedern, ein dreiköpfiges sogenanntes Regierungskomitee und die Generalversammlung. Daneben wurden das Verwaltungsamt eines Generalsekretärs und ein Informationsbüro geschaffen. Als Ratsmitglieder sollten von den Bischöfen besonders kompetente Fachleute in Sachen Migration ernannt werden.

Dieses provisorische Statut wurde vom Papst als Grundlage für die Tätigkeit der „International Catholic Migration Commission" (ICMC) anerkannt[20]. Daraufhin erfolgte mit dem ersten Treffen des ICMC-Rates am 5. Juni 1951 in Rom der entscheidende Schritt zur tatsächlichen Schaffung der neuen internationalen Flüchtlingshilfe-Organisation. Bei dieser Tagung, an der auch Montini teilnahm, waren mit Australien, Kanada, Argentinien und Brasilien sowie den Vereinigten

---

18 Anwesend waren Msgr. Joseph McGeough als Vertreter des Staatssekretariats; Edward E. Swanstrom, Weihbischof von New York, und Andrew Landi als Vertreter der NCWC Relief Services; Msgr. Crivelli von der Caritas Internationalis, Luzern; Pater Froehling vom St. Raphaels-Verein, Hamburg; Msgr. John O'Grady von der amerikanischen Caritas (in Vertretung von Msgr. Ligutti); Pater Edward J. Killion vom vatikanischen Migrations-Verbindungsbüro in Genf sowie Norris, Schauff und Vicentini.
19 Schreiben Montini an James J. Norris, Acting Chairman ICMC, Genf, vom 12. 4. 1951 (mit Anhang „Provisional Constitution of the International Catholic Migration Commission" mit Korrekturen Schauffs), IfZ, NL Schauff, Bd. 12.
20 Vgl. das entsprechende Schreiben Montini an den „acting chairman" Norris vom 12. 4. 1951, in dem noch einmal nachfolgende Punkte präzisiert werden: 1) Die ICMC solle eng mit dem Heiligen Stuhl zusammenarbeiten; 2) Änderungen der Statuten und Ernennung des „chairmans", der Ratsmitglieder und des Generalsekretärs sollten vom Heiligen Stuhl approbiert werden; 3) die Sitzungsprotokolle sollten vor der Veröffentlichung vorgelegt werden (IfZ, NL Schauff, Bd. 12).

Staaten fünf der überseeischen Immigrationsländer vertreten, Europa durch Italien, die Bundesrepublik Deutschland, die Niederlande und Großbritannien. Schauff wurde durch Montini „ad personam" in den fünfzehn Mitglieder umfassenden Rat berufen und zugleich Vizepräsident der ICMC. Als Generalsekretär fungierte der Kanadier John Lanctot. Die Herausgabe einer Zeitschrift, die regelmäßig erscheinen und über die Tätigkeit der nationalen Kommissionen sowie über aktuelle Probleme der Migration berichten sollte, wurde ebenso beschlossen wie eine geographische Aufteilung der Operationsfelder: Schauff übernahm die Verantwortung für Lateinamerika, während Norris die Migration nach Nordamerika vorbereiten sollte. Die Finanzierung des Unternehmens erfolgte zunächst durch die amerikanische National Catholic Welfare Conference (NCWC), aus der der amtierende Präsident der ICMC, James J. Norris, hervorgegangen war[21]. Sitz der neuen Organisation wurde Genf; das bisher dort bestehende vatikanische Verbindungsbüro unter Pater Killion wurde aufgelöst[22].

Am 24. Januar 1952 schließlich wurde das Zentralbüro der ICMC in Genf eröffnet, und im Oktober 1952 erfolgte Schauffs erste offizielle Mission als Vizepräsident der ICMC nach Lateinamerika, an der auch Paulus Gordan und Francesco Cantuti von der italienischen Flüchtlingsorganisation teilnahmen. Schauff besuchte Brasilien, Argentinien, Chile sowie später auch Venezuela, Kolumbien und Peru[23]. Auf dieser Reise stellte er erste Kontakte zwischen Kirche und zivilen Behörden her und konnte auch ein erstes Mitarbeiternetz installieren.

Die Reise diente auch dazu, in diesen Ländern das Mißtrauen gegenüber dem durch die NS-Verbrechen stigmatisierten Deutschland abzubauen. Bereits in seinen frühen Memoranden hatte Schauff darauf gedrängt, eine „politische Entgiftung" durchzuführen und auf eine „Entnazifizierung der Reste des sogenannten Auslandsdeutschtums hinzuarbeiten, wobei durchaus auch Träger der katholischen deutschen Auslandsseelsorge auf den Prüfstand kommen sollten"[24].

In der Frage der „Entnazifizierung" der deutschen Migration stimmte Schauff vor allem mit Leiber überein, der seinerseits bemüht war, in Lateinamerika unbelastete Mitglieder insbesondere aus seinem Orden zur Unterstützung der ICMC zu gewinnen. Aufgrund seiner eigenen Erfahrung vermochte Schauff bei seinen lateinamerikanischen Gesprächspartnern aber auch auf jenes „andere Deutschland" hinzuweisen, das eine kollektive Schuldzuweisung nicht möglich mache.

Schauff hielt sich in den darauf folgenden Jahren häufig in Lateinamerika auf[25]. Bereits 1952 wurde das erste Büro in Buenos Aires eingerichtet, das später den Namen „Comisión Católica Argentina de Imigración" erhielt. Dieses Büro betreute vor allem jugoslawische und italienische Immigranten. In den ersten zwei Jahren wurden 600 Visa für Flüchtlinge bereitgestellt und sogar ein „Tag des Ein-

---

[21] Norris wurde vom Chef der NCWC, dem New Yorker Bischof Swanstrom, im September 1950 für seine Tätigkeit in der ICMC beurlaubt.
[22] Schreiben Montini an Norris vom 16. 8. 1951 (IfZ, NL Schauff, Bd. 12).
[23] Vgl. Schauff, The ICMC Mission to Latin America, October 1952-January 1953. Summary Report presented to the Governing Committee of the International Catholic Migration Commission, Vipiteno (Sterzing)/Genf 1953 (IfZ, NL Schauff, Bd. 15).
[24] Memorandum an Pius XII. vom Februar 1948 (s. S. 99f., Anm. 5).
[25] Reisedispositionen und -korrespondenz bis 1955 in IfZ, NL Schauff, Bd. 12.

wanderers" („Jornada de la Imigración") eingeführt[26]. Im September 1952 wurde
in Rio de Janeiro in Brasilien ein weiteres Büro eröffnet, das eng mit der Einwan-
derungskommission des brasilianischen Episkopats („Comissão Nacional Cató-
lica de Imigração") unter der Präsidentschaft des damaligen Weihbischofs von
Rio, Hélder Câmara, zusammenarbeitete. In Venezuela wurde im März 1953 mit
Unterstützung von Stefan Falez, dem späteren Generalsekretär der ICMC, ein
Büro eingerichtet; später erfolgte die Gründung der „Comisión Católica Venezo-
lana de Migración". In Chile hatte Christoph von Unterrichter den Boden für ein
Engagement der ICMC bereitet; unter seiner Leitung wurde im April 1953 ein
Stützpunkt in Santiago de Chile eingerichtet[27]. In Kolumbien, bis 1954 unter der
Jurisdiktion von Venezuela, wurde ebenfalls ein „Comité Católico Colombiani de
Imigración" unter der Leitung des Litauers Stany Sirutis gebildet[28]. Schließlich
vereinigten sich später andere nationale Einwanderungskommissionen wie die
von Paraguay und Peru mit der ICMC.

Voraussetzung für den Erfolg dieser Unternehmungen war allerdings eine dau-
erhafte Finanzierung, die eng mit der internationalen Anerkennung der ICMC
zusammenhing. 1951 war die ICMC durch ihren Generalsekretär erstmals bei den
Verhandlungen der UNO vertreten, die in die Genfer Flüchtlingskonvention vom
26. Juli 1951 mündeten. Auf dieser Konferenz wurden offizielle Verbindungen
zur IRO hergestellt, die den Weg zur Finanzierung auch der ICMC ebneten.
Nachdem die amerikanische NCWC – unter Beteiligung der Ford Foundation –
über die ersten Hürden hinweggeholfen hatte[29], wurde das Budget der ICMC
durch Mittel aufgestockt, die das 1951 gegründete Intergovernmental Committee
for European Migration (ICEM) zur Verfügung stellte. Diese finanzielle Grundlage erlaubte es, 1952 einen eigenen „International Catholic Migrant Loan Fund"
(ICMLF) einzurichten, dessen Sekretär Msgr. Andrea Landi wurde; als Treuhän-
der der ICMC fungierten Johannes Schauff und Giovanni Battista Vicentini.

Mit diesem Fonds, der sich bis Mitte der fünfziger Jahre bereits auf über drei
Millionen Dollar belief[30], konnte die Auswanderung unter der Voraussetzung der
Rückzahlung finanziert werden. Die den Auswanderern zur Verfügung gestellten
Beträge waren zinslos und hatten lange Rückzahlungsfristen. Zum einen konnte
man damit verhindern, daß die Betroffenen durch profitorientierte Agenturen
ausgenützt wurden, zum andern war dieses Procedere – und dies war vor allem

---

[26] Zu diesen ersten organisatorischen Leistungen der ICMC und von Schauff in Lateinamerika vgl. Tadeusz Stark, Die Pionierjahre der Internationalen Katholischen Auswande-
rungskommission, in: Um der Freiheit willen, S. 210ff.

[27] Im ersten Jahre des Bestehens des Büros wurden 750 Visa erteilt und 701 Flüchtlinge und
Staatenlose untergebracht. Der ausführliche Briefwechsel Unterrichter–Schauff (1951-
1987) in IfZ, NL Schauff, Bd. 13 (mit einem biographischen Anhang zu Christoph von
Unterrichter).

[28] Korrespondenz in IfZ, NL Schauff, Bd. 12.

[29] Minutes of the Governing Committee meeting, Rom, 5. 4. 1954; Report of the Vice-
Chairman (Schauff) to the Fifth Council Meeting, 14.–15. 9. 1955, Teil III (IfZ, NL
Schauff, Bd. 15).

[30] ICMC Movements 1952 to June 1955/ICMC Volags (Voluntary Agencies) Revolving
Fund Movements, 6. 9. 1955, NL Schauff, Bd. 15 (dort genaue Angabe der Gesamtsumme
mit 3 705 200 Dollar).

Schauffs Credo – geeignet, die Eigeninitiative und das Selbstwertgefühl der Betroffenen zu stärken[31]. Und wirklich versetzte der über Jahre hinweg stetige Rückfluß dieser Kredite die ICMC in die Lage, Flüchtlingen beim Transport und den ersten Ansiedlungsschwierigkeiten zu helfen.

Es bestand eine Arbeitsteilung mit dem „Intergovernmental Committee for European Migration" (ICEM), das in erster Linie auf Regierungsebene agierte. Dessen Partner für die Durchführung der praktischen Arbeit waren die großen internationalen freien Wohlfahrtsverbände der Katholiken, Protestanten, die jüdischen Verbände, der Weltkirchenrat und die Quäker. Die Aufgabenstellung der ICMC war die Information und Beratung der Migranten sowie der Aufbau eines Netzwerks von nationalen Organisationen in den Auswanderungs- und Immigrationsländern und deren Koordination. In Deutschland waren dies der Caritasverband, der St. Raphaels-Verein und die Flüchtlingsverbände sowie das Vertriebenenministerium. Schauffs europäischer Verantwortungsbereich lag in der Bundesrepublik und in Österreich. Bis 1955, als die Migrationswelle der Nachkriegszeit allmählich abebbte, waren von der ICMC in Verbindung mit der NCWC knapp 125 000 Menschen vor allem nach Nord- und Lateinamerika gebracht worden[32].

In der positiven Zusammenarbeit der ICMC mit den großen internationalen Flüchtlingsorganisationen, allen voran der UNO[33] und denen der Europäer, wurde aber zugleich Schauffs moralisches Engagement für die ihm gestellte Aufgabe deutlich. Anläßlich der Nachfolgediskussion um die Stellung des verstorbenen Direktors des ICEM, Gibson, beklagte Schauff das „Bild des zynischen, routinierten internationalen Beamten, dem es um Macht und Stellung, nicht aber um Menschen geht"[34]. Der Grundsatz der „Wahrung des Menschlichen" im Prozeß der Migration blieb bei Schauff jedoch immer verbunden mit der Zielvorstellung der individuellen bäuerlichen Siedlung. Dahinter standen sowohl die Erfahrung des Siedlungspolitikers in der Weimarer Republik als auch die eigene Kolonisationserfahrung im brasilianischen Urwald.

Schon in den Exiljahren hatte Schauff mehrmals Gedanken über die Bedingungen und Grundsätze der Migration und Siedlung zu Papier gebracht. Jetzt, 1953, stellt er eine „Strukturveränderung auf der Aus- und auf der Einwanderungsseite" fest, die bewirke, daß landwirtschaftlichen Kolonisationsprojekten in den überseeischen Ländern Priorität eingeräumt werde. Es sei festzustellen, daß sich die

---

[31] Schauff, Vermerk über die „Verwendung des Eigenkapitals der Auswanderer", Rom, 6. 6. 1953; Selbsthilfeprogramm für katholische Einzelauswanderer (nationale Staatsangehörige) aus Europa für das Jahr 1954 unter der Leitung der ICMC (Rio Grande del Sul, Brasilien), Genf, 12. 12. 1953 (IfZ, NL Schauff, Bd. 11).

[32] Davon gingen 55,4 % nach Nordamerika (hier vor allem nach Kanada) und 34,3% nach Lateinamerika. Vgl. Results of the ICMC-Activities in the first half of 1955, compared with the years 1952, 1953 and 1954 (Revolving Fund Movements with ICMC and NCWC submitted to the Council of Members on March 5th, 1955, IfZ, NL Schauff, Bd. 15).

[33] Die 1946 gegründete IRO wurde 1952 durch das Hohe Kommissariat der UN für Flüchtlinge mit Hauptsitz in Genf und Vertretungen in den einzelnen Ländern ersetzt.

[34] Es geht um die Kandidatur des bisherigen stellvertretenden Chefs der ICEM, Pierre Jacobsen, und um ein Netzwerk – wie Schauff es sieht – von Freimaurern in UNRRA und IRO. Schreiben Schauff an Pater Leiber vom 5. 2. 1955 (IfZ, NL Schauff, Bd. 14).

Zweckbestimmung der Einwanderung von der Industrialisierung weg und auf eine Erhöhung der landwirtschaftlichen Produktion und die Erschließung von Neulandgebieten bewege. Dabei hätten vor allem Deutschland und Österreich, aber auch Italien ein besonderes Interesse daran, Bauernfamilien in Übersee wieder zu einer Existenz zu verhelfen, die das eigene Land nicht mehr bieten könne[35]. Schwerpunkte agrarischer Migration in dieser Zeit waren Chile und Brasilien. Da in Chile mit dem ICMC-Residenten Christoph von Unterrichter ein hervorragender Agrarfachmann tätig war, konnte sich Schauff persönlich vor allem um Brasilien kümmern und diese Tätigkeit mit der notwendigen Oberaufsicht über seinen eigenen Besitz verbinden. Dies war dennoch eine oft drückende Doppelbelastung, die allerdings – die Familie befand sich ab 1951 wieder ständig in Europa – durch Karin Schauffs häufige und manchmal längere Aufenthalte auf der Facenda gemildert wurde.

Schauff verstand seine Arbeit für die ICMC als Fortführung seines seit der Weimarer Republik bestehenden Engagements für die Schaffung christlichen Bauerntums, dem in den Immigrationsländern und vor allem in Lateinamerika eine ganz neue Bedeutung zuwachse. „Siedlung" – so stellt er kategorisch fest – „ist Schaffen eines neuen Bauerntums. Sie ist der ewige Verjüngungs- und Expansionsprozeß lebendigen Landvolks."[36] In Lateinamerika gelte es vor allem, „kollektivistischen Großexperimenten" kommunistischer Provenienz entgegenzutreten. „Die unausgeglichene Agrar- und Eigentumsstruktur mit dem Fehlen eines Mittelstandes, die zunehmende Anteilnahme der Analphabeten und der Einfluß der farbigen Bevölkerung bei ständigem Rückgang der alten portugiesischen und spanischen konservativen Schichten und dazu die rapide Bevölkerungsvermehrung und schnelle ‚frühkapitalistische Entwicklung', neben modernsten staatlichen Sozialexperimenten machen manche Staaten in dem Kontinent anfällig für ein kollektivistisches Großexperiment. Der nicht zu leugnende rasche industrielle Aufschwung der Sowjetunion von einem Agrarland mit 80 Prozent Analphabeten zu dem heute zweitgrößten Industriestaat verfehlt deshalb noch mehr als beim Stadt- und Landproletariat bei den Intellektuellen seinen Eindruck nicht, abgesehen von der direkten und indirekten Propaganda Moskaus selbst. Neuerdings übt auch das Beispiel Rotchina eine besondere Attraktion aus ... Wie ist von einer feudalen und halbfeudalen Besitzstruktur der Weg zu einer weiten Streuung des Bodeneigentums zu bahnen und eine vermehrte landwirtschaftliche Produktion und dann eine bessere Ernährung zu erreichen ohne in kollektivistische Sozialexperimente zu verfallen? Autoritäre oder gar kommunistische Regime haben eins voraus: Sie zwingen die oft passive Bevölkerung zu eigenen Anstrengungen und stärkerem Einsatz. Eine freiheitliche Ordnung kann dies aber durch Erziehung, Überzeugung und den Anreiz individueller materieller Kompensation erreichen. Dieser Weg ist viel mühsamer. Ohne die Unterstützung gerade von Europa und seinen geistigen Kräften her kann er kaum zum Erfolg führen."[37]

---

[35] Schauff, Memorandum betr. [die] Kolonisation in Übersee, Rom, 15. 6. 1953 (IfZ, NL Schauff, Bd. 11).
[36] Schauff, Innere Kolonisation (April 1956), Exzerpt in IfZ, NL Schauff, Bd. 39.
[37] Schauff, Die landwirtschaftliche Erschließung, S. 9 f.

Als Repräsentant der ICMC veröffentlichte Schauff mehrere Memoranden zum Problem der Ansiedlung, darunter zwei Sammelbände des „ICMC Migration Digest": „Die Landsiedlung der Einwanderer in Lateinamerika" (1955) und „Die Einwandererkolonisation in Brasilien" (1956). 1957 erschien in deutscher Sprache die von ihm herausgegebene Studie „25 Jahre Rolândia" und 1959 eine weitere Gemeinschaftsarbeit „Landerschließung und Kolonisation in Lateinamerika". Der Pflege der Öffentlichkeitsarbeit galt Schauffs besonderes Augenmerk. Ab Oktober 1952 gab es die monatlichen „ICMC-News", deren Leitung ab der 13. Nummer (November 1953) Johannes Schauff selbst übernahm. In Rom erschien gleichzeitig das ICMC-Bulletin, später umbenannt in „Migration News". Auch bei diesem Bulletin, das die allgemeinen Migrationsprobleme unter sozialen, wirtschaftlichen und rechtlichen Aspekten analysierte, übernahm Schauff die Chefredaktion, später, ab 1956/57, fungierte er als „Editorial Adviser".

Neben seinen Verpflichtungen als Vizepräsident übernahm Schauff im Januar 1954 zunächst interimistisch auch das Generalsekretariat der ICMC[38], dem er eine effizientere Struktur zu geben bemüht war. Dies betraf vor allem die Stelle eines ständigen Assistenten des Generalsekretärs für einen Apparat von immerhin sechs Referenten und neun Sekretärinnen bzw. Sekretären sowie fünf Zweigstellenleitern für Lateinamerika. Angesichts der zu bewältigenden inhaltlichen Aufgaben war Schauffs Forderung nach besserer personeller Ausstattung der Leitung des Generalsekretariats durchaus berechtigt: Es ging einmal um eine „Koordinierung der nationalen Wanderungstätigkeit in den Aus- und Einwanderungsländern ..., um die Leistungsfähigkeit der katholischen Wanderungsarbeit zu steigern"; zum anderen um die „Arbeitsanweisung und Kontrolle der Zweigstellen" in den Aufnahmeländern und schließlich um die „allgemeine Verwaltung der Buchhaltung der Kommission", die erstaunlicherweise erst 1954 von Rom nach Genf verlegt worden war. „Eine große Rolle spielten die finanziellen Kontrollen der Zweigstellen" sowie die „Statistiken über die Revolving-Fund-Auswanderung und Abrechnungen mit ICEM über die von den Nationalstellen der ICMC durchgeführten Umsiedlungen"; hinzu kam die „Kontrolle und Abrechnung über verschiedene für die Arbeit der ICMC verwandte Fonds"[39].

Schauff war bei dieser internationalen Aufgabe offenbar in seinem Element. In seine Zeit als Generalsekretär – er übte dieses Amt bis Juli 1956 aus – fallen gewichtige Entscheidungen wie die Installierung der „Konferenz der nationalen Direktoren" als beratender Körperschaft, die am 3. August 1954 erstmals in Genf zusammentrat. Die Revision der ursprünglich ja provisorischen Statuten der ICMC mündete im Oktober 1956 in eine neue Verfassung. In diese Phase fallen

---

[38] Der erste Generalsekretär Lanctot war im September 1953 durch den Benediktiner Paulus Gordan als „acting general secretary" abgelöst worden. Gordan, im brasilianischen Exil zeitweise Privatlehrer der Schauffschen Kinder auf der Fazenda, war ein enger Vertrauter und Protégé der Familie Schauff; siehe oben, S. 81 sowie Karin Schauff, Wechselvolles Familienschicksal, S. 27.

[39] Schauff erhielt nur für kurze Zeit den geforderten Assistenten. Bericht des Vize-Präsidenten (Schauff) an die Mitarbeiter des Rates über die Tätigkeit des Generalsekretariats der Internationalen Katholischen Kommission für Wanderungsfragen, (Juni) 1955; Minutes Sixth Session ICMC Council (Private Session), 12. 10. 1956 (IfZ, NL Schauff, Bd. 15).

auch Schauffs erfolgreiche Bemühungen um eine geordnete Finanzbuchhaltung, die jedoch durch chronische Personalknappheit deutlich erschwert wurden[40].

Neben der Umgestaltung der inneren Organisation bemühte sich Schauff um eine Reform der italienischen Flüchtlingspolitik, deren Versagen er auf die staatliche zentralistisch-bürokratische Gängelung der freien Verbände und Hilfsorganisationen zurückführte[41]. Angesichts von etwa 50 000 Müttern und Kindern, die in Italien zurückgeblieben waren, während die Familienväter sich bereits im Auswanderungsland Argentinien befanden, drängte Schauff Pater Leiber, den Vatikan zu einer Intervention zu bewegen[42]. Schauff offerierte die Hilfestellung der ICMC beim Aufbau einer effektiven katholischen Fachorganisation für Auswanderung, nachdem die „Giunta Cattolica Italiana per l'Emigrazione" dieser Aufgabe offenbar nicht gerecht werden konnte[43] – ein letzen Endes vergebliches Bemühen.

Ein erfolgreicheres Unternehmen war die Ansiedlung donauschwäbischer Flüchtlingsfamilien in Südfrankreich, die von der ICMC in Zusammenarbeit mit der französischen „Secours Catholique" betreut und von der Ford Foundation finanziert wurde. In der schon erwähnten Zusammenarbeit mit dem Vertreter der Ford Foundation in Österreich, Haltmayer, waren zuerst Pläne gereift, diese Vertriebenengruppe in Südamerika anzusiedeln[44]. Nun ergab sich die Möglichkeit, in dem von der Landflucht geplagten Südfrankreich Land zu erwerben, ein Siedlungsprojekt, das von dem damaligen französischen Ministerpräsidenten Robert Schuman unterstützt wurde. Es durften 9200 Flüchtlinge einwandern, Bauernfamilien zumeist, deren wohl bekanntester Siedlungsort das wiederaufgebaute Dorf La-Roque-sur-Pernes in der Provence darstellte[45]. In Zusammenarbeit mit Schauff und der ICMC unterstützte dann diese Bevölkerungsgruppe der „Français du Banat" die spätere Ansiedlung ungarischer Flüchtlinge, die nach dem Aufstand von 1956 ins Land kamen[46].

Schauffs Aktionsschwerpunkt blieb allerdings weiterhin Lateinamerika[47]. Dorthin dirigierte die ICMC auch eine Gruppe von Flüchtlingen aus der Sowjet-

---

[40] Der entsprechende Vermerk, o.D., in IfZ, NL Schauff, Bd. 14.
[41] Vgl. Schauffs Memorandum „Das Versagen der Auswanderungspolitik und -praxis Italiens", 27. 9. 1953 (IfZ, NL Schauff, Bd. 12).
[42] Schreiben an Pater Leiber vom 27. 9. 1953 (IfZ, NL Schauff, Bd. 14).
[43] Stefan Falez (Nachfolger Schauffs im Generalsekretariat), „Comprehensive Report on the Development Program" (1955) betr. Schwierigkeiten der Führung der GCIE (IfZ, NL Schauff, Bd. 12).
[44] Schauff, Immigração Colonisadore, o. D. (IfZ, NL Schauff, Bd. 14).
[45] IfZ, NL Schauff, Bd. 15; Lamesfeld, Von Österreich nach Frankreich; Lamesfeld, La Roque sur Pernes; Senz, Die Donauschwaben, S. 148–150.
[46] Diese Aktion wurde auch von deutschen Regierungsstellen (Bundesminister Heinrich Lübke) sowie Siedlungsorganisationen (Auslandssiedlung/Johann H. Haefs; Katholischer Siedlungsdienst/Prälat Wosnitzer; Deutscher Caritasverband) unterstützt. Vgl. Korrespondenz Schauff–Lamesfeld (Président des Français du Banat) und Schauff–Haefs (IfZ, NL Schauff, Bd. 3 und 14; der Vorgang Siedlung der ungarischen Flüchtlinge ebenda, Bd. 13).
[47] Vgl. Report of the Vice-Chairman to the Council Members on the Activities of the General Secretariat of the ICMC, 3. 9. 1954 (IfZ, NL Schauff, Bd. 15).

union, die den Weg über Honkong und die Philippinen nahm; Johannes Schauff führte vor Ort die Verhandlungen mit kirchlichen und staatlichen Stellen. Besonders engagierte sich Schauff für die vielen polnischen DPs, die sich in Deutschland und Österreich befanden und nicht in ihr unterdessen von den Kommunisten beherrschtes Land zurückkehren wollten. Schauff hatte während seiner Zeit als Abgeordneter des niederschlesischen Wahlkreises Liegnitz Zugang zu Kreisen des katholischen Polens gefunden. Nach seiner Rückkehr nach Europa traf er in Rom auf den Vertreter der Auslandspolen, Bischof Josef Gawlina; dies war der Beginn engerer persönlicher Kontakte zum polnischen Episkopat, die Schauff später auch für die Verbesserung der deutsch-polnischen Beziehungen nutzen konnte. Von daher war es auch kein Zufall, daß einige der wichtigsten Mitarbeiter Schauffs in der ICMC Polen waren, die aus dem diplomatischen Dienst hervorgegangen waren[48].

Im Juni 1952 fand in Barcelona der erste ICMC-Kongreß mit Vertretern der internationalen Caritas sowie europäischen und überseeischen Hilfsorganisationen statt[49] – gleichzeitig mit dem dort ebenfalls tagenden Internationalen Eucharistischen Kongreß, der dazu beitrug, auch den Bekanntheitsgrad der katholischen Flüchtlingsorganisation zu erhöhen. Bereits ein Jahr später verkündete der Papst die Apostolische Konstitution „Exsul Familia", in der die christlichen Prinzipien der Migrationspolitik dargelegt und Gründung und Tätigkeit der ICMC bekanntgemacht wurden, deren Funktion es sei, das „Werk der bestehenden katholischen Organisationen zu vereinigen und zu koordinieren, um den Beistand für Auswanderer und Flüchtlinge zu garantieren"[50].

„Exsul Familia" war auch der Anlaß für Schauffs Bemühungen, in Abstimmung mit Robert Leiber in mehreren Memoranden das Verhältnis von ICMC und Kurie aufs neue und abschließend zu definieren. Vor allem sollte die ICMC beim Staatssekretariat und nicht bei der Konsistorialkongregation ressortieren[51]. Besonderes Gewicht legte Schauff auf die Forderung nach Unterscheidung zwischen der religiös-seelsorgerischen und den mehr „weltlichen" bzw. „technisch-politischen" Aufgaben der Flüchtlingsorganisation. Beide sollten wie Zahnräder ineinandergreifen, wobei es im Interesse der Kirche liege, der ICMC „jene Freiheit und Selbständigkeit einzuräumen, die ihr auf ihrem Sachgebiet zukommt"[52]. Diese arbeitsteiligen Unterscheidungsmerkmale finden sich in dem 1956 verabschiedeten

---

[48] Ein Beispiel ist Tadeusz Stark, ein 1912 geborener Jurist im polnischen Außenministerium. Stark kämpfte während des Krieges in der französischen Armee und war ab 1951 Mitglied des Vatikanischen Migrationsbüros bei der IRO, ab 1952 Leiter des Informationszentrums und 1963–1977 Generalsekretär der ICMC.

[49] Auf dem Kongreß waren zahlreiche hohe kirchliche Würdenträger vor allem aus Lateinamerika und Polen vertreten; von deutscher Seite referierte Kardinal Frings. Vgl. Stark, Pionierjahre, in: Um der Freiheit willen, S. 215 f.

[50] Zit. nach Stark, ebd., S. 216.

[51] Schreiben Schauff an Pater Leiber vom 27. 7. 1956, mit einem Anhang „Zu klärende Fragen, Struktur und Zukunftsarbeit der ICMC betreffend" (IfZ, NL Schauff, Bd. 14).

[52] Schauff, „Gedanken und Vorschläge zu einem Arbeitsprogramm der ICMC", Vipiteno (Sterzing), 16. 5. 1953 (IfZ, NL Schauff, Bd. 14).

neuen ICMC-Statut in dieser Klarheit allerdings nicht wieder – ebensowenig wie das von Schauff hartnäckig geforderte Prinzip der Hilfe zur Selbsthilfe.

Gleichwohl trugen Schauffs unermüdliche Bemühungen auch für eine innere Strukturreform der ICMC ihm im Sommer 1956 von vatikanischer Seite die Offerte ein, die Präsidentschaft zu übernehmen. In der Korrespondenz zu diesem Vorgang, an der auch Karin Schauff beteiligt war, wird erstmals deutlich, in welchem Ausmaß Schauff und seine Familie im Lauf der Jahre materielle Opfer für die Flüchtlingshilfe erbrachten. Schauffs zahlreiche Unternehmungen im Amt des Vizepräsidenten finanzierte er weitgehend aus eigener Tasche – trotz einiger privater wirtschaftlicher Rückschläge (u.a. niedrigere Kaffee-Ernten durch Witterungsunbilden). Erst als Schauff vorübergehend als Generalsekretär amtierte, erhielt er eine Aufwandsentschädigung[53], nach seinem Ausscheiden lediglich ein „Honorarium" in Höhe von 1000 Dollar[54]. Schauff lehnte die angetragene Präsidentschaft schließlich ab; er wurde im Oktober 1956 zum „Honorary Vice-President" ernannt[55] – in dieser Funktion amtierte er bis 1963 – und war bis 1972 Mitglied des erweiterten Vorstands der ICMC.

Zu den von Schauff übernommenen Aufgaben gehörte die Organisation der großen Migrationskongresse im Rahmen der Bemühungen, die Arbeit der ICMC und die Wanderungsprobleme ins internationale öffentliche Bewußtsein zu bringen. Diese Art der Öffentlichkeitsarbeit wurde in dem neuen Statut ausdrücklich hervorgehoben (Art. II/6). Nach Barcelona fand ein weiteres internationales Treffen 1954 in Breda in den Niederlanden statt, ein drittes 1957 in Assisi. Der Kongreß in den Niederlanden, der vom 11. bis zum 16. September stattfand und an dem 250 Personen teilnahmen, wurde organisatorisch und inhaltlich von Schauff in Zusammenarbeit mit den Direktor des Internationalen Katholischen Instituts für Sozialforschung in Den Haag, Professor G. H. Zeegers, vorbereitet. Diese Zusammenarbeit bewährte sich auch bei der Vorbereitung des Kongresses vom 22. bis zum 28. September 1957 in Assisi, auf dem Schauff über Europas Pflichten bei der Entwicklung Lateinamerikas referierte, nach seiner Auffassung eine Aufgabe von hoher Priorität[56].

Im Kontext dieser Bemühungen, Flüchtlingspolitik aus christlicher und katholischer Verantwortung zu gestalten, stehen zeitlich und inhaltlich noch zwei besondere Projekte, die untrennbar mit dem Namen Schauff verbunden sind: Es sind dies einmal die Bemühungen um eine Lösung des Problems der Südtiroler, die für Deutschland optiert hatten und nach 1945 in ihre Heimat zurückgekehrt waren, zum anderen die Wiedergutmachung an den durch das nationalsozialistische Regime zur Zwangsarbeit nach Deutschland verschleppten Polen[57].

---

[53] Vgl. die Korrespondenz J. und Karin Schauff mit Pater Leiber, Juli/August 1956 (IfZ, NL Schauff, Bd. 14).
[54] Minutes Sixth Session ICMC, 12. 10. 1956 (NL Schauff, Bd. 15).
[55] Ebenda.
[56] Korrespondenz Schauff-Zeegers, 1954–1957 (IfZ, NL Schauff, Bd. 14); International Catholic Migration Congress, 1954. The Hague (Protokolle, Resolutionen – IfZ, NL Schauff, Bd. 29); Stark, Pionierjahre, in: Um der Freiheit willen, S. 221 ff.
[57] Zum zweiten Problemkomplex siehe unten, S. 184 ff.

2. Die Südtiroler Irredenta

Bereits während seiner Studienzeit war Schauff hinsichtlich des Problems Südtirol
sensibilisiert worden. Er hatte u. a. in Berlin den Bozener Kanonikus Michael
Gamper kennengelernt, einen Vorkämpfer für die Erhaltung der deutschen Kultur
der Südtiroler gegen die Italienisierung. Im Kreis um Carl Sonnenschein war
Schauff auch mit den sozialen Verhältnissen und Geistesströmungen in Italien
vertraut geworden: Sonnenschein hatte während seiner römischen Studienzeit
zum Kreis um Romolo Murri gehört, und der junge Schauff hatte von Sonnenscheins Wissen in diesem Bereich außerordentlich profitiert. Sonnenschein hatte
ihm in Berlin zudem die Bekanntschaft von Luigi Don Sturzo vermittelt, der nach
der Machtübernahme der Faschisten ins Exil gegangen war[58]. Auch den österreichischen Standpunkt in dieser Frage lernte Schauff durch einen Studienfreund
kennen, der ebenfalls zum Kreis um Sonnenschein gehörte: Engelbert Dollfuß,
der spätere österreichische Bundeskanzler.

Nach dem Krieg kam Schauff während seiner Tätigkeit für die ICMC sehr bald
auch mit dem Problem der weiter bestehenden Südtiroler Irredenta in Berührung,
zumal sich die Familie bei ihrer Rückwanderung nach Europa im Jahre 1949 nicht
in Deutschland, sondern in Sterzing in Südtirol niederließ. Die Entscheidung für
Südtirol, wo auch die Schauffschen Kinder zur Schule gehen sollten, war eine
bewußte Option für das katholisch-lateinische Milieu, das die Eltern ja bereits im
Rheinischen und dann in Lateinamerika geprägt hatte.

Zum Verständnis der Situation in Südtirol nach Kriegsende, schon seit 1918/19
eines der schwierigsten Minderheiten-Probleme in Europa, sind einige ausführlichere Anmerkungen notwendig. Die nationalsozialistische Volkstumspolitik
hatte bekanntlich zwischen Ideologie und außenpolitischem Opportunismus ge-
schwankt. Zwar wurden nach dem Nichtangriffspakt zwischen Hitler und Stalin
und in dem darauffolgenden Krieg die Deutschen im Baltikum wie auch in Teilen
Ost- und Südosteuropas „heim ins Reich" geholt oder in den von den Deutschen
eroberten Gebieten angesiedelt[59]. Im Falle der deutschen Ethnie südlich des Brenners war allerdings das Interesse an einem Zusammengehen mit Italien vorrangig.

Bereits vor 1933 hatte Hitler für einen Verzicht auf Südtirol zugunsten des von
ihm bewunderten Mussolini plädiert[60]. Nach der nationalsozialistischen Machtübernahme wurde die Anerkennung der Brennergrenze zum Preis für die Freundschaft Italiens, den Hitler und seine Paladine zu zahlen bereit waren. Vor allem im
Zusammenhang mit dem Anschluß Österreichs und der Zerschlagung der Tschechoslowakei galt es in Rom Ängste zu zerstreuen, daß der Störfaktor Südtirol auf
ähnliche Weise beseitigt werden könne.

In dieser Phase in der zweiten Hälfte der dreißiger Jahre wuchs die Idee, die
Südtiroler en bloc ins Reich umzusiedeln, eine Lösung, die während des Ersten

---

[58] Murri (1870–1944) und Don Sturzo (1871–1959) gehörten zu den Wegbereitern des politischen Katholizismus in Italien und der späteren Democrazia Cristiana. Don Sturzo war
1924–1946 im Exil in Paris, London und den USA.
[59] Vgl. Schechtman, European Population Transfers, S. 485.
[60] Hitler, Südtiroler Frage.

2. Die Südtiroler Irredenta

Weltkriegs bereits von italienischer Seite erwogen worden war[61]. Ende April 1939 schließlich erfuhr eine Delegation von Südtirolern von Martin Bormann, was Himmler am 30. Mai 1939 offiziell bestätigen sollte: Südtirol sei als volksdeutsches Territorium aufzugeben – unter der Voraussetzung einer Umsiedlung von rund 200 000 Südtirolern, die „deutsch sein wollen"[62]. Am 23. Juni 1939 wurde in Berlin ein entsprechendes Übereinkommen erreicht, dem bereits am 12. Oktober 1939 Richtlinien zur Durchführung des Projekts folgten. Sie stellten die Deutschen und Ladiner der Provinz Bozen sowie des 1926 davon abgetrennten Bozener Unterlandes, aber auch die übrigen deutschen Sprachinseln in den Provinzen Trient, Belluno und Udine vor die Alternative, bis zum 31. Dezember 1939 für die Auswanderung nach Deutschland oder das Verbleiben im Land als loyale italienische Staatsbürger ohne gesonderten Rechtsschutz zu optieren. Der Termin galt auch für die grundsätzlich zur Abwanderung verpflichteten deutschen Staatsbürger, von denen etwa 80 Prozent ehemalige Österreicher waren.

Der Assimilationsdruck der Italiener auf die Südtiroler war ohne jeden Zweifel ausgeprägt. Hinzu kam, daß den Südtirolern in zunehmendem Maße auch die wirtschaftliche Existenz erschwert wurde, wofür rigorose Enteignungsaktionen gegenüber den Bauern im Zusammenhang mit der Errichtung des Bozener Industrereviers ein anschauliches Beispiel lieferten[63]. Auf der anderen Seite gab es die massive, unter der Regie Himmlers und des Tiroler Gauleiters Franz Hofer durchgeführte nationalsozialistische Propaganda für eine „ethnische Flurbereinigung", die die Freiwilligkeit der schließlich erfolgten Option nachträglich in Frage stellen muß. Sicherlich hatten die Südtiroler nach 1933 voller Hoffnung auf Deutschland geblickt, und besonders für die Jugend war die nationalsozialistische Ideologie attraktiv geworden. Das mit dem „Stahlpakt" vom 23. November 1938 manifestierte deutsch-italienische Zusammengehen hatte jedoch alle Illusionen hinsichtlich einer „Rückkehr nach Deutschland" zusammenbrechen lassen.

Die jetzt angebotene Lösung war sowohl von außen oktroyiert wie bitter enttäuschend. Corsini bezeichnet das Verfahren dieser Option als „Ungeheuerlichkeit und ein[en] Gewaltakt gegen die Geschichte". Deren Wirklichkeit ergebe sich „aus der Verflechtung zwischen einem Land und den darin lebenden Menschen – wenn es sich nicht um Nomaden handelt; diese Einheit bildet die Grundlage jeglicher Kultur und jeder Form kulturellen Wirkens. Diese Einheit zerbrechen, die Menschen aus einem Land herausnehmen, wo sie jahrhundertelang ansässig waren, ist keine historische Tat ..."[64] Der Verlust der Heimat wog schwer und führte dazu, daß keineswegs alle Südtiroler für eine Auswanderung stimmten – darunter so exponierte Persönlichkeiten des Volkstumskampfes wie der Kanonikus

---

[61] Propagandisten in dieser Richtung waren Ettore Tolomei und Adriano Colocci-Vespucci. Vgl. Alexander/Lechner/Leidlmair, Heimatlos, S. 20.
[62] Vgl. das entsprechende Dokument Himmlers in: Latour, Südtirol, S. 34–35.
[63] Corsini/Lill, Südtirol, S. 243.
[64] Ebenda, S. 323 f.

Michael Gamper[65] und der Senator Karl Tinzl[66]. Dennoch votierten etwa 80 Prozent der Optionsberechtigten in der Provinz Bozen für Deutschland[67]. Dies war eine eindrucksvolle Mehrheit, deren Aussiedlung jedoch Schwierigkeiten bereitete. Dies betraf ebenso die von der Volksgruppe geforderte geschlossene Siedlung wie auch die zurückgelassenen Liegenschaften: Weder wurden nationalsozialistische Pläne realisiert, die Südtiroler wie andere volksdeutsche Gruppen in den eroberten Ostgebieten als „ethnisches Bollwerk" der „germanischen Rasse" anzusiedeln, noch war das Reich in der Lage, diesen Menschen im Verlauf des fortschreitenden Krieges im Reich selbst eine neue Heimat zu geben. Von insgesamt rund 250 000 Südtirolern und ca. 210 000 Optanten gelangten etwa 75 000 Menschen über den Brenner, von denen allerdings mehr als die Hälfte in Nordtirol blieb.

Allerdings kam die Umsiedlungsaktion schon bald ins Stocken und 1942/43 praktisch zum Erliegen. Gründe dafür waren die ungenügend geregelte Wohnungsfrage sowie das schwierige Problem der Arbeitsbeschaffung. Die Reichsbehörden waren vor allem an Volksdeutschen interessiert, die in der Industrie und beim Kriegseinsatz einsetzbar waren. Im Zuge des Kriegsverlaufs drängten zudem andere Probleme in den Vordergrund. Am 11. November 1943 wurde eine Sperre für Einbürgerungen aus Italien festgelegt, und nach dem Ende der faschistischen Herrschaft und dem Frontwechsel der Italiener blieb auch der politische Druck zur ethnischen Säuberung aus, während sich bei den zurückgebliebenen Südtirolern nunmehr wieder die Hoffnung regte, letzten Endes doch noch als Gebiet mit Deutschland vereint zu werden. Dazu trug die Besetzung Südtirols durch die Wehrmacht im Juli 1943 sowie die Einsetzung einer deutschen Verwaltung im September gleichen Jahres (Operationszone Alpenvorland) bei, die sich auf den vor Ort befindlichen deutschen Umsiedlungsapparat stützen konnten[68]. Karl Tinzl wurde anstelle des am 2. Dezember 1943 umgekommenen Peter Hofer zum Kommissarischen Präfekten der Provinz Bozen eingesetzt. Die Gelegenheit, tatsächlich Teil des deutschen Staatsgebiets zu werden, schien nie größer. Der Traum endete allerdings am 2. Mai 1945, als Südtirol von amerikanischen Truppen besetzt wurde.

Nach dem Ende des Zweiten Weltkriegs wurde zum zweiten Mal nach 1918 die Frage der Zugehörigkeit Südtirols zu Österreich oder Italien aufgeworfen. Die deutsche Volksgruppe südlich des Brenners sprach sich aufs neue unmißverständlich für den Anschluß an Österreich aus. Die Selbstbestimmung der Südtiroler wurde indessen wie nach dem Ersten Weltkrieg mißachtet; auch österreichische Vorstöße zur Wiedervereinigung der beiden Tiroler Landesteile stießen trotz anfänglicher Sympathien der westlichen Alliierten[69] letzten Endes ins Leere. Am

---

65 Michael Gamper (1885–1956), Religionslehrer in Bozen. Eine Kurzbiographie in: Ermacora, Südtirol, S. 378–381.
66 Karl Tinzl (1888–1964), Rechtsanwalt in Bozen, ab 1921 Senator in Rom. Eine Kurzbiographie in: Ermacora, Südtirol, S. 381 f.
67 Die Zahlenangaben von deutscher und italienischer Seite sind unterschiedlich. Vgl. Corsini/Lill, Südtirol, S. 365–367; Alexander/Lechner/Leidlmair, Heimatlos, S. 25.
68 Ebenda, S. 44–49.
69 Ermacora, Südtirol, S. 42; Corsini/Lill, Südtirol, S. 468.

24. Juni 1946 fiel dann die endgültige Entscheidung der vier Großmächte über die Aufrechterhaltung des Status quo in der Grenzfrage. An die Stelle des geforderten Selbstbestimmungsrechts trat die Südtiroler Autonomie.

Mehr Selbständigkeit sowohl in der Verwaltung als auch auf kultureller Ebene hatte die italienische Seite – vor allem Außenminister De Gasperi – den Alliierten bereits avisiert[70]. Im August 1946 kam es zu einem ersten Treffen der italienischen und österreichischen Außenminister, De Gasperi und Gruber, im Rahmen der Friedensverhandlungen in Paris, das zu Ergebnissen führte, die Bestandteil des am 10. Februar 1947 abgeschlossenen Friedensvertrages zwischen Italien und den Alliierten wurden[71]. In dem Abkommen wurde noch einmal die italienische Grenzziehung am Brenner bestätigt, jedoch unter der Voraussetzung eines Autonomiestatuts für die Südtiroler Bevölkerung. Gefordert wurde aber auch die Wiedergutmachung der von Italien und dem Dritten Reich der Südtiroler Volksgruppe zugefügten Schäden; dazu gehörte in erster Linie eine Revision des Optionsgeschehens.

Die Optantenfrage spielte in den österreichisch-italienischen Verhandlungen eine ebenso große Rolle wie das Problem der Autonomie der Südtiroler Volksgruppe. Bei Kriegsende besaßen in Südtirol nur diejenigen die italienische Staatsbürgerschaft, die nicht für den Exodus optiert hatten; der Status der Optanten, die nicht abgewandert waren, war ebenso ungeklärt wie der der tatsächlich in Deutschland eingebürgerten Südtiroler. Die Regierung in Rom sprach allen Südtiroler Deutschlandoptanten die italienische Staatsbürgerschaft ab, eine Haltung, die vor allem von der Südtiroler Volkspartei (SVP) nach ihrer Gründung im Mai 1945 bekämpft wurde. Nach langem Tauziehen – in nationalistischen Kreisen Italiens wurde die Weiterführung der Aussiedlung propagiert[72] – wurde schließlich von den Italienern im Friedensvertrag (Annex 4) die Revision der Optionen auch gegenüber den Vereinten Nationen anerkannt. Für die Südtiroler war die Rückführung der abgewanderten Landsleute um so wichtiger, als Italien nach Kriegsende schon bald wieder daranging, die italienische Einwanderung zu verstärken – Österreich hatte in den Pariser Verhandlungen explizit darauf hingewiesen[73]. Auch ging man daran, ab 1947 Optanten, die im Lande geblieben waren, aus dem öffentlichen Dienst zu entlassen[74].

Diese Tendenzen erforderten eine Nachbesserung und Präzisierung der in Paris getroffenen allgemeinen Vereinbarungen. Das Ergebnis war das zwischen der österreichisch-südtirolischen und der italienischen Seite ausgehandelte sogenannte Optantendekret vom 2. Februar 1948. Nachdem die SVP ihre Zustimmung zum Autonomiestatut gegeben hatte, konnte das „Gesetz zur Revision der Optionen der Südtiroler" verabschiedet werden und am 5. Februar 1948 in Kraft

---

[70] So in dem Memorandum an den Außenministerrat vom 1. 6. 1946. Corsini/Lill, Südtirol, S. 475–476.
[71] Vgl. Rolf Steininger, Los von Rom?
[72] Commissariato per le migrazione, Delegazione Alto Adige, Memorandum vom Juli 1945 an das italienische Innenministerium, zit. in: Alexander/Lechner/Leidlmair, Heimatlos, S. 194.
[73] Memorandum an Botschafter Nicolò Carradini. Vgl. Toscano, Storia diplomatica, S. 366.
[74] Alexander/Lechner/Leidlmair, Heimatlos, S. 208.

treten[75]. Danach konnte die Option widerrufen und die italienische Staatsbürgerschaft zurückerworben werden; ausgeschlossen waren ehemalige aktive Nationalsozialisten und leitende Funktionäre der Auswanderungsstellen. Gesuche zur Rückoption von Personen, die sich in Italien bzw. Südtirol aufhielten, mußten innerhalb von drei Monaten erfolgen, von Personen außerhalb des Landes innerhalb von einem Jahr.

Das Ergebnis dieser Rückoptions-Aktion lag bei nahezu hundert Prozent[76] – blieb den Betroffenen doch nur die Wahl zwischen italienischer Staatsbürgerschaft und drohender Staatenlosigkeit. Die Rückbewegung wurde aber auch durch den Druck befördert, dem die in Österreich lebenden Südtiroler ausgesetzt waren; andererseits versuchten die Italiener, die Rückbewegung zu bremsen – eben mit dem Argument, auf die Rückkehrer werde Druck ausgeübt. Auch bestand über den Passus in dem erwähnten Dekret, der „Nationalsozialisten" von der Rückkehr ausschloß, die Möglichkeit, den Kreis unerwünschter Personen mehr oder minder beliebig auszuweiten[77]. Insgesamt wurde allerdings über 200000 Südtirolern, Optanten und ihren Familienangehörigen, die italienische Staatsbürgerschaft bestätigt bzw. wiederverliehen[78].

Die reale Rückkehr in die Heimat gestaltet sich indessen schwierig. Dies betraf sowohl Wohnungsbeschaffung wie Arbeitsmöglichkeiten; Unsicherheiten bestanden aber auch hinsichtlich des Vermögentransfers sowie der Sicherung von Renten und Pensionen. Zudem zeigte sich in der Gesamtbilanz der Rückwanderung, daß die Mehrzahl der Umsiedler keinesfalls zu den begüterten Schichten zählten. Schwerer als diese materiellen Sorgen wog indessen die seelische Irritation. Die Option wurde zum Trauma, den Rückwanderern haftete das Odium von Verrätern und Verlierern an.

Störend für eine rasche soziale Integration war vor allem ein Graben, der sich zwischen den ausgewanderten und den zurückgebliebenen Optanten auftat. Es wurden Vorwürfe des „Heimatverrats" laut, und die mangelnde Hilfsbereitschaft gegenüber den Rückwanderern riß soziale Gräben auf. Zwar wurde im Frühjahr 1949 ein eigenes Fürsorgeamt für Rücksiedler eingerichtet, doch blieb die Rücksiedlungshilfe in Anbetracht der geringen finanziellen Mittel der Provinz und der Region äußerst beschränkt. Weder das Wohnungs- noch das Arbeitsbeschaffungsproblem konnte zufriedenstellend gelöst werden. Hinzu kam, daß das staatliche Arbeitsamt seine Aufgabe vor allem darin sah, den bis Anfang der fünfziger Jahre starken Zustrom von Arbeitskräften aus dem übrigen Italien unterzubringen.

Eine Reihe von Südtirolern war noch während und nach dem Kriege illegal nach Südtirol zurückgekehrt. Der erste geschlossene Rücksiedlertransport ge-

---

[75] Decreto legislativo, 2. 2. 1948, veröffentlicht in: Gazzetta Uffiziale, 5. 2. 1948; Alexander/Lechner/Leidlmair, Heimatlos, S. 214–216; Steininger, Südtirol, Bd. 1, S. 99 ff.
[76] Alexander/Lechner/Leidlmair, Heimatlos, S. 223–227.
[77] So erhielt der Mitbegründer des SVP, Karl Tinzl, erst 1953 die italienische Staatsbürgerschaft.
[78] Italien und das Tiroler Etschland. Die Vereinbarung über die Revision der Optionen des Jahres 1933, in: Documenti. Berichte über das Leben in Italien, 21 (1957), S. 1594.

langte erst am 10. Juni 1949 nach Bozen. Bis zum Jahre 1955 kehrten zwischen 20 000 und 25 000 Optanten in ihre Heimat zurück[79].

Die Rückkehrer nach Südtirol sahen sich allerdings einer Fülle von wirtschaftlichen und sozialen Problemen gegenüber. Ihre Geldguthaben in Österreich und Deutschland wurden abgewertet[80] und die von Umsiedlern angekauften Liegenschaften im Wege der Rückstellungsgesetzgebung meist entschädigungslos enteignet. In Südtirol selbst hatte die deutsche Umsiedlungs-Treuhand nach Kriegsende zahlreiche Liegenschaften an Italien übergeben müssen. In dieser Lage wog schwer, daß die zurückkehrenden Südtiroler Optanten weder von Österreich noch von Italien oder den alliierten Siegermächten als Flüchtlinge oder Vertriebene anerkannt oder ihnen gleichgestellt wurden. Daß diese Ausgrenzung schließlich doch durchbrochen werden konnte, geht einmal auf Eigeninitiativen der Südtiroler zurück. Von Gewicht waren in diesem Zusammenhang aber auch Initiativen und Hilfestellungen wie die von Johannes Schauff, der aufgrund eigener Erfahrung aktiv wurde und vor allem die noch junge deutsche Bundesrepublik und Italien zur Lösung des Südtirol-Problems zusammenzuspannen vermochte, das zu einem politischen Unruheherd mitten in Europa zu werden drohte.

Bei seiner Rückkehr nach Europa traf Schauff in Südtirol auf alte Bekannte wie den Kanonikus Gamper, der wieder an vorderster Front des Geschehens stand und ihm die Probleme auch kritisch zu vermitteln vermochte. Dies betraf neben der Optantenfrage die konkrete Ausgestaltung der zugesagten Autonomie. Hier wurde der Erlaß zu den Durchführungsbestimmungen des Pariser Vertrages jahrelang verzögert, der von den Südtirolern geforderte Sonderstatus der Provinz Bozen in der neuerrichteten Gesamtregion Trentino-Alto Adige wurde nicht gewährt.

Dem entsprach, daß es nach wie vor keine Gleichstellung der deutschen Sprache gab; dies bedeutete die Ausgrenzung von deutschsprachigen Südtirolern aus dem öffentlichen Dienst. Proteste Südtiroler Politiker wurden zum Teil von der italienischen Justiz strafrechtlich verfolgt, österreichische Politiker an der Grenze abgewiesen. 1960 brachte Österreich als faktische Schutzmacht das Südtirol-Problem vor die UNO, die sich jedoch nicht bereitfand, für eine Regionalautonomie der Provinz Bozen zu votieren. Vor Ort mündete die Entwicklung schließlich in schwere Unruhen und Attentate, die bereits in der zweiten Hälfte der fünfziger Jahre begonnen hatten. Sie zogen heftige Reaktionen der italienischen Behörden nach sich, worauf sich eine Spirale von Gewalt und Gegengewalt eröffnete, die die bilateralen Beziehungen Österreichs und Italiens jahrelang zu vergiften drohte[81]. Das Problem erhielt damit zusehends eine europäische Dimension.

---

[79] Die genaue Rückkehrerzahl ist nicht zu eruieren (Alexander/Lechner/Leidlmair, Heimatlos, S. 246–249); Rudolf von Unterrichter nennt die Zahl von 25 000 bis 30 000 Rückkehrern (Unterrichter, Südtirol, S. 230).

[80] Es handelte sich um ein Barvermögen von ca. 250 Millionen Reichsmark. Am 5. 7. 1950 wurde zwischen Italien und Österreich ein Abkommen über den Vermögenstransfer der Südtiroler Rücksiedler geschlossen, das allerdings durch die schlechten Wechselkurse und die Begrenzung der Transfersumme nur wenig Erleichterung zu schaffen vermochte. Vgl. Unterrichter, Südtirol, S. 231; Alexander/Lechner/Leidlmair, Heimatlos, S. 244.

[81] Ein Beispiel ist die Pressekampagne um Folterungen in italienischen Polizei- und Carabinieristationen. Vgl. Ermacora, Südtirol, S. 97–123.

Dies war die Lage, als sich Johannes Schauff des nach wie vor bestehenden Problems der Eingliederung der Optanten annahm und es bereits frühzeitig auf die Agenda der ICMC setzte, nachdem in Italien erneut Stimmen lautgeworden waren, diesen Menschen wieder die italienische Staatsbürgerschaft zu entziehen[82]. Um diese politischen Spannungen auflösen zu können, bedurfte es, wie Schauff wohl wußte, vielerlei Anstrengungen und die Ausnutzung von übergreifenden Kontakten zu beiden streitenden Parteien. Zunächst aber galt es, in Südtirol und Italien selbst das Terrain zu sondieren.

Über Don Sturzo hatte Schauff Alcide De Gasperi[83] kennengelernt, der als italienischer Regierungschef und Außenminister ein gewichtiges Wort bei der Lösung der Südtirolfrage mitzureden hatte. Mit Mariano Rumor[84] war er politisch und persönlich verbunden durch die gemeinsame Tätigkeit in der von Schauff mit initiierten „Féderation Internationale de Solidarité", einer Art christdemokratischer Internationale mit Aktionsschwerpunkt in Südamerika, auf die weiter unten noch einzugehen ist. In diesem Gremium gab es Kontakte mit weiteren Politikern der Democrazia Cristiana. Hier traf man sich aber auch mit deutschen christlichdemokratischen Politikern wie Heinrich Krone.

Für die Regelung des Südtirol-Problems vermochte Schauff weitere einflußreiche deutsche Politiker zu sensibilisieren, vor allem in Hinblick auf die mögliche Belastung der deutsch-italienischen Beziehung in bezug auf die von beiden Regierungen vorangetriebene europäische Integrationspolitik[85]. Um zum Abschluß der „Römischen Verträge" zu kommen, war die Beruhigung in Südtirol Conditio sine qua non. Diese Einsicht teilte vor allem auch der spätere Außenminister Heinrich von Brentano, mit dem Schauff und seine Familie nicht zuletzt durch das gemeinsame Engagement für eine Lösung der Südtiroler Irredenta eine tiefe Freundschaft verband[86].

Daß die Bundesrepublik Deutschland – Österreich hatte auf entsprechende Vorstöße ablehnend reagiert – schließlich das Problem zu entschärfen suchte, indem sie die Südtiroler Optanten mit in die deutschen Lastenausgleichs-Maßnahmen einbezog, ist allerdings vor allem auf Initiativen von Südtirolern selbst zurückzuführen. 1961 nahm der damalige Caritasdirektor der Diözese Brixen, Pfarrer Josef Zingerle, erste Verbindungen zu bundesdeutschen Behörden, insbesondere dem Bundesausgleichsamt auf. Der Bozener Rechtsanwalt Karl Tinzl führte zur gleichen Zeit flankierende Gespräche mit der römischen Regierung.

Bei der konkreten Umsetzung des Vorhabens, die Südtiroler Optanten in den deutschen Lastenausgleich einzubeziehen, spielte Johannes Schauff jedoch eine

---

[82] Diese Forderung wurde von den DC-Senatoren Battaglia und Romano erhoben (Ermacora, Südtirol, S. 97).

[83] Alcide De Gasperi (1881–1954), Democrazia Cristiana, mit Don Sturzo Begründer der Partito Populare im Widerstand gegen den Faschismus und die deutsche Besatzung; 1945–1953 Ministerpräsident und zeitweilig zugleich Außenminister; exponierter Europapolitiker, 1954 Präsident des Montan-Parlaments.

[84] Mariano Rumor (1915–1990), Democrazia Cristiana, hatte zwischen 1959 und 1976 verschiedene Ministerämter inne und war 1968–70 und 1973–74 Ministerpräsident.

[85] Die entsprechende Korrespondenz in IfZ, NL Schauff, Bd. 23.

[86] Vgl. Karin Schauff, Heinrich von Brentano, S. 47–52.

wichtige Rolle. Dies gilt für die Bundesrepublik Deutschland, wo er er die Unterstützung vor allem der Abgeordneten Hermann Kopf, Wenzel Jaksch und Herbert Czaja sowie von Heinrich Krone gewann, der 1961 bis 1966 die Funktion eines Ministers für besondere Aufgaben wahrnahm, aber auch für Italien, wo Schauff auf die Unterstützung besonders des damaligen Ministerpräsidenten Giulio Andreotti bauen konnte.

Schauffs Aktivitäten in diesem Zusammenhang waren, wie es für ihn nicht untypisch ist, vor allem informeller Natur, deshalb jedoch nicht weniger wirkungsvoll. Dies zeigt z.B. sein Bericht an den deutschen Botschafter in Rom, Manfred Klaiber, über sein Treffen mit dem italienischen Parlamentsabgeordneten des Trentino, Alcide Berloffa, an dem auch Karl Tinzl teilnahm[87]. In diesem Memorandum berichtete Schauff über seine „Sondierungsmission im Rahmen der Lastenausgleichsleistungen für Südtiroler", eine Mission, die er in seiner Eigenschaft als Vertreter der ICMC und „als ein Freund des Bischofs Gargitter von Brixen" habe durchführen können. Als Ergebnis seiner Sondierungsgespräche mit dem Auswärtigen Amt und dem Bundesfinanzministerium, die er „in nicht amtlicher Funktion rein persönlich geführt" habe, kündigte er an, daß Berloffa mit dem Beratungsausschuß zusammenarbeiten[88] und auch die Versorgung ehemaliger Südtiroler Wehrmachtsangehöriger unterstützen wolle. In einer ersten Besprechung habe er dem Abgeordneten „ein Promemoria" „übergeben, in dem die Rechtslage der Entschädigungsleistungen sowie die in Aussicht genommene organisatorische Abwicklung" dargelegt sei[89]. Berloffa habe daraufhin Schauff vorgeschlagen, mit dem italienischen Botschafter in Bonn, Guidotti, in Verbindung zu treten und „ihn im Sinne des von mir Berloffa übergebenen Memorandum zu unterrichten." Er habe ihm ein Empfehlungsschreiben an den Botschafter mitgegeben, da von ihm „die Zustimmung der italienischen Behörden weitgehend … abhänge".

Schauff kündigte Klaiber weiter an, er werde in Bonn mit Guidotti Kontakt aufnehmen[90], jedoch vorher noch das Auswärtige Amt sowie das Bundesfinanzministerium über das „Ergebnis meiner römischen Gespräche informieren". Das Schauffsche „Pro Memoria" über die Südtirolfrage wurde schließlich zu einer Diskussionsgrundlage sowohl im Bundesfinanzministerium wie auch für entsprechende Ressortbesprechungen im Auswärtigen Amt[91]. Mit der Einbeziehung der

---

[87] Das Schreiben vom 4. 6. 1963, in: PAAA, B 24, Nr. 487/3 (Bestand Nationale Minderheiten/Südtirol). Der Kontakt mit Berloffa war offenbar durch Vermittlung von Rudolf v. Unterrichter zustandegekommen. Vgl. das Schreiben Unterrichters an Schauff vom 20. 7. 1983 (IfZ, NL Schauff, Bd. 39).

[88] Berloffa wurde nach dessen Gründung 1964 in den Beratungsausschuß für Umsiedlungsgeschädigte berufen. Vgl. Unterrichter, Südtirol, S. 238.

[89] Das Memorandum in IfZ, NL Schauff, Bd. 39.

[90] Gastone Guidotti war ab 1958 italienischer Botschafter in Wien. Er hatte auf italienischer Seite als einer der ersten das Südtirol-Problem erkannt, das zu einer langfristigen schweren Belastung der italienischen Außenpolitik werden konnte. Er konnte sich jedoch mit seinen Vorstellungen, das Problem vor den Internationalen Gerichtshof im Haag zu bringen, in Rom nicht durchsetzen. Vgl. Steininger, Südtirol, Bd. 2, S. 189 ff.

[91] Vgl. Notiz Dr. Sauter im Bundesfinanzministerium über eine Besprechung mit Schauff vom 12. 7. 1963 (eine erste Besprechung fand am 8.7. und eine weitere Ressortbespre-

Südtiroler in die 14. Lastenausgleichsnovelle[92] und später durch verschiedene bilaterale deutsch-italienische Abkommen konnten die schwierigsten sozialen und materiellen Probleme entschärft werden, die durch die Option entstanden waren. Diese betraf u. a die Altersversorgung, die Gewährung von Darlehen sowie Hausratsbeihilfen. Solche Unterstützungsmaßnahmen konnten jedoch nur dann effektiv durchgeführt werden, wenn die einzelnen Fälle vor Ort auf ihre rechtlichen, wirtschaftlichen und sozialen Voraussetzungen geprüft wurden. Das für Italien zuständige Ausgleichsamt Köln besaß dazu allein nicht die Kapazität. Deshalb wurde nach einer Übereinkunft von Auswärtigem Amt und Bundesfinanzministerium mit der italienischen Regierung und durch Erlaß des Präsidenten des Bundesausgleichsamts am 16. Juni 1964 in Bozen ein ehrenamtlicher „Beratungsausschuß für Umsiedlungsgeschädigte" eingerichtet, der die organisatorisch-bürokratische Umsetzung der vorgesehenen Entschädigungsmaßnahmen mit übernehmen sollte. Ihm gehörten eine repräsentative Auswahl von Persönlichkeiten aus Südtirol und von italienischer Seite an – darunter Vertreter der Sozialverbände, der Optanten, der Kirche und des öffentlichen Lebens[93]. Den Vorsitz übernahm auf Wunsch der betroffenen Südtiroler wie auch der zuständigen deutschen Bundesbehörden[94] Johannes Schauff, Geschäftsführer wurde der gebürtige Brixener und ehemalige Optant Rudolf von Unterrichter.

Aufgabe des neuen Gremiums war vor allem die Feststellung und Erhebung der Schäden bei annähernd 20 000 Personen. Dies betraf die schwierige Betriebs- und Bodenbewertung auf dem Stand von 1938, die nach Einzelantrag und auf der Grundlage individueller Nachweise vorgenommen werden mußte, die oft schwierige Suche nach Erben, die Feststellung während der Umsiedlung transferierter Barvermögenswerte und anderes mehr[95]. Mit seiner Tätigkeit erfüllte der Beratungsausschuß eine Mittlerfunktion zwischen der Bonner Regierung, dem Präsidenten des Bundesausgleichsamtes und den beteiligten Banken und bildete auf der anderen Seite eine notwendige Brücke zur italienischen Regierung sowie den italienischen Behörden in Rom, Trient und Bozen. Vor allem letzteres war die Auf-

---

chung am 10. 7. 1963 statt): „Das Bundesministerium für Finanzen wird nunmehr an das Auswärtige Amt mit der schriftlichen Bitte herantreten, die italienische Regierung offiziell über die 14. Novelle zum LAG und für die von uns vorgesehenen Vorkehrungen zur Durchführung des Gesetzes zu unterrichten." Die Kontaktierung des Auswärtigen Amts durch das BMF ist in einem Vermerk vom 7. 9. 1963 festgehalten; die Diskussionsgrundlage für die Ressortbesprechung im Auswärtigen Amt sei das Schauffsche „Pro Memoria" gewesen (PAAA, V 7 (507) – 82.03/3).

[92] Das Lastenausgleichsgesetz trat 1961 in Kraft und regelte die Gewährung von Beihilfen an Vertriebene im Ausland; es wurde 1963 im Hinblick auf Berücksichtigung von Südtiroler Umsiedlungsgeschädigten und Optanten erweitert.

[93] Die Zusammensetzung des Beratungsausschusses (Namensliste) bei: Unterrichter, Sütirol, S. 238.

[94] Schauff berichtet in einem Brief an das Deutsche Generalkonsulat in Mailand (Dr. Rumpf) vom 20. 3. 1964, daß ihn die „Bundesregierung" gebeten habe, den Vorsitz des Beratungsausschusses zu übernehmen; eine gleiche rückblickende Aussage in einem Brief Schauffs an Bundeskanzler Helmut Kohl vom 9. 9. 1983 (beide Schreiben in IfZ, NL Schauff, Bd. 23).

[95] Vgl. Unterrichter, Südtirol, S. 234 ff.

gabe des Vorsitzenden Johannes Schauff, der „seine bestehenden guten Verbindungen in Rom und Bonn" zu nutzen verstand[96]. Ein enges Kooperationsverhältnis mit konkreter Aufgabenteilung entwickelte sich mit dem Bundesausgleichsamt und dessen Präsidenten Karl Heinz Schaefer, der Ende 1984 als Nachfolger von Schauff den Vorsitz des „Beratungsausschusses für Umsiedlungsgeschädigte" übernehmen sollte[97].

Neben der Gewährung umfangreicher Darlehen an Optanten durch die Lastenausgleichsbank bzw. die Deutsche Landesrenten- und Siedlungsbank[98] erreichte der Beratungsausschuß am 14. Januar 1967 auch eine Vereinbarung zur Rückgabe des noch nicht verkauften Optantenbesitzes in der Provinz Trient, der sich als Feindeigentum unter italienischer Treuhandverwaltung befand[99]. Im gleichen Jahr erfolgte auch die Einbeziehung Südtiroler Optanten in das deutsch-italienische Abkommen über die Regelung von Kriegsschäden vom 19. Oktober 1967. Schließlich wurden die Optanten mit der Einbeziehung in das deutsche Reparationsgesetz vom 25. Februar 1969 den Geschädigten der Bundesrepublik gleichgestellt.

Auch die Lösung eines weiteren Problems ging wesentlich auf Schauffs Initiative zurück: Infolge der Option war die Mehrzahl der in deutschen Dienststellen oder in den Ansiedlungsgebieten beschäftigten Südtiroler in den Jahren 1939 bis 1948 ohne Pflichtversicherung geblieben – nach der Rückkehr aufgrund der erheblichen materiellen Konsequenzen ein Gegenstand großer Erbitterung, die sich vor allem gegen Rom richtete. Nach über zehnjährigen Verhandlungen trat am 27. Januar 1976 ein deutsch-italienisches Abkommen in Kraft, das die Frage der Nachversicherung regelte. Dem Beratungsauschuß für Umsiedlungsgeschädigte kam dabei die Aufgabe zu, als Voraussetzung für die Gewährung zusätzlicher oder rechtsbegründeter Rentenzeiten die entsprechenden verbindlichen Bescheinigungen auszustellen.

Der „Beratungsausschuß für Umsiedlungsgeschädigte" beendete seine Tätigkeit im Juni 1999. Bis dahin waren in den 35 Jahren seit seiner Gründung rund 121,3 Millionen DM an sozialen Leistungen, Entschädigungszahlungen und günstigen Krediten ausgezahlt worden. Darüber hinaus gewährte die Bundesrepublik Deutschland als Rechtsnachfolgerin des Deutschen Reichs für die in der Optionszeit ausgefallenen Rentenjahre weitere 262 Millionen DM. Rund 20 000 Umsiedler

---

[96] So Schaefer in: Der Beratungsauschuß, S. 3; Unterrichter berichtet, daß Schauff „nicht nur die mit den verschiedenen Ressorts in Bonn erforderlichen Gespräche" vorbereitet, sondern auch „die noch weit schwierigere Koordination mit den römischen Zentralstellen" übernommen habe (Unterrichter, Südtirol, S. 234 f.).

[97] Schaefer war ab 1975 Präsident des Bundesausgleichsamtes; er war bereits als Vizepräsident dieser Behörde seit Beginn der sechziger Jahre, d. h. seit Beginn der Versuche, das Problem der Südtiroler Optanten durch Einschaltung der Bundesregierung zu lösen (siehe oben, S. 118 ff.), mit dem Optanten-Problem befaßt.

[98] Die Kapital- und Finanzierungsoperationen sowie die Darlehensverwaltung wurden vor Ort durch die Volksbank Brixen (heute Südtiroler Volksbank) abgewickelt.

[99] Zu diesen Restitutionsverhandlungen auch im Bereich der Sozialversicherung vgl. Unterrichter, Lo status, S. 145–223 (mit Vertragstexten im Anhang).

beziehungsweise Optanten kamen in den Genuß dieser Zahlungen[100]. Auf der Abschlußveranstaltung des Beratungsausschusses am 4. Juni 1999 in Bozen würdigte der letzte amtierende Vorsitzende Karl Heinz Schaefer die Rolle seines Vorgängers: „Ich sehe es als Erfolg der hartnäckigen, von Dr. Johannes Schauff unterstützten südtiroler Bemühungen, daß sich Bundesregierung und Parlament zu deutschen humanitären Leistungen, später auch zu Entschädigungen bereitfanden."[101]

Schauffs Engagement für die Südtiroler Sache dokumentiert ein anderer Vorgang, der die deutsch-italienischen und südtirolisch-italienischen Beziehungen belastete. Dabei handelt es sich um das Attentat italienischer Partisanen auf ein deutsches Polizeibataillon am 23. März 1944 in der Via Rasella in Rom. Betroffen waren Angehörige der 11. Kompanie des 3. Bataillons des Polizeiregiments „Bozen", das nach der Einrichtung der „Operationszone Alpenvorland" aus Südtirolern gebildet worden war[102]. Das von der kommunistischen Widerstandsorganisation „Gruppi d'Azione Patriotica" verübte Attentat war Teil der Strategie, deutsche Repressalien gegenüber der Zivilbevölkerung in der „offenen Stadt" zu provozieren, um damit die Passivität der Bevölkerung zu überwinden und die Motivation zum Widerstand zu stärken. Bei dem Anschlag kamen 27 Polizisten sofort ums Leben, sieben weitere erlagen am selben Abend und am Tag darauf im Feldlazarett bzw. Krankenhaus ihren Verletzungen. Weitere 45 Männer wurden so schwer verletzt, daß sie als Verlust galten; es gab darüber hinaus zahlreiche verwundete Zivilisten[103].

Im Zuge der deutschen Repressalien wurden am 24. März 1944 in den Fosse Ardeantine 335 italienische Geiseln erschossen[104]. Für diese Exekutionen sollte zunächst auch die betroffene Polizeieinheit herangezogen werden. Von diesem Vorhaben nahm die deutsche Führung aber wieder Abstand: Man befürchtete offenbar angesichts der starken katholischen Prägung der Südtiroler[105] unter Umständen Widerstand[106].

Nach dem Kriege wurde den Angehörigen der Attentatsopfer mit dem Argument, es habe sich um SS-Einheiten gehandelt, jede Entschädigung verweigert. Auch in späteren historischen Abhandlungen dieses Geschehens wurde diese Behauptung immer wieder vorgebracht und den betroffenen Südtirolern sogar unterstellt, sie hätten sich bei der Bekämpfung der Partisanen durch besondere Brutalität hervorgetan[107].

Gegen diese Behauptung, die unterdessen auch durch die Forschung widerlegt ist[108], zog Johannes Schauff aufgrund eigener Recherchen engagiert zu Felde[109]:

---

[100] Zahlengaben nach Schaefer, Der Beratungsausschuß, S. 6 ff.; Interview mit Schaefer in *Dolomiten*, 5./6. 6. 1999, S. 17.
[101] Schaefer, Beratungsausschuß , S. 2 f.
[102] Vgl. Hartungen, Polizeiregimenter, S. 494–516.
[103] Zahlenangaben bei Prauser, Geiselerschießungen, S. 45.
[104] Zu dem Vorgang Prauser, ebenda, als bislang neuester Forschungsstand.
[105] Bei den Attentatsopfern hatten sich zahlreiche Rosenkränze gefunden.
[106] Vgl. Prauser, ebenda, S. 75 ff., 82.
[107] So Katz, Mord in Rom, S. 39 f.; Hartungen, Polizeiregimenter, S. 509.
[108] Prauser, Geiselerschießung, S. 49 f. Ein abschließend bilanzierender Aufsatz von Steffen Prauser erscheint 2001 in den VfZ.

Die meisten der zu diesem Polizeiregiment zwangsweise einberufenen Männer, darunter auch Südtiroler, die für Italien optiert hatten, waren Familienväter im Durchschnittsalter von 35 bis 36 Jahren[110] und hatten keinerlei Kampferfahrung. Es handelte sich lediglich um ein Hilfskorps, das keinerlei Kennzeichen der SS getragen und dessen Offiziere die bei der Polizei üblichen Dienstgradbezeichnungen geführt hatten[111].

Angesichts der Tatsache, daß die gesamte Polizei seit 1935 Himmler unterstellt war, unterstand die Einheit zwar nominell dessen Beauftragten in Norditalien, SS-Obergruppenführer und General der Waffen-SS Karl Wolff, in Rom jedoch dem Stadtkommandanten der Wehrmacht. Die Einheit war zu Wachdiensten am Quirinal eingeteilt und marschierte täglich, vom Foro Mussolini kommend, wo Schießübungen zu absolvieren waren, über die Piazza del Popolo, Via del Babuino, Via dei Due Macelli, Piazza di Spagna, Largo del Tritone und durch die Via Rasella zu ihren Unterkünften, die im Castro Pretorio im Quirinal lagen.

Schauffs Kampf um eine Rehabilitierung dieser doppelt gestraften Personengruppe war kein materieller Erfolg beschieden; er hatte vor allem eine moralische Dimension, die half, viele Wunden zu heilen, und trug maßgeblich zu dem hohen Ansehen bei, das Johannes Schauff insbesondere in Südtirol genoß.

---

[109] Vgl. die Korrespondenz mit P. Robert Graham SJ (La Civiltà Cattolica), Graf Bossi Fedregotti und Hugo Gamper/Bozen; Informierung von Landeshauptmann Magnago und Staatspräsident Leone; Pressenotizen und öffentliche Auseinandersetzung mit dem 1967 erschienenen Buch von Robert Katz „Death in Rome" (IfZ, NL Schauff, Bd. 3 und 24); Schauff, Autobiographische Notizen/Fragmente.

[110] Ein soziales und biographisches Profil der Gruppe findet sich bei Prauser, Geiselerschießung, S. 45 ff.

[111] Das Polizeiregiment Bozen wurde erst mit dem Erlaß vom 16. 4. 1944 wie die deutschen Pendants als „SS-Polizeiregiment" bezeichnet. Vgl. Neufeldt/Huck/Tessin, Ordnungspolizei, S. 286; Goetz, Attentat, S. 166 ff. (mit weiterführender Literatur, vor allem auch von italienischer Seite).

VII. Uxor, Mater, Socia

„Vater ist wieder für einige Zeit in Genf", schrieb Karin Schauff am Neujahrstag 1958 an ihren Sohn Markus, der sich in einem Schweizer Internat befand und sich zu diesem Zeitpunkt in den Ferien auf der Farm in Brasilien aufhielt, „nachdem er nach Deiner Ablieferung am Flugplatz in Rio zunächst noch einige weitere Reisen in beruflichen Angelegenheiten durch Südamerika unternahm."[1] Johannes Schauff verbrachte zweimal im Jahr seinen Urlaub auf der eigenen Fazenda; sie wurde ansonsten weitgehend von seiner Frau betreut, die zwischen Südtirol und Brasilien hin und her pendeln mußte.

Die Tätigkeit Schauffs für die ICMC währte fast zehn Jahre; sieben brachte er fast ausschließlich in Genf zu. Dies ließ ihm wenig Zeit, sich um seine Kinder zu kümmern, die sich alle in schulischer und beruflicher Ausbildung befanden. Gleichwohl erfüllte es den Vater mit Stolz, daß die fünf Söhne trotz des Studiums in Europa alle direkt oder mittelbar in der Landwirtschaft tätig wurden, davon vier in Brasilien. Seinen Sohn Tobias, der in die Verwaltung des elterlichen Anwesens eintrat, wies er geduldig und in zahlreichen Briefen in seine neue Aufgabe ein[2].

Während der beruflichen Abwesenheit Schauffs kümmerte sich Karin Schauff nicht nur um die materiellen Dinge – es galt vor allem, die große Familie zu versorgen und ihre Ausbildung sicherzustellen. Die örtliche Basis für all diese Unternehmungen war das Anwesen in Löwenegg, mit dem die Familie Schauff durch den „Freund Ludwig Kaas" seit ihrer Emigration nach Italien aufs engste verbunden war[3]. Wie schon erwähnt, hatte sich die Familie nach ihrer Rückkehr nach Europa in Sterzing in Südtirol niedergelassen. Der Ansitz Löwenegg, auf halber Höhe zwischen Brenner und Jaufenstraße gelegen, gehörte bereits in den dreißiger Jahren zum Teil Ludwig Kaas, der der im Exil in Rom lebenden Familie und vor allem den Kindern häufig Ferienaufenthalte in Löwenegg ermöglichte; in der gesunden Höhenluft hatte damals auch der Keuchhusten kuriert werden können, unter dem die Schauffschen Kinder nach dem Wechsel von der Eifel nach Italien gelitten hatten[4].

Noch vor der Emigration nach Brasilien hatte Johannes Schauff den oberen Teil des Anwesens erworben, der ursprünglich Prälat Steinmann von der deutschen Botschaft im Vatikan gehört hatte und nach dessen Tod an den Bischof von Brixen verkauft worden war. Von diesem war die Wohnung zuerst gemietet und später gekauft worden; nach dem Tode von Kaas im Jahre 1952 erwarb die Familie Schauff von den Erben schließlich das gesamte Anwesen, Karin Schauff zufolge

---

1   Karin Schauff, Schreib mir alles, Mutter, S. 11.
2   Themen waren u. a. Buchhaltung, Finanzdispositionen, Menschenführung. Korrespondenz aus dem Jahre 1956 (IfZ, NL Schauff, Bd. 27).
3   Karin Schauff, Haus Löwenegg, Ms. in IfZ, NL Schauff, Bd. 40.
4   Karin Schauff, Das Klingelband, S. 97 ff.

„ein altes, warmes, mütterliches Haus", das „den vielschichtigen Traditionen Südtirols eng verhaftet" war. Vor der Ausreise nach Brasilien waren alle Einrichtungsgegenstände aus dem Haus auf dem Monte Sacro in Rom nach Löwenegg verbracht worden. Während des Krieges war das Anwesen von mehreren und unterschiedlichsten Parteien genutzt oder besser „heimgesucht" worden, deren letzte das Haus noch 1949 besetzt hielt. Diese unerfreuliche Situation aufzulösen war neben der Option für den lateinischen Süden aber auch deshalb notwendig, weil auch das der Familie gehörende Haus in Steinfeld in der Eifel mit Evakuierten belegt war.

Die bereits in den dreißiger Jahren geknüpften Kontakte zu einigen Familien und Persönlichkeiten des öffentlichen Lebens in Südtirol wurden nach der Rückwanderung häufig zu dauerhaften Freundschaften. Dazu gehörten der Brixener Bischof Josef Gargitter[5], die Sterzinger Familie Arthur und Lilly Langer[6], die Familien Tschurtschenthaler und von Unterrichter in Bozen und Brixen.

Von Löwenegg aus organisierte Karin Schauff die dringende schulische Ausbildung der Kinder. Zwischen 1927 und 1942 war deren Zahl auf neun angewachsen: Eva Maria (geb. 1927), Christof (geb. 1929), Tobias (geb. 1931), Veronika (geb. 1932), Johanna (geb. 1933), die Zwillinge Nikolaus und Michael (geb. 1937), Maria Laetitia (geb. 1940) und Markus (geb. 1942). Die jüngeren – Veronika, Johanna, Michael und Nikolaus, Maria Laetitia und Markus – „mußten unverzüglich in Schulen, und so wurden sie nach Südtirol und in das dortige, uns Raum bietende Haus gebracht. Eva war bereits verheiratet, Christof blieb in Brasilien und Tobias, der nach den brasilianischen Schulen zwei Jahre im College in England war, war zu jener Zeit im Verlag Oldenbourg in München[7]. Es bedeutete mehrere Jahre ungeheurer körperlicher und seelischer Anstrengungen, um die Kinder teils wieder in Europa anzusiedeln, teils sie dort Fuß fassen zu lassen. Durch die Weite und Freiheit Brasiliens und einer Farm waren sie verwöhnt; sie ordneten sich nur schwer in die Systematik und Hergebrachtheit der Alten Welt ein, so großartig – landschaftlich und kulturell – Südtirol auch war ... Veronika, mit ihren praktischen Fähigkeiten als Farmerin und Weberin, ging in die landwirtschaftliche Schule nach Dietenheim, Johanna zu den Englischen Fräulein nach Brixen. In Salern machten die Zwillinge [*Michael und Nikolaus*] einen Schnellkurs in Italienisch und holten dann bei den Benediktinern in Meran den Stoff von drei Schuljahren in nur einem Jahr nach. Danach besuchten sie das alte Franziskanergymnasium in Bozen, wo sie das italienische Abitur in deutscher Sprache ablegten. Maria und Markus nahmen zunächst an dem deutsch-italienischen Unterricht der Bürgerschule in Sterzing teil und wurden zu Hause von deutschen Erzieherinnen unterrichtet. Dann gingen sie in Internate: Maria war zunächst ein Jahr in Kloster-

---

5 Josef Gargitter, geb. 1927 in Lüsen bei Bozen, wurde am 18. Mai 1952 zum Bischof von Bozen und Brixen geweiht.
6 Inhaber der Apotheke in Sterzing; der Sohn Alexander Langer, später führender Politiker der Grünen in Südtirol und Rom, war, wie der Verfasser selbst feststellen konnte, im Hause Schauff fast wie ein eigenes Kind.
7 Christof, Tobias und später auch Markus blieben als Farmer oder wurden später Farmer in Brasilien; der Jurist Michael ist leitender Angestellter (Direktor) im Verband der deutschen Milchwirtschaft, die Töchter heirateten.

wald am Bodensee, dann Châtelaine in Neuchâtel/Schweiz, danach vier Jahre College in San Antonio/Texas, wo sie nach dem Bachelor heiratete. Markus war ein Jahr in der Stella Matutina in Feldkirch/Österreich, dann sieben Jahre in Montana, Zugerberg in der Schweiz. Alle Ferien verbrachten die gesamten Kinder in Löwenegg. In der Zeit der Umsiedlung von Südamerika nach Europa hat dieser Ansitz der Familie die größten Dienste geleistet."[8]

In die Zeit des Aufenthalts in Löwenegg fielen auch die ersten testamentarischen Überlegungen, die vor allem die Kinder und Karin Schauff betrafen[9]. Schauff hatte bis dahin weitgehend von den Erträgen gelebt, die auf seiner Farm im Verlauf eines Dezenniums zunehmend erfolgreich und vor allem auf der Basis des Kaffeeanbaus erwirtschaftet wurden. Dennoch wurde Karin Schauff nicht müde, wenn auch letzten Endes vergebens, für das Engagement ihres Mannes in der ICMC eine angemessene Entschädigung einzufordern. Dabei war der Ansprechpartner im Vatikan, Robert Leiber, ein langjähriger Vertrauter von Pius XII., mit dem Schauff bei der Organisation der ICMC eng zusammengearbeitet hatte[10].

„Seit unserer Rückkehr aus Brasilien", schrieb Karin Schauff anläßlich der Johannes Schauff im Sommer 1956 angetragenen ICMC-Präsidentschaft[11] an Robert Leiber, „also nun schon mehr als sieben Jahren, arbeitet er im Wesentlichen für die katholische Wanderung. Das einzige, das er bisher materiell aus dieser Tätigkeit erhielt, war in den letzten beiden Jahren eine Aufwandsentschädigung, die viel zu gering war, um unsere große Familie mit neun Kindern … zu erhalten und selbst dafür, um mit ihm zusammenleben zu können. Die Opfer, die aus der nun schon viele Jahre währenden Trennung zwischen ihm und der Familie erwachsen, sind in menschlicher und materieller Hinsicht zu groß geworden, als daß sie sich noch weiterhin rechtfertigen ließen.

Auf der anderen Seite ist es meinem Mann ein Herzensbedürfnis als einem der wesentlichen Mitbegründer der ICMC, daß die mit so viel Opfern und Mühsal aufgebaute und jetzt so blühende Organisation keinen Schaden erleidet oder gar zerfällt …

Nun hat man meinem Mann die Präsidentschaft angetragen. Der Arbeit zuliebe würde er das auch sicher gern für einige Jahre machen, aber wegen der Familie ginge es nur dann, wenn ein Weg gefunden wird, daß wir von seinem Einkommen hier in Europa leben und die Kinder ausbilden lassen können. Dies haben wir bisher aus den Einkünften unserer brasilianischen Farm getan, die wir in Händen von

---

[8] Karin Schauff, Haus Löwenegg, S. 3 f.

[9] „Ich wünsche" – so Johannes Schauff in einem Entwurf aus dem Jahre 1954 – „daß meine Kinder von der Erbschaft nur ihren Pflichtteil (a legitima) zu gleichen Teilen erhalten … Ich wünsche weiterhin, daß meine Kinder bei der Erbteilung nach Möglichkeit je 70 Alqueires Kaffeeland in der vorderen Urwaldzone erhalten sollen; meine sog. freie Hälfte soll zu lebenslänglichem Nießbrauch meiner Frau Karin Schauff zufallen, die darüber frei verfügen darf." Im Falle von deren Tod solle deren Anteil „zu gleichen Teilen meinen Kindern zufließen". (Dieser Entwurf und weitere Testamentsfragen betr. Schriftverkehr in: ACDP, NL Hermann Kopf, Sign. I-027–004/3).

[10] Siehe S. 101.

[11] Siehe oben, S. 111.

mehr oder weniger guten Verwaltern wissen, was aber keine so große Rolle spielen würde, wenn wir hier aus der vielen Inanspruchnahme meines Mannes ein entsprechendes und geregeltes Einkommen hätten."[12]

Wie schon erwähnt, mußte Karin Schauff angesichts der häufigen beruflichen Inanspruchnahme und Abwesenheit des Ehemannes mehr oder minder regelmäßig nach Brasilien reisen, um auf der die Familie ernährenden Fazenda nach dem Rechten zu sehen. Angesichts der ständigen Zeitknappheit war dabei die Benutzung des Flugzeugs geboten, was insbesondere bei Reisen innerhalb Brasiliens häufig recht abenteuerlich sein konnte. So schildert Karin Schauff eine Landung, bei der das Fahrgestell abbrach, sowie „jenen furchtbaren Flug zwischen Leben und Tod, bei dem es durch ein enges Gebirgstal ging, wo man fürchten mußte, daß die Tragflächen an den nahen Felswänden zerschellen, dann wieder fegte man über Baumkronen ... Wir flogen in die Wiesen, die Maschine drehte sich wie ein rasendes Karussell und bohrte sich mit der Schnauze in die Erde." Oft hätten die Passagiere und herbeigeholte Bauern das Flugzeug wieder flott machen müssen[13].

Die Reisen innerhalb Brasiliens waren deshalb notwendig, weil die technischen Ausrüstungen der Fazenda ausgebaut und erneuert werden mußten. Gerade dieses Material bildete aber, wenn auf der Farm die Oberaufsicht fehlte, häufig ein Objekt der Begehrlichkeit für das zum Teil gewalttätige Brigantentum, das sich parallel zum Prozeß des wirtschaftlichen Aufstiegs der Siedlungen entwickelt hatte. Karin Schauff scheint – beraten durch den inzwischen auch in Brasilien als Farmer ansässigen Sohn Tobias – unter den vielfach noch abergläubischen und ängstlichen Farmarbeitern und -bediensteten häufig genug als einzige ihren kühlen Kopf bewahrt zu haben, wenn unter Umständen nur Waffen und scharfe Hunde Schutz zu bieten vermochten[14]. Eine alltägliche Bedrohung war auch die Plage der ausgewachsenen und aggressiven Gambas (Beutelratten), denen sich die Hausherrin manchmal nächtens in ihrem Schlafzimmer gegenübersah.

Gambas wie auch andere wilde Tiere, nicht zuletzt auch die zahlreich vorkommenden Schlangen wie die giftige und starke Chararáca, hatten jedoch seit jeher zur Fazenda gehört. Karin Schauff hat Vergleiche gezogen zu den später neu entstandenen Siedlungsgebieten, die sich durch einen häufig sterilen und amerikanisierten technischen Standard an Geräten und Fahrzeugen auszeichneten, ein Modernisierungsschub, der früher oder später aber auch die „alten" Gebiete wie Rolândia erreichte. Der Eisschrank, so Karin Schauff, sei lange Zeit der Bach gewesen, das Verkehrsmittel der Pferdekarren. Doch sperrte sie sich nicht gegen den neuen Komfort, der der nun häufig allein residierenden Herrin der Fazenda das Leben schließlich in vielerlei Hinsicht angenehmer machen konnte.

Im europäischen Refugium in Sterzing hingegen fand Karin Schauff, nachdem die Ausbildung und Unterbringung der Kinder geregelt waren, auch die Ruhe, sich auf sich selbst zu besinnen und auch zurückzuziehen. In dieser Zeit entstanden die ersten Buchprojekte, in denen sie das Schicksal ihrer Familie rekapitulierte und ihr historisches und politisches Umfeld kritisch reflektierte. Sie knüpfte auch

---

[12] Karin Schauff an P. Robert Leiber SJ, 28. 7. 1956 (IfZ, NL Schauff, Bd. 14).
[13] Karin Schauff, Schreib mir alles, Mutter, S. 33.
[14] Ebenda, S. 43 ff.

wieder an das seinerzeit aufgegebene Medizinstudium an, beschäftigte sich mit Tiefenpsychologie und machte in der zweiten Hälfte der fünfziger Jahre in Garmisch eine sechsjährige Lehranalyse.

Die Selbstvergewisserung, der diese Lehranalyse diente, vertiefte aber auch die Möglichkeiten, Mitmenschen noch besser zu erkennen und mit ihnen zu kommunizieren. Karin Schauffs positiver Zugang zu Ludwig Kaas wurde bereits erwähnt. Eine andere Persönlichkeit, der sie begegnete und die „nach freundschaftlich-warmer Gemeinsamkeit oder Mitteilungsmöglichkeiten verlangte", war Heinrich von Brentano, ab 1955 Außenminister der Bundesrepublik Deutschland[15].

Johannes und Karin Schauff waren Heinrich von Brentano bereits vor 1933 begegnet[16]. Nach ihrer Rückkehr nach Europa gab es ein Wiedersehen, als Johannes Schauff vor der Entscheidung stand, ob er in die deutsche Politik zurückkehren solle. Bei Schauffs politischen und diplomatischen Unternehmungen im Dienste der Bundesrepublik in den fünfziger Jahren ergab sich ein fruchtbares Zusammenspiel. Gerade Karin Schauff besaß die Fähigkeit, zu dem privatim häufig isolierten und zu Depressionen neigenden Außenminister eine tiefere menschliche und freundschaftliche Beziehung aufzubauen. Brücke dazu war wieder jenes „lateinische" Erbe, das mit der deutschen Akkulturation in unauflöslicher Spannung stand, sie zugleich aber auch bereichern konnte. Die Zugehörigkeit der Familie Brentano zu Völkern germanischer und lateinischer Mentalität – so Karin Schauff – sei „eine aufschlußreiche Quelle für das Verständnis seiner eigenen vielschichtigen Persönlichkeit gewesen".

Das konnte nur eine Persönlichkeit voll ermessen, die wie sie selbst Jahrzehnte als Deutsche unter Lateinern gelebt und dort Kinder erzogen hatte. Aus solchen Quellen hatte nach Einschätzung Karin Schauffs auch Brentano immer wieder die Kunst genährt, gegensätzliche Eigenschaften von Menschen und Gruppen, die einander an sich widersprechenden Problemkomplexen gegenüberstanden, zu achten und in der Waage halten zu können. Daraus erwuchs die Schätzung der eigenen – und fremder – Freiheit als hohes Gut sowie die Fähigkeit zu wahrer Toleranz den Meinungen und Handlungen anderer gegenüber.[17]

Brentano war häufiger Gast in der Wohnung in der Via Gregoriana in Rom, die Karin und Johannes Schauff im Vorfeld der Vorbereitung des Zweiten Vatikanischen Konzils bezogen hatten[18]. In Rom, Karin Schauff zufolge die „mütterlichste aller Städte, brauchte er [*Brentano*] sich überhaupt keinen Zwang anzutun, konnte er so sein, wie er vom Grunde seines Wesens wirklich war. Dort fühlte er sich zu Hause und befriedet – in Frieden auch mit sich selbst."[19] Als Brentano im Dezember 1963 schwer erkrankte – er starb ein Jahr darauf am 14. November 1964 – betreute Karin Schauff den Freund in seinem Haus in Darmstadt bis zu seinem Tode.

15 Karin Schauff, Brentano, S. 49.
16 Mitteilung Karin Schauffs an den Verfasser.
17 Karin Schauff, Brentano, S. 48 f.
18 Siehe unten, Kap. X, S. 165.
19 Karin Schauff, Brentano, S. 51.

VIII. Internationale politische Aktivitäten

Neben die Organisation der Flüchtlingshilfe für die nach Kriegsende in Deutschland befindlichen DPs trat als zusätzliches Problem bald die Fluchtwelle, die mit der Machtübernahme der Kommunisten in den osteuropäischen Ländern in der zweiten Hälfte der vierziger Jahre eingesetzt hatte. Im Kontrast zu dieser Fluchtbewegung standen die Zwangsrepatriierungen eines Teils der DPs aus der Sowjetunion und den baltischen Staaten, die in die Mühlen stalinistischer Vergeltungsmaßnahmen geraten waren[1]. Die Flüchtlingsorganisationen und die ICMC wurden hier mit zahlreichen menschlichen Dramen konfrontiert, Schauff überdies mit der beängstigenden Analogie menschenverachtenden Verhaltens totalitärer Staaten, das er nach 1933 am eigenen Leibe erfahren hatte.

Bei seinen Bemühungen, Auswanderungsmöglichkeiten nach Lateinamerika zu erschließen, war er von daher auch sensibilisiert gegenüber antidemokratischen Entwicklungen in den dortigen Aufnahmeländern. Er war aber auch sensibilisiert und in Sorge um die politische Entwicklung und Orientierung der noch jungen Bundesrepublik Deutschland.

1. Im Kreis der konservativen Remigration

Schauff hatte, wie schon angeführt, im deutschen Weststaat bzw. in der jungen Bundesrepublik Deutschland kein neues Amt angestrebt. Nichtsdestoweniger stellte er seine Aktivitäten in Genf, einem der wichtigsten Orte internationaler Politik, umgehend auch in den Dienst der außenpolitisch noch keineswegs souveränen Bundesrepublik. Laut eigener Aussage war er aufgrund seiner internationalen Verbindungen zumindest am Rande daran beteiligt, auf Schweizer Boden die ersten Treffen Adenauers mit dem damaligen französischen Außenminister Georges Bidault vorzubereiten[2].

Diese Bemühungen galten der deutsch-französischen Verständigung und standen zugleich in Zusammenhang mit den seit 1947 in Genf stattfindenden Zusammenkünften führender christlich-demokratischer Politiker aus Westeuropa. Solche Treffen waren von Jakob Kindt-Kiefer initiiert worden, der 1946 mit

---

[1] Die Repatriierung ausnahmslos aller sowjetischen Staatsangehörigen war bereits auf der Konferenz von Jalta beschlossen und bis Ende 1945 auch weitgehend durchgeführt worden (2 034 000 Menschen = 98%). Die Zwangsrepatriierung betraf vor allem auch Angehörige der „Wlassow-Armee" und der Kosaken-Verbände, die bereits seit dem russischen Bürgerkrieg im Exil gelebt hatten. Daneben waren es Esten, Letten, Balten und Ukrainer, die im Verdacht standen, mit den Deutschen kollaboriert zu haben. Zu dem sowjetischen Vorgehen und den Vergeltungsmaßnahmen vgl. Bethell, Das letzte Geheimnis; Jacobmeyer, Vom Zwangsarbeiter zum heimatlosen Ausländer, S. 123 ff.

[2] Schauff, Autobiographische Notizen/Fragmente. Zu den damaligen streng vertraulichen „Genfer Gesprächen" vgl. Schwarz, Adenauer. Der Aufstieg, S. 558 ff.

Joseph Wirth die „Vereinigung Christlich-Demokratisches Deutschland in der Schweiz" gegründet hatte und später in der Saar-Politik der Bundesrepublik aktiv wurde[3]. Auch Schauffs Auslandsreisen als Repräsentant der ICMC, vor allem nach Lateinamerika und in die USA, standen immer zugleich im Dienst des politisch-gesellschaftlichen und wirtschaftlichen Aufbaus in Deutschland.

In den USA traf Schauff auf einen Kreis von Emigranten des konservativ-christlichen Lagers, die zum Teil in einflußreiche Stellungen gelangt waren und nicht nach Deutschland zurückkehrten. Ein wichtiges Forum für deutschlandpolitische Aktivitäten von Emigranten war der 1951 von Christopher Emmet[4] ins Leben gerufene „American Council on Germany". Als überzeugter Christ bekämpfte Emmet die totalitäre Herrschaft des Sowjetkommunismus ebenso, wie er vor 1945 das nationalsozialistische Deutschland bekämpft hatte. Überzeugt von der Existenz eines „besseren Deutschland" und Gegner der Kollektivschuld-These, wandte er sich schon unmittelbar nach dem Krieg gegen die Demontage der deutschen Industrie und die Realisierung der Morgenthau-Ideen, die auch in der amerikanischen Besatzungsdirektive JCS 1067 noch deutliche Spuren hinterlassen hatten[5]. Dem American Council on Germany präsidierten so bedeutende Amerikaner wie der Hohe Kommissar für Deutschland, John McCloy[6], und General Lucius D. Clay, bis 1949 Militärgouverneur der amerikanischen Besatzungszone und Organisator der Berliner Luftbrücke; dem weiteren Präsidium und Board gehörten mehr als ein Drittel Emigranten und Remigranten konservativer Provenienz an, darunter so bekannte Namen wie Eric Warburg[7], Karl Brandt[8], der ehemalige Chefredakteur des „Christlichen Ständestaat" und Schauff-Intimus Klaus Dohrn[9] sowie Hajo Holborn[10], Hans Staudinger[11] und Norbert Mueh-

---

3   Jakob Kindt-Kiefer war 1935 in die Schweiz emigriert, April 1945 mit Otto Braun und Wilhelm Hoegner Begründer der Arbeitsgemeinschaft „Das demokratische Deutschland", engagierter Föderalist, Mithrsg. der „Richtlinien für ein demokratisches, republikanisches, föderalistisches Deutschland" vom Mai 1945 (BHB I). Zu den frühen christdemokratischen Treffen vgl. Dörpinghaus, Genfer Sitzungen.

4   Christopher T. Emmet (1900–1974), amerikanischer Publizist, vor 1933 Studium u.a. in Deutschland (Nachlaß Christopher Temple Emmet in Hoover Institution, Stanford; vgl. auch Nachlaß Marcia Kahn, IfZ, ED 364).

5   Der amerikanische Finanzminister Henry Morgenthau hatte – neben der weitgehenden Zerstückelung und Internationalisierung – die Entindustrialisierung bzw. „Agrarisierung" Deutschlands gefordert. Zum Einfluß Morgenthaus auf die amerikanische Besatzungsdirektive JCS 1067 vgl. Henke, Amerikanische Besetzung, S. 107 ff.

6   John McCloy war 1949–1952 Hoher Kommissar für Deutschland.

7   Eric Warburg (1900–1990), Bankier; emigrierte 1938 in die USA, im Zweiten Weltkrieg US-Nachrichtendienst, Mitarbeiter der „Association for a Democratic Germany" und Mitglied des „Hilfskomitees für Überlebende deutscher Widerstandskämpfer"; 1956 Rückkehr nach Deutschland, Bankier in Hamburg, beteiligt am Wiederaufbau der dortigen jüdischen Gemeinde (BHB I).

8   Karl Brandt (1899–1975), Agrarwissenschaftler, Hochschullehrer; aktiver NS-Gegner, 1933 Emigration in die USA, Professor an der New School for Social Research, 1938–1963 an der Stanford Universität, während des Krieges Regierungsberater, nach 1945 Berater von General Clay und OMGUS, ab 1948 mehrfach Gastprofessor an westdeutschen Universitäten (BHB II).

9   Klaus Dohrn (1913–1979), 1933 Mitarbeiter und Chefredakteur „Der Christliche Ständestaat" in Wien, war 1937 Mitbegründer der „Deutschen Front gegen das Hitlerregime" als

len¹²; weitere beratende Mitglieder und Mitarbeiter waren u. a. Alexander Böker, der bei Heinrich Brüning in Harvard promoviert hatte¹³, und nicht zuletzt Johannes Schauff. Der Council, der beträchtliche Einflußmöglichkeiten in amerikanischen Regierungskreisen besaß, setzte sich für eine wirtschaftlichen Aufbauhilfe für Deutschland und für eine Stärkung der politischen Eigenständigkeit der Bevölkerung ein; zudem sollten die „Morgenthau und Vansittart boys" so schnell wie möglich abgelöst werden, „simply jobholders who live off the land, ... a constant source of irritation of the German people ..."¹⁴.

Zusammenschluß deutscher konservativer Exilgruppen in Österreich und der CSR; er floh 1938 in die CSR, 1939 nach Paris, war aktiv in der konservativen österreichischen Exilpolitik; 1941 über Südfrankreich und Spanien Flucht nach Portugal, von dort 1942 in die USA, Mitarbeiter in katholischen Hilfsorganisationen, nach dem Kriege europäischer Berater von Henry Luce für die Magazine *Time* und *Life* (BHB I); die ausführliche Korrespondenz Schauff–Dohrn 1956–1976 in: IfZ, NL Schauff, Bd. 2 u. 32.

¹⁰ Hajo Holborn (1902–1969), Historiker und Hochschullehrer, 1931 Carnegie-Professor an der Deutschen Hochschule für Politik, 1933 Emigration in die USA, 1934–1969 Professor an der Yale University; Holborn hatte in NSDAP-Kreisen als „weit linksstehend" gegolten (vgl. Heiber, Karl Frank, S. 169), wird jedoch von Radkau dem „Emigranten-Konservativismus" zugerechnet (vgl. Radkau, Deutsche Emigration, S. 299). Er war während des Krieges Mitarbeiter und schließlich Chef der Research and Analyst Branch des OSS, 1947–1949 Berater des Außenministeriums; nahm 1960 leitende Funktionen im American Council on Germany wahr. Er beeinflußte in seiner hohen OSS-Funktion die amerikanische Deutschlandpolitik im Sinne der These, daß der Nationalsozialismus keine logische Folge der deutschen Geschichte seit Bismarck gewesen sei, und trug zur Einbindung der Bundesrepublik in die atlantische Gemeinschaft, vor allem durch ständigen wissenschaftlichen und politischen Austausch, bei (BHB II).

¹¹ Hans Staudinger (1889–1980), Regierungsbeamter, Staatssekretär im Preußischen Handelsministerium; 1912 SPD, 1932–1933 MdR; 1933 in Haft, Emigration über Belgien, Frankreich und England in die USA; Mitglied der „German Labor Delegation", Mitunterzeichner der Erklärung ehemaliger sozialdemokratischer Reichstagsabgeordneter von Januar 1947 gegen Massenvertreibung, Demontage und Besetzung (BHB I).

¹² Norbert Muehlen (Muhlen) (1909–1981), Journalist und Schriftsteller, spielte eine herausragende Rolle bei der Organisation studentischer Proteste gegen den Nationalsozialismus, emigrierte 1933 in die Schweiz und 1934 ins Saargebiet, Redakteur der Exilzeitungen *Westland* und *Grenzland*; spielte ab 1935 in Paris neben Leopold Schwarzschild eine führende Rolle im antikommunistischen „Bund Freie Presse und Literatur", war 1939–1940 interniert und gelangte 1941 in die USA (BHB II).

¹³ Alexander Böker (1912–1997) emigrierte 1938 in die USA, u. a. Gründer des „Committee against Mass Expulsions"; 1948 Rückkehr, Tätigkeit im Bizonen-Wirtschaftsrat und als Referent von Herbert Blankenhorn, später im diplomatischen Dienst, zuletzt Botschafter beim Vatikan (BHB I – Nachlaß im IfZ, ED 448). Weitere Emigranten im Council waren: Joseph Kaskell (BHB II), Gershon Canaan (BHB II), Felix R. Hirsch (BHB II), Hermann George Kaiser (BHB I), Stephen Kellen (BHB I), Carl Landauer (BHB II), Franz M. Oppenheimer (BHB II); Fritz E. Oppenheimer (BHB I), Henry M. Pachter (BHB II), Eric Waldmann (BHB II), Henry Wallich (BHB I) sowie der Politikwissenschaftler Carl J. Friedrich (1901–1984), der allerdings bereits in den zwanziger Jahren in die USA gekommen war und dort nach der NS-Machtübernahme blieb; Friedrich war nach 1945 Berater von OMGUS und 1956–1966 Professor an der Universität Heidelberg (Radkau, Deutsche Emigration, S. 250 und 274).

¹⁴ Alexander Böker an Christopher Emmet, 6. 8.1948 (IfZ, NL Marcia Kahn, Bd. 5); ebenso das Schreiben Karl Brandt an Emmet vom 21. 10. 1948, ebd. In einem Brief an Schauff geht Thieme auf das Thema „Umerzieher" ein „vom Schlage des Herrn ‚Habe', d. h. Hans Be-

Dieser Einsatz für Westdeutschland und später die Bundesrepublik Deutschland stand in engem Kontext mit dem antikommunistischen Engagement des Councils, der die Westorientierung Bonns für unabdingbar hielt. Schon sehr früh nahm der Council auch die öffentliche Diskussion um eine Wiederbewaffnung der Bundesrepublik auf. Er vermittelte Kontakte zwischen amerikanischen und deutschen Politikern, Parlamentariern, Wirtschaftlern und Publizisten und organisierte deutsch-amerikanische Konferenzen, die alle zwei Jahre wechselnd in den USA und der Bundesrepublik stattfanden. An diesen Treffen beteiligten sich auf deutscher Seite der Bundeskanzler, die Außen- und Verteidigungsminister, die Präsidenten des Bundestages sowie weitere prominente Persönlichkeiten aus Politik, Wirtschaft, Wissenschaft und Publizistik, von amerikanischer Seite u. a. die Außenminister Dean Acheson und später Christian Herter und Henry Kissinger[15] sowie Persönlichkeiten wie General Clay, George Ball und James Conant[16]. Dieser jahrelange Dialog hatte eine breite publizistische und öffentliche Resonanz, auf deutscher Seite war 1952 in Hamburg parallel die Organisation der „Atlantik-Brücke" gegründet worden. Auch diese deutsche Organisation, in der konservative Emigranten und Remigranten eine bedeutende Rolle spielten – die ersten beiden Vorsitzenden waren Ernst Friedländer und Arnold Bergstraesser[17], weitere Mitglieder waren u. a. Max Brauer[18] und Klaus Dohrn –, war bemüht, das gesellschaftliche und politische Image Deutschlands in den USA zu verbessern. Auf regelmäßigen deutsch-amerikanischen Konferenzen und Seminaren und mit einem breiten Publikationsprogramm, das sich unter anderem auch an die amerikanischen Soldaten in Deutschland wandte, wurde das vom American Council on Germany geknüpfte Netzwerk von Politikern, Vertretern der Wirtschaft, Wissenschaftlern und Journalisten noch vertieft und erweitert[19].

---

kessy, ... deren Lebensberuf das Erziehen im der Hitlerei entgegengesetzten Sinn ist." (28. 7. 1945, IfZ, NL Schauff, Bd. 8).

[15] Acheson war 1949–1953 amerikanischer Außenminister, Vertreter einer Politik des „containment" gegenüber der Sowjetunion; Herter war 1959–1961 Außenminister und Kissinger 1973–1977.

[16] Conant war 1953–1955 amerikanischer Hoher Kommissar in der Bundesrepublik, 1955–1957 Botschafter; Ball war eine einflußreiche politische Persönlichkeit in den USA mit politischen Aktivitäten vor allem im Bereich der Europa- und Deutschlandpolitik.

[17] Biographische Informationen zu Friedländer und Bergstraesser siehe unten, S. 212, Anm. 55 sowie S. 205, Anm. 13.

[18] Max Brauer (1887–1973), hanseatischer Kommunalpolitiker (SPD), vor 1933 Oberbürgermeister von Altona, 1933 Emigration, ab 1936 in den USA; einer der Hauptvertreter der „rechten" sozialdemokratischen Emigration um die *Neue Volkszeitung*, die sich gegen die Kollektivschuld-These wandte, 1946 Rückkehr, ab 1946 Mitglied Hamburger Senat und 1946–1953 sowie 1957–1961 Erster Bürgermeister von Hamburg (BHB I).

[19] An den Aktivitäten der „Atlantik-Brücke" (Konferenzen etc.) waren von deutschen Emigranten/Remigranten die meisten beteiligt, die auch im Rahmen des „American Council on Germany" aktiv waren; darüber hinaus sind zu nennen: Wenzel Jaksch und Karl Mommer, außerdem Henry Kissinger, Alfred von Klemperer, Joachim Prinz, Hans Wallenberg, Arnold Wolfers (alle BHB I, Wolfers BHB II). Von den Persönlichkeiten in diesem politischen Netzwerk, die nicht emigriert waren, sind u. a. zu nennen: Kurt Birrenbach (allerdings 1939–1950 als Vertreter amerikanischer und deutscher Firmen in Buenos Aires/Argentinien), Erik Blumenfeld (stellvertretender Vorsitzender der „Atlantik-Brücke"), Heinrich von Brentano, Heinrich Deist, Marion Gräfin Dönhoff, Fritz Erler, Karl Theo-

Die Vertreibung der Deutschen aus Osteuropa hatte der American Council on Germany in den USA schon früh angeprangert und ins öffentliche Bewußtsein gebracht[20]. Die ICMC sah nicht zuletzt in der Bewältigung der Konsequenzen dieses Exodus eine ihrer wesentlichen Aufgaben und war in dieser Frage über Johannes Schauff auch mit dem Council in Verbindung getreten[21]. Indessen weitete Schauff seine Tätigkeit für die ICMC über die reine Flüchtlingshilfe und Migrationsorganisation noch weiter aus. Durchaus im Einklang mit der konservativen Emigration zielten seine Bemühungen darauf ab, die Entwicklung Deutschlands bzw. der Bundesrepublik zu unterstützen und ihre politische Aufwertung und Einbindung in die westliche Welt zu befördern.

Auf mehreren internationalen kirchlichen Laienkongressen sowie im Zusammenhang mit dem von ihm mitvorbereiteten Eucharistischen Weltkongreß 1955 in Rio de Janeiro konnte er sich auf diplomatischer Ebene in die Vertretung der Interessen der Bundesrepublik einschalten. Bei solchen Gelegenheiten machten deutsche Politiker wie Kurt Georg Kiesinger und Helene Weber ihre ersten Gehversuche und Erfahrungen im Ausland nach dem Krieg. Bei seinen Bemühungen, Politiker der Bundesrepublik Deutschland in internationale Kommunikationszusammenhänge einzubinden, beklagte Schauff allerdings immer wieder deren aus der NS-Vergangenheit resultierende politische Verunsicherung: „Ich mußte häufiger den deutschen Standpunkt deutlicher vertreten, weil die deutschen Vertreter durch Leisetreterei und zu viele Konzessionen Erfolg zu haben glaubten. Ein politisches Selbstbewußtsein stellte sich bei vielen erst spät ein."[22]

Eine Gelegenheit, solchen Defiziten abzuhelfen, ergab sich auch, als Schauff 1961 durch Brentano in den von dem Außenminister installierten Kulturpolitischen Beirat des Auswärtigen Amtes berufen wurde[23]. In diesem Gremium, das von Dieter Sattler, damals Leiter der Kulturabteilung des Auswärtigen Amtes, geleitet wurde[24], traf er auf alte Bekannte und politische Freunde wie Maria Schlüter-Hermkes, Theodor Heuss, Josef Pieper und Arnold Bergstraesser.

---

dor von und zu Guttenberg, Richard Jaeger, Kurt Georg Kiesinger, Hermann Kopf, Carl Otto Lenz, Kurt Mattick, Erich Mende, Klaus Mehnert, Hans Möller, Gerd Ruge, Heinz Ruhnau, Karl Schiller, Carlo Schmid, Helmut Schmidt, Hermann Schmitt-Vockenhausen, General Johannes Steinhoff, Otto Wolff von Amerongen. Namenslisten in: Fünfzehn Jahre Atlantik-Brücke (American Council on Germany). Hamburg 1967.

[20] Vgl. auch die entsprechenden Aktivitäten von Alexander Böker im „Committee against Mass Expulsions" (siehe Anm. 13).

[21] Mittelsmann war hier vor allem Klaus Dohrn; vgl. die Korrespondenz in IfZ, NL Schauff, Bd. 2 u. 32.

[22] Interwiew Erich Kusch mit Johannes Schauff, November 1974 (Entwurf mit handschriftlichen Ergänzungen Schauffs; eine gekürzte Fassung wurde später im Südwestfunk gesendet; Ms. im Besitz des Verfassers).

[23] Schreiben Heinrich von Brentano an Schauff vom 21. 11.1960, in dem der Außenminister die Gründung eines solchen Gremiums ankündigt, in das 15 bis 20 Persönlichkeiten berufen werden sollen und das vor allem die Kulturarbeit im Ausland (Schulen, Sprache etc.) erörteren soll (IfZ, NL Schauff, Bd. 1). Schauff gehörte dem Kulturpolitischen Beirat bis 1973 an. Schreiben des damals amtierenden Außenministers Walter Scheel an Johannes Schauff vom 31. 8. 1973 (IfZ, NL Schauff, Bd. 37).

[24] Dieter Sattler (1906–1968), ursprünglich Architekt, war ab 1947 Staatssekretär im Bayerischen Kultusministerium, in dieser Eigenschaft an der Gründung des Instituts für Zeitge-

Politische Zielsetzung dieses Kulturpolitischen Beirats war eine „Bildungshilfe
als Grundlage der Entwicklungshilfe" für die Dritte Welt. Bei der Planung einer
Offensive vor allem auf dem Schul- und allgemeinen Bildungssektor, die auch einer Verbesserung und Differenzierung des Deutschlandbildes im Ausland dienen
sollte, wies Schauff auf die „erwachende Landarbeiterschaft Lateinamerikas" hin,
die von Europa Leit- und Ordnungsbilder erwarte in Hinblick darauf, daß Moskau dieses Feld zunehmend besetze; Castro sei da ein warnendes Beispiel[25]. Da
den USA das Landarbeiterproblem, wie es sich in Lateinamerika stelle, fremd sei,
habe die Entwicklungshilfe der europäischen Länder hier eine große Aufgabe.

Schauff engagierte sich in diesem Zusammenhang für eine kulturpolitische Ge-
genoffensive zu der kommunistischen Einflußnahme vor allem in Lateinamerika,
dessen Verhältnisse ihm ja vertraut waren. Zugleich warnte er jedoch vor der Tatsache, daß ein nicht unbeträchtlicher Teil der deutschen Auslandslehrer in Lateinamerika nach wie vor aus ehemaligen Nationalsozialisten bestehe[26]. Seine Gegnerschaft zu totalitären Systemen war eben nicht teilbar. Als Repräsentanten eines
besseren Deutschland empfahl er bei der vorgesehenen kulturpolitischen Offensive deutschsprachige Emigranten sowie Vertreter der Migration aus der Nachkriegszeit, für die das Deutsche die „europäische Sprache" sei[27].

Schauffs Status bei dieser Mitarbeit im Kulturpolitischen Beirat des Auswärtigen Amtes wurde schließlich auch nach außen hin weiter aufgewertet, als ihm im
Zuge seines Wiedergutmachungsverfahrens 1959 der Rang eines Ministerialdirigenten zuerkannt wurde. Zum positiven Ausgang dieses Verfahrens hatte wesentlich Schauffs Schwager, der Freiburger CDU-Abgeordnete Hermann Kopf,
beigetragen[28]: Schauffs Berufsweg und den Tatbestand der Verfolgung durch das
NS-Regime bezeugten weitere alte politische Weggefährten wie Heinrich Krone,
Josef Franken, Edmund Forschbach, Wilhelm Boyens und Karl Fütterer. Die Anerkennung des Ministerialdirigenten-Rangs beim Bundesministerium für Ernährung, Landwirtschaft und Forsten erfolgte auf der Grundlage von Schauffs Laufbahn in der GFK vor 1933, die Hochrechnung der Dienstbezüge erbrachte am
26. Juni 1959 die Beförderung zum Ministerialdirigenten (Besoldungsgruppe B 7 a
RBO) rückwirkend zum 1. April 1950. Schauff optierte für eine rückwirkende
Pensionierung und führte den Titel eines Ministerialdirigenten a. D., dem für weitere Unternehmungen ein Ministerialpaß zur Verfügung gestellt wurde[29].

---

schichte beteiligt; 1952 Kulturreferent der deutschen Botschaft in Rom, ab März 1959 als
Ministerialdirektor mit der Leitung der Kulturabteilung des AA betraut. Sattler war vor
1933 eng mit der kath. Jugendbewegung verbunden. Sein Nachlaß befindet sich im Institut
für Zeitgeschichte (IfZ, ED 145).

[25] Zur kommunistischen Bedrohung in Lateinamerika vgl. auch die Korrespondenz Schauff-
Sattler in IfZ, NL Schauff, Bd. 7 sowie NL Sattler, Bd. 90.

[26] Protokoll der 1. Sitzung des Kulturpolitischen Beirats (12. und 13. Januar 1961), PAAA
600/IV 1, Bd. 299; vgl. auch den Kommentar von Friedrich Sieburg in der FAZ vom 23. 1.
1961.

[27] Protokoll der 2. Sitzung des Kulturpolitischen Ausschusses (1. und 2. Mai 1961), PAAA
600/IV 1, Bd. 299, S. 10 f.

[28] Vgl. den betreffenden Briefwechsel zwischen Kopf, Schauff u. a. in: ACDP, NL Hermann
Kopf, Sign. I-027-004/3.

[29] Der Wiedergutmachungsvorgang in IfZ, NL Schauff, Bd. 27; vgl. auch die Korrespondenz

Schauffs Tätigkeit für die GFK, einer Gesellschaft des bürgerlichen Rechts und später ein eingetragener Verein, dem öffentlichen Dienst zuzurechnen, war eine ausgesprochene Kulanz der mit dem Wiedergutmachungsverfahren befaßten Stellen. Seine frühere Tätigkeit für das Statistische Reichsamt und auch seine spätere vorübergehende Berufung in das Innenministerium in Zusammenhang mit der Ausarbeitung eines Konzepts für eine Wahlrechtsreform[30] dienten allerdings in diesem Zusammenhang als gewichtige zusätzliche Argumente, so daß die Wiedergutmachungsbehörden anerkennen konnten, der Antragsteller sei „als Angehöriger des öffentlichen Dienstes aus Gründen politischer Gegnerschaft gegen den Nationalsozialismus durch nationalsozialistische Gewaltmaßnahmen verfolgt und dadurch in seinem Arbeitsverhältnis geschädigt worden". Die Entwicklung seiner Laufbahn nach 1933 hätte – so die Annahme der Wiedergutmachungsbehörde – dazu geführt, „daß er ohne Schädigung aller Voraussicht nach bei der Auflösung der Reichsstelle für Siedlerberatung im Herbst 1933 in das Reichsministerium für Ernährung und Landwirtschaft" übernommen worden wäre. Auch daß der Antragsteller sein Studium „nur" mit dem Dr. phil. abgeschlossen und keine Staatsprüfung abgelegt habe, wurde nicht als Hindernis für eine „Anstellung in der Laufbahn des höheren Dienstes" gewertet. Somit werde als „Zeitpunkt der Ernennung zum Regierungsrat ... der 1. Oktober 1934 festgesetzt". Dies ergab bei Hochrechnung normaler Beförderungsstufen das Erreichen einer Ministerialdirigentenstelle im Jahr 1950.

2. Internationale christdemokratische Politik

Do ut des! So wie die Bundesrepublik bei ihrem Weg in die Demokratie westlichen Zuschnitts Unterstützung fand, war die Regierung nach einer ersten Konsolidierungsphase ihrerseits bemüht, Staaten politische und wirtschaftliche Entwicklungshilfe zukommen zu lassen, die es – vor allem in Lateinamerika – gegen totalitäre Anfechtungen zu immunisieren galt. Die Organisation einer solchen Entwicklungshilfe war jedoch zugleich auch ein Schritt hin zur europäischen Zusammenarbeit und zur internationalen Anerkennung und Aufwertung der Bundesrepublik. In diesem Zusammenhang konnte Schauff aufgrund seiner lateinamerikanischen Erfahrungen und Verbindungen eine politische Schlüsselstellung einnehmen.

Am 14. Juni 1963 wurde Schauff in den Vorstand des „Instituts für internationale Solidarität" (IIS) berufen. Das IIS war ein Ableger der Politischen Akademie Eichholz, einer Stiftung der CDU, die 1957 gegründet worden war und später in

---

Schauff-Krone sowie die Korrespondenz mit Kiesinger (vor allem Schreiben Schauffs vom 11. 2. 1967) betr. Verlängerung des Ministerialpasses in Anbetracht der Wahrnehmung von konkreten und informellen „Verbindungsaufgaben im deutschen Regierungsinteresse" vor allem im Ausland (IfZ, NL Schauff, Bd. 4).

[30] Siehe oben, S. 48.

der Konrad-Adenauer-Stiftung aufging[31]. Ähnlich wie die SPD und später auch andere Parteien versuchte die CDU auf diese Weise ihre politische Bildungsarbeit zu institutionalisieren und damit zu professionalisieren. Die Aufgabe dieser Institutionen bestand darüber hinaus in der Schulung von Funktionsträgern und sogenannter gesellschaftlicher Multiplikatoren.

Eine zentrale Rolle bei der Institutionalisierung dieser politischen Außenarbeit spielten der damalige Bundesgeschäftsführer der CDU, Bruno Heck, sowie der Vorsitzende des Trägervereins, Professor Arnold Bergstraesser. Vor allem Bergstraesser kommt das Verdienst zu, daß sich die Tätigkeit der Akademie nicht in interner Parteischulung erschöpfte, sondern auch nach außen gesellschaftspolitisch initiativ wurde. Dies schloß angesichts der europäischen und internationalen politischen Entwicklung nahezu zwingend auch internationale Perspektiven ein.

Die internationale Situation war zu Beginn der sechziger Jahre vor allem durch das Entstehen und rapide Anwachsen der Befreiungsbewegungen in der Dritten Welt, den Amtsantritt der Kennedy-Regierung in den USA (1960) und die Revolution Fidel Castros in Kuba (1961) geprägt. Waren für die CDU im Verhältnis zur Dritten Welt bisher vor allem handelspolitische Interessen maßgeblich gewesen, so daß sie auf dem politischen Terrain der SPD bzw. der Friedrich-Ebert-Stiftung mit ihren Verbindungen zur Sozialistischen Internationale und dem Internationalen Bund Freier Gewerkschaften (IBFG) kaum Konkurrenz gemacht hatte, so wurde Ende der fünfziger Jahre die Hilfe für die Entwicklungsländer zentraler Bestandteil christdemokratischer Politik[32]. Dies wurde sicherlich auch durch die Forderung der neuen Kennedy-Administration nach Unterstützung insbesondere der lateinamerikanischen Länder befördert, die zunehmend von kommunistischen Umsturzversuchen bedroht schienen. Ein weiteres Motiv für eine nationale Entwicklungspolitik war die Beteiligung der Bundesrepublik an dem Europäischen Entwicklungsfonds, der im Zuge der Gründung der Europäischen Wirtschaftsgemeinschaft eingerichtet wurde und bei dem zunächst der französische Einfluß vorherrschte, den es auch im bundesdeutschen Interesse zu relativieren galt.

Nach den Bundestagswahlen 1961 wurde schließlich für diesen Bereich des Regierungshandelns ein eigenes Ministerium, das Bundesministerium für wirtschaftliche Zusammenarbeit (BWZ), eingerichtet, dem bis 1966 Walter Scheel als Minister vorstand und das damit bis 1966 zu einer Domäne des Koalitionspartners FDP wurde. Schauff war mit dieser Entwicklung keineswegs einverstanden; er drängte daher auf einen entsprechenden Kompetenzzuwachs der CDU-Stiftung[33]. Im September 1961 nahm Peter Molt als Vertreter der Stiftung innerhalb der deutschen Delegation in Luzern am 15. Kongreß der „Nouvelles Equipes Internationales" teil, auf die weiter unten noch einzugehen sein wird. Dort konnten erste Kontakte mit lateinamerikanischen Christdemokraten aufgenommen wer-

---

[31] IfZ, NL Schauff, Bd. 22. Hier besonders das Manuskript von Peter Molt „Die ersten Jahre der Konrad-Adenauer-Stiftung", o. D.

[32] Vgl. Scholz, Entwicklungspolitik.

[33] Schreiben Schauff an das Generalsekretariat der CDU (Peter Molt) vom 13. 11. 1961. IfZ, NL Schauff, Bd. 35.

den. Eine besondere Rolle bei der Ausformulierung einer eigenen christdemokratischen Entwicklungspolitik spielte der Belgier August Vanistendael, zu diesem Zeitpunkt Generalsekretär des Internationalen Christlichen Gewerkschaftsbundes (IFCTU) und Mitarbeiter Schauffs in der ICMC, der viel dazu beitrug, daß sich schließlich auch Bundeskanzler Adenauer entwicklungspolitisch engagierte[34].

August Vanistendael hatte als einer der ersten ausländischen Politiker Kontakt mit der CDU gesucht und war mit Adenauer bereits während des Recklinghauser Parteitages der CDU der britischen Zone 1948 zusammengetroffen. Er hatte zu den Befürwortern einer Neugründung der christlichen Gewerkschaften in der Bundesrepublik gehört und bereits in den fünfziger Jahren die These vertreten, daß sich die christlichen Gewerkschaften vor allem in Lateinamerika und Afrika als ein Gegengewicht gegen den Kommunismus etablieren müßten. Die Gründung der Konföderation Christlicher Gewerkschaften 1954 in Chile geriet allerdings in Gegensatz zur amerikanischen Gewerkschaft AFL/CIO[35] und dem IBFG mit ihrer prononciert antiklerikal-laizistischen Haltung, die wiederum von der Friedrich-Ebert-Stiftung – mit Zuwendungen des Auswärtigen Amtes – unterstützt wurde. Obwohl Adenauer den Erfolg neugegründeter christlicher Parteien und Gewerkschaften in Lateinamerika skeptisch beurteilte, vermittelte er Vanistendael damals für deren Unterstützung erhebliche Mittel[36]. Ende November 1961 fand in der Politischen Akademie Eichholz eine Fachtagung über das geplante entwicklungspolitische Engagement statt, deren Ergebnis der Grundsatz einer partnerschaftlichen Zusammenarbeit mit weltanschaulich „verwandten" Parteien und Gewerkschaften in der Dritten Welt war. Zur Durchführung dieses Konzepts wurde unter dem Dach des Vereins Politische Akademie Eichholz ein „Institut für Internationale Solidarität" konzipiert.

Auf Initiative Vanistendaels, der im Januar 1962 nach Venezuela gereist war und anschließend ein Memorandum an Adenauer verfaßt hatte, in dem er auf die Bedrohung Lateinamerikas durch die kubanische Revolution und die deshalb wachsende Bedeutung der christlich-demokratischen Parteien hinwies[37], stattete Rafael Caldera, damals Präsident des venezolanischen Parlaments, am 8. Februar 1962 Konrad Adenauer einen Besuch ab, der als ein erstes Hilfsprojekt die Unterstützung des gewerkschaftlichen Bildungsinstituts INES[38] in Caracas zusagte. Im Gegenzug erfolgte durch Caldera eine Einladung für den im Mai 1962 stattfinden-

---

[34] Vgl. dazu Adenauers Gespräche mit David Ben Gurion am 14. 3. 1960 sowie mit General de Gaulle am 23. 1. 1963; bei dieser Gelegenheit schlug Adenauer vor, eine gemeinsame Politik gegenüber Lateinamerika zu entwickeln, um den Subkontinent vor dem Kommunismus zu retten (Adenauer, Erinnerungen, S. 37 ff. und S. 210; Molt, Die ersten Jahre ..., Ms., IfZ, NL Schauff, Bd. 22, S. 17 ff.).

[35] AFL/CIO – American Federation of Labor/Congress of Industrial Organizations.

[36] Gespräch Peter Molt mit Vanistendael am 15. 5. 1988 in Leuven, zit. in Molt, Die ersten Jahre ..., Ms., IfZ, NL Schauff, Bd. 22, S. 19.

[37] Ebenda, S. 21 f.; das Memorandum in: Katholische Universität Leuven, NL August Vanistendael.

[38] INES – Instituto Nacional de Estudios Sindicales (Institut für nationale Gewerkschaftsstudien, den christlichen venezolanischen Gewerkschaften angeschlossen).

den 1. Weltkongreß der Internationalen Union der Jungen Christlichen Demokraten, zu der auch eine CDU-Parteidelegation erschien[39].

Nach diesem ersten Schritt wurde das Projekt einer lateinamerikanischen Entwicklungshilfe auch auf bundespolitischer Ebene befördert. Das Bundeskanzleramt, das Auswärtige Amt und das Bundesministerium für wirtschaftliche Zusammenarbeit (BWZ) vereinbarten zwei Haushaltstitel für die internationale Arbeit der Akademie Eichholz, die aber auch der Friedrich-Ebert-Stiftung und der Friedrich-Naumann-Stiftung zukommen sollten – ein Titel für „gesellschaftspolitische Maßnahmen" in den Entwicklungsländern lag beim BWZ, der andere zur „Förderung des demokratischen Gedankens im Ausland" beim Außenministerium.

Damit war der Weg zur Gründung des „Instituts für Internationale Solidarität" (IIS) im organisatorischen Verbund mit der Akademie Eichholz geebnet. Zu seiner Leitung wurde ein Institutsvorstand berufen, der sich in einen geschäftsführenden und einen erweiterten Vorstand gliederte. Das Projekt wurde schließlich von Adenauer gebilligt, nachdem seine Bedenken, der Begriff „Solidarität" klinge zu „sozialistisch", ausgeräumt werden konnten[40]. Am 1. Juli 1962 fand die konstituierende Sitzung des neuen Instituts statt. Dem ersten Vorstand gehörten die Bundestagsabgeordneten Gerhard Fritz, Heinrich Gewandt, Bruno Heck, Walter Althammer und Gerhard Stoltenberg sowie der ehedem ebenfalls in Brasilien exilierte Hermann Mathias Goergen an; ein Jahr später erfolgte dann die Berufung von Johannes Schauff[41].

Lateinamerika wurde zum Arbeitsschwerpunkt des IIS. Dies hatte eine Reihe von politischen und organisatorischen Gründen, hing aber auch mit der zentralen Rolle zusammen, die Schauff und Goergen als Brasilienemigranten spielten. Während in Afrika und Asien die Partnersuche vor allem aufgrund der fortbestehenden Bindungen der neuen Staaten an die ehemaligen Kolonialmächte schwierig war, gab es in Lateinamerika christlich-demokratische Parteien und Gewerkschaften, die zur Christlich-Demokratischen Weltunion und zum Weltverband der christlichen Gewerkschaften gehörten. Mit diesen Partnern war trotz manchmal unterschiedlicher politischer Zielsetzung ein Dialog auf der Grundlage von Subsidiarität und Solidarität möglich. Die Hilfe für diese Parteien war überdies eingebunden in die Zusammenarbeit mit den „Nouvelles Equipes Internationales" (NEI)[42]: Damit konnte dem häufig geäußerten Verdacht, die Tätigkeit des

---

[39] Zu der Delegation gehörten Peter Molt und der Bundestagsabgeordnete Heinrich Gewandt sowie Vanistendael und der Leiter des Internationalen Christlichen Studien- und Dokumentationszentrums in Rom, Karl Josef Hahn. Molt, Die ersten Jahre …, Ms., IfZ, NL Schauff, Bd. 22, S. 23 f., sowie Bd. 23.

[40] Der geschäftsführende Vorsitzende des Vereins Akademie Eichholz, Kraske, konnte den Kanzler davon überzeugen, daß der Begriff auch in der katholischen Soziallehre durchaus gängig war, wie z. B. bei dem Jesuiten Heinrich Pesch („Solidarismus"). Molt, Die ersten Jahre …, Ms., IfZ, NL Schauff, Bd. 22, S. 24.

[41] Vgl. das Berufungsschreiben von Staatssekretär a. D. Thedieck vom 2. 8. 1965 (IfZ, NL Schauff, Bd. 22).

[42] „Nouvelles Equipes Internationales": 1947 erfolgte Zusammenschluß der christlich-demokratischen Parteien Westeuropas, erster Kongreß und Namensgebung 1947 in Clau-

IIS folge vorrangig nationalstaatlichem deutschem Interesse, wirksam begegnet werden[43].

Der Schwerpunkt Lateinamerika war zunächst jedoch nicht unumstritten. Schauff und Goergen, die beide häufig vor Ort die neueste Entwicklung studieren konnten, vermochten jedoch Konrad Adenauer entsprechend zu beeinflussen, so daß dieser bis zum Ende seiner Amtszeit als Kanzler seine ganze Autorität für das Projekt „Lateinamerika" in die Waagschale warf. Auch Bruno Heck und das spanischsprachige Mitglied des Haushaltsauschusses, Heinrich Gewandt, spielten eine bedeutende Rolle. Adenauer persönlich traf die Entscheidung, den Wahlkampf des christlich-demokratischen Präsidentschaftskandidaten in Chile, Eduardo Frei, mit einer erheblichen Geldsumme zu unterstützen[44]. Dabei ging es nicht nur um einen Beitrag zur politisch-sozialen Schulung und finanzielle Unterstützung; über das IIS wurde auch ein intensiver Austausch von deutschen und lateinamerikanischen Politikern ermöglicht. Auf deutscher Seite waren daran vor allem damals noch junge Politiker wie Egon Klepsch, Bernhard Vogel, Heiner Geißler und Jürgen Wohlrabe beteiligt, auf lateinamerikanischer Seite Rafael Caldera und Eduardo Frei[45].

Die Aktivitäten des IIS berührten natürlich auch die „Nouvelles Equipes Internationales", die 1961 in der „Union Mondiale Chrétienne" aufgingen[46]. Von 1963 bis 1966 war auch das IIS in diesem Gremium vertreten. Die Notwendigkeit, die Zusammenarbeit der christdemokratischen Parteien zu fördern und ihre Arbeit zu koordinieren, betraf in erster Linie Lateinamerika, wo traditionelle Bindungen der italienischen Democrazia Cristiana (DC) bestanden. Deren Vertreter Sereno Freato und Angelo Bernassola nahmen 1963 Kontakte mit Peter Molt und August Vanistendael auf. Eine wichtige Rolle spielte dabei auch das „Centre International Démocrate-Chrétien d'Etudes et de Documentation" in Rom, das von Karl Josef Hahn geleitet wurde.

Am 31. März 1965 wurde in Rom die „Fondation Internationale de Solidarité" (FIS) gegründet – Gründungsmitglieder waren Molt, Freato und Vanistendael, den Vorsitz übernahm auf persönliches Drängen Adenauers Johannes Schauff[47]. Die FIS wurde im wesentlichen von den christlich-demokratischen Parteien Italiens, Deutschlands, der Niederlande und später auch Venezuelas und Chiles ge-

defontaine bei Lüttich/Belgien. Vgl. Karl Josef Hahn, Die internationale Zusammenarbeit der christlich-demokratischen Parteien in Europa, Ms. (1964), IfZ, NL Schauff, Bd. 23.

[43] Vgl. Lothar Kraft, Partner der gesellschaftspolitischen Zusammenarbeit, in: Silke Krieger (Hrsg.), Partner, S. 14; Molt, Die ersten Jahre ..., Ms., IfZ, NL Schauff, Bd. 22, S. 25 f.

[44] Schauff erinnert sich, daß seinerzeit Staatssekretär Westrick einen Scheck in Höhe von DM 200 000 überreicht habe (Notiz vom 28. 8. 1968, IfZ, NL Schauff, Bd. 39); Molt weist darauf hin, daß diese Spende über das IIS geleitet wurde und nicht, wie seinerzeit im *Spiegel* behauptet (Nr. 38/1964), über die Misereor-Kollekte (Molt, Die ersten Jahre ..., Ms., IfZ, NL Schauff, Bd. 22, S. 28).

[45] Caldera wurde 1965 zum CDU-Parteitag in Düsseldorf eingeladen und sprach dort als erster offizieller lateinamerikanischer Gast ein Grußwort. Vom 17. bis 22. 7. 1965 erfolgte der Staatsbesuch des neugewählten Präsidenten Chiles Eduardo Frei, der auch der Vorstellung lateinamerikanischer christlich-demokratischer Politik diente.

[46] Vgl. Portelli/Jansen, Démocratie chrétienne, S. 31–54.

[47] IfZ, NL Schauff, Bd. 23 u. 39 (Gründungsdokumente und Berufung Schauffs).

tragen. Schauff war bemüht, auch die Christdemokraten aus Österreich, Belgien, Frankreich und der Schweiz einzubinden. 1965 wurde ein Exekutiv-Komitee gebildet, dem die Gründungsmitglieder, der Vorsitzende und ein Exekutiv-Sekretär – zunächst der Pole Stanislaw Gerhardt – angehörten. Am 4. September 1965 fand die erste Sitzung der allgemeinen Mitgliederversammlung statt, auf der auch die Vertreter Österreichs, Belgiens und der Schweiz teilnahmen. Schauff wurde offiziell zum Vorsitzenden der Fédération gewählt. Insgesamt wurden 21 Sitzungen des Exekutivkomitees einberufen sowie drei allgemeine Mitgliederversammlungen in Taormina, Rom und Venedig. Die Zusammensetzung der Spitze änderte sich später: an die Stelle von Sereno Freato trat Angelo Bernassola und an die von Peter Molt Adolf Herkenrath, der die Leitung des IIS übernommen hatte[48]; das IIS wurde zugleich Mitglied der FIS. 1968 zog sich Vanistendael aus dem Exekutiv-Komitee zurück, und die österreichischen, belgischen und Schweizer Parteien verließen die Fédération aufgrund eigener finanzieller Schwierigkeiten. An ihre Stelle traten die Niederlande, Chile und Venezuela.

Hauptziel der FIS war die Koordination der Zusammenarbeit mit den jungen, im Aufbau befindlichen christlich-demokratischen Bewegungen und Institutionen vor allem in Lateinamerika; hierfür sollte die Unterstützung durch Kreise außerhalb der christlich-demokratischen Parteien gewonnen werden[49]. Konkret geplant und vorbereitet wurden Maßnahmen zur politischen und gewerkschaftlichen Schulung vor Ort und im Austauschverfahren, internationale Konferenzen sowie Untersuchungen und Studien über soziale, kulturelle, politische und wirtschaftliche Fragen. In Lateinamerika konnte die FIS mit verschiedenen bereits existierenden staatsbürgerlichen Ausbildungszentren kooperieren, wobei zu Beginn die Zusammenarbeit mit dem IIS und der italienischen DC besonders fruchtbar war.

Innerhalb des IIS und der Fédération wandte Schauff sich aufgrund seiner gründlichen Kenntnis der Problemlage vor allem gegen Tendenzen, die Entwicklung in Lateinamerika allein unter einem sozialrevolutionären Blickwinkel zu beurteilen, wie sie sich in der europäischen Öffentlichkeit z.B. bei der Beurteilung des Sturzes der brasilianischen Regierung Goulart (März 1964) als gängige Meinung erwiesen hatten[50]. Im Februar 1965 wies er in diesem Zusammenhang in einem Gespräch mit Mariano Rumor, dem damaligen politischen Sekretär der DC, auch auf die Bedeutung einer aktiven Ostpolitik hin, die Möglichkeiten einer

---

[48] Herkenrath war katholischer Jugendfunktionär, ab 1964 Bürgermeister der Stadt Siegburg.

[49] Johannes Schauff, Bericht über die Tätigkeit der FIS in den Jahren 1963 bis 1971 vom Vorsitzenden Dr. Johannes Schauff, 24. 5. 1971 (IfZ, NL Schauff, Bd. 23).

[50] Der brasilianische Präsident João Goulart war im März 1964 wegen seiner Pläne für eine Sozial- und Bodenreform durch einen Militärputsch gestürzt worden. Vgl. Schauffs Korrespondenz mit dem damaligen Botschafter der Bundesrepublik in Rio de Janeiro, Gebhard Seelos, 1964/65. Anläßlich einer Berichterstattung im Lateinamerikanischen Bulletin (Nr. 3, 30. 6. 1964) zu den Vorgängen, die sich den Standpunkt eines „reaktionären Staatsstreichs" der Christlichen Gewerkschaften zu eigen machte, warnte Schauff vor Neigungen der Christdemokraten nach Links. „Ich habe bereits mit Minister Krone gesprochen, daß man diese Tendenzen als [eine] Krise der CDU nicht durchgehen lassen darf." (Schreiben vom 2. 9. 1964, IfZ, NL Schauff, Bd. 7).

Einflußnahme von christlich-demokratischer Seite biete[51]. Nach Gründung der FIS wurde dann auch neben dem Engagement für Lateinamerika eine Aktion zur Stützung christlicher Demokraten hinter dem Eisernen Vorhang eingeleitet, die durch Übersetzung westlicher Literatur ins Polnische, Tschechische und Ungarische vor allem auf politische Information abzielte[52]. Eine analoge Aktion der FIS galt der Unterstützung und Stärkung der spanischen christlich-demokratischen Kräfte unter dem Franco-Regime[53]. Bei all diesen Aktionen war die Fédération gefordert, auch die nötigen Geldmittel zu beschaffen, die sich am Ende auf ca. 10 Millionen Dollar beliefen[54].

Die Tätigkeit der FIS hing, wie schon angeführt, eng mit der Christlich-Demokratischen Weltunion (Union Mondiale Démocrate Chrétienne/UMDC) zusammen. Als diese auf ihrem 5. Weltkongreß am 23./24. April 1966 in Lima in eine Krise geriet, hatte dies auch unmittelbar Folgen für die FIS. Bei der Auseinandersetzung in Lima ging es vor allem um die politische und wirtschaftliche Bevormundung durch die USA und die Europäer, aber auch um die grundsätzliche Orientierung der christlichen Demokraten Lateinamerikas angesichts der nach der kubanischen Revolution sich verstärkt entwickelnden Guerillabewegungen und dem Entstehen der sogenannten Befreiungstheologie[55]. Diese Auseinandersetzung lähmte die Arbeit der UMDC zunächst nachhaltig; zu Beginn der siebziger Jahre konnte die Stagnation jedoch angesichts der besorgniserregenden Entwicklung in Chile und Uruguay, die 1973 schließlich zu Staatsstreichen von seiten des Militärs führen sollte, wieder überwunden werden. Die FIS, die einen entscheidenden Beitrag zu dieser Konsolidierung geleistet hatte, beendete danach ihre Tätigkeit[56]. „Ich glaube", so vermerkte Schauff in seiner abschließenden Wertung der von ihm geleiteten Arbeit der FIS, „daß wir ein solides Fundament für eine zukünftige christlich-demokratische Zusammenarbeit ... geschaffen haben."[57]

Schauffs Eintreten für eine christlich-demokratische Reformpolitik angesichts der sich ausbreitenden kommunistisch-diktatorischen Entwicklung wurde im damaligen Meinungsklima von einem Teil der Presse in der Bundesrepublik, die

---

51 Gedächtnisprotokoll der Besprechung Schauffs mit Rumor, an der auch Karl Josef Hahn teilnahm, vom 22. 2. 1965 am Sitz der DC, Piazza Luigi Sturzo (IfZ, NL Schauff, Bd. 23).
52 Schauff war darum bemüht, über Staatssekretär Globke und Heinrich Krone auch die Amerikaner in diese Aktionen finanziell einzubinden. Vgl. den Brief Schauffs an Heinrich Krone vom 2. 8. 1965, IfZ, NL Schauff, Bd. 23.
53 Vgl. Bericht Karl Josef Hahn an Schauff über eine Informationsreise durch Spanien, 18. 6. 1965 (IfZ, NL Schauff, Bd. 23); ebenso Schauffs „Notiz über die Zweckmäßigkeit einer Begegnung von Bundesminister Leber mit dem italienischen Verteidigungsminister Arnaldo Forlani" vom 20. 9. 1970, in der auf die Rolle von Joaquín Ruiz-Giménez hingewiesen wird und die Notwendigkeit, eine Entwicklung wie in Portugal zu vermeiden (IfZ, NL Schauff, Bd. 39).
54 Schauff, Bericht über die Tätigkeit der FIS (1971), IfZ, NL Schauff, Bd. 23, S. 4.
55 Zur „Befreiungstheologie" siehe, S. 171.
56 „Avec le FIS disparut une tentative d'aide multilatérale du PDC du Tiers Monde, et l'on favorisa de plus en plus une politique de solidarité qui tendait à devenir bilatérale" (Brian Palmer, De l'Union Mondiale Démocrate Chrétienne à l'Internationale Démocrate-Chrétienne, in: Portelli/Jansen, Démocratie chrétienne, S. 41–54, hier: S. 47); Molt, Die ersten Jahre ..., Ms., IfZ, NL Schauff, Bd. 22, S. 50.
57 Schauff, Bericht über die Tätigkeit der FIS, IfZ, NL Schauff, Bd. 23, S. 4.

von einer quasi unpolitischen Entwicklungspolitik ausging[58], nie richtig – oder
bewußt falsch – verstanden. Natürlich ist nicht zu bestreiten, daß in diesem
Zusammenhang nicht nur die Unterstützung demokratischer Entwicklungen in
Lateinamerika, sondern auch wirtschaftspolitische und wirtschaftsstrukturelle
Gesichtspunkte eine Rolle spielten. Die Kritik an Politikern und Mitarbeitern des
IIS wie Herkenrath, Moser[59], Gewandt und Schauff, sie seien in „undurchsichtige
Aktivitäten" verwickelt und würden Steuergelder zugunsten ihrer südamerikani-
schen politischen Klientel abzweigen, ja seien selbst Entwicklungshilfegewinnler,
ist jedoch in keiner Weise haltbar. Analoge Vorwürfe wären auch gegenüber den
Parteistiftungen von SPD und FDP möglich gewesen. Schauff, dem die „Haupt-
rolle" in dieser christdemokratischen Lateinamerika-Politik zugeschrieben
wurde, konnte selbstverständlich aufgrund seiner Verbindungen als ehemaliger
Emigrant und als politisch unabhängiger Mann wirtschaftliche Verbindungen
knüpfen – so etwa im Zusammenhang mit der Entwicklung der venezolanischen
Erdölindustrie oder der Etablierung von Verkehrsverbindungen der Deutschen
Lufthansa[60]. Er leistete damit Aufbauarbeit im besten entwicklungspolitischen
Sinne und trug zugleich zur Verbesserung deutscher außenwirtschaftlicher Beziehungen bei. Der Vorwurf, er habe zugleich im eigenen wirtschaftlichen Interesse
gehandelt, ist bei Kenntnis der Persönlichkeit von Johannes Schauff schlichtweg
abwegig. Hämische Anmerkungen in der Presse anläßlich hoher Auszeichnungen
Schauffs in Venezuela und Brasilien[61] galten nicht zuletzt seiner dezidiert christlich-demokratischen und antikommunistischen Grundhaltung. Diese zeigte sich
auch in seiner klaren Ablehnung der lateinamerikanischen Befreiungstheologie.

---

[58] Vgl. z.B. *Der Spiegel* 12/1971 („Bolivars Hilfe", S. 37) und 12/1973 („Schmutzige Wäsche
ist deren Sache", S. 27–34). In diesen Artikeln wird vor allem die Rolle Schauffs hervorgehoben.

[59] Gemeint ist Edmund Moser, der zusammen mit seinem Bruder Gerold Moser v.a. in Ve-
nezuela/Caracas tätig war. Aus beider Briefwechsel mit Schauff geht hervor, daß Schauff
auch in den siebziger und achtziger Jahren weiterhin aktiven Anteil an der lateinamerikanischen politischen Entwicklung nahm (IfZ, NL Schauff, Bd. 5).

[60] Vgl. Schreiben Schauff an den damaligen Chef des Bundeskanzleramts, Minister Horst
Ehmke, vom 22. 12. 1969; Schauffs Gespräche mit dem venezolanischen Außenminister
Calvani betr. „Zusammenarbeit mit Deutschland auf dem Wirtschafts- (und) insbesondere
auf dem Erdölgebiet" am 6. 9. und 5. 10. 1970, Kopien der Gesprächsnotizen an Dr. Lög-
ters/DEMINEX, Prof. (Horst) Ehmke, Dr. Lantzke/Wirtschaftsministerium (IfZ, NL
Schauff, Bd. 39); Schreiben Gerold Moser an Schauff vom 25. 1. 1977 (IfZ, NL Schauff,
Bd. 5). Zu Schauffs Diensten bei der Etablierung eines deutsch-venezolanischen Luftver-
kehrsabkommens vgl. den „Vermerk" von Michael Schauff Dezember 1969 (IfZ, NL
Schauff, Bd. 27). Am Jungfernflug der Lufthansa nach Venezuela nahmen Johannes und
Karin Schauff zusammen mit Minister Leber und Ehefrau teil. Vgl. die Korrespondenz
Johannes Schauff mit dem Public Relations Direktor der LH, Carl Wingenroth, 21. und
30. 6. 1971, mit Namensliste der Teilnehmer des Eröffnungsfluges (IfZ, NL Schauff,
Bd. 38).

[61] Schauff hatte 1973 den venezolanischen Orden 1. Klasse „Francisco de Miranda" verlie-
hen bekommen; im gleichen Jahr wurde er mit dem brasilianischen Komturkreuz des Or-
dens „Rio Branco" geehrt (IfZ, NL Schauff, Bd. 27); zu Schauffs vermittelnder Rolle bei
den Verbindungen der Bundesrepublik insbesondere zu Venezuela vgl. die Notizen des
damaligen parlamentarischen Staatssekretärs im Bundeskanzleramt, Karl Theodor von
und zu Guttenberg (BA, NL Guttenberg, Sign. 42, u.a. Bl. 101, 107).

IX. Innenpolitisches Engagement

Auch während seiner Tätigkeit auf internationaler Ebene für IIS und FIS blieb Johannes Schauff eng mit dem politischen Leben in der Bundesrepublik verbunden. Wichtige Ansprechpartner waren u. a. Bundeskanzler Adenauer, Staatssekretär Hans Globke, Außenminister Heinrich von Brentano sowie Heinrich Krone, Bruno Heck und Karl Theodor von und zu Guttenberg. Schauffs politischer Rat war gesucht, wo es um die Außen-, besonders um die Entwicklungspolitik ging. So schrieb ihm Bruno Heck, damals Bundesminister für Familie und Jugend, anläßlich der anstehenden Genehmigung eines Ausbildungsprojektes für Brasilien durch das Bundesministerium für wirtschaftliche Zusammenarbeit, diese werde erst erfolgen, „wenn Sie nach Ihrer Orientierung in Brasilien Ihr Votum dazu abgegeben haben"[1].

Schauff konnte seine immer wieder erklärte Intention, durch seine internationale Tätigkeit auch der Bundesrepublik außenpolitisch zu nützen, sowohl bei den europäischen Nachbarn wie auch in Lateinamerika in vielfacher Hinsicht umsetzen. Parallel zu seinem internationalen Engagement führten jedoch seine umfangreichen Verbindungen und seine Beteiligung an politischen Entscheidungsprozessen in Bonn auch zu einer von ihm ursprünglich keineswegs intendierten Einbindung in die bundesdeutsche Innenpolitik. Dies führte nicht selten zu Spannungen und Überbeanspruchungen.

1. Die Große Koalition 1966–1969 und die Wahlrechtsfrage

Im Oktober 1966 brach die CDU/CSU-FDP-Koalition der Regierung Erhard auseinander. Einen Monat später, am 10. November 1966, wurde der amtierende Ministerpräsident von Baden-Württemberg Kurt Georg Kiesinger von der CDU/CSU-Bundestagsfraktion zum Kanzlerkandidaten bestimmt. Schauffs Anteil am Zustandekommen der daraufhin gebildeten Großen Koalition mit der SPD ist nicht gering einzuschätzen.

Möglichkeit und Notwendigkeit eines Zusammengehens von Sozialdemokraten und Vertretern des politischen Katholizismus waren in konservativ-katholischen Kreisen schon seit langem diskutiert worden; Schauff wie auch Brüning im Exil sowie Vertreter des christlich-konservativen Widerstands gegen die nationalsozialistische Diktatur, die dem ehemaligen Zentrum zuzuordnen sind, sind hier zu nennen[2]. Dahinter stand die Idee von der demokratischen Volkspartei, wie sie auch von Sozialdemokraten vor allem im Londoner Exil entwickelt worden war.

---

1 Schreiben vom 21. 3. 1966, IfZ, NL Schauff, Bd. 34.
2 Vgl. Morsey, Brünings Einschätzung, S. 267; Becker, Politische Neuordnung, S. 267.

Ansätze zu einer solchen Großen Koalition nach dem Kriege, wie z.B. in Berlin und im Badischen, waren jedoch an der Zurückhaltung der SPD gescheitert. Schauffs Überzeugung von der Notwendigkeit einer Reform der Parteiendemokratie, die vor allem auf die Erfahrung des Krise der Weimarer Demokratie zurückging, hatten ihn, wie schon angeführt, zum Parteigänger eines mehrheitsbildenden personenbezogenen Wahlrechts werden lassen. In der Bundesrepublik schien sich nun in der zweiten Hälfte der sechziger Jahre angesichts der aktuellen politischen Entwicklung die Möglichkeit zu bieten, im Rahmen einer Großen Koalition ein solches Wahlrecht durchzusetzen, nachdem auch die Sozialdemokraten – offensichtlich aufgrund ähnlicher historischer Erfahrungen – ihre einseitige Fixierung auf das Verhältniswahlrecht aufgegeben hatten. Schauffs Engagement für das Zustandekommen der Großen Koalition war nicht zuletzt von der Erwartung geprägt, eine entsprechende Wahlrechtsreform mit herbeiführen zu können.

Bereits während und nach der langwierigen Regierungsbildung 1961 war innerhalb der CDU aufgrund der politischen Erosion des Bündnisses von Union und FDP die Möglichkeit sowohl einer Großen Koalition wie der Einführung des Mehrheitswahlrechts diskutiert worden; ein maßgeblicher Exponent dieser Perspektiven war der kurz zuvor gewählte Bundespräsident Heinrich Lübke, der zur Unterstützung seiner Kampagne Johannes Schauff aus Brasilien anreisen ließ[3]. Schauffs Einsatz in dieser Frage blieb jedoch ohne Erfolg, weil er in der CDU zu wenig Rückhalt fand. Mit Heinrich Krone habe er eine ganze Nacht darum gerungen, „doch zu Herrn Ollenhauer zu gehen und durch eine alte Freundschaft ein gemeinsames Erbe wirksam zu machen". Doch seien weder Krone noch Heinrich von Brentano von der Auffassung abzubringen gewesen, zunächst durch eine „Ära Erhard" hindurchzumüssen[4]. Auf christdemokratischer Seite wurde der Vorstoß für eine Große Koalition vor allem von Paul Lücke (CDU) und Karl Theodor von und zu Guttenberg (CSU) unterstützt. Beide Politiker hatten in Zusammenarbeit mit Herbert Wehner bereits in den später gescheiterten Koalitionsverhandlungen Anfang Dezember 1962 eine Koalition aus Sozial- und Christdemokraten möglich zu machen versucht[5].

Ein weiterer engagierter Vorkämpfer für ein mehrheitsbildendes Wahlrecht war Paul Lücke, Exponent des sozialen Katholizismus und seit 1957 Bundesminister für Wohnungsbau und ab 1961 Minister für Wohnungswesen, Städtebau und Raumordnung. Guttenberg, einer der profiliertesten Außenpolitiker seiner Fraktion, verfocht zusammen mit Lücke, Adenauer und Strauß ein enges Zusammengehen mit Frankreich, wo das Mehrheitswahlrecht bereits Tradition hatte. Guttenberg hatte Wehner im Auswärtigen Ausschuß des Bundestags kennengelernt, im November 1962 war er mit ihm und zusammen mit Paul Lücke zunächst geheimgehaltene Koalitionsverhandlungen eingegangen[6]. Auch nach deren Schei-

---

3 Interview Erich Kusch mit Johannes Schauff („Die Große Koalition"), in: *Welt am Sonntag*, 17. 9. 1967; Baring, Machtwechsel, S. 32ff.
4 Schreiben Schauff an Herbert Wehner vom 29. 11. 1965; Schauff an Otto B. Roegele, 4. 1. 1968 (IfZ, NL Schauff, Bd. 25 u. Bd. 36).
5 Vgl. Morsey, Vorbereitung.
6 Vgl. ebenda, S. 463; Wirz, Guttenberg, S. 197ff.

tern – Heinrich Krone schrieb am 14. Dezember 1962, daß „für das, was Lücke, Guttenberg und Wehner wollten, die Zeit noch nicht gekommen [sei]"[7] – war der Kontakt zu Wehner, dem „Demokraten, der erfahren hat, daß es nicht um Doktrinen, sondern um Menschen geht"[8], nicht mehr abgerissen.

Auch Johannes Schauff nahm mit Lücke und Guttenberg Anfang der sechziger Jahre Verbindung auf. Dies geschah im Umfeld der Katholischen Akademie in München, deren Direktor Karl Forster seinerseits zum Kreis derjenigen gehörte, die das Projekt einer Großen Koalition unterstützten. Bereits seit Gründung der Akademie im Jahre 1957 hatte Forster den Gedankenaustausch zwischen katholischen Theologen, Sozialwissenschaftlern und Sozialdemokraten zu fördern gesucht[9]. Auch Guttenberg war um eine Klimaverbesserung zwischen Katholischer Kirche und SPD bemüht[10], ein Anliegen, das er mit Schauff teilte[11]. Im Rahmen dieser Bemühungen traf Schauff im März 1963 ebenfalls mit Herbert Wehner zusammen, den er noch aus seiner Leipziger Studienzeit kannte[12].

Zentrales Diskussionsthema der Tagung war die Wahlrechtsfrage, als Referenten fungierten Ferdinand Hermens und Dolf Sternberger, beide engagierte Vertreter eines Mehrheitswahlrechts. Auf dieser Tagung gab sich auch Wehner als Anhänger des Mehrheitswahlrechts zu erkennen[13]. Schauff wertete die Tagung als einen „Erfolg im Sinne einer Großen Koalition"[14].

Das Thema Große Koalition blieb auch in den folgenden Jahren auf der Tagesordnung; die treibenden Kräfte gruppierten sich um Bundespräsident Lübke, Guttenberg und Herbert Wehner. Johannes Schauff intensivierte seine persönlichen politischen Kontakte vor allem zu Wehner, mit dem ihn bald ein zunehmend persönlicher und freundschaftlicher werdendes Verhältnis verband[15]. Ein weiterer Schritt auf dem Weg zur Großen Koalition erfolgte während eines Treffens, zu dem Guttenberg (17. Juli 1965) für den 24. Juli 1965 auf sein Weingut „Reichsrat von Buhl" in der Pfalz eingeladen hatte: Teilnehmer waren neben Guttenberg und Lücke die Sozialdemokraten Wehner und Georg Leber. Zentrales Thema auf die-

---

7 ACDP, I-028–013/10.
8 Guttenberg, Fußnoten, S. 50.
9 Im Januar 1958 hatte Forster mit seiner Tagung „Christentum und Sozialismus" unter Teilnahme Wehners eine „Sensation ausgelöst". Vgl. Morsey, Vorbereitung, S. 463; Wirz, Guttenberg, S. 302; zu Forster und der Katholischen Akademie siehe auch Kap. XII, S. 189 ff.
10 Vgl. Wirz, Guttenberg, S. 301 ff.
11 Siehe unten, S. 158 ff.
12 Schauff hatte nach eigener Aussage Wehner in Leipzig kennengelernt, als er dort im Republikanischen Studentenbund aktiv war (persönliche Auskunft gegenüber dem Verfasser).
13 Vgl. Bouvier, Godesberg, S. 199 f.; Wirz, Guttenberg, S. 302 f.
14 Tagebuch Heinrich Krone, 31. 3. 1962 (nach einer telefonischen Information Schauffs), ACDP, I-028–072/5.
15 „Schon seit Jahren", schrieb Schauff später an Otto B. Roegele, „verbindet mich mit Herbert Wehner – ich darf es wohl so nennen – eine Freundschaft, die nicht nur ins Politische, sondern auch ins Religiöse hineinreicht." (Schreiben vom 4. 1. 1968, IfZ, NL Schauff, Bd. 36); vgl. auch den Artikel von Hans-Joachim Fischer in der Frankfurter Allgemeinen Zeitung vom 28. 1. 1989 („Karin und Johannes Schauff – kompromißlos und menschenfreundlich"), in dem sich Schauff folgendermaßen äußert: „Herbert Wehner und ich sind durch gemeinsame politische Grundüberzeugungen verbunden."

sem Treffen war wiederum das Mehrheitswahlrecht, daneben die Möglichkeit,
eine Notstandsverfassung verabschieden zu müssen[16]. In den folgenden Jahren bis
zum Ende der Regierung Erhard am 27. Oktober 1966 hielten Lücke und Guttenberg die Verbindung zu Wehner aufrecht, der seinerseits das Gespräch mit dem
Bundespräsidenten suchte.

Am 10. November 1966 wurde Kurt Georg Kiesinger, wie schon angeführt,
zum Kandidaten der CDU/CSU für das Bundeskanzleramt gewählt. Kiesinger
war jedoch unmittelbar zuvor in der amerikanischen Presse wegen seiner nationalsozialistischen Vergangenheit angegriffen worden[17]. Ein nicht unwesentlicher
Anteil an der Richtigstellung solcher Vorwürfe, insbesondere im Ausland und gegenüber den mißtrauisch gewordenen Amerikanern, kam Johannes Schauff zu.
Schauff hatte Kiesinger bereits vor 1933 in Berlin kennengelernt, da Kiesinger
ebenfalls in dem Kreis um Carl Sonnenschein verkehrte. So konnte er klarstellen,
daß Kiesinger ihn nach dem „Röhmputsch" bzw. der politischen Mordaktion
vom 30. Juni 1934 um Unterstützung gebeten hatte, um nach Brasilien zu emigrieren: Kiesinger hatte zu diesem Zeitpunkt als Repetitor bei der juristischen
Fakultät der Berliner Universität gearbeitet, und unter seinen Studenten befand
sich Volker Koch-Weser, ein Sohn des ehemaligen Reichsministers Erich Koch-
Weser. Anläßlich eines Besuchs bei der Familie Koch-Weser in deren Wohnung,
den der Sohn arrangiert hatte, erfuhr Kiesinger das erste Mal von dem Siedlungsprojekt Rolândia. Sein daraufhin gefaßter Plan, nach Brasilien auszuwandern, war
jedoch zum einen an finanziellen Problemen, zum andern und wohl in erster Linie
an dem Beharrungsvermögen der Familie gescheitert[18].

Die Wahl Kiesingers zum Kanzlerkandidaten der CDU/CSU war verbunden
mit der Option für ein Regierungsbündnis mit der SPD. Dabei war u. a. auch die
Einführung eines neuen Wahlrechts wesentlicher Verhandlungsgegenstand. Entsprechende Gesprächskontakte zwischen Kiesinger und dem stellvertretenden
SPD-Fraktionsvorsitzenden Herbert Wehner – zu dieser Zeit wegen der schweren
Erkrankung Fritz Erlers de facto Fraktionsführer – wurden noch vor den offiziellen Verhandlungen der Parteikommissionen angebahnt. Gerade hierbei spielte
wiederum Johannes Schauff eine wichtige Rolle: Über Schauffs Schwager, den
Freiburger Rechtsanwalt und Bundestagsabgeordneten Hermann Kopf (CDU),

---

[16] Vgl. Morsey, Vorbereitung, S. 464.
[17] Die *Washington Post* verbreitete am 5. 11. 1966 die unzutreffende Information, Kiesinger
sei SA-Offizier gewesen und habe als „politischer Kommissar" der Wehrmacht gedient.
Tatsächlich war Kiesinger, der der NSDAP seit 1933 angehört hatte, von April 1940 bis
Kriegsende als dienstverpflichteter wissenschaftlicher Hilfsarbeiter im Auswärtigen Amt
(stellvertretender Leiter der Rundfunkpolitischen Abteilung) beschäftigt. Vgl. Kroegel,
Einen Anfang finden!, S. 24 ff. (mit weiterführender Literatur zu Kiesingers NSDAP-Mit-
gliedschaft).
[18] Kiesingers Aussage, er habe Schauff erst „im Herbst 1966" kennengelernt, „als er mit mir
und Herbert Wehner Fühlung aufnahm, um bei der Gründung der Großen Koalition ver-
mittelnd zu helfen" (Kiesinger, Jahre, S. 207), ist nicht zutreffend. Er selbst korrespon-
dierte mit Schauff wegen dessen Bestätigung seiner Emigrationsabsichten (Schreiben Kiesinger an Schauff vom 1. 4. 1982, IfZ, NL Schauff, Bd. 34); vgl. auch Interview Erich
Kusch mit Schauff („Die Große Koalition"), in: *Welt am Sonntag*, 17. 9. 1967.

nahm Kiesinger diskret und indirekt mit Wehner Kontakt auf. Kiesinger, berichtet Schauff, „bat mich, vertraulich den Weg zu Herbert Wehner zu bahnen und als Vermittler mitzuwirken, ehe es zu offiziellen Verhandlungen komme. Von da an fanden am laufenden Band zwei bis drei Wochen lang von mir organisierte Zusammenkünfte im Geheimen statt, meist in der Bonner Vertretung des Landes Baden-Württemberg, gelegentlich auch bei Heinrich Krone."[19] Es kam zu rund einem Dutzend solcher vertraulichen Zusammenkünfte, zu denen auch der CDU-Generalsekretär und Berater Kiesingers Bruno Heck teilnahm.

Bereits vor seiner Wahl zum Kanzlerkandidaten hatte Kiesinger gegenüber dem Bundespräsidenten seine Option für eine Große Koalition erklärt[20]. Unmittelbar vor Beginn der Koalitionsverhandlungen erzielte Lücke, seit 1965 Innenminister, mit Kiesinger volle Übereinstimmung hinsichtlich der Einführung eines mehrheitsbildenden Wahlrechts. Auch hier assistierte Johannes Schauff als privater Mittelsmann zwischen Kiesinger, Krone, Lücke und Lübke sowie Herbert Wehner. Schauff war auch an Verhandlungen zwischen den Bundesministern Krone und Heck sowie Herbert Wehner über ein Sachprogramm und die personelle Zusammensetzung der Großen Koalition beteiligt[21]. Wehner seinerseits verständigte sich vor allem mit Guttenberg, während Heinrich Lübke auf die Sozialdemokraten hinsichtlich einer Großen Koalition einzuwirken versuchte[22].

Am 25. November 1966 wurde der auf einem Staatsbesuch in Mexiko weilende Bundespräsident von Johannes Schauff und Rainer Barzel darüber informiert, daß das Zustandekommen einer Großen Koalition gesichert sei, und am Tag darauf entwarfen Krone, Heck, Globke und Schauff ein Arbeitsprogramm für die Koalition, ergänzt durch eine Ministerliste[23]. In der Sitzung der Unionsfraktion am 28. November 1966, in der die Entscheidung für die Große Koalition fiel, appellierte Guttenberg in einer Rede leidenschaftlich dafür, bis zu den Bundestagswahlen 1969 Vorkehrungen zur Einführung eines Zweiparteiensystems zu treffen[24]. Am 30. November war die Große Koalition perfekt, wobei vor allem Guttenberg und Lücke von christdemokratischer Seite die Wahlrechtsfrage in die Koalitionsverhandlungen einbrachten. Nach Kiesingers Regierungserklärung vom 13. Dezember 1966 war die Wahlrechtsreform und damit letzten Endes die Begründung eines Zweiparteiensystems nach britischem oder amerikanischem Vorbild vorrangiges Ziel[25].

Dieses Ziel verlor jedoch auf beiden Seiten offensichtlich rasch an Bedeutung. Bereits am 30. Januar 1967 äußerte Schauff in einem Brief an Bruno Heck Sorge darüber, „daß man die Frage des Wahlrechts nicht ernsthaft und wirksam und zur

---

[19] Ebenda; vgl. auch Krones rückblickende Feststellung, Schauff habe Kiesinger „geholfen, Kontakt herzustellen" und über ihn seien „gute Wege zu Wehner" gelaufen (ACDP, I-028–073/3); Baring, Machtwechsel, S. 32 ff.; Kroegel, Einen Anfang finden!, S. 34 ff.

[20] Tagebuch Berger, 6. 10. 1966, ACDP, I-400–015/1; Morsey, Vorbereitung, S. 470.

[21] Tagebuch Berger, 18. 11. 1966, ACDP, I-400–012/1.

[22] Ebenda, 15. November 1966, ACDP, I-400–012/1.

[23] Ebenda und 25. 11. 1966, ACDP, I-400–012/1.

[24] Vgl. Wirz, Guttenberg, S. 459 ff.

[25] Verhandlungen des Deutschen Bundestags, 5. Wahlperiode, Stenographische Berichte, Bd. 63, 80. Sitzung 13. 12. 1966, S. 3657.

richtigen Zeit angeht"[26]. Heck äußerte in seinem Antwortschreiben die Skepsis, „daß weder bei den Sozialdemokraten noch bei uns eine klare Mehrheit für das Mehrheitswahlrecht oder auch nur ein mehrheitsbildendes Wahlrecht zu finden ist ... Bei der Unsicherheit darüber, was möglich ist, was erreicht werden kann, ist es nicht ungefährlich für einen Koalitionspartner, sich einseitig hart zu engagieren. Und die Sozialdemokraten behandeln dieses Problem zur Zeit mit bemerkenswerter Behutsamkeit."[27]

Diese „Behutsamkeit" der Sozialdemokraten ließ das Projekt einer grundlegenden Wahlrechtsreform schließlich scheitern. Die frühere politische Fixierung der SPD auf das Verhältniswahlrecht mag dabei durchaus eine Rolle gespielt haben. Folgt man Arnulf Baring, so hatte das Mehrheitswahlrecht für Wehner bereits bei dem Bemühen um eine Große Koalition im Jahre 1962 eine nur taktische Funktion[28]. Aber auch Guttenberg wurde bis zu seinem Tode von der Frage gequält, ob Wehner ihn letzten Endes nicht doch getäuscht habe[29]. Als dann die Große Koalition tatsächlich realisiert worden war, traten alsbald andere innen- und außenpolitische Themen in den Vordergrund. Hinzu kam, daß in Erhebungen bestimmter Wahlforschungs-Institute den Sozialdemokraten schlechte Chancen bei der Einführung des neuen Wahlmodus eingeräumt wurden[30]. Bereits im November 1967 lehnten Wehner und im Januar 1968 die SPD offiziell die Einführung eines neuen Wahlrechts noch im Jahre 1969 ab; eine Reform komme frühestens für 1973 in Frage. Auf dem Nürnberger Parteitag der SPD im März 1968 wurde schließlich beschlossen, das Thema erst auf dem nächsten Parteitag 1970 zu behandeln, also nach der nächsten Bundestagswahl. Paul Lücke sah hierin „praktisch ein Begräbnis erster Klasse" für die projektierte Wahlrechtsreform[31].

Für den amtierenden Innenminister entfiel damit „eine der wichtigsten Voraussetzungen" für die Große Koalition; nicht zuletzt deshalb trat er am 26. März 1968 zurück. Über die Hintergründe dieses Rücktritts und das Scheitern seiner und Schauffs Bemühungen um eine Wahlrechtsreform schrieb Lücke einige Jahre später an Schauff: „Herr Wehner war über jede Einzelheit meiner Absichten informiert. Noch wenige Tage vor dem Weihnachtsfest 1967 fand ein Dreier-Gespräch am Kamin im Bungalow mit Bundeskanzler Kiesinger, Wehner und mir über das Thema [*der Wahlrechtsreform*] statt. Dieses Gespräch währte mehrere Stunden. Ich habe dabei die von der Wahlrechtskommission – Professor Eschenburg – entwickelte und von mir in Gesetzesform gebrachte ‚Dreier-Wahlkreis-Konzeption' vorgetragen, die auch generell die Zustimmung Wehners und Kiesingers gefunden hat. Bei dem dann Anfang Januar 1968 stattgefundenen Koalitionsgespräch unter Vorsitz von Bundeskanzler Kiesinger stellte ich einen völligen

---

[26] IfZ, NL Schauff, Bd. 34.
[27] Schreiben vom 9. 2. 1967, IfZ, NL Schauff, Bd. 34.
[28] Baring, Machtwechsel, S. 108 ff.
[29] Wirz, Guttenberg, S. 478.
[30] Dies traf zumindest auf das der SPD nahestehende Institut für angewandte Sozialwissenschaft (Infas) zu.
[31] Sitzung der CDU/CSU-Bundestagsfraktion, 25. 3. 1968 (Protokolle in ACDP, VIII-001/ 1016–1); zum Scheitern der Wahlrechtsreform während der Großen Koalition vgl. auch Wirz, Guttenberg, S. 476 ff.

Sinneswandel bei Wehner fest, der bei diesem Gespräch plötzlich forderte, man müsse diese Gesetzesvorlage erst einmal näher prüfen usw. Auf dem dann am 28. März in Nürnberg stattgefundenen Parteitag ließ Wehner – nach genau überlegter Strategie – die Wahlrechtsfrage fallen. Für mich bleibt bis zur Stunde hierfür nur die Erklärung, daß Wehner die Wahlrechtsfrage nie gewollt hat, ihm genügte es, mit meiner Hilfe an die Macht gekommen zu sein. Ich hatte schon bei dem Grundsatzgespräch vor Weihnachten darauf hingewiesen, daß, falls die in der Regierungserklärung an hervorragender Stelle festgelegte Wahlrechtsfrage nicht verabschiedet werden würde, ich meinen Rücktritt erklären müsse. Das habe ich dann nach dem Beschluß des SPD-Parteitages vollzogen. Dabei war ich bis zur offiziellen Ankündigung meines Rücktritts der Zustimmung von Bundeskanzler Kiesinger sicher, daß er notfalls die Regierung auflösen und Neuwahlen ausschreiben würde, bevor er zulasse, daß die Wahlrechtsfrage scheitere. Dr. Kiesinger hat sein Wort nicht gehalten. Er hätte damals für unser Land und die CDU diese Zusage wahr machen müssen und konnte dabei eines großen Wahlerfolgs der CDU sicher sein."[32]

Die Frage nach den Gründen für dieses erneute Scheitern des Projekts einer grundlegenden Wahlrechtsreform, für die sich unter anderen auch Helmut Unkelbach[33] und Ferdinand Hermens engagiert hatten, ist bis heute nicht gründlich erforscht. Schauff hat später das Scheitern der Großen Koalition vor dem Hintergrund einer ungelösten Wahlrechtsreform dahingehend interpretiert, daß kleineren Parteien wie der FDP – die „lachende Dritte bei diesem System" –, die „vielleicht sechs, sieben oder acht Prozent der Stimmen" erreichten, de facto 50 Prozent der Macht eingeräumt würden[34].

2. Die Bundespräsidentschaft Heinrich Lübkes

Das Scheitern der Wahlrechtsreform blieb nicht die einzige Belastung für die Große Koalition, die ja ansonsten innenpolitisch u. a. mit der Verabschiedung der Notstandsgesetze und der Finanzreform durchaus erfolgreich war. Einen zweiten kritischen Punkt bildete die Amtsniederlegung des amtierenden und die Wahl eines neuen Bundespräsidenten. Diese Operation gestaltete sich vor allem in Hinblick auf das Ende der Präsidentschaft Heinrich Lübkes als äußerst schwierig. Hier war vielen Seiten die Hilfe von Johannes Schauff willkommen.

Schauff hatte schon in der zweiten Hälfte der vierziger Jahre im Zuge der Wie-

---

[32] Brief Paul Lücke an Schauff vom 18. 12. 1974. IfZ, NL Schauff, Bd. 25; Paul Lücke, Bonn, S. 66 ff.

[33] Helmut Unkelbach (1910–1968), apl. Professor für Politikwissenschaft in Bonn, zahlreiche Arbeiten zu Wahlverfahren und Wahlsystematik; s. Bericht der Arbeitsgruppe für Wahlrechtsfragen der CDU (Unkelbach, August 1965) und die Korr. Schauff–Unkelbach Dezember 1964–November 1965 (IfZ, NL Schauff, Bd. 25).

[34] Interview Erich Kusch mit Schauff, November 1974 (Entwurf mit handschriftlichen Ergänzungen Schauffs; eine gekürzte Fassung wurde später im Südwestfunk gesendet; Ms. im Besitz des Verfassers).

deraufnahme von Kontakten mit Vertretern der ehemaligen Weimarer Siedlungsbewegung auch die Verbindung zu Heinrich Lübke aufgenommen, damals – 1947
– Landwirtschaftsminister in Nordrhein-Westfalen. Mit dem Sauerländer Lübke,
in der Weimarer Republik Geschäftsführer des „Reichsverbands landwirtschaftlicher Klein- und Mittelbetriebe", hatte Schauff das Engagement zur Förderung
eines kräftigen christlichen Bauerntums verbunden, das vor allem die damaligen
Ostgebiete des Reiches stärken sollte[35]. Die Beziehungen der beiden Familien
nahmen rasch freundschaftliche Formen an, die formelle Anrede wurde 1952
durch das vertrauliche „Du" ersetzt.

Lübke hatte Schauff davon abgeraten, ein Amt in der Bundesregierung oder im
diplomatischen Dienst zu übernehmen, das nur seine politische Bewegungsfreiheit einschränken würde[36]. Dagegen unterstützte er Schauffs Aktivitäten in der
ICMC, darunter das weiter oben angeführte Siedlungsprojekt in Südfrankreich.
In den Kontakten und Begegnungen mit Lübke und mit anderen ehemaligen Siedlungspolitikern zeigte sich für Schauff, daß es in diesem Kreis eine grundlegend
skeptische Haltung gegenüber der neuen Bonner Regierung gab, von der man
glaubte, daß sie die – zum Teil emigrierten – alten Weimarer Eliten und insbesondere die gescheiterten Agrarpolitiker ausgrenzen wolle. In einem Schreiben von
Karl Fütterer an Schauff vom 22. September 1949, das offenbar eine in diesen
Kreisen weitverbreitete Stimmung wiedergibt, heißt es: „Wir sind froh, daß sich
Lübke nicht in die Bonner Gesellschaft begeben hat. Daß man Niklas[37] genommen hatte, nachdem selbst Karl Müller[38] und Schlange-Schöningen verzichtet
hatten, sagt ja über den Verein mehr als genug aus. Es wird Sie interessieren, daß
Adenauer den Vertretern der Bauernverbände, darunter Hermes, erklärt hat, er
könne ihren Wunsch, Lübke in das Kabinett aufzunehmen, nicht erfüllen, nachdem dieser ein solches Bodenreformgesetz gemacht habe."[39]

Adenauer selbst war kein Freund von „bodenreformerischen Experimenten".
Er sah in Lübke, der 1946 an der Wiederbelebung des Gedankens der „inneren
Kolonisation" beteiligt war und sich für eine gezielte Boden- und Siedlungspolitik
einsetzte, die die sozialen Belange insbesondere der Vertriebenen und Flüchtlinge
berücksichtigte, einen zu weit vorpreschenden „Bodenreformer", den er aus der
CDU-Politik herauszuhalten versuchte[40]. Lübke machte in Bonn gleichwohl seinen politischen Weg: 1959 wurde er als Nachfolger von Theodor Heuss Bundespräsident[41]. Schauff gehörte alsbald zum engeren Beraterkreis des neu gewählten

---

[35] Vgl. Morsey, Heinrich Lübke, S. 68 ff.
[36] Brief Heinrich Lübke an Schauff vom 1. 4. 1950 (IfZ, NL Schauff, Bd. 5).
[37] Wilhelm Niklas/CSU, 1949–1953 Minister für Landwirtschaft und Ernährung im 1. Kabinett Adenauer.
[38] Karl Müller/CDU, war in der 1. Zivilregierung der Nordrhein-Provinz 1945/46 Abteilungsleiter für Ernährung und Landwirtschaft, 1946–1950 MdL Nordrhein-Westfalen.
[39] IfZ, NL Schauff, Bd. 33; zu Lübkes Bodenreformplänen nach 1945, der Genesis des
Bodenreformgesetzes und seiner Politik als Landwirtschaftsminister in Nordrhein-Westfalen (1947–1952) vgl. Morsey, Heinrich Lübke, S. 145 ff. und 171 ff.
[40] Morsey, Heinrich Lübke, S. 146 ff.
[41] Hierzu umfassend und auf dem neusten Forschungsstand die Lübke-Biographie von
Morsey.

Bundespräsidenten. Unterstützt wurde er dabei von Heinrich Krone, der sich darum sorgte, daß dem „westfälischen Dickkopf" Lübke ein Mann zur Seite stehe, auf den dieser höre[42].

Neben der gemeinsamen beruflichen Erfahrung waren es vor allem Schauffs aktuelle internationale Erfahrungen und Beziehungen, die Lübke manchen Rat annehmen ließen. Besonderen Stellenwert besaß in diesem Zusammenhang, wie schon angeführt, das Projekt einer künftigen Großen Koalition. Schauff vermittelte auch Herbert Wehner den Kontakt zur Villa Hammerschmidt, deren Hausherr seinerseits den sozialdemokratischen Politiker zu schätzen wußte. Soweit Schauffs internationale und familiäre Verpflichtungen in Europa und Lateinamerika dies zuließen, kam er häufig mit Lübke zusammen[43]. Er beriet den Bundespräsidenten aber nicht nur, sondern bemühte sich auch um sein positives Image in der Öffentlichkeit[44]. Im internationalen bzw. außenpolitischen Bereich konnte er eigene Erfahrungen nicht nur theoretisch vermitteln, sondern war vielfach auch vor Ort präsent, z.B. als Lübke vom 20. bis 23. Juni 1961 seinen ersten Staatsbesuch in Frankreich absolvierte[45]. Die Wiederwahl Lübkes am 1. Juli 1964 mit der Mehrheit der sozialdemokratischen Wahlmänner[46] markierte schließlich eine wichtige Etappe auf dem Weg in die Große Koalition[47].

Noch einmal – während der zweiten Amtszeit Lübkes – spielte Schauff eine wichtige vermittelnde Rolle, als es um die Neubesetzung des Staatssekretärspostens im Bundespräsidialamt ging. Schon Ende 1960 hatte Schauff sich in die Suche nach einem neuen Chef des Bundespräsidialamtes eingeschaltet[48]. Als Nachfolger von Staatssekretär Hans von Herwarth wurde im Frühjahr 1965 vom Auswärtigen Amt der amtierende Botschafter in Den Haag, Hans Berger, vorgeschlagen. Berger, Schauff aus der Zentrums-Jugend bekannt, bat diesen um Unterstützung bei seiner Kandidatur. Schauff erfüllte diesen Wunsch gerne, warnte Berger aber zugleich vor dem „sehr schwierigen Job", zu dem man Freunden eigentlich ungern zurate[49]. Berger vermochte sich gleichwohl in dem neuen Amt gut einzuarbeiten[50].

---

[42] Dem neugewählten Bundespräsidenten fehle ein Globke, meint Krone in seinem Tagebucheintrag vom 7. 2. 1960 (Krone, Tagebücher, S. 404). Hintergrund dieser Sorge war die zunehmende Einflußnahme der Präsidentengattin Wilhelmine Lübke. Vgl. auch Morsey, Heinrich Lübke, S. 302 ff.
[43] Vgl. auch Herwarth, Adenauer, S. 315.
[44] Vgl. die auf Anregung von Schauff von Oskar Simmel SJ, dem Chefredakteur der *Stimmen der Zeit*, am 4. 7. 1960 brieflich ausgesprochene Wertung der Arbeit des Bundespräsidenten als sachlich und staatspolitisch von „höchst bedeutende(r) Art" (Morsey, Heinrich Lübke, S. 312).
[45] Heinrich Krone vermerkt in seinem Tagebuch am 24. 6. 1961, daß Schauff mit dem Auftreten Lübkes in Paris „sehr zufrieden" gewesen sei (Krone, Tagebücher, S. 510).
[46] Im Vorfeld der Wahl hatte der persönliche Referent Lübkes, Hermann Sehrbrock, Schauff die Sorge übermittelt, daß die Unionsfraktion Lübkes Kandidatur nicht nachdrücklich genug unterstütze (Brief vom 19. 12. 1963, IfZ, NL Schauff, Bd. 37).
[47] Baring, Machtwechsel, S. 34 ff.
[48] Schauff an Krone, 29. 12. 1960 (ACDP, I-028–014/1); Morsey, Heinrich Lübke, S. 303.
[49] Korrespondenz Schauff-Berger in IfZ, NL Schauff, Bd. 1.
[50] Berger schrieb am 5. 8. 1965 an Schauff: „Hier lassen sich die Dinge recht erfreulich an. Ich

„Lübkes beschwerliches Ende" – so Arnulf Baring – war vor allem auf einen altersbedingten zerebralen Kräfteverfall zurückzuführen, den der Bundespräsident selbst nicht mehr kritisch zu reflektieren vermochte[51]. Der Druck hinsichtlich einer Ablösung wurde durch Berichte in der Presse über Pannen und Entgleisungen verstärkt, die ab 1963 in die Öffentlichkeit kamen. Das Amt des Bundespräsidenten wurde aber vor allem dadurch beschädigt, daß von seiten der DDR eine Desinformationskampagne lanciert wurde, in der Lübke die Beteiligung bei der Planung von Arbeitsunterkünften vorgeworfen wurde, die für KZ-Häftlinge bestimmt gewesen seien. Diese Vorwürfe wurden auch von der Presse in der Bundesrepublik hochgespielt[52].

Im Rahmen dieser Kampagne wurde auch das Strafverfahren gegen Lübke und seine Untersuchungshaft in den Jahren 1934/35 „ausgegraben", die vor dem Hintergrund der politischen Verfolgung der damaligen Repräsentanten der Land- und Siedlungsbewegung und des Zentrums zu sehen sind. Nun drohte dieser Tatbestand der Verfolgung eine rein strafrechtliche Dimension zu erhalten und damit zur weiteren Demontage der Person des Bundespräsidenten beizutragen. In dieser Lage wurde Johannes Schauff von Herbert Wehner darum gebeten, bei dem in dieser Angelegenheit aktiven Chefredakteur des *Stern*, Henri Nannen, persönlich zu intervenieren. Schauff empfahl Staatssekretär Berger auch, die Öffentlichkeit über die „damaligen Zeitverhältnisse", d.h. über den Tatbestand der politischen Verfolgung der Repräsentanten der Siedlungsbewegung, zu informieren[53].

In einem Brief an Wehner präzisierte Schauff den gesamten Vorgang und das Verhalten Lübkes, wie er es realistischerweise sah: „Mit der Angelegenheit bin ich schon seit Jahren befaßt und ich habe mich gleich bei seinem St[aatssekretär] G.[54] B[erger] nach dem Stand der Dinge erkundigt und meine Bereitschaft zu einer – wohlkoordinierten – Aktion erklärt. Er war der Ansicht, daß die aktuelle Gefahr eingedämmt sei, auch dank der Mithilfe des Justizministers, und daß man das

---

blicke nunmehr auf eine zweimonatige und mich sehr befriedigende Tätigkeit zurück. Sie ist in jedem Falle sehr interessant und die Zusammenarbeit mit dem Herrn Bundespräsidenten ist in der Tat von gegenseitigem Vertrauen getragen." (IfZ, NL Schauff, Bd. 1).

[51] Baring, Machtwechsel, S. 37ff.; Morsey, Heinrich Lübke, S. 483.

[52] Ebenda, S. 505ff.

[53] „Ich weiß nicht", schrieb Wehner am 1. 3. 1967 an Schauff, „ob Ihnen klar ist, wie H[einrich] L[übke] fortgesetzt beschossen wird ... Der Stoß, den Herr Nannen vor hat, soll ihn wahrscheinlich zu einer Zeit und unter Umständen treffen, die sowieso verwirrend für viele Leute sind. Das Ganze würde mit ‚Akten' garniert sein, die den Einruck der Seriosität der Behauptungen hervorrufen sollten ... Weil ich Sie als einen Mann schätze, der weiß, wie Deutschland seinerzeit in sein Unglück gezogen wurde, bitte ich Sie herzlich, sich einmal ganz und gar in die Rolle und Aufgabe eines Mannes zu versetzen, dessen Wissen, Erfahrung und Mut durch keinen anderen zu ersetzen sind, wenn es sich darum handeln sollte, in der Sache H.L. deutlich zu machen, warum H.L. und aufgrund welcher Interessen er damals zur Strecke gebracht werden sollte." In einem späteren Brief Wehners vom 10. 7. 1968 an Schauff heißt es, es sei er, Schauff, gewesen, der Anfang 1967 eine groß angelegte Kampagne gegen Lübke habe verhindern helfen können (IfZ, NL Schauff, Bd. 25 und Bd. 38; das Schreiben Schauff an Berger vom 6. 3. 1967, ACDP, I-400–031/2). Vgl. auch Morsey, Heinrich Lübke, S. 526ff., 548.

[54] Gemeint ist H. (Hans) Berger.

Ergebnis des Gutachtens anhand der umfangreichen Gerichtsakten von Staatssekretär Bülow abwarten solle[55] ... Jedenfalls habe ich eine Anregung zu einer Besprechung alter Freunde aus der Zeit, die auch den Sachverhalt kennen, aufgegriffen und für Mitte April vorgeschlagen (u. a. Heinrich Krone, Franz Schürholz[56], Minister Josef Franken). Dabei wird im Vordergrund stehen, wie man einen Fall Ebert II abwenden, denselben bei der gesundheitlich-biologischen Situation von H[einrich] L[übke] überhaupt abwenden kann, was zu geschehen hat und wie man vorbeugt, wenn eine ähnliche Situation wie bei Segni in Italien eintritt[57]. Ich glaube, ich deutete Ihnen schon an, daß ich mir aufgrund der Beobachtungen des häufigen persönlichen Zusammenseins in den letzten Monaten wachsende Sorgen mache, ob und wie die zweieinhalb Jahre ohne Zwischenfälle und Gefährdung – für Person und Amt – zu Ende gebracht werden können. Dies selbst dann, wenn ich die Loyalität seiner Mitarbeiter und Berater sehr hoch veranschlage. Dazu kommt folgendes: 1933 wurde der Kampf gegen die Träger der Agrarreform und Siedlungspolitik von den Junkern und Deutschnationalen mit ihrem Anhang geführt, die auch heute nicht ohne Einfluß sind und ihr damaliges Verhalten ungern zugeben wollen. Entgegen meinem Rat hat H. L. bei seinem Amtsantritt veranlaßt, daß über diesen Hintergrund seines Lebens nicht gesprochen werden sollte. (Auch hatte ich die notwendigen Schritte unternommen, daß das Institut für Zeitgeschichte die Osthilfe- und Agrarpolitik vor und nach 1933 untersucht[58]. H. L. winkte ab und auch der von mir vorgeschlagene Historiker Hans Buchheim kam mit seinen Auffassungen nicht durch). Damals waren der Landbund und der dahinterstehende Adel die Gegner des sozialdemokratischen Ministerpräsidenten Braun, von Otto Klepper und Staatssekretär Krüger; dazu kamen Katholiken, ‚die

---

55 Das erwähnte Gutachten über das Verfahren gegen Lübke 1934/35 wurde von Arthur Bülow (bis 1966 Justiz-Staatssekretär) am 27. 6. 1967 vorgelegt. Darin wurde dargelegt, daß Lübke aus politischen Gründen und zu Unrecht verfolgt worden sei. Zu dem Vorgang vgl. Morsey, Heinrich Lübke, S. 528 ff.
56 Dr. Franz Schürholz, Inhaber einer Kokosweberei, gehörte zum engeren Freundeskreis von Heinrich Lübke; er hatte Lübke bereits während dessen Haftzeit 1934–1935 unterstützt (Morsey, Heinrich Lübke, S. 102 f.). Schürholz hatte am 7. Juni 1968 ebenfalls – vergeblich – bei Heinrich Lübke wegen dessen vorzeitigen Amtsverzichts interveniert (Tagebuch Krone, ACDP I-028–076/2); in einem Schreiben vom 11. 7. 1968 an Schauff, dem Schürholz freundschaftlich verbunden war, bat er Schauff um eine eigene Intervention, da Schauff von jeher das „taktische Vorgehen" gut beherrscht habe. Er beklagte zugleich den Immobilismus der „vorrangig interessierten Partei", d.h. der CDU (IfZ, NL Schauff, Bd. 25; die weitere Korrrspondenz Schauff–Schürholz, betr. u.a. dessen Engagement für eine deutsch-israelische Aussöhnung, IfZ, NL Schauff, Bd. 7).
57 Schauff spielt hier wohl auf die Kampagne der politischen Rechten an, die Reichspräsident Friedrich Ebert wegen seiner Haltung bei dem Munitionsarbeiterstreik während des Krieges des Landesverrats beschuldigten (vgl. Witt, Friedrich Ebert, S. 169 f.); Ebert verstarb am 28. 2. 1925 unerwartet an den Folgen einer Blinddarm- und Bauchfellentzündung. Der italienische Staatspräsident Antonio Segni hatte während seiner Amtszeit am 7. 8. 1964 einen Schlaganfall erlitten, dessen Folgen ihn am 7. 12. 1964 zum Rücktritt zwangen.
58 Korrespondenz Hans und Karl Buchheim–Johannes Schauff in IfZ, NL Schauff, Bd. 1. Zur Beziehung Schauffs zum Institut für Zeitgeschichte und seinen zeithistorischen Forschungsinteressen siehe S. 196; zu Karl Buchheims Mitarbeit im Institut für Zeitgeschichte 1950–1952 vgl. Buchheim, Lebensgeschichte, S. 254 ff.

Rom vor die Tore Pommerns und Ostpreußens brachten' und so vogelfrei wie die
Linke selbst waren. Wird H. L. heute mit seinen Nerven der Zermürbungstaktik
dieser Leute gewachsen sein und wird er nicht selbst unnötige Vorwände liefern?
Sie, lieber Herr Wehner, der Sie ein Leben voll von Verleumdung und Verfolgung
durchgestanden haben, werden eher ermessen können, was dazu nötig ist."[59]
Schauff riet zum Abwarten auch gegenüber der Presse und zu konzertierter
Aktion der Freunde. Doch war angesichts der Wirkungen der KZ-Kampagne aus
der DDR und in der westdeutschen Presse sowie dem zunehmend problematischen Erscheinungsbild des Bundespräsidenten in der Öffentlichkeit Lübkes Ausscheiden aus dem Amt inzwischen auch von der Regierungskoalition forciert
worden.

Nachdem im Frühjahr 1968 in der Öffentlichkeit Spekulationen über einen
bevorstehenden Rücktritt Lübkes laut geworden waren, unternahmen christdemokratische Spitzenpolitiker bis hin zu Bundeskanzler Kiesinger bei Lübke
entsprechende Vorstöße, die aber offenbar nicht deutlich genug waren bzw. nichts
fruchteten[60]. Im Einvernehmen mit Kiesinger und Herbert Wehner sprach daraufhin auch Johannes Schauff am 2. Juli 1968 bei seinem alten Freund und politischen
Weggefährten vor. Auch diesem ersten Versuch war ein nur partieller Erfolg beschieden.

Nach einer vorbereitenden Absprache auf Schloß Guttenberg, an der Bundeskanzler Kiesinger und Minister Georg Leber teilnahmen, unternahm Schauff
einen weiteren Versuch, bei dem ihm von sozialdemokratischer Seite Außenminister Willy Brandt und Herbert Wehner Rückendeckung versprachen. Schauff
erbat sich für die anstehende Überzeugungsarbeit von beiden Politikern flankierende Schreiben, eine Bitte, der jedoch nur Wehner nachkam. Wehners
Argumentationshilfe war jedoch besonders wertvoll, nicht zuletzt auch deshalb,
weil Lübke in Wehner den Mann sah, dem er vor allem seine Wiederwahl ver-
dankte[61].

In dem Schreiben, das Schauff bei seinem zweiten Treffen am 16. Juli 1968
Lübke zu lesen gab, äußert Wehner seinen Respekt vor der „moralischen Integri-
tät des Bundespräsidenten", den er aus politischer Überzeugung und mit allen
Kräften immer verteidigt habe. Doch sollte es angesichts des körperlichen Zu-
stands des Bundespräsidenten und seiner zunehmenden Schwierigkeiten, die
Bürde des Amtes so zu tragen, daß es nicht beschädigt werde, möglich sein, „daß
ein ehrbarer Freund des Präsidenten, wie Sie [Schauff] es sind", ihm nahelegt,
„dieser unleugbaren Tatsache" Rechnung zu tragen. Wehner erinnerte daran, daß
er den Bundespräsidenten immer gegen Hetze verteidigt habe, daß jedoch „die
schrecklichste Gefahr für das Amt und den guten Namen des Herrn Bundespräsi-

---

[59] Schreiben Schauff an Wehner vom 6. 3. 1967. Einen Monat früher, am 13. 2. 1967, hatte
Lübke an Schauff geschrieben: „Meine Mitwirkung an der Bildung der neuen Bundesregierung haben mir gewisse Kreise anscheinend sehr übel genommen; denn es gibt in letzter
Zeit gehässige Stimmen aus diesem Lager gegen mich." (IfZ, NL Schauff, Bd. 38).
[60] Morsey, Heinrich Lübke, S. 564 ff.
[61] Schauff, Vertrauliche Bemerkung zu dem Brief von Herbert Wehner vom 10. 7. 1968
(10. 12. 1977), IfZ, NL Schauff, Bd. 25.

denten die Lächerlichkeit ist, die sich nunmehr ausbreitet ... Ich möchte, daß das Amt, in das ich Dr. Heinrich Lübke mit gewählt habe, nicht Schaden leide. Ich möchte, daß er selbst nicht Schaden nehme ... Ich möchte, daß ... Lübke als ein Ehrenmann, ein solider Präsident und als ein aufrechter Mensch geschätzt wird und in die Geschichte eingeht."[62]

Auch dieses zweite Zusammentreffen Schauffs mit Lübke, das zwei Stunden dauerte und nach Schauffs Aussage in einer menschlich angenehmen Atmosphäre verlaufen sei, führte nicht zu dem gewünschten Erfolg[63]. Schauff glaubte dennoch, daß seine Intervention und vor allem Wehners Brief – sozusagen mit Verzögerungseffekt – nicht ohne Wirkung geblieben seien[64]. Er versuchte es deshalb noch einmal mit einer konzertierten Aktion, da er glaubte, daß Lübke, wenn er die volle Tragweite seiner Intervention erfasse, versuchen werde, Freunde zu mobilisieren, die dann seiner, Schauffs, Meinung möglicherweise beipflichteten. Auf Anraten von Frau Wehner versuchte Schauff auch, den der Familie Lübke freundschaftlich verbundenen vatikanischen Nuntius in Tokio, Bruno Wüstenberg, einzuschalten, der sich von einem solchen Schritt allerdings wenig versprach[65].

Am 17. Juli 1968 suchte Schauff Bundeskanzler Kiesinger auf, um ihn über seine Mission und vor allem die Hilfestellung durch Wehner ins Bild zu setzen; mit Wehner selbst beriet er sich noch einmal eingehend bei einem familiären Besuch in dessen Feriendomizil in Schweden.

Schauff beklagte sich später vor allem über die Unschlüssigkeit bzw. das mangelnde Durchsetzungsvermögen Kiesingers in der Angelegenheit[66]. Der schwierige Prozeß der Ablösung Lübkes wies freilich durchaus weitere Facetten auf – vor allem der Eigensinn des westfälischen Bundespräsidenten, der an seine ungebrochene Popularität sogar bei Jugendlichen glaubte[67], verhinderte die Lösung

---

[62] Wehner an Schauff, 10. 7. 1968 (IfZ, NL Schauff, Bd. 25).

[63] Vgl. Brief Schauff an Kurt Birrenbach vom 29. 7. 1968 (IfZ, NL Schauff, Bd. 25); in einem Brief an Guttenberg vom 30. 7. 1968 berichtet Schauff über die Erfolglosigkeit seines Bemühens, „obwohl er [Lübke] am Tage vorher Herrn Birrenbach wie auch Heinrich Krone zu sich gerufen hatte, um den zu erwartenden Vorstoß (er hatte gemeint, ich käme im Auftrag von Barzel) abzuwehren ... Ich mußte mir die vom Bundeskanzler in Ihrer Gegenwart erteilten Vollmachten voll ausnützen und einen offiziellen Schritt der Parteiführer ankündigen." Auf die Vorlage von Herbert Wehners Brief habe er nur mit Apathie reagiert. „Ich bezweifele es, ob er die Tragweite meiner Intervention überhaupt erfassen konnte ... Im Übrigen war er freundlich in seinem Verhalten wie in alten Zeiten, über die auch viel gesprochen wurde. Den Zentralpunkt, daß sich jetzt seine Freunde um ihn Sorge machen und ihn bewegen wollen, seinen Jahren Rechnung zu tragen, versteht er nicht, er wittert überall politische Manöver ..." (IfZ, NL Schauff, Bd. 33 sowie NL Guttenberg, Nr. 42).

[64] In einem Brief an Herbert Wehner vom 23. 7. 1968 berichtet Schauff, daß nach dem Urteil sachverständiger Ärzte „meine fast drastisch zu nennende Einwirkung jedoch später ihm in der vollen Bedeutung aufgeht." Vgl. auch Schauffs Brief an Heinrich Krone vom 24. Juli 1968 und an Staatssekretär Hans Berger vom 25. 7. 1968 (IfZ, NL Schauff, Bd. 25).

[65] Schauff an Herbert Wehner, 23. 7. 1969 (IfZ, NL Schauff, Bd. 25).

[66] Schauff, Autobiographische Notizen/Fragmente. Die „Entscheidungsschwäche" Kiesingers wurde offenbar auch in seiner eigenen Regierungsmannschaft beklagt, so u. a. von Regierungssprecher Conrad Ahlers (vgl. Kroegel, Einen Anfang finden!, S. 276).

[67] Tagebuch Berger, 17. 7. 1968 (ACDP, I-400–012/1).

des vorzeitigen Rücktritts. Eines der Argumente, die Lübke zu einem vorzeitigen Amtsverzicht bewegen sollten, lautete, daß zwischen der anstehenden Wahl des Bundespräsidenten im Sommer und der Wahl des Bundestags im Herbst 1969 ein größerer zeitlicher Abstand liegen müsse, um erstere nicht in den Sog des Wahlkampfes zum Bundestag geraten zu lassen. Aber auch diese „staatspolitische" Begründung sowie weitere persönliche Interventionen anderer Politiker[68] vermochten die Dinge erst nach weiterem Drängen in Bewegung zu bringen: Am 19. September 1968 teilte Lübke dem Bundeskanzler seinen Entschluß mit, am 2. Juli 1969 zurücktreten zu wollen. Am 14. Oktober schließlich, anläßlich eines Empfangs in der Villa Hammerschmidt aus Anlaß seines 74. Geburtstags, gab der Bundespräsident dann den definitiven Rücktrittstermin bekannt: am Vorabend des 1. Juli 1969, zehn Jahre nach seiner ersten Wahl.

Johannes Schauff hatte – vor allem im Zusammenspiel mit Herbert Wehner – einen wesentlichen Anteil daran, daß das Problem der Präsidentschaft Heinrich Lübkes in dessen letzten Amtsjahren politisch und persönlich einvernehmlich gelöst wurde. Als sich Lübke nach seinem Rücktritt darum bemühte, als Berater der FAO nach Rom zu gehen, um auf diese Weise sein Engagement für die Dritte Welt weiterzuführen, informierte und beriet er sich mit Johannes und Karin Schauff[69]. Auch als die nicht leichte Amtszeit von Staatssekretär Berger zu Ende ging, für dessen Berufung Schauff sich seinerzeit eingesetzt hatte, wurde Schauff wiederum aktiv. Im Einvernehmen mit Krone wie mit Herbert Wehner und Außenminister Willy Brandt vermittelte er die Berufung Bergers als Nachfolger des verstorbenen Dieter Sattler zum Botschafter beim Vatikan[70].

3. Mittler zwischen SPD und Katholischer Kirche

Schauffs Engagement galt nicht nur der Einbindung der Sozialdemokraten in die Regierung, er war bei dieser Gelegenheit auch bemüht, das Verhältnis der katholischen Kirche zur SPD zu verbessern, die ihrerseits immer noch nicht den Bannstrahl der Enzyklika „Quadragesimo anno" überwunden zu haben schien; dies zeigte sich besonders in ihrer nach wie vor fehlenden Akzeptanz bei der katholischen Wählerschaft.

Bereits in der Weimarer Republik war Schauff über den Kreis um Carl Sonnenschein und dann über die „Religiösen Sozialisten" mit dem „Arbeiterproblem" vertraut gemacht worden und dabei auch mit Sozialdemokraten zusammengetroffen, mit denen ein „christlicher Diskurs" durchaus möglich war. Nun schien ihm nach der gesellschaftspolitischen Öffnung der SPD, wie sie sich im Godesberger

---

[68] Bischof Hermann Kunst und Ministerpräsident Helmut Lemke (Schleswig-Holstein) am 26.7., der SPD-Fraktionsvorsitzende Helmut Schmidt am 29. und Bundesminister Bruno Heck am 30. 7. 1968 (Morsey, Heinrich Lübke, S. 566 f.).
[69] Schauff, Autobiographische Notizen/Fragmente.; Heinrich Lübke an Johannes und Karin Schauff, 30. 10. 1968 (IfZ, NL Schauff, Bd. 35).
[70] Berger erhielt im Mai 1969 das Agrément als Botschafter beim Heiligen Stuhl. Vgl. Korrespondenz Schauff- Berger, IfZ, NL Schauff, Bd. 1; Morsey, Heinrich Lübke, S. 369 f.

Programm manifestiert hatte, mit dem Zweiten Vatikanischen Konzil und der Etablierung der Koalition von Christ- und Sozialdemokraten die Möglichkeit einer Neuorientierung im Verhältnis von SPD und Katholischer Kirche gegeben zu sein; dieser Weg wurde auch von Guttenberg und Karl Forster engagiert verfolgt. In die schon seit Mitte der fünfziger Jahre von sozialdemokratischer Seite unternommenen Bemühungen, das Verhältnis zum Vatikan und zur katholischen Kirche zu entkrampfen, waren Karl Forster und die von ihm geleitete Katholische Akademie[71] sowie Gustav Gundlach SJ und der katholische Hochschullehrer Gustav E. Kafka eingebunden; die Exponenten auf sozialdemokratischer Seite waren vor allem Adolf Arndt, Waldemar von Knoeringen und Carlo Schmid. Diese Bemühungen waren bislang von der Amtskirche allerdings nicht angenommen worden[72]. Doch waren, wie sich zeigen sollte, das veränderte politische Klima in der Bundesrepublik Deutschland und insbesondere das Votum der SPD für eine Wiederwahl Lübkes 1964 in vatikanischen Kreisen aufmerksam registriert worden[73].

Schauff war zusammen mit Bruno Wüstenberg wesentlich daran beteiligt, daß im gleichen Jahr 1964 in Rom die erste Begegnung deutscher Sozialdemokraten mit dem damaligen Papst Paul VI. zustande kam[74]. Zur Vorbereitung dieses Besuchs im Vatikan, der am 5. März 1964 stattfand, waren die Sozialdemokraten im Vorfeld auch selbst tätig geworden. Entsprechende Kontakte waren im Oktober 1963 im Einvernehmen mit Herbert Wehner von dem SPD-MdB Ernst Paul über einen Bruder des Papstes, Senator Ludovico Montini, hergestellt worden und wurden später von dem Abteilungsleiter im SPD-Parteivorstand Alexander Kohn-Brandenburg weitergeführt[75]. Auf ein informelles Gesuch an das vatikanische Staatssekretariat hin war am 29. Februar 1964 eine Privataudienz beim Papst für vier Personen genehmigt worden.

Der SPD-Besuchsdelegation gehörten Fritz Erler, Waldemar von Knoeringen, Ernst Paul und Peter Nellen[76] an. Zu Beginn der Audienz, bei der Bruno Wüstenberg als Dolmetscher fungierte, fand ein kurzes, gesondertes Gespräch des Papstes mit Fritz Erler statt, das die geistige Entwicklung von Kirche und Sozialdemokratie betraf. Der ideelle und organisatorische Einfluß der Sozialdemokraten auf die deutsche Arbeiterschaft sowie eine mögliche Annäherung zwischen sozialdemokratischer Ideologie und christlichem Gedankengut standen im Zentrum des weiteren Gesprächs[77].

---

[71] Siehe unten, S. 191 ff.

[72] Vgl. Soell, Fritz Erler, S. 858 ff.

[73] Schauff an Erler, 14. 6. 1964 (IfZ, NL Schauff, Bd. 25).

[74] Vgl. die Korrespondenz Schauff–Erler, 1.6.–11. 12. 1964 (IfZ, NL Schauff, Bd. 25). Der Besuch, in dessen Ablauf auch der deutsche Vatikanbotschafter Hilger van Scherpenberg involviert war, hatte auf Wunsch des Papstes strikt informellen Charakter.

[75] AsD, NL Fritz Erler, Mappe 153.

[76] Peter Nellen war von der CDU zur SPD übergetreten. Er war in Rom ebenfalls in die Vorbereitungen des Besuchs eingeschaltet. Vgl. Soell, Fritz Erler, S. 863.

[77] Alexander Kohn-Brandenburg, Aufzeichnung für die Genossen (vertraulich), 17. 3. 1964: Der Verlauf des Besuchs der SPD-Delegation in Rom, 4.–6. 3.1964 (AsD, NL Fritz Erler, Mappe 153); Soell, Fritz Erler, S. 862 ff.

Am 31. Dezember 1966 schrieb Schauff an Kardinal Bea – seit 1960 Leiter des
Sekretariats für die Einheit der Christen und während des Konzils der Ansprechpartner vor allem auch für die Nichtkatholiken –, daß er dem Heiligen Vater
berichtet habe, daß bereits bei den Vorverhandlungen zur Großen Koalition „zwischen den beiden entscheidenden Persönlichkeiten [*Kurt Georg Kiesinger und
Herbert Wehner*] vereinbart worden sei, im Rahmen der verfassungsändernden
Gesetze auch die Kulturfragen und das Verhältnis zu den Kirchen neu und den
heutigen Zeitverhältnissen entsprechend zu regeln. Im Einvernehmen mit dem
Bundeskanzler, Herrn Wehner und Herrn Bundesminister Leber, der als aktiver
Katholik und Gewerkschaftsführer von besonderer Bedeutung sein wird ...,
prüfe ich zur Zeit die Form der Vorbereitungsarbeit auf dem Gebiete."[78]
    Bea nahm diese Vorschläge sehr positiv auf und begrüßte vor allem eine mög-
liche Revision des Konkordats[79]. Neben Wehner und Leber stand auf sozialdemokratischer Seite vor allem Fritz Erler diesen Schauffschen Bemühungen positiv
gegenüber und war in diesem Zusammenhang selbst schon initiativ geworden[80].
Erler, der sich vergeblich darum bemüht hatte, den Besuch der SPD-Delegation
im Vatikan 1964 aus dem „Strudel parteipolitischer Auseinandersetzungen" in
Deutschland herauszuhalten[81], erkannte wohl besonders deutlich, daß die Sozialdemokratie das „philosophisch-aufklärerische Denken" als Erbe des 19. Jahrhunderts überwinden und „ein neues Bewußtsein von der Rolle" gewinnen müsse,
„die auch die religiösen Bindungen in unserer Zeit spielen"[82].
    Bei Betrachtung der Haltung der deutschen Bischöfe in der Frage der Annähe-
rung der SPD an die Katholische Kirche argumentierte auch der in Münster amtierende Heinrich Tenhumberg im gleichen Sinne; er stimmte mit Schauff darin
überein, daß die „Verkrustungen aus der Kulturkampfzeit" abgeworfen werden
müßten. Tenhumbergs Plädoyer für einen Brückenschlag zwischen Sozialdemokratie und Kirche und seine öffentlich bekundete „innere Nähe" zu Herbert Wehner provozierten jedoch Kritik innerhalb des Episkopats wie auch bei Teilen der
katholischen Bevölkerung[83]. Diese Reaktion löste bei Schauff „böse Erinnerungen an das Freund-Feind-Denken der Dreißiger Jahre" aus, bestärkte aber zugleich auch den weiteren freundschaftlich-kritischen Dialog mit dem Münsteraner

---

[78] Schreiben Schauff an Kardinal Bea, 31. 12. 1966 (IfZ, NL Schauff, Bd. 25). Annemarie
   Renger vermutet also richtig, daß der Heilige Stuhl durch Schauff über die Verhandlungen
   über die Bildung einer Großen Koalition unterrichtet war, doch war dieser kein „Vertreter" des Vatikans (Renger, Leben, S. 211 f.).
[79] Schreiben Kardinal Bea an Schauff, 7. 1. 1967. Das Schreiben wurde von Schauff an Wehner und Bischof Tenhumberg weitergeleitet (IfZ, NL Schauff, Bd. 25).
[80] Vgl. den Briefwechsel Schauff–Erler in dieser Angelegenheit (AsD, NL Fritz Erler,
   Mappe 153, sowie IfZ, NL Schauff, Bd. 25).
[81] Vgl. *Frankfurter Rundschau*, 6. März 1964; Soell, Fritz Erler, S. 864 ff.
[82] Vgl. das Interwiew mit Pater Paul Schröder SJ in einer Fernsehsendung des Südwestfunks
   über den Rom-Besuch der SPD-Delegation, 29. 4. 1964 (Soell, Fritz Erler, S. 865 f.).
[83] Tenhumberg hatte am 19. April 1970 innerhalb der vom ZDF gesendeten Fernsehreihe
   „Mitra, Macht und Management" zum Verhältnis SPD–Katholische Kirche Stellung genommen. Die Replik auf seine Kritiker in: *Publik* vom 1. 5. 1970.

Bischof[84]. In der Bundesrepublik bemühte sich Schauff unterdessen mit Wehner, der ihn dabei unterstützte, die Diskussion über Konkordats- und Schulfragen in Gang zu bringen.

Ein weiteres brisantes Thema war die diplomatische Neuregelung der polnischen Diözesangrenzen als eine der Voraussetzungen zu einem gutnachbarlichen Verhältnis[85]. Schauff schaltete Wehner auch im Zusammenhang mit personalpolitischen Fragen der deutschen Botschaft beim Vatikan ein, um zu verhindern, daß in der Abstimmung der deutschen mit der vatikanischen Ostpolitik dort Diplomaten mit der „Mentalität vieler deutscher Flüchtlingsvertreter" Fuß faßten; Vatikanbotschafter Berger, ein engagierter Gegner der sozialdemokratischen Ostpolitik, wurde bei diesem Versuch personalpolitischer Einflußnahme regelrecht „geschnitten"[86].

Im November 1969 schließlich – Schauff hatte vorab das vatikanische Staatssekretariat informiert[87] – oblag es nichtsdestoweniger der deutschen Vertretung beim Heiligen Stuhl, den ersten Besuch von Georg Leber und Herbert Wehner im Vatikan zu arrangieren. Nach Gesprächen mit dem Substituten des Staatssekretariats, Msgr. Benelli, und Bischof Casaroli[88], an denen auch Botschafter Berger teilnahm, erfolgte eine halbstündige Audienz bei Papst Paul VI. Dabei wurde über die Entspannungsbemühungen der inzwischen installierten sozialliberalen Koalition im allgemeinen gesprochen, im besonderen jedoch über die mögliche Akzeptanz der Oder-Neiße-Grenze und der damit verbundenen Neuregelung der Diözesangrenzen[89].

Im Sommer des darauffolgenden Jahres reiste Bundeskanzler Brandt selbst an den Tiber und wurde im Vatikan von Papst Paul VI. empfangen. In die Vorbereitung auch dieser Reise war Johannes Schauff eingeschaltet[90] – ein Engagement, das ihm in kirchlich-konservativen Kreisen der Bundesrepublik nicht nur

---

[84] Korrespondenz Schauff–Tenhumberg, IfZ, NL Schauff, Bd. 8; das betreffende Schreiben datiert vom 4. 5. 1970.

[85] Schreiben Schauff an Wehner vom 6. 3. 1967 (IfZ, NL Schauff, Bd. 38).

[86] Schauff an Wehner am 3. 4. 1969, IfZ, NL Schauff, Bd. 38; *KNA-Informationsdienst*, Nr. 50, 11. 12. 1959, S. 4.

[87] „Inzwischen habe ich auf persönlichen Kanälen das vatikanische Staatssekretariat über den beabsichtigten Besuch von Ihnen und Georg Leber mit einem Kommentar über das Programm der neuen Regierung sowie der vorgesehenen Gesprächspunkte sowie Besuchsabsichten (‚Justitia et Pax‘, Kardinal Bea etc.) vertraulich wissen lassen. Nächste Tage bin ich selbst im Staatssekretariat." (Schreiben an Wehner, o. D.); ein entsprechender Vermerk zum „Besuch der Minister Wehner und Leber beim Hl. Stuhl" mit einem „Vorläufigen Besuchsprogramm" am 17./18.11. in Rom datiert vom 22. 10. 1969 (IfZ, NL Schauff, Bd. 38 und 39).

[88] Agostino Casaroli (ab 1979 Kardinalstaatssekretär) war zu dieser Zeit Sekretär des Rats für die öffentlichen Angelegenheiten der Kirche; seine diplomatischen Aktivitäten erstreckten sich vor allem auf Polen und die übrigen Länder des Ostblocks.

[89] IfZ, NL Schauff, Bd. 25; *Der Spiegel*, Nr. 23/1969, S. 24 und 53/1969, S. 23.

[90] Vgl. Schauffs Korrespondenz mit Georg Leber, dem er am 25. 6. 1970 Vorschläge zur Organisation dieses Besuchs und einen Entwurf für die geplante Ansprache des Bundeskanzlers im Campo Santo (Teutonico) unterbreitete, darunter auch die zustimmende Erwähnung einer Regelung der westpolnischen Diözesanfrage („Minister Ehmke will Schauff selbst ins Bild setzen"), IfZ, NL Schauff, Bd. 5.

Freunde schuf[91] und auch zum Bruch der bis dahin freundschaftlichen Beziehung
zu Botschafter Berger führte[92]. Diese Entfremdung reichte in die Reihen weiterer
politischer Freunde aus dem Unionslager. So sah Rainer Barzel in Schauff einen
„Mann des Vatikans", den Wehner gezielt benutzt habe, „um die Fäden zu Heinrich Lübke und Heinrich Krone zu ziehen, auf daß es zur Großen Koalition"
komme[93].

Schauffs römische Aktivitäten – Beobachter sahen in ihm zu dessen Mißfallen
den „Nebenbotschafter" von Berger[94] – hatten jedoch noch einen besonderen
Aspekt. In Rom war es schon während des Zweiten Vatikanischen Konzils und im
Zusammenhang mit der Diskussion der polnischen Frage sowie der Kontakt-
aufnahme der deutschen Sozialdemokraten mit dem Heiligen Stuhl zur Konkretisierung von Beziehungen gekommen, die Schauff bereits nach seiner Rückkehr aus
dem Exil geknüpft hatte – u. a. auch mit General Reinhard Gehlen, dem Chef des
damals entstehenden Bundesnachrichtendienstes[95]. Seine Berichterstattung nach
Pullach aus Rom diente auf Gehlens Wunsch vor allem auch der Information des
damaligen Bundeskanzlers Kiesinger[96] und war nach der Ablösung Gehlens durch
General Gerhard Wessel im Mai 1968 zunächst ausgesetzt worden[97].

Von der Zweckmäßigkeit dieser spezifischen Schauffschen Berichterstattung
war vor allem Theodor von und zu Guttenberg überzeugt, damals Parlamentarischer Staatssekretär im Bundeskanzleramt. Guttenberg wirkte über Staatssekretär
Karl Carstens auf Wessel ein, seine Entscheidung hinsichtlich der Einstellung der
Schauffschen Berichterstattung zu revidieren. Daraufhin fand ein klärendes Gespräch zwischen dem neuen Präsidenten des BND und Schauff statt[98], demzu-
folge seine Arbeit in Rom weitergeführt und sogar „noch erweitert werden"
sollte[99].

---

[91] Vgl. den Briefwechsel Schauff–Morsey, 8. und 22. 12. 1971 (IfZ, NL Schauff, Bd. 5).
[92] Vgl. Brief Karin Schauff an Berger vom 23. 10. 1971, in dem sie diesem anläßlich seines
Ausscheidens aus dem Amt mitteilt, „wie leid es mir tut, daß ein langes und erprobtes Einvernehmen so stark getrübt werden konnte, daß Sie ohne Abschied gehen wollen"
(ACDP, NL Berger, I-400–036/3).
[93] Barzel, Geschichten, S. 91.
[94] Vgl. Vermerk Berger über eine Unterhaltung mit Leisler/Springer-Auslandsdienst vom
10. 1. 1970 („Ich sagte Leisler, ich würde eine Nebenregierung nicht dulden"), ACDP,
NL Berger, I-400–034/3; Schreiben Berger an Schauff vom 22. 4. 1970 in IfZ, NL Schauff,
Bd. 1.)
[95] Schauff berichtete dem Verfasser, daß er mit Gehlen vor allem beim Ausbau der Beziehungen der Bundesrepublik zu den USA zusammengearbeitet habe.
[96] Vgl. die entprechende Notiz im NL Guttenberg, BA Koblenz, Bd. 42 , Bl. 115.
[97] Krone, Tagebücher, 13. 2. 1969: „Jetzt haben sie Hans Schauff den Stuhl vor die Tür gesetzt. Man benötigt seine Dienste nicht mehr, und Globke und ich bekommen an Nachrichten auch nichts mehr. – Der neue Wind in Pullach" (ACDP, NL Krone, I-028–073/5).
[98] Am 17. 3. 1969 schieb General Wessel an Guttenberg: „Am 14. März hat mich Herr Dr.
Schauff besucht. Wir haben ein mehrstündiges Gespräch geführt, das – wie ich glaube –
für beide Seiten von Wert und Interesse war. Ich jedenfalls bin dankbar, daß dieses, letztlich wohl durch Ihre Initiative angeregte Treffen mir endlich ein klares Bild vermittelt hat,
das mich in die Lage versetzt, die Verbindung mit Schauff, alles was dazu gehört, unverändert
fortführen zu können." (BA, NL Guttenberg, Bd. 42, Bl. 116).
[99] Notiz Krone, Tagebücher, 14. 3. 1969, ACDP, I-028–073/5; im Informationsdienst der

Schauffs Verbindungen zum BND trugen ihm in der Presse das Etikett „Agent"
ein[100]. Die Verbindung zu Pullach, die er ja nie in Abrede stellte, gehörte für ihn
allerdings in den Gesamtzusammenhang der antikommunistischen und antitotalitären Politik des Westens und insbesondere der Bundesrepublik. Herbert Wehner
hatte Schauffs Verbindungen zum BND gekannt und auch unterstützt[101]. In diesem Umfeld traf Schauff jedoch auch auf weitere politische Weggefährten aus der
Vergangenheit, insbesondere aus der Emigration, unter denen der Name von
Klaus Dohrn besonders hervorzuheben ist[102].

KNA vom 18. 3. 1982 wird Schauffs Rolle als Berichterstatter aus Rom an den BND eher
beiläufig erwähnt; als Informanten werden zwei Monsignori genannt.
[100] Vgl. u.a. *Konkret* (Konkret-Extra), 3/1982, bes. S. 6; *Der Spiegel*, 37/1982, S. 30f. (beide
Berichte berufen sich auf ihnen vorliegende nicht veröffentlichte Aufzeichnungen des
ehemaligen Staatsschutzbeamten Hans Langemann, der in den siebziger Jahren als BND-
Resident an der deutschen Botschaft in Rom tätig war).
[101] Ein entsprechender Hinweis in *Konkret*, 3/1982, S. 6.
[102] Siehe dazu unten, S. 214.

X. In Catholicis

Zunächst muß hier noch einmal auf die frühen sechziger Jahre zurückgegriffen werden. Schauffs gute Dienste bei dem Versuch, den deutschen Sozialdemokraten ein Entrée im Vatikan zu verschaffen, waren zeitlich und inhaltlich mit seinem Engagement bei dem 1961 beginnenden Zweiten Vatikanischen Konzil zusammengefallen. Durch seine Tätigkeit für die ICMC, aber auch für die christdemokratische Fédération Internationale, waren ihm Rom wohlvertraut und die wichtigsten Repräsentanten der Kurie persönlich bekannt. Der Wunsch, bei diesem Treffen der Weltkirche präsent zu sein und nach Möglichkeit aktiv zu werden, motivierten ihn dazu, seinen Wohnsitz in Rom zu nehmen. Rom war ja die erste Station der Familie nach der Emigration gewesen. Die Schauffs bezogen nunmehr eine Wohnung in der Via Gregoriana, am Abhang des Pincio und in unmittelbarer Nähe der Spanischen Treppe.

Lage und Größe des neuen Refugiums waren von vornherein auch unter dem Gesichtspunkt getroffen worden, daß es als Begegnungsstätte von Mitgliedern und interessierten Beobachtern des Konzils dienen konnte. Im Verlauf des Konzils waren dies 1500 bis 2000 Besucher: Konzilsväter aus Südamerika, Deutschland und Polen, junge Theologen und Publizisten aus aller Welt, Mitarbeiter internationaler Organisationen sowie nichtkatholische und ökumenisch orientierte Konzilsbeobachter. Karin Schauff hatte als Hausherrin in diesem Zusammenhang immense Arbeit zu leisten[1]. All diese Aktivitäten sowie Schauffs Bekanntheitsgrad als Repräsentant internationaler katholischer Organisationen trugen zu seiner späteren Berufung in die postkonziliare Kurienkommission „Justitia et Pax" wesentlich bei.

Das Zweite Vatikanische Konzil: Schauffs Berufung in die Kurienkommission „Justitia et Pax"

Das Zweite Vatikanische Konzil wurde von Papst Johannes XXIII. am 25. Dezember 1961 einberufen, nach seinem Tode ab Juni 1963 von dem Nachfolger Paul VI. weitergeführt und am 8. Dezember 1965 beendet[2]. Zentrales Thema war der notwendige Wandel der Kirche, ihrer Organisation und ihrer Seelsorgemethoden in einer zutiefst sich wandelnden Welt, das von Papst Johannes so genannte „aggiornamento".

Anders als das Konzil während des Pontifikats von Pius IX. im Jahre 1869/70 war das Zweite Vatikanum ein Weltereignis und fand eine entsprechende öffentliche Resonanz. In vier Sitzungsperioden wurden 168 Generalkongregationen

---

1 Vgl. Karin Schauff, Wahlheimat Rom, S. 24 ff.; Um der Freiheit willen, S. 33; Herwarth, Adenauer, S. 315 f.
2 Das Zweite Vatikanische Konzil; weiterführende Literatur bei Jedin, Konzil, S. 97 ff.

(Plenarsitzungen) und dazu zehn öffentliche Sitzungen abgehalten. Die erarbeiteten Ergebnisse und Aussagen sind in 16 Texten niedergelegt, worunter das Dekret
über das Laienapostolat „Apostolicam actuositatem" und die umfangreiche Pastoralkonstitution über die Kirche in der heutigen Welt, „Gaudium et Spes", das
eigentliche Herzstück der Konzilsarbeit, wesentliche Grundlagen für die postkonziliare Arbeit bildeten, in die Johannes Schauff eingebunden wurde.

Das Zentralthema – die Kirche in einer sich wandelnden Welt – lenkte den Blick
alsbald auf die gravierenden materiellen und kulturellen Entwicklungsprobleme
der sogenannten Dritten Welt. Insbesondere Dom Helder Câmara, zu dieser Zeit
Weihbischof von Rio de Janeiro, machte das Konzil auf die Probleme der Unter-
entwicklung und des Hungers aufmerksam. Zusammen mit einer Gruppe um den
französischen Abbé Paul Gauthier wurde Kardinal Cicognani die Notwendigkeit
eines eigenen Sekretariats in dieser Frage vermittelt. Von Kardinal Suenens wurde
die Unterscheidung getroffen, die Beratungen über den Standort der Kirche nicht
nur „ad intra", sondern angesichts der Probleme der Dritten Welt auch „ad extra"
zu strukturieren. Dabei sollte die Wahrnehmung der Kirche als einer Kirche der
Armen geschärft werden[3].

Am 5. Juli 1966 wurde Schauff durch Staatssekretär Kardinal Cicognani in das
Vorbereitungskomitee zur Gründung nachkonziliarer Instanzen berufen, das auf
der Grundlage des Konzildekrets „Apostolicam actuositatem" (Artikel 26) und
der Pastoralkonstitution „Gaudium et Spes" (Artikel 90) tätig werden sollte. Vorsitzender dieses Vorbereitungskomitees war der kanadische Kardinal und Bischof
von Quebec, Maurice Roy[4].

Bereits in den Artikeln 86 („De quibus opportunis normis") und 89 („De prae-
sentia efficaci Ecclesiae in communitati internationali") von „Gaudium et Spes"
werden die Verpflichtungen der hochentwickelten Länder und der internationalen
Gemeinschaft gegenüber den Entwicklungsländern sowie die Notwendigkeit der
Zusammenarbeit betont. In Artikel 90 („De partibus christianorum in institutio-
nibus internationalibus") wird zur Förderung dieser Zusammenarbeit unter den
Nationen auf die Notwendigkeit des „internationalen Wirkens der Christen" und
die Aktionen vor allem der katholischen internationalen Organisationen hingewiesen. Zugleich wird aber auch der ökumenische Aspekt hervorgehoben, die
„tatkräftige und positive Zusammenarbeit... mit den getrennten Brüdern". Angesichts der zahllosen Drangsale, unter denen ein großer Teil der Menschheit leide,
„hält es das Konzil für zweckmäßig, ein Organ der Gesamtkirche zu schaffen, um
die Gerechtigkeit und Liebe Christi den Armen in aller Welt zuteil werden zu lassen. Seine Aufgabe soll es sein, die Gemeinschaft der Katholiken immer wieder
anzuregen, den Aufstieg der notleidenden Gebiete und die soziale Gerechtigkeit
unter den Völkern zu fördern."[5]

---

3 Diese Forderung von seiten des Kardinals Lercaro. Vgl. Charles Moeller, Die Geschichte
   der Pastoralkonstitution (über die Kirche in der Welt von heute), in: Zweite Vatikanische
   Konzil, S. 247.
4 IfZ, NL Schauff, Bd. 16.
5 Das Zweite Vatikanische Konzil, Bd. III, S. 569 ff. und 576 ff.

In einer solchen religiösen und sozialen Sichtweise mußten naturgemäß gerade die Laien eine wichtige Rolle einnehmen. Dies bringt das Dekret über das Apostolat der Laien in Artikel 26 zum Ausdruck, wo es heißt, daß die Diözesen nach Möglichkeit beratende Gremien einrichten sollten, die die apostolische Tätigkeit der Kirche vor allem im karitativen und sozialen Bereich unterstützen – auf der Ebene der Pfarreien und Diözesen, aber auch im internationalen Bereich[6].

Allerdings differenzierte die vom Heiligen Stuhl eingesetzte Arbeitsgruppe aus Priestern und Laien zwischen der Laienarbeit und der Aufgabenstellung, die sich aus „Gaudium et Spes" ergab. Bereits im Januar 1966 wurde mit der Einrichtung postkonziliarer Kommissionen auch das Laienapostolat begründet. Wie aus einem Memorandum von Johannes Schauff hervorgeht, sollte „das vom Konzil im Art[ikel] 90 angeregte ‚Organ der Gesamtkirche' als eine selbständige Institution errichtet werden ..., ohne Abhängigkeit von der Institution nach Artikel 26 des Konzilsdekretes ‚Actuositatem apostolicam'"[7]. Eine „sinnvolle Verknüpfung" der beiden Tätigkeitsbereiche mußte jedoch Gegenstand der Verhandlungen sein.

Schauff sah durchaus das Problem, die in Artikel 90 und den vorausgehenden Artikeln 88 und 89 formulierten Aufgabenstellungen sinnvoll zu verknüpfen: einmal die Koordinierung der praktisch-operativen Tätigkeit von Organisationen, zum andern die Funktion als Organ der Gesamtkirche, das Solidarität und Verantwortung gegenüber notleidenden Gebieten fördern sollte. Um die neue Aufgabenstellung zu strukturieren, hielt er es für wünschenswert, „wenn dazu neben Praktikern und Soziologen mehr Theologen und Professoren der kirchlichen Soziallehre[8] sowie Kenner der Strukturformen der Weltkirche ... hinzugezogen würden", daneben Laien mit gründlicher Erfahrung im internationalen Bereich und dessen Organisationen.

Angesichts der Neuartigkeit der Aufgabenstellung plädierte er für einen langsamen organisatorischen Aufbau des neuen Gremiums von unten her, d. h. die Einrichtung von nationalen und regionalen Arbeitsgruppen. Analog zu den päpstlichen Kommissionen sollte einer flexiblen Struktur der Vorzug gegeben werden und Mitglieder nur auf Zeit berufen werden. Bei der Suche nach dem Namen für die neue Kommission warnte Schauff davor, nur ein „Organ für den Frieden" schaffen zu wollen, nachdem der Begriff „Frieden" von den kommunistischen Staaten einseitig usurpiert worden sei. Gleichwohl sollte das neue Gremium einen Beitrag zur Friedensarbeit leisten und eine eigene Abteilung unter der Leitung von herausragenden Völkerrechtlern, zum Beispiel aus Mitgliedern des Haager Schiedsgerichtshofes, gebildet werden[9].

---

6 Ebenda, Bd. II, S. 683.
7 Korrekt: „Apostolicam actuositatem". Bemerkungen zu dem „Report der Working Group vom 9.–12. 5. 1966", von Johannes Schauff als Mitglied des „Coetus exsequendos n. 26 Decreti ‚Apostolicam actuositatem' et n. 90 Constit. Pastoralis ‚Gaudium et Spes'", 1. 9. 1966 (IfZ, NL Schauff, Bd. 16).
8 Hier schlug Schauff vor allem Vertreter der deutschen katholischen Soziallehre vor, allen voran Oswald von Nell-Breuning. Vgl. die Korrespondenz Schauff-Kardinal Roy 1973–1982 (IfZ, NL Schauff, Bd. 22).
9 Schauff, Commissio „Solidaritas Universalis" (§ 90 „Gaudium et Spes"). Bemerkungen

Struktur und personeller Aufbau dieses neuen Gremiums, für das es weder
Vorbild noch Erfahrung gab, erforderten nach Schauff einen effizienten Generalsekretär und hauptamtlichen Mitarbeiterstab, zumal der Präsident der Kommission, Kardinal Roy, zugleich dem Laienapostolat vorstand. Drei oder vier Abtei-
lungen seien zu bilden: Neben der Organisationsabteilung für innere Verwaltung
sollten Kongresse und Forschungsprojekte mit den Themenschwerpunkten Frieden, Gerechtigkeit und Entwicklung organisiert werden[10].

Diese Überlegungen Schauffs trugen wesentlich zur definitiven inhaltlichen
und organisatorischen Strukturierung der Kommission bei. Der Vorbereitungs-
kommission unter Kardinal Roy, die ihre Arbeit bereits Anfang 1966, d. h. unmittelbar nach Beendigung des Konzils, aufgenommen hatte, gehörten nach Schauffs
Berufung in einer dritten, abschließenden Arbeitsphase neben dem unterdessen
ernannten Vizepräsidenten Castelli und dem Generalsekretär Achille Glorieux
ebenso August Vanistendael, Vittorino Veronese und Rosemary Goldie an.[11] Vor
allem mit Vanistendael, einem Partner Schauffs auch innerhalb der Flüchtlingsarbeit und der FIS, ergab sich eine in vielem ergänzende fruchtbare Zusammenarbeit.

Schließlich erfolgte nach mehreren Monaten intensiver Vorbereitungsarbeit mit
dem päpstlichen Motu proprio[12] vom 6. Januar 1967 – nunmehr unter ihrem defi-
nitivem Namen – die Konstituierung der Kurienkommission „Justitia et Pax",
gleichzeitig mit der des „Consilium de Laicis"[13]. Damit wurde die enge Verbindung der beiden Gremien augenfällig, deren gemeinsamer Präsident Kardinal Roy
war. Die Laienarbeit war Bestandteil auch der Aktivitäten der Kommission „Justitia et Pax", die Richtlinien für die Tätigkeit der Laien in der Gegenwart erarbeite-
tete. Dies galt vor allem für die Entwicklungspolitik, die nach Veröffentlichung

---

zur Namensgebung, Struktur und personellen Zusammensetzung (8. 11. 1966), IfZ, NL
Schauff, Bd. 16.
[10] Schauff entwarf folgendes Schema (NL Schauff, Bd. 16):
  I.   1 Präsident
  II. 3 Vizepräsidenten
  III. 2 Generalsekretäre: 1 Geistlicher und 1 Laie
       3 Abteilungsleiter: 1 Geistlicher, 2 Laien
  IV. Mitglieder des Vorstands/Kommissionsmitglieder:
       6 Mitgl. ex officio
       5 Geistliche ad personam
       5 Laien ad personam.
  Hinzu sollten etwa die gleiche Zahl von „Consultores" kommen.
[11] Vittorino Veronese, einer der führenden katholischen Intellektuellen Italiens, war nach
  1946 Vertreter seines Landes bei der UNESCO und 1958–61 deren Generaldirektor; ab
  1961 Präsident der Banco di Roma, Cameriere Segregato di Spada e Cappa; Konsultor des
  Sekretariats für die Ungläubigen unter Kardinal König, führend in der Laienbewegung
  (Präsident der ersten drei Weltkongresse). Erzbischof (tit.) Alberto Castelli (als Vizepräsident) sowie Msgr. Glorieux und Frau Goldie als Sekretär und stellvertretende Sekretärin
  wurden in den Laienrat berufen.
[12] Motu proprio: Gesetzgebungsakte des Papstes, die seiner eigenen Initiative entstammen.
[13] Sanctissime domini nostri Pauli divina providentia Papae VI, litterae apostolicae motu
  proprio datae, quibus Consilium de laicis, et pontificia commissio studiosorum, a „Justitia
  et Pace" appellata, constitutur. Rom, 6. 1. 1967 (IfZ, NL Schauff, Bd. 16).

der Enzyklika „Populorum Progressio" zu Ostern 1967 einen zentralen Platz in der Aufgabenstellung der Kommission einnahm und zu ihrer großen Charta wurde[14].

Thema von „Populorum Progressio" war die Einbindung aller Völker in eine regional, ethnisch und national aufgefächerte, nichtsdestoweniger aber im Sinne eines christlichen Humanismus anzustrebende Gesamtkultur[15]. Dabei richtete die Enzyklika ihr zentrales Augenmerk auf die wirtschaftliche Misere in der Dritten Welt und die Maßnahmen zu deren Überwindung, die, zunächst auf den wirtschaftlichen Bereich konzentriert, zu einer umfassenden kulturellen Entwicklungspolitik ausgeweitet werden sollten.

Gemäß der Aufgabenstellung von „Justitia et Pax" kam der Kommission – im Sinne einer Katechese – eine Mittlerstellung zwischen dieser Enzyklika und der Welt zu[16]. Ihr Instrumentarium war die Ausarbeitung handlungsorientierter Studien, deren Zielgruppen einmal die Institutionen und Organisationen der Kirche selbst waren, zum andern die ökumenischen Partner sowie die nichtkonfessionellen internationalen Institutionen. Im ersten Jahr kristallisierten sich folgende Tätigkeitsschwerpunkte heraus, für die entsprechende Arbeitsgruppen bzw. Ausschüsse gebildet wurden.

Ein Tätigkeitsschwerpunkt lautete: Theologie und soziale Orientierung. Weitere waren: wirtschaftliche Entwicklungspolitik unter säkularen Aspekten, beispielsweise die Kampagne zugunsten einer Steuer von einem Prozent des Volkseinkommens für die Entwicklungsländer; gerechtere Lösungen im internationalen Handel und verschiedene ökonomische Projekte im Rahmen der UNO. Dazu kamen unmittelbar kirchliche Operationen wie die Bekämpfung des Analphabetismus oder die Stärkung missionarischer und karitativer Strukturen. Weiter ging es um die internationalen politischen Organisationen „ad construendam pacem" – vor allem in Hinblick auf die Wahrung der Menschenrechte, den Kampf gegen den Rassismus sowie um eine weltweite Abrüstung[17].

Der Rolle von „Justitia et Pax" im Dialog zwischen der Römischen Kirche und der Welt entsprach, daß Priester *und* Laien die 14 Kommissionsmitglieder und ebenso viele Konsultoren[18] stellten. Darunter befanden sich neben den Theologen Fachleute für Wirtschafts- und Agrarfragen, für internationale Politik und Probleme der Migration. Zu diesen gehörte auch Johannes Schauff, dessen Arbeit in

---

[14] Vgl. Stefan Swiezaeski (Professor an der katholischen Universität Lublin und selbst Mitglied der Kurienkommission „Justitia et Pax") in seinem Exkurs zur Pastoralkonstitution Artikel 90: Die Kommission „Justitia et Pax", in: Das Zweite Vatikanische Konzil, Bd. III, S. 579.
[15] Vgl. Oswald von Nell-Breuning, Exkurs über „Popolorum Progressio", in: Das Zweite Vatikanische Konzil, Bd. III, S. 578f.
[16] Vgl. Pontifical Commission „Justice and Peace" – Statement of the Pontifical Commission „Justice and Peace" at the conclusion of its first Planetary Meeting, Vatican City, 25. 4. 1967 (IfZ, NL Schauff, Bd. 18).
[17] Audience de Son Eminence le Cardinal Président (Roy) de la Commission Pontificale „Iustitia et Pax", 12 février 1968 (IfZ, NL Schauff, Bd. 17).
[18] Konsultoren: beratende Organe der Kardinalskongregationen.

der Kommission durch die Berufung von Kollegen aus der ICMC, Msgr. Ligutti und James Norris, fachkundige Unterstützung fand.

Neben dem Präsidenten und Vizepräsidenten – Kardinal Roy und dem spanischen Titularbischof Ramón Torella y Cascante als Nachfolger von Alberto Castelli – wurde ein Generalsekretariat eingerichtet, dessen Leitung Msgr. Joseph Gremillion übernahm. Ihm stand ein sogenanntes Direktionskomitee zur Seite, dem wiederum Schauff, Ligutti, Norris und August Vanistendael angehörten. Übergeordnetes Kommunikationsorgan waren Vollversammlungen von Kommissionsmitgliedern und Konsultoren.

Solche Treffen brachten Ergebnisse in Form von Gesprächsaufzeichnungen und Arbeitsdokumenten, man plante Studienprojekte und deren Förderung und strukturierte die Arbeit von ständigen Ausschüssen[19]. Daneben wurden Anfang 1968 die sogenannten „Tables rondes" eingerichtet; diese sollten der Koordination der verschiedenen katholischen Organisationen dienen, die international im sozialen Bereich tätig waren[20] und später (1971) von dem Päpstlichen Rat „Cor unum" abgelöst wurden[21].

Einen organisatorisch und inhaltlich wichtigen Schritt machte die Kommission „Justitia et Pax", als in Zusammenarbeit mit den Episkopaten vor Ort nationale Dépendancen in verschiedenen Teilen der Welt und vor allem den Entwicklungsländern eingerichtet wurden[22]. Hier konnte Schauff auf seinen verschiedenen Reisen vor allem nach Lateinamerika als Vertreter der ICMC wie auch der FIS als Informant und Berater von Nutzen sein. So warnte er vor den „Irrlehren der sogenannten politischen oder Befreiungs- oder Revolutionstheologie", die vor allem in der jungen Generation Anklang fänden[23]. Schauff verfolgte damit weiter die

---

[19] In Schauffs Zeit als Mitglied der Kommission bis 1972 wurden sechs Generalversammlungen abgehalten, die alle in Rom stattfanden, die ersten beiden im April und Oktober 1967 (IfZ, NL Schauff, Bd. 18–21).

[20] Schreiben Msgr. Benelli an Generalsekretär Gremillion vom 30. Januar 1968 über die Notwendigkeit der Gründung solcher Tables rondes (IfZ, NL Schauff, Bd. 18). Teilnehmer dieses Runden Tisches waren schließlich u. a. Adveniat, Caritas Internationalis, CIDSE, Laienrat, ICMC, „Justitia et Pax".

[21] Das Gründungsdokument und entsprechende Anschreiben von Benelli an den Vizepräsidenten von „Justitia et Pax", Torella, vom 28. 7. 1971 (IfZ, NL Schauff, Bd. 18).

[22] Vgl. die auf der 2. Plenarsitzung (23.–28. 10. 1967) gefaßten Beschlüsse über die Rolle der Kirche in den Entwicklungsländern: Les Commissions nationales (IfZ, NL Schauff, Bd. 18). Zwei europäische Konferenzen der Nationalkommissionen fanden im Mai 1971 in Aachen und im Oktober 1972 in Oostende statt (Protokolle und Analysen in IfZ, NL Schauff, Bd. 21).

[23] Vgl. Schreiben Schauff an Kardinal Roy vom 8. 10. 1972 (IfZ, NL Schauff, Bd. 22): „Meine Reiseerfahrungen durch Latein- und Nordamerika und Europa in den letzten neun Monaten [meiner] Abwesenheit von Rom sowie die Möglichkeit, in größerer Muße die Literatur zur Thematik studieren zu können … haben [mich] überzeugt: Die Irrlehren der sogenannten politischen oder Befreiungstheologie haben m. E. einen erschreckenden Umfang vor allem in der jungen Generation angenommen. Diese Verwirrung ist mir noch deutlicher geworden in einem langen Gespräch mit meinem hochbetagten und väterlichen Freund und Mentor, Prof. von Nell-Breuning SJ, in Frankfurt." (IfZ, NL Schauff, Bd. 14); vgl. auch Schreiben Schauff an Pater Oskar Simmel SJ vom 15. 2. 1985, in dem er die Unterstützung der Befreiungstheologie auch durch „Justitia et Pax" beklagt (IfZ, NL Schauff, Bd. 7), sowie an Bischof Franz Hengsbach vom 16. 2. 1980 (IfZ, NL Schauff, Bd. 34).

politische Linie einer Zurückdrängung des kommunistischen Einflusses in Lateinamerika, den er bereits in der FIS bekämpft hatte und der seit der Revolution in
Kuba in deutlicher Zunahme begriffen war.

Der Erfolg Castros in Kuba hatte viel zu Entwicklung und Bedeutungs-
zunahme einer „Theologie der Revolution" bzw. der „Befreiungstheologie" beigetragen, die 1968 auf der lateinamerikanischen Bischofskonferenz in Medellin in
Kolumbien auch von Teilen der Kirche sanktioniert wurde. Hinter Schauffs Klage
über diese Entwicklung stand jedoch deutlich auch die Verbitterung darüber, daß
die lateinamerikanische Befreiungstheologie sich nicht zu Unrecht zumindest
formal auf das Zweite Vatikanische Konzil und die Enzyklika „Populorum Progressio" stützen konnte, eine innerkirchliche Entwicklung, zu der Schauff selbst
beigetragen hatte: Der hier vorgenommene Neuansatz, die Menschen- und Freiheitsrechte in die päpstliche Soziallehre aufzunehmen, konnte sehr wohl zur
Legitimierung revolutionärer Bewegungen dienen[24].

Auch in der Kurienkommission „Justitia et Pax" bewährte sich Schauff ganz
offensichtlich als exzellenter Finanzfachmann[25]. Ein ihm aus seiner Tätigkeit für
die ICMC wohlbekanntes Problem stellte sich auch der Kommission und war
von Schauff bereits in der Vorbereitungsphase artikuliert worden: Es betraf die
Bewegungsfreiheit gegenüber dem vatikanischen Staatssekretariat. Dessen star-
ker Mann hinter dem Staatssekretär, Substitut Msgr. Benelli, versuchte auch die
Arbeit von „Justitia et Pax" zu kontrollieren, obwohl die Kommission – anders
als die Sekretariate – nach Verfassung und Selbstverständnis ein Organ der Gesamtkirche und nicht ausschließlich der Kurie war[26]. Dem entsprach, daß sämt-
liche Projekte und Unternehmungen von Initiativen der Kommission selbst und
ihrer Mitglieder und Konsultoren ausgingen. In den Konflikten um ausgearbei-
tete Papiere und Memoranden bewährte sich Schauff häufig als diplomatischer
Vermittler[27].

Die ersten Mitglieder und Konsultatoren von „Justitia et Pax" waren für fünf
Jahre berufen worden. Nach Ablauf dieser „experimentellen" Aufbauphase, die
der Organisation und inhaltlichen Vergewisserung diente, war der Zeitpunkt für
ein personelles Revirement gekommen, und auch Schauff verließ auf eigenen
Wunsch das Gremium. Zum Jahresende 1971 machte er seinen Abschiedsbesuch
bei Msgr. Benelli im Staatssekretariat[28] und wurde am 23. Juni 1972 offiziell durch

---

[24] Zur Revolutions- bzw. Befreiungstheologie vgl. u. a. Camara, Revolution; Rahner (Hrsg.),
Befreiende Theologie; Boff, Liberator.

[25] Interview des Verfassers mit August Vanistendael am 15./16. 1. 1993; vgl. u. a. Schauffs
„Comments on the financial report" (der Kommission) vom 28. 9. 1971 (IfZ, NL Schauff,
Bd. 20 u. 21).

[26] Vgl. August Vanistendael, Remarks on the future of the Pontifical commission „Justitia et
Pax" (confidential), Februar 1971 (IfZ, NL Schauff, Bd. 22); ein Beispiel das Schreiben
Benellis an den Präsidenten von „Justitia et Pax", Kardinal Roy, vom 15. 2. 1971 (IfZ, NL
Schauff, Bd. 22); Interview des Verfassers mit August Vanistendael, 15./16. 1. 1993.

[27] Ebenda.

[28] Schauff begründete sein Ausscheiden mit seinem vorgerückten Alter – er stand kurz vor
seinem 70. Geburtstag. Vgl. das Schreiben Schauff an den Vizepräsidenten und Geschäftsführer von „Justitia et Pax" vom 15. 9. 1972, IfZ, NL Schauff, Bd. 22.

Kardinal Villot, seit 1969 Nachfolger von Kardinalstaatssekretär Cicognani, verabschiedet[29].

---

[29] Schreiben in IfZ, NL Schauff, Bd. 22; ebenso das Abschiedsschreiben der Kommissions-
kollegen mit pers. Unterschriften vom 20. 9. 1972, verfaßt am ersten Tag der VII. Generalversammlung.

XI. Auf dem Weg zur deutsch-polnischen Versöhnung

Neben seinem Engagement für die Belange der Kirche bot der Rahmen des Zweiten Vatikanums auch die Möglichkeit, weltliche politische Probleme einer Lösung näherzubringen. Bereits während seiner Tätigkeit für die Gesellschaft zur Förderung der inneren Kolonisation war Johannes Schauff sowohl mit den innerpolitischen Verhältnissen Polens wie auch seiner konfliktreichen Beziehung zu Preußen und dem Deutschen Reich vertraut gemacht worden; Ostsiedlung und Osthilfe waren in der deutschen innenpolitischen Auseinandersetzung auch damit gerechtfertigt worden, einen agrar- und bevölkerungspolitischen „Cordon sanitaire" gegenüber Ansprüchen und möglichen Aggressionen von seiten des östlichen Nachbarn zu schaffen. In seiner Wahlkampfzeit in Oberschlesien war Schauff zwar in erster Linie durch seine Auseinandersetzung mit dem nationalsozialistischen Gegner in Anspruch genommen worden, hatte jedoch seitdem den in der Geschichte dieser Region begründeten latenten Konfliktherd im Auge behalten.

Aufgrund seines Einsatzes auch für die polnischen „Displaced Persons" im Rahmen seiner Tätigkeit für die ICMC hatte Schauff – dies wurde während des Konzils deutlich – das Vertrauen der polnischen Bischöfe gewinnen können. Vor allem die Beziehung zu Boleslaw Kominek – später auch Mitglied der Kurienkommission „Justitia et Pax" – gestaltete sich ausgesprochen freundschaftlich. Kominek war der Initiator und maßgebliche Autor eines Briefes der polnischen Bischöfe an ihre deutschen Amtsbrüder vom 18. November 1965, in dem angesichts des zu Ende gehenden Konzils und des bevorstehenden Millenniums der polnischen Kirche die Vergebung deutschen Unrechts offeriert und zugleich die Bitte um Vergebung eigenen Unrechts geäußert wurde[1].

Um den Hintergrund auszuleuchten, vor dem dieser Brief entstand und welchen Schwierigkeiten er begegnete, ist ein knapper historischer Rückblick notwendig. Schon aufgrund der drei polnischen Teilungen 1772, 1793 und 1795 durch Rußland, Preußen und Österreich, die zum Verschwinden des polnischen Staates bis 1916 geführt hatten, war das historische Verhältnis der Polen gegenüber den Deutschen seit altersher besonders belastet. Die Einverleibung der Provinz Posen Ende 1918/Anfang 1919 sowie der die Versailler Friedensbestimmungen und internationale Abmachungen verletzende gewaltsame Versuch der Annexion Oberschlesiens Anfang der zwanziger Jahre verschärften das Verhältnis weiter. Reichskanzler Wirth (Zentrum), wenig später, wie schon angeführt, einer der politischen Mentoren Johannes Schauffs, hatte damals angesichts des polnischen Expansionsdranges und der repressiven Politik gegenüber der deutschen Minderheit gefordert, der „Versailler Bastard Polen" müsse wieder verschwinden, und General von Seeckt, Chef der Heeresleitung, hatte erklärt, Polens Existenz sei

---

[1] Vgl. Heller, Macht-Kirche-Politik, S. 89 ff.

„unerträglich" und müsse eventuell mit Hilfe Rußlands wieder beendet werden[2]. Nach dem Machtantritt der Nationalsozialisten hatten gegenseitiges Mißtrauen und latente Aggressionsbereitschaft weiter zugenommen – trotz des Anfang 1934 abgeschlossenen Nichtangriffspaktes zwischen Polen und dem Deutschen Reich[3]. Der „Hitler-Stalin-Pakt" vom 23. August 1939 und der Kriegsausbruch anläßlich der Danzig-Frage führten zur erneuten – de facto fünften[4] – Teilung Polens zwischen Deutschland und der Sowjetunion und zur Errichtung des „Generalgouvernements" mit einer brutalen deutschen Besatzungs- und Dezimierungspolitik, während die polnischen Westdistrikte mit den wichtigsten Industriezentren und 10 Millionen Einwohnern direkt dem Deutschen Reich angeschlossen wurden. Das Kriegsende, die „Westverschiebung" Polens aufgrund des Potsdamer Abkommens der Alliierten von 1945 und die gewaltsame Vertreibung der deutschen Bevölkerung östlich der Oder-Neiße-Linie schufen die Ausgangssituation für die Entwicklung nach 1945 und bildeten zugleich erneute Imponderabilien für das künftige deutsch-polnische Verhältnis.

Die sogenannte deutsche Frage wurde in der Folgezeit zum wichtigsten machterhaltenden und politisch konsolidierenden Instrument kommunistischer Politik in Polen, auch und gerade in der Phase der Stalinisierung. Gelang es somit, auch bürgerliche politische Kräfte politisch zu pazifizieren und einzubinden, so war hier auch die national orientierte polnische Kirche beteiligt, für die die Grenzverschiebung nach Westen und die Vertreibung der Deutschen keine moralischen Probleme aufwarf. Hinzu kam die missionarische Vorstellung, die ehedem „häretischen" deutschen Gebiete könnten für den Katholizismus zurückgewonnen werden[5].

Angesichts des tradierten, durch die Besatzungsjahre noch verstärkten „Deutschensyndroms" konnte die Gleichung wirksam werden, nach der Kommunismus = Patriotismus = Deutschenfeindlichkeit sei. Damit ließ sich der kommunistische Staat zur Inkarnation des polnischen Patriotismus stilisieren und jede Kritik an ihm als „Deutschfreundlichkeit" diffamieren. Diese Politik hatte auch negative Auswirkung auf die vor allem in Oberschlesien zurückgebliebenen Deutschen, die als „germanisierte Polen" ausgegeben und einer entsprechend rücksichtslosen Assimilationspolitik unterworfen wurden. Auf der anderen Seite stärkten die Politik der Bundesrepublik Deutschland in der strittigen Frage der „Ostgebiete" und insbesondere die Haltung der Vertriebenenverbände ihrerseits Mißtrauen und Ressentiments auf polnischer Seite. Dabei wurde nicht zur Kennt-

---

[2] Zit. Strobel, Wirtschaftsbeziehungen, S. 111; vgl. auch Strobel, Preußenkrankheit, S. 24; Küppers, Wirth, S. 146 ff.

[3] Im Zusammenhang mit polnischen Präventivkriegsdrohungen 1932/33 wurde unter Mißachtung bestehender Verträge auf der Westerplatte Danzigs, unter dem Mandat des Völkerbunds ein souveränes Völkerrechtssubjekt, eine polnische Garnison errichtet; 1934 wurde von Polen der Minderheitenschutzvertrag aufgekündigt.

[4] Als vierte Teilung Polens gilt die Wiederauflösung und Aufteilung des 1807 von Napoleons Gnaden entstandenen Großherzogtums Warschau auf dem Wiener Kongreß.

[5] Diese Vorstellung trug der damalige polnische Fürstprimas, Kardinal Hlond, 1946–1948 auch dem Papst vor (Strobel, Preußenkrankheit, S. 27).

nis genommen, daß in der „Charta der deutschen Heimatvertriebenen" schon 1950 jeglicher Verzicht auf Gewalt erklärt worden war.

Die Ost- und Polenpolitik Adenauers war zum einen durch innenpolitische Rücksichtnahmen auf die Heimatvertriebenen bestimmt, zum andern jedoch, wie Hans-Peter Schwarz formuliert, „von Grund auf revisionistisch"[6]. Ein von Johannes Schauff und Kardinal Frings überliefertes unerfülltes Vermächtnis Adenauers, nach dem neben der Versöhnung mit den Juden und den Franzosen vor allem der Ausgleich mit den östlichen Nachbarn, allen voran den Polen, herbeigeführt werden sollte[7], scheint in Hinblick auf Polen doch eher als Fiktion. Die Beziehungen zu Polen waren von vornherein belastet durch die Frage der deutschen Einheit bzw. der Existenz der DDR. Schließlich wurde mit der Formulierung der „Hallstein-Doktrin" in der Regierungserklärung vom 28. Juni 1956[8] die Polenpolitik wie die gesamte Osteuropapolitik zu einer Funktion der Deutschlandpolitik. Diese zu bewegen, war nur mit Moskau möglich[9].

An der Nichtanerkennung der Oder-Neiße-Grenze hielt die Bundesregierung bis Anfang der siebziger Jahre und am Friedensvertragsvorbehalt bis 1990 fest. Bemühungen um eine flexiblere Haltung – etwa von Außenminister Brentano Mitte der fünfziger Jahre[10] – standen nach wie vor im Kontext einer Zurückdrängung des Kommunismus. Gerade weil der Katholik Heinrich von Brentano aufgrund der nationalsozialistischen Verbrechen gegenüber Polen eine besondere moralische Verpflichtung für Deutschland sah[11], schien es nicht tolerabel, daß die Polen nun erneut unter einem totalitären Regime leben mußten. Einer möglichen deutsch-polnischen Annäherung maß Brentano deshalb großes Gewicht bei, weil sich Polen damit möglicherweise „aus der Umklammerung zwischen der Sowjetunion und der Sowjetzone zu befreien" vermochte[12].

Auch wenn der junge CDU-Politiker Ernst Majonica schon 1951 in Paris (exil-)polnische und deutsche Christdemokraten zusammengebracht hatte und der SPD-Bundestagsabgeordnete Carlo Schmid 1958 einen Gastvortrag an der Warschauer Universität hatte halten können und bei dieser Gelegenheit auch mit einem Vertreter der polnischen Kirche zusammengetroffen war[13], erfolgte in der westdeutschen Öffentlichkeit erst ab Beginn bzw. Mitte der sechziger Jahre eine Öffnung gegenüber den östlichen, insbesondere dem polnischen Nachbarn. Sie ging von akademischen, publizistischen und kirchlichen Kreisen aus und war ein

---

6 Schwarz, Konrad Adenauer. Der Staatsmann, S. 945.
7 Diese politischen Zielvorgaben hatte Adenauer offenbar ursprünglich gegenüber Schauff geäußert (Schauff, Autobiographische Notizen/Fragmente). Frings hatte von diesem Vermächtnis Adenauers anläßlich eines Vortrages am 28. 4. 1970 im Wilhelm-Böhler-Klub gesprochen (ein entsprechender Vermerk von Herbert J. Becher/Katholisches Büro, Anlage zu einem Brief Bechers an Schauff vom 22. 5. 1970), IfZ, NL Schauff, Bd. 26.
8 Außenpolitik der Bundesrepublik Deutschland, S. 231 f.
9 Vgl. Schwarz, Das außenpolitische Konzept Adenauers, in: Morsey/Repgen (Hrsg.), Adenauer-Studien, Bd. I, S. 92.
10 Vgl. Bingen, Polenpolitik, S. 42 f.
11 Vgl. Kosthorst, Brentano, S. 167.
12 Ebenda, S. 46.
13 Die Reise hatte heftige Vorwürfe von Parteifreunden und Vertriebenenvertretern provoziert, vgl. Schmid, Erinnerungen, S. 628.

vorerst individuelles und gewissermaßen „von unten" ausgehendes Engagement[14]. Auch Politiker wie Herbert Czaja sind hier zu nennen, den seine Funktion als Vertriebenenpolitiker nicht daran hinderte, den Polen helfen zu wollen – allerdings im Sinne einer Überwindung der kommunistischen Diktatur.

Auch Johannes Schauff hatte sich bereits frühzeitig in dieser Richtung bemüht. Von polnischer Seite sind Politiker wie Stanislaw Stomma, Repräsentant der katholischen Gruppe ZNAK im Sejm, und Jerzy Turowicz, Chefredakteur der katholischen Wochenzeitung „Tygodnik Powszechny", zu nennen. Stomma war bereits 1958 als stellvertretender Vorsitzender des Auswärtigen Ausschusses des Sejm in Deutschland mit Außenminister von Brentano zusammengetroffen. Auch mit Czaja, Guttenberg und Majonica hatte er Gespräche geführt[15].

In dem Gespräch zwischen Brentano und Stomma, über das auch Johannes Schauff informiert wurde, erkannte der Außenminister de facto die neuen Grenzen an, obwohl er dies „nicht offiziell" sagen könne[16]. Die Schwierigkeit, aufeinander zuzugehen, bestand darin, daß die deutsche Seite nicht akzeptieren wollte, daß die polnische Kirche trotz ihrer Konflikte mit der kommunistischen Regierung mit ihr in der Grenzfrage einig war, während die Polen hinter der innenpolitisch motivierten Bonner Tendenz, die Grenzfrage offenzuhalten, eine präzise außenpolitische Strategie vermuteten[17].

Zu einer weiteren allmählichen Annäherung kam es auf der Ebene der polnischen und der deutschen katholischen Kirche – auch wenn Kardinalprimas Wyszynski anläßlich der Feiern zum 20. Jahrestag der Übernahme der ostdeutschen Gebiete (31. August bis 2. September 1968) noch einmal vehement ihre historische Zugehörigkeit zu Polen beschwor und ihre „Rückkehr zu Polen" als eine „sichtbare Intervention Gottes" bewertete[18].

Weniger exponiert und aus eigener Erfahrung zu einer differenzierten Sicht der Deutschen befähigt war der damalige Titularerzbischof in Breslau, Boleslaw Kominek. Dem 1903 in Schlesien geborenen und aufgewachsenen Kominek war das Mißtrauen gegen jegliche Art von Nationalismen buchstäblich eingebleut worden – in der deutschen Schule, wenn er polnisch, und im polnischen Elternhaus, wenn er deutsch sprach[19].

Kominek war schon früher ein offener Ansprechpartner für die Deutschen gewesen, die Ende der fünfziger/Anfang der sechziger Jahre etwas zahlreicher Polen und auch die Westgebiete besucht hatten. Darunter waren u. a. auch die protestantischen Pastoren Niemöller und Albertz. Der bis dahin einzige Kontakt des polnischen Episkopats zu einem deutschen Amtsbruder war der zu dem Danziger Bischof Carl Maria Splett gewesen, der bis 1956 vom kommunistischen Regime

---

[14] Vgl. Bingen, Polenpolitik, S. 87 ff.

[15] Vg. Pailer, Stanislaw Stomma, S. 77; Bingen, Polenpolitik, S. 59 f.

[16] „Stanislaw Stomma, Zum Thema deutsch-polnische Normalisierung", Interview mit St. Stomma, in: *Informationsdienst des katholischen Arbeitskreises für zeitgeschichtliche Fragen*, Nr. 140 (1986), S. 77–83. Das Gespräch wurde von Schauff gegenüber Edith Heller bestätigt: Heller, Macht-Kirche-Politik, S. 80.

[17] Vgl. Stehle, Seit 1960, S. 155.

[18] Zit. nach Heller, Macht-Kirche-Politik, S. 70 ff.; Strobel, Preußenkrankheit, S. 29.

[19] Stehle, Seit 1960, S. 158.

inhaftiert war und sich bei den polnischen Bischöfen für seine Freilassung bedankt hatte. Zum Fest der Heiligen Hedwig am 16. Oktober 1960 hatte sich der damalige Bischof von Berlin, Julius Döpfner, um ein erstes deutliches Zeichen der Versöhnung angesichts des Leides bemüht, das beide Völker hatten erdulden müssen. Nach allem, was im Namen des deutschen Volkes geschehen sei, könne der Frieden nur unter großen Opfern erlangt werden. Dabei sei die Zukunft der Gemeinschaft der Völker und Staaten wichtiger als Grenzfragen[20]. Die Predigt Julius Döpfners in der St. Eduard-Kirche empfand Jerzy Turowicz als „zutiefst christliche Stimme", wenn auch der Vergleich von deutscher und polnischer Schuld zurückgewiesen wurde. Die polnische Nation sei bereit, Döpfners Angebot zur Versöhnung zu folgen[21].

Nicht zuletzt das Zweite Vatikanische Konzil ermöglichte es den polnischen Bischöfen, ihre deutschen Amtsbrüder auch persönlich kennenzulernen. Eine der wichtigsten Begegnungsstätten in diesem Zusammenhang bildete die Schauffsche Wohnung in der Via Gregoriana.

Kominek war, wie schon angeführt, Initiator und maßgeblicher Autor des Briefes der polnischen Bischöfe an ihre deutschen Amtsbrüder vom 18. November 1965, der in der Tat eine ausgestreckte Hand, einen Versöhnungsbrief also darstellte. Zugleich war er ein frommer, wenn auch diplomatisch vielleicht nicht ganz geschickter Versuch, „mit religiösen, moralischen und historischen Argumenten, aber auch mit psychologischem Verständnis für die vertriebenen Ostdeutschen, die Oder-Neiße-Grenze akzeptabel zu machen"[22].

Bei dieser Versöhnungsinitiative, der der polnische Kardinalprimas Wyszynski mit skeptischer Distanz gegenüberstand, wurde Kominek nach eigener Aussage auch durch seine Gespräche mit Schauff ermutigt[23]. Die Antwort der deutschen Bischöfe, die am 5. Dezember 1965 erfolgte, stimmte zwar auch in den Tenor von Frieden und Versöhnung ein, blieb aber in der Frage der Oder-Neiße-Grenze unbeweglich. Die deutschen Bischöfe fanden sich zur Enttäuschung Komineks nicht bereit, das Heimatrecht von acht Millionen Polen in den Westgebieten anzuerkennen.

Der Brief, so Edith Heller, steckte – sicherlich ungewollt und unbewußt – voller Ressentiments[24]. Dies erstaunt um so mehr, als Döpfner bereits 1960 eine viel klarere Sprache gesprochen hatte. Nunmehr im Amt des Vorsitzenden der Deutschen Bischofskonferenz, schienen wieder alte Komplexe des Katholizismus aus der Kulturkampfzeit zum Tragen zu kommen – man wollte nicht als national unzuverlässig gelten[25]. Schauff hatte Döpfner verschiedentlich getroffen, auch in Rom,

[20] Zit. nach: Versöhnung, S. 25f.
[21] Zit. nach Heller, Macht-Kirche-Politik, S. 82.
[22] Hansjakob Stehle, Der Klerus und die deutsch-polnische Aussöhnung. Eine bittere Epistel, in: Die Zeit, Nr. 52, 22.12.1978.
[23] Hansjakob Stehle, Johannes Schauff, S. 248. Auch der damals in Rom weilende Publizist Walter Dirks war von Kominek konsultiert worden, der die Initiative des Bischofs ebenfalls unterstützte (Heller, Macht-Kirche-Politik, S. 91f.).
[24] Heller, Macht-Kirche-Politik, S. 120.
[25] Vgl. Schreiben Kardinal Döpfner an Kardinal Wyszynski vom 15.5.1971 (IfZ, NL Schauff, Bd. 26).

und den Kardinal hin und wieder über die Resonanz der polnischen Initiativen im Kreis seiner politischen Freunde ins Bild gesetzt[26]. Männer wie der Kirchenhistoriker Hubert Jedin, der vor einem „nationalistisch verzerrten Geschichtsbild" der Polen warnte, hatten hier aber offenbar größeren Einfluß[27].

Der polnische Episkopat geriet indessen aufgrund seiner Versöhnungsinitiative und der unbefriedigenden Antwort von deutscher Seite ins Feuer kommunistischer Propaganda, die ihn wegen „nationaler Unzuverlässigkeit" denunzierte. Vorgänge wie die Ablehnung Döpfners, mit Kominek, der über die Vorgänge in seiner Heimat zutiefst erschrocken war, Anfang Januar 1966 zusammen im Deutschen Fernsehen aufzutreten, um dem bedrängten polnischen Episkopat beizustehen, mußten diese Situation noch weiter verschärfen[28].

Durch diese Entwicklung nicht wenig enttäuscht, nutzte Schauff seine Verbindungen zunächst zur Organisation praktisch-humanitärer Hilfe, vor allem auch für polnische NS-Opfer[29]. Mit Unterstützung Komineks war er bemüht, die deutschsprachige Seelsorge in den polnischen Westgebieten zu verbessern, so wie es auch eines seiner Anliegen war, die deutschsprachige seelsorgerische Betreuung der Rückwanderer im Südtiroler Fersental zu sichern[30]. Beide Bemühungen entsprachen der Überzeugung Schauffs, daß „Siedlung" und „christliches Bauerntum" als Fundament zur Integration, aber auch für die Bewahrung kultureller und religiöser Identität eine maßgebliche nationale und ideelle Funktion besäßen. Daß dies auch dem Schutz bedrohter nationaler bzw. ethnischer Identitäten dienen könne, war zentrales Thema Schauffs in seinen Vorschlägen zur „Realisierung der Menschenrechte" in Polen und den übrigen Ostblockstaaten, die er auch als Mittel zum Zweck der Verbesserung der Lage der deutschen Minderheiten sehen wollte[31].

Eine für die beiderseitige Verständigung nützliche Unternehmung war das am 26. März 1969 in erster Linie mit Blick auf Polen begründete „Werk für Europäische Partnerschaft". Das Projekt war bereits im Sommer 1968 in Rom initiiert worden und ging wesentlich auf Schauffs Initiative zurück, der am 29. Oktober 1968 im Berliner Reichstag das entscheidende Gespräch zu dessen Unterstützung von deutscher Seite zwischen Czaja, Wehner und Rechtsanwalt Frey vom Katholischen Büro arrangiert hatte. Das Projekt stand im Rahmen der von Schauff bereits während seiner Tätigkeit für die „Fédération Internationale de Solidarité" begonnenen geistigen Offensive gegenüber dem kommunistischen Osten[32]. Bei

---

[26] Korrespondenz Schauff–Kardinal Döpfner, 1965 (IfZ, NL Schauff, Bd. 26).

[27] Jedin, Lebensbericht, S. 216; Heller, Macht-Kirche-Politik, S. 112.

[28] Am 5. 1. 1966 gab Kominek statt dessen Stehle ein Fernsehinterview, das am 10.1. von Joachim Fest in der Sendung „Panorama" präsentiert wurde. Darin wird von ihm entschieden verneint, daß die Oder-Neiße-Grenze das Objekt von Gesprächen und Verhandlungen sein könne; der Potsdamer Beschluß sei für Polen ein ganz positiver Friedensschluß (zit. nach Stehle, „Versuchen wir zu vergessen", in: Feinde werden Freunde, S. 82 f.; vgl. auch Heller, Macht-Kirche-Politik, S. 165).

[29] Siehe unten, S. 184 ff.

[30] Hierüber ein Briefwechsel mit Herbert J. Becher mit der Anlage des Vortrags des Problems durch Peter Pompermeier vom 20. 2. 1975 und dem Schreiben Schauffs an Josef Prader vom 4. 3. 1975 (IfZ, NL Schauff, Bd. 1).

[31] Vgl. Schauffs Aide-mémoire „Ostpolitische Schritte", o. D., IfZ, NL Schauff, Bd. 40.

[32] Siehe, S. 141 ff.

seiner Realisierung waren von Anfang an Herbert Czaja und Vertreter des Katholischen Büros des Kommissariats der deutschen Bischöfe beteiligt – dieselben Personen im übrigen, die auch bei Schauffs Bemühungen zur Lösung des Südtirol-Problems beteiligt waren.

Das „Werk für Europäische Partnerschaft" wurde erst durch das nach Bildung der Großen Koalition veränderte politische Klima denkbar, und die in die Polenpolitik der Bundesrepublik involvierten deutschen Politiker – Brentano, Guttenberg, Wehner – waren enge Vertraute von Johannes Schauff. Von deutscher Seite wurden weiterhin die „Pax-Christi"-Bewegung (Reinhold Lehmann), die katholischen und protestantischen Kirchenvertreter Tenhumberg und Dibelius sowie der Kölner Generalvikar Josef Teusch aktiv. Die polnischen Partner waren Erzbischof – später Kardinal – Kominek und die Bischöfe Wesoly und Rubin; dazu kam als Vertreter des Deutschen Caritasverbandes Josef Pawliczek.

Nahziel war neben einer publizistischen Aufklärungsoffensive vor allem ein akademisches Stipendienprogramm für polnische Studenten, das der damalige Krakauer Erzbischof und nachmalige Papst Johannes Paul II., Karol Wojtyla, in einem Gespräch mit Johannes Schauff am 9. Oktober 1968 angeregt hatte: Wojtyla hatte sich über die Ausgrenzung polnischer Studenten an westlichen Universitäten beklagt, die nicht als politische Flüchtlinge gelten wollten; angesichts des furchtbaren Aderlasses der geistigen polnischen Eliten durch den nationalsozialistischen wie den stalinistischen Terror sowie angesichts der nach wie vor wirksamen kommunistischen Repression sei eine solche Ausbildung von künftigen Priestern und Laien im Westen für das polnische Episkopat von erstrangiger Bedeutung. Empfänger sowie Herkunft der Stipendien sollten wegen möglicher politischer Mißdeutungen vertraulich behandelt werden[33].

Die Unternehmungen des „Werks für Europäische Partnerschaft" wurden vom Auswärtigen Amt finanziert: Bis 1990, dem Todesjahr von Johannes Schauff, wurden etwa zwei Millionen DM vor allem in Projekte individueller Förderung investiert[34]. Vom Außenministerium war Dr. Arnold und vom Bundesvertriebenenministerium Dr. Nahm mit den Vorgängen befaßt[35]. Organisatoren vor Ort waren in Paris Maria Winowska, eine Vertraute Wyszynskis und Mitarbeiterin von Bischof Rubin, die für die Studenten im Ausland zuständig war[36]; Pater Paulus Gordan oblag die Organisation eines Bücherfonds.

---

[33] Insgesamt sollten 16 000 DM für solche Stipendien zur Verfügung gestellt werden (Vermerk über ein Gespräch mit Kardinal Woytila, Erzbischof von Krakau, IfZ, NL Schauff, Bd. 26). Bei der in der Niederschrift erwähnten „Vertrauensperson des polnischen Episkopats, die in Westeuropa (Paris) tätig ist" und die ebenfalls an dem vertraulichen Gespräch teilnahm, handelt es sich um Maria Winowska, die für das Stipendienprogramm verantwortlich war.

[34] Schreiben von Becher an Michael Schauff vom 23. 5. 1990 (IfZ, NL Schauff, Bd. 32).

[35] Vgl. Schreiben Schauff an Guttenberg, damals Staatssekretär im Bundeskanzleramt, vom 15. 1. 1968 betr. Schauffs Zusammenarbeit mit Nahm und seine Kontakte zu dem Breslauer Bischof Kominek u. a. in der Frage der Diözesan-Neugliederung in den polnischen Westgebieten (BA, NL Guttenberg, Bd. 42, Bl. 103).

[36] Briefwechsel Maria Winowska–Familie Schauff 1970–1979 (IfZ, NL Schauff, Bd. 26).

Am 10. November 1968 wurde Schauff zusammen mit Pater Paulus Gordan von dem polnischen Kardinalprimas Wyszynski empfangen. Schauff hatte Wyszynski bereits früher kennengelernt. Anläßlich einer solchen Begegnung hatten beide einen gemeinsamen guten Bekannten festgestellt: Max Josef Metzger, Mitbegründer des Friedensbundes deutscher Katholiken bzw. der „Pax-Christi"-Bewegung und engagierter Ökumeniker, der wegen seines pazifistischen Engagements nach 1933 mehrfach verhaftet und am 17. April 1944 von den Nationalsozialisten hingerichtet worden war. Schauff hatte Metzger schon 1923 auf dem von Marc Sangnier organisierten Friedenskongreß in Freiburg im Breisgau kennengelernt[37]. Wyszynskis Freundschaft mit Metzger stammte von einem längeren Aufenthalt in Metzgers Heimat Meitingen, wo jener ihm deutschen Sprachunterricht erteilt hatte. Angesichts dieses gemeinsamen Hintergrunds habe ihn Wyszynski, wie Schauff berichtet, spontan umarmt und sei vom Italienischen ins Deutsche gewechselt; seitdem habe ein enges persönliches Verhältnis bestanden, das es Schauff auch erlaubt habe, zugunsten des von Kominek entworfenen Versöhnungsbriefs zu intervenieren[38].

Bei dem vertraulichen Treffen am 10. November, das etwa 40 Minuten dauerte, war allerdings das Stipendienprogramm, das der Kardinal sehr positiv bewertete, nur der Ausgangspunkt für eine politische Tour d'horizon im Brennpunkt des Jahres 1968. Es war dies das Jahr der westlichen und polnischen Studentenunruhen, des „Prager Frühlings" und seines (auch mit polnischer Beteiligung) herbeigeführten schnellen Endes. Im Unterschied zu den Pariser Mai-Ereignissen, so Wyszynski zu Schauff, müsse man die polnischen Studentenproteste „als den disziplinierten Ausdruck des Wunsches nach Studienreform und größeren Freiheiten *innerhalb* der bestehenden Ordnung auffassen". Die kommunistische Ideologie besitze in Polen keine überzeugten Anhänger mehr, der Kommunismus habe als politisch-wirtschaftliches System vollständig versagt und sich statt dessen in eine „sterile Verwaltungsbürokratie" verwandelt.

Wyszynski beklagte die generelle Unfreiheit aller Ostblockstaaten und die drückende Präsenz sowjetischer Truppen, worauf Schauff auf die „Gefahr eines Illusionismus" im Umgang mit dem Osten hinwies. Bei seiner Tätigkeit für die Kommission „Justitia et Pax" habe er erfahren müssen, daß eine solch illusionäre Haltung sich selbst in römischen Stellen ausbreite. Wyszynski äußerte sich unbefriedigt über den Stand der polnisch-deutschen Beziehungen, vor allem über die nach wie vor ausstehende kirchenrechtliche Regelung in den polnischen Westgebieten. Dies gebe dem Regime, das überhaupt keine sachliche Lösung anstrebe, sondern immer nach einem Anlaß suche, die „deutsche Gefahr" anzuprangern, die Handhabe, zugleich die Kirche zu verdächtigen. Schauff bat seinerseits den Kardinal um Verständnis dafür, daß dieser hochpolitische Fragenkomplex mit aller Umsicht angegangen werden müsse und „daß eventuelle Konzessionen, zu denen sich die Bundesregierung am Rande des Konkordats Polen gegenüber in Sachen der westpolnischen kirchlichen Jurisdiktionsgebiete bereit erklären

---

[37] Siehe, S. 36.
[38] „Dr. Max Josef Metzger und Kardinal Wyszynski". Memorandum Schauff vom 17.7. 1987 (IfZ, NL Schauff, Bd. 26).

würde, [nicht] etwa automatisch der DDR zugute kämen. Dafür erbat und erhielt er das volle Verständnis des Kardinals."[39] Die Jahre der Großen Koalition 1966 bis 1969 bildeten in der Ost- und Polenpolitik eine Zeit des Übergangs, in der eine Revision der „alten" Ostpolitik nur halbherzig betrieben wurde[40]. Kanzler Kiesinger selbst suchte den politischen Ausgleich mit Polen allenfalls auf der Grundlage des Status quo, während die Sozialdemokraten weiterhin völkerrechtliche Vorbehalte gegen eine Grenzanerkennung formulierten. Doch wurde von ihnen zugleich die vorläufige Unantastbarkeit der bestehenden Grenze herausgestellt[41]. Brandt sprach der Aussöhnung mit Polen den gleichen Rang zu wie der mit Frankreich – eine Haltung, die nach dem Wechsel zur sozial-liberalen Koalition den Weg zum Warschauer Vertrag ebnete.

Bevor es jedoch am 7. Dezember 1970 zur Unterzeichnung dieses Vertrages kam, der die „Oder-Neiße-Linie" als westliche Grenze der Volksrepublik Polen anerkannte und die „Unverletzlichkeit" der „bestehenden Grenzen" der beiden Staaten „jetzt und in aller Zukunft" bekräftigte[42], war am 12. August 1970 der deutsch-sowjetische Vertrag unterzeichnet worden. Die Verhandlungen waren zeitlich parallel gelaufen, und dies hatte bei den Polen im Vorfeld der Verhandlungen mit Deutschland Ängste geschürt, wie 30 Jahre zuvor Opfer deutsch-sowjetischer Verträge zu werden. Besorgte Fragen des polnischen Episkopats, welche Gespräche und Verhandlungen hierbei denn „Vorrang" besäßen, gab Schauff nach Bonn weiter. Am 14. Juli 1970, einen Tag nach dem Besuch von Kanzler Brandt im Vatikan und vier Wochen vor Unterzeichnung des Moskauer Vertrags, wurde Kardinal Wyszynski ein ganz offensichtlich von Schauff selbst abgefaßtes „Aidemémoire" zugeleitet – „zur Kenntnis auch von Kardinal Wojtyla und Erzbischof Kominek" –, in dem es heißt: „Die deutsche Regierung hatte die Absicht, den Vertrag mit Polen direkt und *vor* dem Vertrag mit Moskau zu schließen ... um jeder möglichen Fehlinterpretation vorzubeugen, nach der Deutschland und Rußland – wie schon so häufig in der Vergangenheit – über das Schicksal Polens bestimmen wollten. Aber Moskau hat bei der polnischen Regierung darauf bestanden, den Vertrag mit Bonn erst nach einem solchen zwischen Moskau und Bonn zu schließen. Herr Gomulka mußte dies akzeptieren. Die deutsche Seite bemüht sich trotzdem und in der Hoffnung auf Erfolg, die beiden Verträge zu synchronisieren ..."[43]

---

39 Gedächtnisprotokoll über ein Gespräch zwischen Kardinal Wyszynski, Schauff und P. Paulus Gordan im Polnischen Kolleg, Rom, 10. 11. 1968 (IfZ, NL Schauff, Bd. 26).
40 Vgl. Bingen, Polenpolitik, S. 99.
41 Diese Vorbehalte betonte besonders Wehner. Vgl. Texte zur Deutschlandpolitik, Bd. 1, S. 114; Bingen, Polenpolitik, S. 101.
42 Zum Vertrag, seiner Rezeption und zur Ratifizierungsdebatte in Deutschland und im Bundestag vgl. Bingen, Polenpolitik, S. 134ff.
43 Das Dokument ist in Französisch abgefaßt (Übersetzung durch den Verfasser), sein Autor ist die „deutsche Person, die in Rom ständig mit Ihnen (Wyszynski) und anderen Mitgliedern des polnischen Episkopats in Kontakt stand, nach einem Gespräch mit Herrn Brandt anläßlich seines Besuchs im Vatikan" (IfZ, NL Schauff, Bd. 26).

Die polnischen Bischöfe hatten darauf gehofft, daß die von der sozialliberalen Regierung aufgenommenen deutsch-polnischen Verhandlungen auch zu der überfälligen kirchenrechtlichen Neuordnung in den Oder-Neiße-Gebieten führen würden. Dieses Thema war schon anläßlich der Besuche der SPD-Politiker Wehner und Leber 1968 im Vatikan erörtert worden, und Kominek stand seither durch die Vermittlung von Schauff mit beiden Politikern inoffiziell in Kontakt; er besaß dazu das ausdrückliche Plazet von Wyszynski.

Ende November 1969 hatten zwei Treffen in Schauffs römischer Wohnung in der Via Gregoriana stattgefunden. Nun zerstob allerdings auch die von Papst Paul VI. in Bonn angeregte Möglichkeit, wenigstens die Regelung der polnischen Diözesanfrage vertraglich vorzuziehen – Bundeskanzler Brandt riet aus innenpolitischen Rücksichten zum Abwarten. „Die Frage der Diözesen in den Westgebieten" – so heißt es weiter in dem Aide-mémoire – „war nicht auf der Tagesordnung der Begegnung zwischen Herrn Brandt und dem Heiligen Vater; denn nach dem Besuch der Herren Wehner und Leber und ihren Vorstößen ist das Problem durch eine böswillige Agitation von Seiten der CDU, der Flüchtlingsverbände und selbst einiger Bischöfe verschärft worden – so als wollte sich die sozialliberale Regierung für ihre Ostpolitik zum Schaden der deutschen Interessen des Heiligen Stuhls bedienen."

Als sich die deutschen Christdemokraten am 16. Oktober 1970 endlich für eine „neue Polenpolitik" aussprachen, wurde ihnen am 28. Oktober 1970 über Schauff ein Katalog Komineks mit zehn kritischen Fragen und Feststellungen übermittelt. Darin werden schwere Vorwürfe gegenüber der CDU/CSU-Führung erhoben, die in ihrer sechzehnjährigen Regierungszeit keine Initiativen gegenüber Polen ergriffen und bestehende Chancen nicht genutzt habe: „Warum hat man die angebotene Vermittlung von de Gaulle nicht angenommen?" – ja, sich nicht einmal um Kontakte bemüht: „Jetzt hat die deutsche Linke unter Brandt die längst fällige Frage in die Hand genommen. Soll deshalb das historisch-ethisch Notwendige und Zukunftsträchtige unterlassen werden? ... Warum haben die katholischen Politiker der CDU/CSU besonders nach dem Briefwechsel der Episkopate beider Länder während des Konzils keine eigenen Initiativen entwickelt? Warum haben sie sogar am stärksten die Konsolidierung der Seelsorge der katholischen Kirche in den Westgebieten bekämpft, unter Berufung auf das ‚Hitlerkonkordat'? Warum hat die evangelische Kirche viel positiver auf die Botschaft des Episkopats während des Konzils reagiert als die deutschen Bischöfe? Warum gibt es keine ähnlich mutigen Äußerungen wie die von Richard von Weizsäcker von katholischen Politikern der CDU/CSU? Wie soll da der ‚Wille zum Dialog' glaubhaft werden?"[44]

Dies waren Fragen, die Schauff nicht nur übermittelte, sondern die ihn auch selbst bewegten. Vor allem die von Kominek erwähnten früheren Bemühungen von Außenminister Brentano im Jahre 1957, die von Minister Oberländer und den Vertriebenenverbänden konterkariert worden waren, hatte er aufgrund seines

---

[44] „Fragen und Einwände gegen die von der CDU/CSU-Fraktion am 16. 10. 1970 beschlossene ‚Neue Polenpolitik'" (Übers. aus dem Polnischen). Das Dokument wurde auch anderen christdemokratischen Parteien verschiedener europäischer Staaten übermittelt (IfZ, NL Schauff, Bd. 26); vgl. auch Heller, Macht-Kirche-Politik, S. 175 f.

engen Kontaktes zu Brentano noch in lebhafter Erinnerung. So kam es – nach Vertragsabschluß zwischen Bonn und Moskau am 12. August 1970 und noch vor Beginn der deutsch-polnischen Verhandlungen am 2. November – wesentlich auf Initiative Schauffs am 14. Oktober 1970 in Rom zu einem vertraulichen Treffen zwischen Döpfner und Wyszynski, der von Kominek und Kardinal Wojtyla begleitet wurde.

Die polnischen Kirchenführer standen vor dem Hintergrund drohender nationaler Diskreditierung durch das kommunistische Regime in der Diözesanfrage unter Erfolgszwang. Das für die Polen enttäuschende Ergebnis dieser Zusammenkunft dokumentiert ein Brief Wyszynskis an Kardinal Döpfner vom 5. November 1970, den Wyszynski Johannes Schauff in Kopie überließ[45]. Wyszynski, der auch den Papst nicht für eine Vorentscheidung hatte gewinnen können[46], äußerte in seinem Schreiben die Enttäuschung, welche die Anwort der deutschen Bischöfe auf den polnischen Versöhnungsbrief ausgelöst habe und wies auf das viel positivere Entgegenkommen der deutschen Protestanten hin. Dabei sei die polnische Kirche ein Bollwerk des Katholizismus im Osten und die Grenzfrage sowohl eine Kirchen- als auch Lebensfrage. Auch daß der Heilige Stuhl sich nicht in der Lage sehe, die Diözesanfrage in den Westgebieten zu lösen, lag für Wyszynski im Widerstand des deutschen Episkopats begründet. Solange diese Frage ungelöst bleibe, gebe „es keinen Fortschritt auf dem Weg der Versöhnung und friedlichen Zusammenarbeit".

Der ob des Tenors dieses Schreibens erschreckte Döpfner antwortete am 14. Dezember, eine Woche nach Unterzeichnung des Warschauer Vertrags[47]. Das Antwortschreiben zeigte zwar Betroffenheit ob der harschen Kritik des polnischen Kardinalprimas, in der Frage der westlichen Diözesangrenzen wollte Döpfner jedoch an dem „bewährten Brauch" der Kirche festhalten, erst politische Lösungen abzuwarten. Auch sah er weiterhin den gemeinsamen historischen Schuldkomplex von nationalsozialistischen Verbrechen in Polen und der Vertreibung der Deutschen. Nachdem mit dem Warschauer Vertrag bzw. mit dessen Ratifizierung die politischen Voraussetzungen gegeben waren, zögerte Döpfner nicht mehr, der kirchlichen Neuregelung in den polnischen Westgebieten durch den Heiligen Stuhl und in Zusammenwirkung mit den zuständigen politischen Instanzen auch von der Seite des deutschen Episkopats grünes Licht zu geben[48]. Am 28. Juni 1972 dekretierte der Vatikan die Neuordnung der Kirchenverwaltung in den West- und Nordgebieten und die Anpassung der Diözesangrenzen an die Oder-Neiße-Grenze[49].

Gleichwohl bestand bei den deutschen Bischöfen ein grundsätzlicher innerer Vorbehalt weiter, da eine definitive friedensvertragliche Regelung nach wie vor

---

[45] IfZ, NL Schauff, Bd. 26.
[46] Vgl. Stehle, Wyszynski und Döpfner, S. 544.
[47] Der Brief Döpfners in IfZ, NL Schauff, Bd. 26.
[48] Vgl. Döpfners Rede vor einer ZNAK-Delegation in der Katholischen Akademie in Bayern am 13. 6. 1972 (zit. nach Stehle, Vatikan, S. 559–566).
[49] Die Neueinteilung bei Heller, Macht-Kirche-Politik, S. 184; Heller weist darauf hin, daß die östlichen Diözesangrenzen mit der Staatsgrenze nach wie vor nicht übereinstimmen.

ausstand. Auch von polnischer Seite gab es ein weiterhin anhaltendes Mißtrauen, das durch nach dem Vertrag erleichterte gegenseitige Besuche nur langsam abgebaut wurde. Hier versuchte Johannes Schauff wiederum mit Aktionen zu helfen, die sowohl seine Großherzigkeit als auch seine Hilflosigkeit angesichts dieses Mißtrauens vor dem Hintergrund der beiderseitigen historischen Verletztheiten dokumentieren. Über Prälat Kaas war das Brustkreuz von Papst Gregor XVI.[50], das diesem von polnischen Katholiken geschenkt worden war, in den Besitz der Familie Schauff übergegangen. Nach Beratung mit Monsignore Benelli wollte Schauff dieses kostbare Insignium an die Polen zurückgeben.

„Meine Frau und ich", berichtete er am 14. November 1973 an Benelli, „haben das Brustkreuz Kardinal Boleslaw Kominek, Erzbischof von Wroclaw (Breslau), anläßlich der Übernahme seiner Titelkirche am 21. Oktober 1973 in Rom übergeben. Dies soll eine symbolische Geste persönlicher deutsch-polnischer Wiedergutmachung sein. Als Mitglied des Deutschen Reichstags der katholischen Zentrumspartei vor 1933 für den Wahlkreis Liegnitz in Schlesien schien mir die Rückgabe an den neuen Kardinal und Erzbischof von Wroclaw, zu dessen Diözese Liegnitz auch heute noch gehört, besonders angebracht und sinnvoll zu sein. In diesem Zusammenhang sehe ich auch meinen Beitrag zu den politischen Bemühungen des letzten Dezenniums, an deren Ende der deutsch-polnische Vertrag und die kirchliche Neuregelung des Oder-Neiße-Gebiets standen. Auch die Mitglieder der Päpstlichen Kommission ‚Justitia et Pax', wurden damit in die Lage versetzt, ihren Verpflichtungen gerecht zu werden, trotz bitterer Vergangenheit für den Völkerfrieden und die Eintracht unter den Katholiken zu arbeiten."[51]

Schauffs Tätigkeit für die ICMC und sein Engagement für die Sache Polens hatten eine konkrete gemeinsame Basis: Es ging auf beiden Ebenen um eine Lösung des Problems der sogenannten „Nationalgeschädigten", zu denen auch die Personengruppe der nach 1945 in Deutschland befindlichen ehemaligen polnischen Zwangsarbeiter gehörte.

Um diesen Zusammenhang deutlich zu machen, ist ein kurzer Exkurs notwendig, zumal die Frage der „Zwangsarbeiter-Entschädigung" ja bis heute virulent geblieben ist. Der Transfer polnischer Arbeitskräfte ins Reich und in die deutsche Wirtschaft während des Weltkriegs hatte schon bald die Form von Zwangsrekrutierung angenommen[52]. Insgesamt waren rund 1,6 Millionen polnische Zivilarbeiter in Deutschland eingesetzt. Hinzu kamen etwa eine halbe Million polnischer Kriegsgefangener, die ebenfalls zur Arbeit verpflichtet worden waren und rechtlich bald den gleichen Status erhielten.

Nach Kriegsende bildeten diese polnischen Arbeiter zusammen mit Fremd- und Zwangsarbeitern aus anderen osteuropäischen Ländern (vor allem den „Ostarbeitern" aus der Sowjetunion), soweit sie nicht zurückkehren konnten oder

---

[50] Gregor XVI. (Bartolomeo Alberto Capellari), geb. 1765, Pontifikat von 1831 bis zu seinem Tode 1846.

[51] Brief Schauff an Msgr. Giovanni Benelli, Sostituto nelle Segreteria di Stato, 14. November 1973 (Übers. aus dem Italienischen durch den Verfasser, IfZ, NL Schauff, Bd. 26).

[52] Allgemein dazu Broszat, Polenpolitik, S. 102–117, und vor allem Herbert, Fremdarbeiter, S. 184ff.

wollten, das Gros jener in Deutschland gestrandeten Personengruppe, die von den Alliierten unter dem Begriff „Displaced Persons" subsumiert und bis 1947 von der UNRRA und danach von der IRO betreut wurde. Die osteuropäischen und insbesondere die polnischen Zwangsarbeiter waren allerdings als sogenannte „Nationalgeschädigte" bei den alsbald einsetzenden gesetzlichen Wiedergutmachungsbemühungen von deutscher Seite denjenigen gegenüber ins Hintertreffen geraten, die Entschädigungen für Verfolgungen aus politischen und rassischen Gründen einfordern konnten[53] – in erster Linie die jüdischen Flüchtlinge, die bald auch besondere Privilegien in Hinblick auf Verpflegung und Rechtsstatus genossen[54].

Demarchen von polnischer Seite in dieser Frage, in denen die Auslegungspraxis deutscher Behörden beklagt wurde, Entschädigungen zu verweigern, weil Antragsteller nicht aus politischen, sondern aus „nationalen" Gründen oder im Rahmen von allgemeinen sicherheitspolitischen deutschen Maßnahmen verfolgt worden seien, waren bereits früh erfolgt[55]. Sie blieben ohne direkten Erfolg. Die deutsche Seite vertrat völkerrechtlich die Position, daß Ansprüche nicht individuell geltend gemacht werden könnten, sondern nur durch den Staat, dem die Displaced Person angehörten. Im Falle Polens seien Reparationsforderungen staatlicherseits bereits durch die Sowjetunion abgefunden worden, zudem sei die Haftung der Bundesrepublik für im Ostblock wurzelnde Verbindlichkeiten angesichts der Bestimmungen des Potsdamer Abkommens völkerrechtlich fraglich[56].

Das Erste Bundesentschädigungsgesetz von 1953 ermöglichte schließlich eine beschränkte Entschädigung auch von „Nationalgeschädigten" bei dauerhaften Gesundheitsschäden. Bei der weiteren gesetzgeberischen Entwicklung, die 1956 in das Zweite Bundesentschädigungsgesetz mündete, war die Rolle der UNO sowie die Abstimmung mit den westlichen Alliierten, die Druck ausübten[57], nicht ohne Bedeutung[58]. Die erreichten Verbesserungen waren allerdings marginal, ins-

---

53 Vgl. Herbert, Nicht entschädigungsfähig?
54 Vgl. Jacobmeyer, Polnische Juden, S. 121 f.; allgemein zum Problem: Jacobmeyer, Vom Zwangsarbeiter zum heimatlosen Ausländer.
55 Vgl. das von dem Leiter der Rechtsabteilung der Londoner „Relief Society for Poles", Wladislaw Borysiewicz, am 28. 3. 1950 dem Bundesjustizminister übermittelte „Memorandum über Wiedergutmachungsansprüche der polnischen Opfer des Naziterrors", zit. in Jacobmeyer, Vom Zwangsarbeiter zum heimatlosen Ausländer, S. 232 f.
56 Diese Sicht der Dinge wurde durch ein Rechtsgutachten des Völkerrechtlers Ulrich Scheuner/Bonn untermauert: Eine Pflicht zur Wiedergutmachung bestehe nur von Staat zu Staat, wobei Polen durch das Potsdamer Abkommen gehindert sei, Ansprüche generell oder für Schäden von Privatpersonen geltend zu machen; durch die getroffenen alliierten Vereinbarungen seien auch der Bundesrepublik in dieser Angelegenheit die Hände gebunden (Jacobmeyer, Vom Zwangsarbeiter zum heimatlosen Ausländer, S. 233 f.).
57 So hatte der amerikanische Alliierte Hohe Kommissar am 10. 12. 1953 nach Inkrafttreten des ersten Entschädigungsgesetzes moniert, daß die verfolgten Staatsangehörigen (allerdings der westlichen Länder) von Leistungen ausgeschlossen blieben (Herbert, Nicht entschädigungsfähig?, S. 284 f.).
58 Am 10. 9. 1951 hatte der Hohe Flüchtlingskommissar der UNO in Bonn eine Dépendance eröffnet und am 26. 5. 1952 wurde der „Vertrag zur Regelung der aus dem Krieg und der Besatzung entstandenen Fragen" zwischen den drei westalliierten Mächten und der Bun-

besondere was die Polen betraf, denen weiterhin unter Berufung auf „national" erkannte Verfolgung Entschädigungen verweigert wurden. Schließlich bemühten sich der UNO-Flüchtlingskommissar und die Bundesregierung gemeinsam um eine bessere Regelung der Frage der „Nationalgeschädigten". Als Vertreter der ICMC wirkte Johannes Schauff an den Bemühungen um eine adäquate Lösung dieser Frage maßgeblich mit.

Am 5. Oktober 1960 schließlich wurde zwischen dem Hohen Kommissar der Vereinten Nationen für Flüchtlinge und der Bundesregierung ein Abkommen über Leistungen zugunsten von „Nationalgeschädigten" geschlossen[59]. Die Entschädigungsberechtigung bei dauernden Schäden an Körper oder Gesundheit wurde gesetzlich anerkannt. Darüber hinaus stellte die Bundesregierung dem UNO-Flüchtlingskommissariat 45 Millionen Mark zur Verfügung, die der Gruppe der „Nationalgeschädigten" und ihren Angehörigen zugute kommen sollten, sofern sie Flüchtlinge im Sinne der Genfer Konvention vom 28. Juli 1951 seien. Der neue Anspruch der „Nationalgeschädigten" und die finanzielle Hilfestellung waren allerdings nicht aufgrund eines Gesetzes zustandegekommen, sondern aufgrund eines Vertrages. Der Versuch einer endgültigen gesetzlichen Regelung wurde mit dem Dritten Bundesentschädigungsgesetz bzw. dem Bundesentschädigungs-Schlußgesetz von 1965 unternommen: Das zentrale Anliegen des Gesetzes von 1960 hinsichtlich Wiedergutmachung bei Schädigung der Gesundheit wurde noch einmal bestätigt und darüber hinaus der Anspruch auf rückständige Rentenbezüge anerkannt; Antragstellungen sollten bis zum 30. September 1966 erfolgen[60].

Die Durchführung dieses Schlußgesetzes erwies sich allerdings als problematisch. Dies betraf vor allem die für die Betroffenen komplizierte und schwierige Beweisführung des Tatbestandes der Verfolgung und der Schädigung, da 80 Prozent der Antragsteller außerhalb der Bundesrepublik im „Ostblock" lebten. Ebenso schwer wog, daß die deutsche Seite weiterhin an dem Grundsatz festhielt, Zwangsarbeit aus „nationalen" Gründen könne kein Entschädigungsgrund sein. Die Frage des Lohnausfalls bzw. der Diskriminierung bei Lohnauszahlungen wurde von deutscher Seite dem Reparationskomplex zugeordnet, der in dem Londoner Schuldenabkommen vorläufig zurückgestellt worden war[61].

Im Zentrum der deutschen Wiedergutmachungspolitik standen die Juden. Bis in die siebziger Jahre wurde nur etwa ein Drittel der Anträge von „Nationalgeschädigten" positiv beschieden[62]. Doch wäre auch dieser nur bescheidene Erfolg vielleicht nicht möglich gewesen ohne das Engagement einiger bundesdeutscher

---

desrepublik Deutschland (Überleitungsvertrag) unterschrieben. BGBl II 1954, S. 7 f. und 194f.

[59] Bulletin des Presse- und Informationsamtes der Bundesregierung, Nr. 190, S. 1837, in: Schirilla, Wiedergutmachung, S. 54–57.

[60] BGBl I 1965, S. 1315; Schirilla, Wiedergutmachung, S. 67ff.

[61] Im Londoner Schuldenabkommen vom 27. 2. 1953 war die Priorität der Reparationsfrage vor allen anderen Forderungen festgelegt worden. Zu den Konsequenzen für Wiedergutmachungsansprüche vgl. Herbert, Nicht entschädigungsfähig?, S. 278 ff.

[62] Aufschlüsselung der Zahlen bei Schirilla, Wiedergutmachung, S. 76.

Politiker und Kirchenführer, an dem Johannes Schauff aufgrund seiner in der Flüchtlingsarbeit gewonnenen Erfahrungen wesentlich beteiligt war.

Eine von Schauffs vorrangigen Aufgaben in der ICMC war die Organisierung der Weiterwanderung in Deutschland verbliebener DPs vor allem in die Neue Welt. Wie bereits erwähnt, arbeitete er dabei eng mit dem die Auslandspolen betreuenden Bischof Josef Gawlina zusammen. Daß viele Mitarbeiter der ICMC Polen waren, hat ebenfalls mit Schauffs wachsender Sensibilität gegenüber diesem spezifischen Problem zu tun. Verbündete für die polnische Sache fand er jedoch vor allem in Deutschland selbst. Hier hatte er Zugang zu Kardinal Frings und dem Kommissariat der Deutschen Bischöfe unter der damaligen Leitung des Münsteraner Weihbischofs Heinrich Tenhumberg. Rechtsanwalt Herbert J. Becher als Vertreter des Katholischen Büros des Kommissariats war von Schauff bereits sehr früh für diese Problematik sensibilisiert worden und wurde zu einem der engagiertesten Verfechter der polnischen Sache[63]. Im Bundestag setzten sich einige Abgeordnete für die Wiedergutmachung an den „Nationalgeschädigten" ein, darunter wiederum Herbert Czaja[64].

Schauff vermochte aber auch im internationalen Rahmen Kräfte zu mobilisieren. Dazu gehörten die Verbindungen der Bundesrepublik zur UNO – etwa im Falle der Vereinbarung mit dem Hohen Flüchtlingskommissar vom Oktober 1960, zu der wiederum Schauffs gute Beziehung zu Außenminister Brentano beigetragen hatte. Aber auch Schauffs Verbindungen nach Amerika und dort vor allem zu Kreisen der konservativen deutschen Emigration, die sich in der Frage der polnischen „Nationalgeschädigten" nutzen ließen, spielten eine nicht unerhebliche Rolle[65]. Dennoch: Von den bis 1986 gestellten 36. 812 Anträgen auf Entschädigung für „Nationalgeschädigte" wurden 83 Prozent abgelehnt[66]. Viele der Betroffenen waren verbittert, und der Konflikt ist bis heute noch nicht endgültig gelöst[67].

Schauffs Engagement zum Abbau der historisch belasteten deutsch-polnischen Gegensätze führte dennoch zu beachtlichen Ergebnissen. Mit der politischen Entwicklung in Polen nach dem Aufbruch von Solidarnosc lockerte sich schließlich zunehmend die unselige Verbindung von Kirche und Regime. Das Scheitern der Bewegung löste in Deutschland eine Welle von Sympathie und Hilfsbereitschaft aus, bei der auch deutscherseits Ressentiments zurücktraten.

Nach dem Tode der zentralen Dialogpartner auf polnischer Seite, Kominek und

---

63 IfZ, NL Schauff, Bd. 32.
64 Vgl. u. a. Verhandlungen des Deutschen Bundestags, 5. Wahlperiode, Stenographische Berichte, Bd. 70, 246. Sitzung, 2. Juli 1969, S. 13716–13719.
65 Vgl. u. a. die Intervention des Abgeordneten Pucinski/Illinois im US-Repräsentantenhaus vom 17. 10. 1969, die sich auf ein Memorandum des Katholischen Büros zur Entschädigung der Nationalverfolgten bezieht. Abgedruckt in Schirilla, Wiedergutmachung, S. 130–139; Becher, Freund Polens, S. 243 f.; Korrespondenz Schauff–Becher sowie Schauff–Czaja, IfZ, NL Schauff, Bd. 1 und 26.
66 Herbert, Nicht entschädigungsfähig?, S. 301 f.
67 Vgl. dazu u. a. die Artikel in der Süddeutschen Zeitung vom 21./22. 7. 1996, 6. und 7. 11. 1997 sowie die Debatten um das Gesetz zur Errichtung der Bundesstiftung „Erinnerung, Verantwortung, Zukunft".

Wyszynski[68], sieht der Journalist Hansjakob Stehle jedoch, offenbar zu Recht, daß angesichts einer relativen Normalisierung der zwischenkirchlichen Beziehungen die Mohren ihre Schuldigkeit getan hatten. Als Deutsche und Polen 1982 in Rom gemeinsam die Heiligsprechung des in Auschwitz ermordeten Franziskanermönchs Maximilian Kolbe feierten, habe der Krakauer Kardinal Macharski zwar an die verstorbenen Wegbereiter der deutsch-polnischen Annäherung erinnert, zu denen er auch Kardinal Döpfner zählte. Zu dem Empfang, den die deutschen Bischöfe ihren polnischen Amtsbrüdern aus diesem Anlaß gaben, sei – neben anderen engagierten deutschen Laien – Johannes Schauff jedoch nicht eingeladen worden, der sich für die deutsch-polnischen Kontakte „wie kaum ein anderer" eingesetzt habe[69].

---

[68] Boleslaw Kominek starb am 10. 3. 1974, Kardinal Wyszynski am 28. 5. 1981.
[69] Stehle, Johannes Schauff, S. 243.

XII. Zeitzeugnis und Zeitgeschichte

Rudolf Morsey, in diesem Zusammenhang sowohl Zeitzeuge wie Akteur[1], nennt Johannes Schauff den Initiator der später mit der „Kommission für Zeitgeschichte" institutionalisierten Erforschung der jüngsten Vergangenheit, insbesondere der des Katholizismus; er sieht in Schauffs Engagement eine „quasi geistige Entwicklungshilfe"[2]. Die Notwendigkeit einer wissenschaftlichen Aufarbeitung der Rolle der demokratischen Kräfte und vor allem des Zentrums beim Niedergang der Weimarer Republik war Schauff frühzeitig bewußt geworden[3] – schon seine Aufzeichnungen an Bord der „Oceania" aus dem Jahre 1934 sind hierfür ein beredtes Zeugnis[4].

Wesentlich später, in Zusammenhang mit der Vernichtung des Nachlasses von Ludwig Kaas, dessen Politik er in den „Oceania"-Aufzeichnungen vernichtend kritisiert hatte und der dann selbst in großherziger Weise bemüht war, der nach Rom emigrierten Familie Schauff zu helfen[5], geht Johannes Schauff auf seine Zielsetzungen in diesem Zusammenhang noch einmal ausführlich ein. In dieser Denkschrift von 1961 heißt es, daß Kaas in den letzten Jahren seines Lebens in „vielen freundschaftlichen Gesprächen über das ‚Ende der Weimarer Zeit'" bedauert habe, „daß er seine Akten aus jener Zeit im Auftrag von Papst Pius XII., als man

---

1 Morsey (geb. 1927) war 1966–1970 Ordinarius für Neuere und Neueste Geschichte an der Universität Würzburg, 1970 bis zu seiner Emeritierung 1996 o. Prof. für Neuere Geschichte an der Hochschule für Verwaltungswissenschaften in Speyer; 1968–1998 Vorsitzender der Kommission für Geschichte des Parlamentarismus und der politischen Parteien in Bonn.

2 Morsey, Ein ungewöhnliches deutsches Schicksal: Johannes Schauff, S. 104 f. Nachfolgende Ausführungen basieren auf dem umfangreichen Briefwechsel Schauffs vor allem mit Morsey (IfZ, NL Schauff, Bd. 5 u. Bd. 35), der auch in: Morsey, Gründung und Gründer, S. 453–485 Eingang gefunden hat. Schauff teilte dem Verfasser am 12. 7. 1988 in einer Notiz mit: „An Professor Morsey schicke ich die Unterlagen zur Kommission für Zeitgeschichte und ihrer Gründung." Morseys Darstellung unter Berücksichtigung auch der vorangegangenen Literatur dokumentiert den Forschungsstand zur Gründungsgeschichte der Kommission.

3 Einer der politischen Weggefährten, mit denen Schauff bereits früh die Notwendigkeit einer wissenschaftlichen Aufarbeitung dieser Vorgänge erörterte, war Karl Thieme (siehe oben, S. 38 sowie Anm. 72), mit dem Schauff auch während der Exiljahre in Verbindung stand. Von Thieme stammt ein Projektentwurf über das „Erliegen der Deutschen Zentrumspartei im Kampf gegen Hitler" vom 18. 1. 1949. Als Betreuer und Autor wurde Georg Smolka vorgesehen, der zu dieser Zeit mit einer Gastprofessur an der Staatlichen Akademie für Verwaltungswissenschaften in Speyer betraut war. Smolka war vor 1933 Mitarbeiter der Zeitschrift Der Ost-Siedler und von daher auch Schauff unmittelbar bekannt (vgl. die biographische Vorbemerkung von Morsey, in: Smolka, Die Auswanderung, S. 1–7). Dem Projekt sollte ein „Herausgeberkomitee" zur Seite gestellt werden, für das die Professoren Clemens Bauer (Freiburg), Wilhelm Neuß (Kirchenhistoriker in Bonn) sowie Franz Schnabel (München) vorgesehen wurden (IfZ, NL Schauff, Bd. 8).

4 Siehe oben, S. 54 ff.

5 Karin Schauff, Ludwig Kaas; die nachfolgend zitierte Denkschrift von Schauff „Zum politischen Nachlaß von Mons. Kaas" (Januar 1961), ebenda, S. 27 f.

im Verlauf des Krieges mit einer Besetzung des Vatikans durch die SS rechnen mußte, vernichtet hat".

Kaas habe vorausgesehen, daß die historischen Vorgänge um die Entlassung Brünings, um dessen Vatikanbesuch, um das Ermächtigungsgesetz und um das Reichskonkordat später heftig umstritten sein würden. Er, Schauff, sei mit Kaas bereits 1949 in der Frage einig gewesen, „daß diese Zeit, vor allem das Verhältnis von Kirche und Staat betreffend, von Historikern erforscht werden müßte". Dazu sollten einschlägiges Quellenmaterial gesammelt sowie Zeugen befragt werden, um rechtzeitig Vorsorge für eine spätere objektive Geschichtsforschung zu treffen.

Er, Schauff, habe diese Gedanken aufgenommen und mehrere Verhandlungen u. a. mit Heinrich Brüning, Prälat Wilhelm Böhler, Heinrich Vockel, Heinrich Krone, Prälat Hermann Joseph Schmitt, Pater Leiber und Andreas Hermes geführt, „um eine solche zentrale Archivierungs- und Bearbeitungsstelle, besetzt mit Fachhistorikern, schaffen zu lassen. Prälat Kaas wirkte sogar bei der Vorbereitung eines entsprechenden Fragebogens zu den am meisten umstrittenen Fragen mit, zu dessen Beantwortung er sich ebenso wie zu einer mündlichen Unterredung mit kompetenten Historikern verpflichtete. Meine Bemühungen waren jedoch zunächst ergebnislos, vor allem da H.[einrich] Brüning sich ausdrücklich versagte, und auch andere die Situation noch nicht reif für die Klärung hielten. Das negative Ergebnis wurde von Kaas sehr bedauert."

Keineswegs entmutigt, benützte Schauff nach dem Tode von Kaas die anvisierten „Verhandlungen" zur Sammlung von Quellen zum Kontakt mit interessierten Zeithistorikern. Auf seine Anregung hin unternahm Heinrich Krone am 22. September 1952 einen Vorstoß, die Geschichte der beiden Kirchen im Dritten Reich wissenschaftlich erforschen zu lassen[6]. Krone verhandelte mit dem Bundesministerium des Innern wegen der Gewährung entsprechender Stipendien, um den Kampf beider Kirchen im Dritten Reich durch zwei jüngere Historiker untersuchen zu lassen. Für die Bearbeitung des katholischen Teils wurde ursprünglich Georg Smolka vorgesehen, dem Karl Thieme bereits die gleiche Aufgabe hatte zuweisen wollen; 1954 übernahm dann der Berliner Kirchenhistoriker Bernhard Stasiewski den Auftrag einer entsprechenden Quellensammlung[7].

Schauffs Bemühungen um eine historische Aufarbeitung des politischen Katholizismus in der Weimarer Republik und der NS-Zeit wurden in diesem Zeitraum vor allem von zwei Persönlichkeiten unterstützt: zum einen der junge Historiker Rudolf Morsey, auf der anderen Seite der ebenfalls noch junge Direktor der Katholischen Akademie in Bayern, Karl Forster. Morsey, zu dieser Zeit Mitarbeiter der „Kommission für Geschichte des Parlamentarismus und der politischen Parteien", hatte Schauff 1958 im Haus des Kirchenhistorikers und früheren Zentrumsabgeordneten Georg Schreiber in Münster kennengelernt. Über Schreiber

---

[6] Vgl. hierzu auch Repgen, Kommission für Zeitgeschichte, S. 9-17, hier S. 10f.
[7] Krone, Tagebücher, Bd. I, S. 136f. (Eintrag 14. 5. 1954). Die von Stasiewski (1905–1995) bearbeiteten Bände I–III der Edition der „Akten deutscher Bischöfe über die Lage der Kirche" für die Jahre 1933–1936 erschienen 1968–1979 in den Veröffentlichungen der Kommission für Zeitgeschichte.

stand Morsey auch in Verbindung mit dem „Böhler-Kreis"[8] und machte in diesem Zusammenhang auch die Bekanntschaft von Heinrich Krone[9].

Auch mit dem ehemaligen Fraktionskollegen Schreiber, der wie er in Opposition zum NS-Regime gestanden hatte und verfolgt worden war[10], traf Schauff sich in dem gemeinsamen Interesse an zeitgeschichtlicher Forschung. Durch den sogenannten Konkordatsstreit – den Konkordatsprozeß vor dem Bundesverfassungsgericht 1955/56[11] – wurde Schauff weiter in seiner Motivation bestärkt, einer politischen Legendenbildung über das Verhältnis von Staat und Katholischer Kirche entgegenzuwirken.

Um Vorwürfen zu begegnen, die Kirche habe bestimmte Dinge zu verbergen oder erschwere deren historische Erforschung – dies galt allem für die Rolle von Heinrich Brüning und Ludwig Kaas –, plante er 1959 einen Sammelband mit Reden und Aufsätzen von Kaas, da mit den erwarteten Memoiren von Heinrich Brüning nicht zu rechnen sei[12]. Für eine Vorrede zu dieser Edition wollte er sowohl Konrad Adenauer wie Kardinal Montini wie die amerikanische Botschafterin in Rom, Claire Boothe Luce, gewinnen[13]. Das Projekt konnte nicht realisiert werden – statt dessen gewann die Idee an Boden, Zeitzeugen und Historiker zusammenzuspannen. Dafür konnte Schauff die Unterstützung von Karl Forster gewinnen[14], der zudem hohes Interesse daran besaß, einschlägiges Quellenmaterial in der Katholischen Akademie zu archivieren. Von Rudolf Morsey ermu-

---

[8] Im Kreis um den Leiter des Katholischen Büros in Bonn, Prälat Wilhelm Böhler (1891–1958), war eine Denkschrift zur Begründung eines Instituts zur Erforschung der Geschichte des katholischen Deutschlands im 18. und 19. Jahrhundert verfaßt worden. Vgl. Repgen, Kommission für Zeitgeschichte, S. 10 f.; Morsey, Gründung und Gründer, S. 455 f.

[9] Morsey, Gründung und Gründer, S. 459.

[10] Vgl. Morsey, Georg Schreiber, S. 269–284; M.d.R., Die Reichstagsabgeordneten der Weimarer Republik und die Zeit des Nationalsozialismus, S. 1397 f. (mit weiterführender Literatur).

[11] Das Reichskonkordat von 1933 galt nach 1945 für das Verhältnis der Bundesrepublik Deutschland zum Heiligen Stuhl weiter. Da die Länder den „Schulartikel" jedoch nicht anerkannten, kam es in dieser Frage zum „Konkordatsstreit"; 1957 entschied das Bundesverfassungsgericht, daß die Länder dem Reichskonkordat in dieser Frage nicht zu folgen hätten.

[12] Johannes Schauff, Vorschlag für eine Klausurtagung von Historikern und Politikern zum Thema „Kirche und Staat am Ausgang der Weimarer Zeit", Ms. (IfZ, NL Schauff, Bd. 24), S. 1.

[13] Zit. nach, Gründung und Gründer, S. 460. Dort auch der Gliederungsentwurf: „Deutsche Zeit" (mit vier Texten), „Römische Zeit" (mit drei Texten), ergänzt um insgesamt sechs „Anlagen", darunter das „Thomasbild" am Portal des Petersdoms, das „ihn [Kaas] darstellt". Eine Sammlung der Reden und Aufsätze von Kaas unter dem Titel „Zwischen Rhein und Reich, Kirche und Politik" von Rudolf Morsey ist nicht veröffentlicht.

[14] Schauff informierte am 2. 2. 1960 Heinrich Krone, daß er mit Forster den Plan einer „Historiker-Tagung über die Zeit von 1933" erörtert habe (ACDP, NL Heinrich Krone, I-028–014/1); am 23. 3. 1960 schrieb er an Morsey, daß er bei einem kürzlichen Aufenthalt in Bonn nicht die Zeit gefunden habe, über eine „Katholische Akademietagung über die Zeit zwischen Brüning und Konkordat" zu sprechen; Morsey wies in seiner Antwort (29. 3. 1960) darauf hin, daß man kompetente und mutige Referenten gewinnen müsse. Zit. nach Morsey, Gründung und Gründer, S. 461.

tigt, bot Schauff ihm Materialien aus dem Kaas-Nachlaß zur Veröffentlichung an, die er erst einige Monate zuvor in Sterzing entdeckt hatte. Er glaubte, mit diesen Dokumenten belegen zu können, daß es keinen „Zusammenhang zwischen der Zustimmung der Zentrumsfraktion zum Ermächtigungsgesetz und dem Konkordatsabschluß" gegeben habe[15]. Die Morsey von Schauff „zu treuen Händen und vertraulich" am 11. Juni 1960 übergebenen Unterlagen wurden in den *Stimmen der Zeit* veröffentlicht; deren Herausgeber Oskar Simmel SJ konnte für eine Veröffentlichung der tagebuchartigen Aufzeichnungen von Kaas gewonnen werden[16].

Bereits Juli 1960 war Morseys Beitrag über das Ende der Zentrumspartei in dem historiographisch nach wie vor unverzichtbaren Sammelwerk über das „Ende der Parteien 1933" erschienen[17]. Auch laut Karin Schauff löste er eine „Flut von Stellungnahmen" aus, „nicht zuletzt von früheren Zentrumspolitikern und Abgeordneten, die aus ihrer Erkenntnis und Erfahrung manche Zusammenhänge anders beurteilten. Das galt vor allem für die Rolle von Ludwig Kaas."[18]

Johannes Schauff selbst sah Morseys Untersuchung als Ergänzung und Fortführung der bisher von Prälat Wilhelm Böhler geförderten Forschungsarbeiten, die nunmehr „weitere Quellen zur Haltung des Zentrums sowie der deutschen Bischöfe in den Jahren 1930–1933" erschließe. Die Studie führe außerdem frühere Arbeiten zur Kirchengeschichte der Weimarer Zeit fort, „die in ‚Hochland' (Karl Buchheim, Clemens Bauer), im ‚Historischen Jahrbuch' der Görresgesellschaft (Prälat Georg Schreiber, Weihbischof Anton Scharnagl), in den ‚Politischen Studien' (Prälat Böhler), in der ‚Zeitschrift der Savigny-Stiftung für Rechtsgeschichte' (Rudolf Morsey) und im ‚Rheinischen Merkur' (Adolf Süsterhenn) erschienen sind".

Die von Rudolf Morsey publizierten Kaas-Materialien hatten nach Schauffs Meinung überdies in einer Hinsicht für endgültige Klarstellung gesorgt: Damit sei „der 1956 im Zusammenhang mit dem Konkordatsprozeß vor dem Bundesverfassungsgericht sowohl von seiten der Politischen Wissenschaftler (Karl Dietrich Bracher) als auch der SPD (Adolf Arndt, Friedrich Stampfer) erhobene Vorwurf widerlegt worden, Kaas habe als Vorsitzender des Zentrums die Zustimmung seiner Fraktion zum Ermächtigungsgesetz ... mit einer Zusage Hitlers erkauft, ein Reichskonkordat abzuschließen"[19].

---

15 Schauff, Zum politischen Nachlaß von Monsignore Kaas (vgl. Anm. 5).
16 Es handelte sich neben diesen tagebuchartigen Aufzeichnungen von Kaas aus Rom für die Zeit vom 7.–20. 4. 1933 um eine Niederschrift des Vorsitzenden der Reichstagsfraktion des Zentrums, Ludwig Perlitius, über die Verhandlungen von Kaas und Perlitius am Vormittag des 31. Januar 1933 mit Hitler und Reichsinnenminister Frick (wegen einer eventuellen Beteiligung an der neugebildeten Regierung bzw. der Möglichkeit ihrer Tolerierung, siehe oben, S. 55) sowie um Kaas' Briefwechsel mit Papen zum Reichskonkordat für die Zeit vom 20. 4.–11. 7. 1933. Veröffentlichung in *Stimmen der Zeit* 166 und 167 (1960/61).
17 Morsey, Die Deutsche Zentrumspartei, S. 282–453.
18 Karin Schauff, Ludwig Kaas, S. 28.
19 Schauff, Vorschlag für eine Klausurtagung (IfZ, NL Schauff, Bd. 24, S. 3 f.).

Bis zur Institutionalisierung der derart eingeleiteten, doch bisher weitgehend individualisierten Forschungsarbeit war es jedoch noch ein langer Weg. Die Veröffentlichung der Kaas-Materialien sowie Morseys Studie fanden keineswegs die einhellige Zustimmung der früheren politischen Akteure, aber auch nicht in vatikanischen Kreisen[20]. Hinzu kam das latente Mißtrauen mancher Zeitzeugen gegenüber jüngeren und ihnen persönlich kaum bekannten Historikern.

Schauff bildete hier eine rühmliche Ausnahme. Seine Zusammenarbeit mit Morsey, von dem er immer wieder „Argumentationshilfe" erbat, hatte – neben aller von Schauff bei Morsey geschätzten fachlichen Kompetenz – mit seiner prinzipiellen Bereitschaft zu tun, der Jugend und dem wissenschaftlichen Nachwuchs Vertrauen entgegenzubringen und sie zugleich und rechtzeitig in Verantwortung einzubinden. Dies entsprach seiner grundsätzlichen Haltung, die aufgrund der Erfahrungen mit der großen Familie und unter den anfangs unsäglich schwierigen Bedingungen des Exils eher gewachsen war. In einer solchen von Schauff erbetenen Argumentationshilfe etwa übermittelte ihm Morsey am 11. Oktober 1960 eine Aufzeichnung „Zur Veröffentlichung zeitgeschichtlicher Quellen", die die Erschließung des vorhandenen einschlägigen Quellenmaterials sowie die Notwendigkeit betraf, das Zeitzeugnis ehemaliger Zentrumspolitiker einzuholen[21].

Im weiteren Verlauf vermochte das Tandem Schauff–Morsey die Institutionalisierung kirchlicher Zeitgeschichte voranzubringen. Nach „weiterer Abklärung mit Schauff und Forster über die Möglichkeit einer Klausurtagung" am 28. Oktober 1960 schlug Morsey für eine Tagung das Thema „Der deutsche Katholizismus und die Staatskrise 1930–1933" vor. Veranstalter dieser Tagung sollte die Katholische Akademie in Bayern in Verbindung mit dem Katholischen Büro in Bonn sein, Tagungsort Würzburg. Als Termin wurde Februar/März 1961 vorgeschlagen und als potentielle Referenten August H. Berning[22], Robert Leiber, Ernst Deuerlein[23] sowie Rudolf Morsey[24].

Schauff versuchte seinerseits, frühere Fraktionskollegen für eine solche Tagung zu gewinnen und erbat weitere „Argumentationshilfe", um skeptische Zeitzeugen zu gewinnen; sie fand ihren Niederschlag in einer Neufassung des Morseyschen Tagungsentwurfs[25]. Darin wurde noch einmal festgehalten, daß die Klausurtagung einen Beitrag leisten solle „zur Klärung von politischen Zusammenhängen

---

[20] So äußerte sich z.B. Heinrich Brüning, dem Heinrich Krone die Dokumentation geschickt hatte, „entsetzt darüber, daß gerade die *Stimmen der Zeit* die Vorgänge um Kaas enthüllen" (Brüning an Krone, 16.11.1960, ACDP I-028–014/1). Diese Kritik war Morsey von Schauff am 22.9.1960 übermittelt worden (Morsey, Gründung und Gründer, S. 464). Kritische Äußerungen kamen auch von Pater Leiber (so in den *Stimmen der Zeit*, 165, 1960/61); Morsey, Gründung und Gründer, S. 463.

[21] Morsey, Gründung und Gründer, S. 465.

[22] Berning (1895–1979) war vor 1933 Kulturreferent im Berliner Generalsekretariat des Zentrums.

[23] Deuerlein, Neu- und Zeithistoriker, war ab 1964 o. Prof. an der Philosophisch-Theologischen Hochschule in Dillingen.

[24] Morsey, Gründung und Gründer, S. 465f.

[25] Der Entwurf ist datiert vom 1.12.1960 (Vorschlag für eine Klausurtagung, IfZ, NL Schauff, Bd. 24).

einer Zeit, über die noch allzu gern der Schleier des Vergessens und Verschweigens gebreitet wird"; außerdem solle verdeutlicht werden, „daß in der jetzt beginnenden zweiten Phase der Auseinandersetzung über diese Zeit eine Konfrontierung mit den Vorgängen der letzten 30 Jahre auch für das zukünftige deutsche Schicksal eher förderlich als belastend ist".

Am 19. September 1960 schlug Morsey Schauff und Forster vier Referatsthemen zum Tagungsthema „Katholizismus und Staatskrise 1930–1933" vor und nannte potentielle Referenten[26]. Über das Projekt einer „geschlossenen Tagung" sprach Schauff am 2. Januar 1961 mit dem befreundeten Bruno Wüstenberg vom Vatikanischen Staatssekretariat, worauf jener Morsey über negative Äußerungen aus dem Kreis älterer Mitglieder des Episkopats informierte. Schauff empfahl, Kardinal Bea auf dem laufenden zu halten und das „Memorandum", das er auch Bischof Hengsbach zuleiten wollte, vor allem unter Berücksichtigung der Kritik von Leiber an Morseys Thesen über den Untergang des Zentrums etwas zu modifizieren; diese Kritik betreffe auch die kritische Einschätzung der Rolle von Kaas im Jahre 1933[27]. Am 20. Januar 1961 lieferte Morsey eine zweite, erweiterte und entsprechend überarbeitete Fassung der Denkschrift, die Schauff sogleich weiterleitete[28]. Bei einem Treffen am 2. März 1961, an dem Forster, Schauff, Karl Buchheim, Johannes Hirschmann und Morsey teilnahmen, wurden die letzten Details der geplanten Tagung besprochen; als Termin einigte man sich wenig später auf den 8. und 9. Mai 1961.

In der von Karl Forster formulierten Einladung zu einer „geschlossenen Veranstaltung" über das Thema „Die Katholiken und das Schicksal der Weimarer Republik" hieß es mit Blick auf die eigentlichen Adressaten, die früheren politischen Akteure: „Anlaß zur Planung sind verschiedene Veröffentlichungen, die sich in letzter Zeit mit der politischen Rolle des deutschen Katholizismus am Ende der Weimarer Republik befaßt haben. Historische Arbeiten widersprechen sich teilweise in der Darstellung wichtiger Vorgänge. Kommunistische Äußerungen benützen bestimmte Aktenstücke als Grundlage für hemmungslose Propaganda[29]. Linkskatholische Thesen zur politischen Verantwortung des katholischen Christen berufen sich auf Vorgänge, die durch ihre isolierte Hervorhebung zu Fehlurteilen führen." Der wichtigste Grund für das Vorhaben der Akademie

---

[26] Karl Buchheim, August H. Berning, Ernst Deuerlein, Robert Leiber SJ, Johannes Hirschmann SJ und Rudolf Morsey (Morsey, Gründung und Gründer, S. 467).

[27] Ebenda, S. 467 f.

[28] Adressaten waren Max Braubach, Wilhelm Fonk, Paul Franken, Andreas Hermes, Johannes Hirschmann SJ, Robert Leiber SJ, Hermann Joseph Schmitt, Karl Schwend, Georg Smolka, Christine Teusch und Heinrich Vockel (ebenda, S. 468).

[29] Zur Genesis dieser Aussagen gehören Schauffs einschlägige Erkenntnisse: „Auch um die Persönlichkeit von Papst Pius XII. und seine Haltung gegenüber Deutschland während und nach seiner Tätigkeit als Nuntius in München und Berlin (1917–1929) und als Kardinalstaatssekretär haben sich vielfach Legenden gerankt. Sie steigerten sich bis zu scharfen Angriffen der sowjetzonalen Geschichtswissenschaft …, wobei die in Potsdam (ehemaliges Reichsarchiv) lagernden amtlichen deutschen Akten als Materialgrundlage benutzt werden. Andere kommunistische Autoren haben massive Beschuldigungen gegen den ‚Klerikalismus' und die vatikanische Politik in Deutschland erhoben …" (Vorschlag für eine Klausurtagung, IfZ, NL Schauff, Bd. 24, S. 1 f.).

sei daher „das Bestreben, das politische Wirken des deutschen Katholizismus in den Jahren wichtiger Entscheidungen in das Licht der vollen geschichtlichen Wahrheit zu rücken ... Da die Aktenlage mit der Annäherung an die Zeit der nationalsozialistischen Herrschaft immer lückenhafter und damit unzuverlässiger wird, kommt dem Erfahrungsaustausch zwischen katholischen Historikern und den damals politisch tätigen Persönlichkeiten eine besondere Bedeutung zu."[30]

Vorbehalte von seiten der Zeitzeugen, die die Historiker als allzu aktengläubig beurteilten, waren damit freilich noch nicht ausgeräumt. Sowohl Heinrich Krone, der ursprünglich zu den ersten Förderern des Projekts gehört hatte, wie auch Andreas Hermes und Christine Teusch, beide ebenfalls ehemalige Reichstagsabgeordnete des Zentrums, erneuerten ihre Kritik, so daß Schauff sich erneut um Schadensbegrenzung bemühen mußte. Am 17. April 1961 wandte sich Schauff telegraphisch an Christine Teusch und erklärte seine Bereitschaft zu einer zusätzlichen Besprechung im kleinen Kreise, hielt jedoch ausdrücklich an dem festgelegten Tagungstermin fest. Krone gegenüber präzisierte er das Vorhaben als ein Projekt von der Art eines „Katholischen Instituts für Zeitgeschichte" und wies in diesem Zusammenhang explizit auf die wohlwollende Haltung Kardinal Beas hin[31]. Gegenüber Christine Teusch nahm Schauff später den Vorschlag eines vorgezogenen Treffens im kleineren Kreis wieder zurück, um „möglichen Mißverständnissen" vorzubeugen[32].

Schauff betonte in diesem Zusammenhang, ein ähnlicher Versuch sei bereits 1949 gescheitert; er bemühe sich deshalb um eine detailliertere Erklärung des neuen Projekts, bei dem es darauf ankomme, „daß den jungen Historikern die Komplexität der Probleme der damaligen Zeit klar wird und als Ergebnis eine Art ‚Katholisches Institut für Zeitgeschichte' eingerichtet wird, das Nachlässe, Erinnerungen und Dokumente sammelt und unter sachkundiger und verantwortungsvoller Leitung – unter Diskretion – bearbeitet". Eine zusätzliche Argumentationshilfe war sicherlich die 1961 in den *Vierteljahrsheften für Zeitgeschichte* veröffentlichte Dokumentation „Hitlers Verhandlungen mit der Zentrumsführung am 31. Januar 1933", der das Protokoll des ehemaligen Fraktionsvorsitzenden des Zentrums im Reichstag, Ludwig Perlitius, zugrunde liegt; Schauff hatte dieses Protokoll Morsey zugänglich gemacht[33].

---

30 Die Einladung informierte ebenfalls über den vorgesehenen Tagesablauf und die Referate: Karl Buchheim, „Die Stellung der deutschen Katholiken zum Weimarer Staat"; Johannes Hirschmann, „Der innerkirchliche Strukturwandel der zwanziger Jahre als Hintergrund des politischen Handelns"; Konrad Repgen, „Die Staatskrise ab 1930 und die deutschen Katholiken"; Rudolf Morsey, „Die Kirche und die Machtübernahme durch den Nationalsozialismus" (zit. nach Morsey, Gründung und Gründer, S. 470).

31 Schauff war in Rom mit den Kardinälen Muench und Bea zusammengetroffen (Schauff an Krone, 17. 4. 1961, ACDP, I-028–014/1); an Morsey die Nachricht vom gleichen Tage, daß Kardinal Bea sehr positiv über die Tagung gesprochen habe (Morsey, Gründung und Gründer, S. 472).

32 Schreiben Schauff an Christine Teusch, das erst am 1. 5. 1961 von München abgeschickt wurde (ACDP, I-028–014/1).

33 Morsey, Hitlers Verhandlungen; im gleichen Heft der VfZ die Dokumentation von Josef Becker, Zentrum.

Danach waren interne Widerstände weitgehend ausgeräumt, und am 8. und 9. Mai 1961 fand im Burkardus-Haus in Würzburg die vorbereitete Klausurtagung statt. An ihr nahmen neben elf ehemaligen Zentrumspolitikern (Johannes Schauff, Josef Beyerle, Oskar Farny, Wilhelm Fonk, Heinrich Krone, Joseph Joos, Joseph Kannengießer, Hermann Joseph Schmitt, Leo Schwering, Helene Weber und August Wegmann) und anderen Zeitzeugen (unter ihnen Paul Franken, Prälat Bernhard Hanssler und Robert Leiber SJ) die Historiker Hans und Karl Buchheim, Ernst Deuerlein, Rudolf Morsey, Konrad Repgen, Albert Schwarz, Georg Smolka und Bernhard Stasiewski sowie der Würzburger Jurist Paul Mikat teil; anwesend waren auch mehrere Publizisten (August H. Berning, Klaus Dohrn, Heinrich Scharp und Karl Schwend). Auf der Tagung referierten Karl Buchheim, Johannes Hirschmann SJ, Konrad Repgen und Rudolf Morsey[34]. Von seiten der ehemaligen Akteure wurde allerdings erneut der Vorwurf laut, daß sich die Historiker zu sehr auf schriftliche Überlieferungen verließen: Alle früheren Zentrumsabgeordneten betonten, daß es keinen Zusammenhang zwischen ihrer Zustimmung zum Ermächtigungsgesetz und dem Abschluß des Reichskonkordats gegeben habe.

Zur weiteren Institutionalisierung der Katholizismus-Forschung wurde von den Teilnehmern der Würzburger Tagung ein Fünfergremium eingesetzt, bestehend aus Hans Buchheim, Forster, Hanssler, Krone und Morsey, das, wie in der Pressemeldung zur Tagung mitgeteilt wurde, die Gründung eines „Katholischen Instituts für Zeitgeschichte" vorantreiben solle[35]. Zumindest der Name wurde in deutlicher Analogie zum Institut für Zeitgeschichte in München gewählt, zu dem in erster Linie über Vater und Sohn Buchheim Beziehungen bestanden[36]. Schauff sollte diese Verbindung, wie noch zu zeigen sein wird, später wissenschaftlich durchaus nutzen. Über den Fortgang bzw. die Konkretisierung der weiteren Bemühungen hielt Morsey Schauff auf dem laufendem, auch als dieser sich zu einem turnusmäßigen Aufenthalt in Brasilien befand[37]. Inzwischen war abzusehen, daß eine Kommission für Zeitgeschichte bei der Katholischen Akademie in Bayern

---

[34] Es gab folgende Referatthemen: Karl Buchheim, „Die Katholiken und die Republik"; Johannes Hirschmann, „Der innere katholische Strukturwandel der zwanziger Jahre als Hintergrund des politischen Handelns"; Konrad Repgen, „Die Staatskrise ab 1930 und die deutschen Katholiken", sowie Rudolf Morsey, „Der Katholizismus und die Machtübernahme durch den Nationalsozialismus".

[35] Morsey, Gründung und Gründer, S. 474.

[36] Karl Buchheim (1889–1972) gehörte zur Gründergeneration des Instituts für Zeitgeschichte, dem er bis 1952 angehörte (vgl. Buchheim, Lebensgeschichte, S. 253 ff.); der Sohn Hans Buchheim war 1950–1966 Wissenschaftlicher Mitarbeiter des Instituts.

[37] Forster wollte für die Anfang 1962 geplante Forschungsstelle den Münchner Privatdozenten Dieter Albrecht gewinnen; in einem Gespräch der nach dem Würzburger Treffen gebildeten „Fünferkommission" am 27. 10. 1961 bei Heinrich Krone in Bonn wurde vereinbart, ein „Kuratorium" zu bestellen, das seinerseits ein „historisch-wissenschaftliches Gremium" berufen sollte. Diese Informationen übermittelte Morsey am 27. 10. 1961 Schauff, der daraufhin Krone für dessen „Bemühungen" dankte (8. 11. 1961, ACDP, I-028–014/1). An Morsey schrieb Schauff am gleichen Tag: „Ich bin froh, daß wir einen Schritt weiter sind und Dr. Krone das Versprechen mir gegenüber wahrgemacht hat."(Morsey, Gründung und Gründung, S. 476 f.).

XII. Zeitzeugnis und Zeitgeschichte

eingerichtet werden würde. In einem Gespräch der „Fünferkommission" am 24. Januar 1962 wurden schließlich die anstehenden organisatorischen Fragen wie die Gliederung der neuen Kommission erörtert. Danach sollten in einen „Verwaltungsrat" sowohl ehemalige Politiker des Zentrums und der Bayerischen Volkspartei wie Vertreter des öffentlichen katholischen Lebens berufen werden: Man dachte an den Leiter des Katholischen Büros in Bonn, Prälat Wilhelm Wissing, den Geistlichen Direktor beim Zentralkomitee der Deutschen Katholiken, Prälat Bernhard Hanssler, und den Präsidenten der Görres-Gesellschaft, Hans Peters. Dem zu bildenden „Wissenschaftlichen Beirat" sollten neben Wissenschaftlern wie Hans und Karl Buchheim, Deuerlein, Mikat, Morsey, Repgen, Roegele, Albert Schwarz, Smolka und Stasiewski, die bereits an der Würzburger Tagung teilgenommen hatten, noch weitere Historiker angehören: Vorgeschlagen wurden Dieter Albrecht, Max Braubach, Hubert Jedin, Bernhard Zittel sowie der Sozialwissenschaftler Gustav Gundlach.

Am 13. April 1962 fand in Bonn ein weiteres Treffen statt, an dem Schauff, Forster, Morsey, Krone und Fonk teilnahmen. Hierbei wurden die später offiziellen „Rahmenbedingungen über die Errichtung einer Kommission für Zeitgeschichte bei der Katholischen Akademie in Bayern" diskutiert und präzisiert. Am 5. Mai 1962 konnte Schauff Dieter Sattler berichten, das „Katholische Institut für Zeitgeschichte" nehme nunmehr „feste Formen" an[38].

Am 17. September 1962 konstituierte sich in der Katholischen Akademie zunächst der Wissenschaftliche Vorstand und dann das Kuratorium der „Kommission für Zeitgeschichte", nachdem die deutsche Bischofskonferenz – nach vorangehender Intervention und Information von seiten Forsters – 35000 DM als Unterstützung bewilligt hatte. Schauff hatte über die bevorstehende Gründung der Kommission Theodor Heuss informiert, der daraufhin die „Untersuchung über die Haltung des politischen Katholizismus in den Krisenjahren" begrüßte, nicht zuletzt um der Gefahr zu begegnen, daß sich ein „Legendenmantel" bilde[39].

Dem ersten Kuratorium, zu dessen Vorsitzenden Wilhelm Fonk gewählt wurde, gehörten an: Hans Berger (Botschafter in Kopenhagen), Karl Forster, der ehemalige Zentrums-MdR Wilhelm Fonk, Joseph Ernst Fürst Fugger von Glött

---

[38] IfZ, NL Dieter Sattler, Bd. 90.

[39] „Es ist wohl gut, wenn diese Dinge einmal dokumentarisch und aus dem Urteil einzelner Menschen festgehalten werden, denn die Gefahr besteht, daß sich ein Legendenmantel bildet. Vielleicht wird Heinrich Brüning durch die Gründung der Gruppe veranlaßt, seine Reserve zu verlassen. Ich freue mich, daß mein Freund Gottfried Treviranus bei der Veranstaltung mitwirken wird. Er unterhält, so weit ich sehe, fast als Einziger intensivere Beziehungen zu Brüning. Es müßte nach meinem Gefühl auch Stegerwalds Figur verdeutlicht werden und wenn dies möglich ist, die Beziehung zwischen Adenauer und Brüning (hier als jüngstes Forschungsergebnis: Morsey, Brüning und Adenauer). Vor vielen Jahren hat einmal ein persönlicher und politischer Freund von Brüning mir erzählt, dieser habe sich gegen ein Reichskonkordat mit der römischen Kurie gewehrt, weil er den Standpunkt vertreten habe, derlei müsse von einem protestantischen Reichskanzler, wenn überhaupt, abgeschlossen werden. Das kann schon ein Stück von der Legendenbildung sein, von der ich vorhin sprach." (Heuss an Schauff, 29. 8. 1962, IfZ, NL Schauff, Bd. 34); vgl. auch Morsey, Gründung und Gründer, S. 479 ff.

(CSU-MdB)[40], Karl Theodor Freiherr von und zu Guttenberg (CSU-MdB), Prälat Bernhard Hanssler, Prälat Wilhelm Wissing, Hans Peters, Johannes Schauff und der frühere bayerische Ministerpräsident und Bundesminister Fritz Schäffer. Mitglieder des Wissenschaftlichen Vorstands waren Dieter Albrecht, Clemens Bauer, Karl Bosl, Hans Buchheim, Karl Buchheim, Ernst Deuerlein, Gustav Gundlach SJ, Josef Höfer, Hubert Jedin, Paul Mikat, Rudolf Morsey, Konrad Repgen, Otto B. Roegele, Max Spindler, Bernhard Stasiewski und Bernhard Zittel[41]. Im Anschluß an die Konstituierung der Kommissionsgremien fand vom 17. bis 19. September 1962 die zweite „geschlossene Arbeitstagung" mit dem Thema „Die politische Wirksamkeit der deutschen Katholiken 1928–1934" in München statt[42].

Mit der konstituierenden Sitzung des Vorstands und des Kuratoriums am 17. September 1962 waren die Bemühungen um die Gründung einer „Kommission für Zeitgeschichte" erfolgreich abgeschlossen worden; auf der Sitzung des Wissenschaftlichen Vorstands am 3. Dezember 1963 wurde Konrad Repgen zum Vorsitzenden und Dieter Albrecht zum geschäftsführenden Mitglied gewählt. Am 28. November konnte Johannes Schauff, nach Morsey „der eigentliche Initiator dieses Projekts", 1962 seinem Freund Karl Thieme schreiben: „Die zeitgeschichtliche Kommission läßt sich gut an."[43]

Die „Kommission für Zeitgeschichte" – ihr endgültiger Name wurde auf der Sitzung vom 3. März 1963 festgelegt – war organisatorisch und räumlich bis 1972 mit der Katholischen Akademie in Bayern verbunden. Danach erfolgte die organisatorisch eigenständige Etablierung in Bonn. Das Ergebnis ihrer über dreißigjährigen Forschungs- und Publikationstätigkeit liegt in Form der „Blauen Reihe" vor – 1998 insgesamt 120 Bände, darunter nicht zuletzt die 1975 auf Initiative von Rudolf Morsey neu aufgelegte Studie Schauffs über „Das Wahlverhalten der deutschen Katholiken im Kaiserreich und in der Weimarer Republik"[44].

Schauff, der dem Kuratorium der „Kommission für Zeitgeschichte" bis 1972 angehörte, blieb eine ihrer wichtigsten Stützen – als Zeitzeuge, der Zugang auch zu anderen Zeitzeugen und politischen Freunden ermöglichte und auch häufig bei

---

[40] Fugger von Glött hatte dem bayerisch-konservativen Widerstandskreis um den ehemaligen Gesandten Franz Sperr angehört und war nach dem 20. Juli 1944 im gleichen Verfahren wie Helmuth von Moltke und Alfred Delp vom Volksgerichtshof zu drei Jahren Haft verurteilt worden (vgl. Mehringer, Widerstand und Emigration, S. 195 f.).
[41] Namensliste nach Morsey, Gründung und Gründung, S. 481.
[42] Auf dieser Tagung referierten Rudolf Morsey, „Neue Forschungsergebnisse über die politische Wirksamkeit deutscher Katholiken 1928–1933"; Joseph Joos, „Die geistigen Strömungen und die tatsächlichen Vorgänge in der Entwicklung des Zentrums bis zur Kanzlerschaft Brünings"; Gottfried Reinhold Treviranus, „Anfang und Ende der Kanzlerschaft Brünings"; Robert Leiber, „Die Kirche und der Zusammenbruch der Weimarer Republik" sowie Hermann Joseph Schmitt, „Vom Ende der Zentrumspartei bis zu den Anfängen des katholischen Widerstands". Ein dritte Tagung wurde von Forster für den Januar 1963 anberaumt: „Das politische Wirken der Katholiken und das Schicksal der Weimarer Republik" (Morsey, Gründung und Gründer, S. 481 f.).
[43] IfZ, NL Karl Thieme, Bd. 70.
[44] Hrsg. von Morsey, Mainz 1975. Korrespondenz Schauff–Morsey (5. 3. 1974), IfZ, NL Schauff, Bd. 35.

der Quellenerschließung und -sammlung hilfreich eingreifen konnte. Sein Engagement war gleichwohl ein kritisches. So monierte er gegenüber Kardinal
Döpfner die Loslösung der Kommission von der Katholischen Akademie: Die
Zuordnung sei „wesenhaft begründet, weil die Geschichtsforschung und -schrei-
bung des deutschen Katholizismus in der neuesten Zeit nicht von der Akademie
als einem Forum der Zeitauseinandersetzung getrennt werden kann. Eine nur
fachhistorische, wissenschaftliche Vereinigung rechtfertigt sich m. E. allein nicht.
Mit dem Dialog zwischen Politikern und Historikern in Klausurtagungen hat die
Kommission begonnen, und diese Besonderheit sollte man nicht unterbrechen.
Sie kann m. E. durch eine Distanz zu ‚Bonn‘ eher besser geführt werden. Ferner
glaube ich, daß die kommenden Jahrzehnte die deutschen Katholiken nicht aus
der Rolle entlassen, nach Nazi- und Adenauerepoche auch unsere ‚Zeitperiode‘
kritisch historisch in Zusammenarbeit von Akteuren und Geschichtsschreibern
aufarbeiten zu müssen."[45]
Im Dialog mit Schauff vermochte Morsey allerdings die Zwänge dieser Entscheidung zu erklären, die u. a. mit gegensätzlichen Konzeptionen des Akade-
miedirektors Franz Henrich zu tun hätten. Dabei bedankte sich Morsey noch
einmal für Schauffs Interesse, mit dem dieser sich im verflossenen Jahrzehnt um
die Belange der Kommission gekümmert und darauf geachtet habe, „daß die von
Anfang an intendierte Verbindung zwischen den ‚Akteuren‘ und den Historikern nicht gestört wurde. Aus meiner Sicht gibt es keine andere Kommission, in
der ein derart erfreuliches und erfolgreiches Zusammenwirken zweier Genera-
tionen zu verzeichnen ist, auch wenn dabei (insbesondere in den Anfangsjahren)
manche sachliche Kontroversen in den Klausurtagungen ausgetragen wurden."[46]
Im Themenrahmen der Kommission für Zeitgeschichte war für Schauff die Emigration unter dem Nationalsozialismus ein wichtiger ergänzender Forschungsge-
genstand. Bereits im Exil hatte er mit Arnold Wolfers, mit dem er an der Berliner
Hochschule für Politik studiert hatte und der nun in Yale lehrte, Fragen der Mi-
grationsforschung erörtert[47]. Johannes Schauff machte auch das Institut für Zeitgeschichte in München schon frühzeitig auf dieses wichtige Forschungsdesiderat
aufmerksam – die ersten Korrespondenzen datieren aus dem Jahre 1958[48]. Bei
der Sicherung und Erschließung von Quellen zum politischen Exil in Vorbereitung des Projektes des „Biographischen Handbuchs der deutschsprachigen Emigration nach 1933"[49] war Schauffs Angebot zur Mitarbeit wie auch die Überlassung seiner Papiere ein wichtiger Beitrag zu dessen Gelingen. Viele solcher
Nachlaßgeber hatten nach der Rückkehr aus dem Exil Anschluß an die politischen, administrativen und kulturellen Eliten der Bundesrepublik gefunden oder

---

45 Schauff an Kardinal Döpfner, Rom, 30. 11. 1972 (IfZ, NL Schauff, Bd. 32).
46 Morsey an Schauff, 15. 12. 1972 (IfZ, NL Schauff, Bd. 35).
47 Korrespondenz vom 10.9. und 20. 10. 1942 (IfZ, NL Schauff I, Bd. 8).
48 Korrespondenz Hermann von Freeden (im Auftrage Schauffs) mit dem Institut für Zeitgeschichte (Bibliothek/Dr.Vogelsang), 13.8. und 2. 9. 1958 betr. Zusammenstellung von
Literatur zur Emigration, die der Bibliotheksleiter um so lieber übermittelte, „als das Institut an Ihren und Herrn Dr. Schauffs Bemühungen sehr interessiert ist" (IfZ, NL
Schauff, Bd. 39).
49 Vgl. Röder, Dokumentation, S. 54 ff.

waren – wie Schauff – Teil eines nonkonformistischen informellen Netzwerks geworden. Der Erfahrungshintergrund solcher Persönlichkeiten, aber auch die vergleichsweise rasche Erschließung ihrer Papiere – privates Schriftgut und Akten von Parteien, Verbänden und Zirkeln, die sie geleitet oder in denen sie mitgewirkt hatten – bildeten im Institut für Zeitgeschichte eine wichtige Grundlage für die Erforschung des deutschsprachigen Exils[50].

In diesem Rahmen war Schauff vor allem darum bemüht, auch jenen Teil des deutschsprachigen Exils in die Forschungen einzubeziehen, der nicht der Arbeiterbewegung zuzurechnen ist[51]; gleiches gilt für die Arbeit der Kommission für Zeitgeschichte[52]. Schauffs besonderes Interesse galt darüber hinaus dem inhaltlichen und organisatorischen Zusammenhang von Widerstand und Emigration. So versuchte er schon 1964 ein Forschungsprojekt zum „Widerstand jenseits der Reichsgrenzen" anzustoßen und führte in diesem Zusammenhang eine umfangreiche Korrespondenz mit dem ehemaligen saarländischen Ministerpräsidenten Johannes Hoffmann sowie dem Institut für Zeitgeschichte (Hans Buchheim) und der Kommission für Zeitgeschichte (Rudolf Morsey, Konrad Repgen)[53].

Schauff war auch an den Bemühungen zur Erforschung von Widerstand und Emigration beteiligt, die von George N. Shuster, einem katholischen amerikanischen Universitätsprofessor und Vertrauten Brünings, ausgingen[54]. Er nahm an der Exiltagung teil, die vom 17. bis 19. Januar 1968 in Luxemburg stattfand und auf der sich – vor dem Hintergrund einer von der Deutschen Bibliothek organisierten Ausstellung zur „Exil-Literatur 1933–1945" – Schriftsteller, Wissenschaft-

---

[50] Vgl. Röder/Weiß/Lankheit, Das Archiv, S. 120 f.

[51] Vgl. Schauffs Korrespondenz mit den damaligen Direktoren des IfZ, Helmut Krausnick bzw. Martin Broszat, sowie mit Horst Möller (damals Stellvertretender Direktor), ferner 1963–1980 mit Hans und Karl Buchheim, die auch Fragen der Erforschung der Geschichte Südtirols unter dem NS und des italienischen Faschismus betreffen (IfZ, NL Schauff, Bd. 1, 4, 5, 24); später fanden zahlreiche Gespräche mit dem Verfasser statt, der auch den Bereich des christlichen und konservativen Exils im Rahmen dieses biographischen Forschungsprojekts bearbeitete. Bei der öffentlichen Präsentation des „Biographischen Handbuchs der deutschsprachigen Emigration nach 1933" am 9. 7. 1980 im Institut für Zeitgeschichte fand eine Podiumsdiskussion mit Johannes Schauff, Fritz Heine und Herbert Weichmann statt. Über dieses Podiumsgespräch, an dem auch die Historiker Morsey und Albrecht teilnahmen, schrieb Schauff an Gerhard Fittkau: „Ich habe mich zur Verfügung gestellt trotz erheblicher Bedenken, weil sonst die nicht-jüdische und nicht-sozialistische Emigration nicht vertreten gewesen wäre. Ich traf eine Menge Bekannte und bin mit dem Ergebnis zufrieden." (16. 7. 1980, IfZ, NL Schauff, Bd. 33).

[52] Morsey an Schauff, 14. 12. 1982 (IfZ, NL Schauff, Bd. 5).

[53] Weitere avisierte Mitarbeiter waren Walter Dirks und Georg Smolka. Ein erster konkreter Forschungsabschnitt, über dessen zu veröffentlichende Ergebnisse Schauff bereits mit dem Herder-Verlag verhandelte, war der Widerstand katholischer Publizisten 1933–1937 (u. a. Dietrich von Hildebrand, Friedrich Muckermann, Waldemar Gurian, Johannes Maier-Hultschin, Eduard Pant). Die betreffende Korrespondenz März bis Dezember 1964 in IfZ, NL Schauff, Bd. 39.

[54] Vgl. die Korrespondenz Schauff–Shuster 1965 (IfZ, NL Schauff, Bd. 7); vgl. auch den Hinweis auf Shusters Bemühungen, Emigranten und Historiker zusammenzubringen, in: Heinrich Kronstein, Briefe, S. 319; zu Shusters Unterstützung der konservativen Emigration in den USA vgl. Schneider, Christliche und konservative Remigranten, S. 164 f.

ler und Politiker trafen, die Deutschland nach 1933 aus politischen Gründen verlassen hatten[55]. Sie bildete den eigentlichen Anstoß für den Beginn der „Exilforschung" als einer eigenen zeitgeschichtlichen Disziplin.

---

[55] Das Treffen fand unter dem Patronat des luxemburgischen Kultusministers Pierre Grégoire und des deutschen Außenministers Willy Brandt statt, der selbst auch anwesend war. Den Festvortrag zum Thema „Exil und Gegenwart" hielt Golo Mann; an einem Podiumsgespräch über „Nazismus, Widerstand, Exil und ihre Bedeutung für die Gegenwart" waren beteiligt Hans Albert Kluthe, Richard Friedenthal, Alfred Frisch, Max Horkheimer, Hans Jaeger und Eva Reichmann (vgl. BHB I und II). Vgl. auch: 35 Jahre Exilliteratur, S. 135 ff.; IfZ, NL Schauff, Bd. 28 (Photodokumente). Das politische Exil war erstmals in der vorangegangenen Tagung des Forschungsinstituts der Friedrich-Ebert-Stiftung unter dem Titel „Widerstand, Verfolgung und Emigration 1933–1945" thematisiert worden, die vom 25.–30. 9. 1966 in der Heimvolkshochschule Bergneustadt stattfand (die Dokumentation dieser Tagung in der Reihe „Studien und Berichte aus dem Forschungsinstitut der Friedrich-Ebert-Stiftung", Bad Godesberg 1967).

XIII. Zur Erfahrung des Exils und seiner Wirkungsgeschichte nach 1945

Bedeutung und historischer Stellenwert des Lebens und Wirkens von Johannes Schauff sollen abschließend noch einmal unter dem Blickwinkel seiner Zugehörigkeit zu der Gruppe der christlich-konservativen Emigration beleuchtet werden. Dazu gilt es, diese Gruppe und ihre Vertreter sowie ihre Rolle für die Entwicklung Deutschlands nach dem Zweiten Weltkrieg zu skizzieren und einen Rückblick auf Erfahrung und Handeln dieses emigrierten Personenkreises zu werfen, bei dem Widerstand und Exil unter dem Nationalsozialismus in einem christlich-konservativen Bezugsrahmen standen. Die Vita von Johannes Schauff ist in diesem Zusammenhang ein besonders typisches Beispiel.

Die Rolle dieser Gruppe christlich-konservativer Emigranten innerhalb des politischen Geschehens nach 1945 war nur scheinbar eine lediglich informelle. Schon am Fall Johannes Schauff ließ sich zeigen, daß Vertreter dieser Gruppe, auch wenn sie keine öffentlichen Ämter oder offiziellen Funktionen innehatten, aufgrund ihrer Erfahrungen und Verbindungen dennoch in zahlreiche Entscheidungsprozesse eingebunden und häufig einflußreich waren. Dazu war nicht einmal eine definitive Rückkehr nach Deutschland bzw. eine ständige Präsenz in Deutschland notwendig. Dies gilt besonders für eine Reihe von politisch engagierten Wissenschaftlern, die sich vor allem in den USA befanden.

Geistiger Hintergrund war vielfach ein elitäres Demokratieverständnis, das sich neben und außerhalb von Parlamenten und Regierungen in milieugebundenen und personenbezogenen Netzwerken umsetzen konnte. Die Konsequenzen, die konservative und christliche Emigranten aus ihrem Widerstand gegen den Nationalsozialismus gezogen hatten, ähneln sich vielfach in verblüffender Weise – trotz z. T. ganz unterschiedlicher geistiger Herkunft; Schauff beispielsweise hatte bis 1933 zum „linken" Flügel des Zentrums gehört, andere stammten aus einem „rechten" nationalkonservativen Zusammenhang. Heinz Hürten hat bereits auf die historisch bedingten Affinitäten christlichen Denkens zu konservativen Strömungen hingewiesen[1].

Neben den Kirchen und Ordensgemeinschaften ging die Personengruppe der christlichen Emigration, die im großen Zusammenhang bislang noch keineswegs ausreichend gewürdigt worden ist, aus den bürgerlich-konservativen Parteien der Weimarer Republik, vor allem aus dem Zentrum, hervor. Auch individuelle Schicksale von konservativen Wissenschaftlern und Publizisten, die sich in der Weimarer Republik gesellschaftlich exponiert hatten oder auch und häufig zugleich als Juden rassisch verfolgt wurden, gehören zu diesem Spektrum. Ihre Gegnerschaft zum Nationalsozialismus, die sich aus einer christlichen und konservativen Grundhaltung speiste, spitzte sich innerhalb Deutschlands wie im Exil

---

[1] Siehe Einleitung, S. 15, Anm. 26.

schon in den Vorkriegsjahren, vor allem aber während des Krieges immer deutlicher zu. In diesem Prozeß veränderten sich aber auch ursprüngliche Positionen und ein vor 1933 vielfach vorhandenes „Lagerdenken". Dies erleichterte die sachliche Auseinandersetzung und vielfach die Zusammenarbeit mit Vertretern aus anderen politischen und geistigen Lagern, deren Ursprungspositionen sich aufgrund der gleichen Katalysatoren „Widerstand" bzw. „Exil" ebenfalls deutlich verändert hatten. Dies gilt vor allem für Sozialdemokraten, Vertreter sozialistischer Splittergruppen und z. T. auch für kommunistische Dissidenten.

Vor allem jüngere Sozialdemokraten – aus der Generation von Johannes Schauff – hatten im Exil Lernprozesse durchlaufen, die sie zu Anhängern einer modernen pluralistischen Demokratie westlicher Prägung werden ließen. Wie Schauff und seine Freunde aus dem christlich-konservativen Lager hatte die Erfahrung des Scheiterns der Weimarer Republik auch bei emigrierten Sozialdemokraten allerdings zunächst zu einer nahezu einhelligen Ablehnung der Demokratie nach Weimarer Vorbild geführt. Unter keinen Umständen wollte man die Rückkehr zu einer pluralistisch-demokratisch verfaßten Staats- und Gesellschaftsform, wie sie 1933 Schiffbruch erlitten hatte[2]. Aus dieser Haltung erklären sich die ständisch-antimodernistischen Pläne des christlich-konservativen Exils, aber auch antiliberale und erziehungsdiktatorische Neuordnungsvorstellungen von Sozialdemokraten, die dem 20. Juli 1944 zuzurechnen sind.

In der politischen Bewertung der Kreisauer Pläne etwa wird häufig und pauschal nur auf den antiliberalen und antidemokratischen Charakter des nach Überwindung der Diktatur angestrebten Regierungssystems hingewiesen, besonders auf dessen ständestaatliche Orientierung[3]. Das Kreisauer Gesellschaftsbild war jedoch differenzierter und „moderner". Dies wird deutlich, wenn man nach durchaus vorhandenen inhaltlichen Berührungspunkten zu christlich-konservativen Vorstellungen aus dem Exil sucht.

Für die Angehörigen des Widerstandes aus dem Kreisauer Kreis wie auch für das christlich-konservative Exil stand das NS-Regime am Ende einer Entwicklung, die durch die Entstehung der modernen industriellen Massengesellschaft zum Verlust sittlicher Normen und christlich-humanistischer Traditionen geführt hatte[4]. In der Auseinandersetzung mit der Säkularisierung setzte sich die Betonung des Christlichen durch. Carl Gustav Jung konstatierte eine geradezu „gnostische Frömmigkeit"[5]. Dietrich Bonhoeffer postulierte eine christliche Ideologie-

---

[2] Vgl. Mehringer, Impulse sozialdemokratischer Remigranten.
[3] Vgl. hierzu die geistesgeschichtlich-ideologiekritische Studie von Nicolai Hammersen, Politisches Denken im deutschen Widerstand. Hammersen untersucht das ordnungspolitische Denken des Widerstands der „alten Eliten", seine Prägung durch antiliberales und antidemokratisches Denken und seine grundlegende Parlaments- und Parteienfeindlichkeit, die in neokonservativen Ideologien wurzelte. Dabei differenziert er allerdings zwischen der Stärke dieser Affinität bei den verschiedenen Protagonisten wie z. B. Schulenburg, Delp und Moltke (S. 258); vgl. auch Mehringer, Widerstand und Emigration, S. 187 ff. und 291 f.
[4] Vgl. Mommsen, Gesellschaftsbild und, S. 161 ff.
[5] Vgl. Klemperer, Glaube, Religion, Kirche, S. 300.

kritik, die dort einsetze, „wo Weltanschauungen am Ende sind"[6]. Auch bei der geplanten Neuverfassung deutscher Staatlichkeit nach Hitler dominierten christliche, vor allem katholische Ideen, die in der Naturrechtslehre wurzelten und das Subsidiaritätsprinzip und die Selbstverwaltung betonten[7]. Abgelehnt wurde das „Weimarer System" mit seinen parteipolitischen Auswüchsen und Zersplitterungen. Die Wurzel des Übels sah man nicht zuletzt im Verhältniswahlrecht, das es wieder durch die Persönlichkeitswahl abzulösen gelte[8]. Für den Kreisauer Widerstand bzw. für Wilhelm Leuschner arbeitete Arnold Bergstraesser im amerikanischen Exil einen Verfassungsentwurf, in dem dem Persönlichkeitswahlrecht zentrale Bedeutung zukam, aus[9].

Ideologien seien nicht nur abzulehnen, sondern aktiv zu bekämpfen – dies war, auf einen kurzen Nenner gebracht, ein wesentlicher Impetus des konservativen Widerstandes, der im Nationalsozialismus die gleichen totalitären Grundlagen wie im Bolschewismus erkannte. Hier war ein weiterer geistiger Berührungspunkt mit dem Exil gegeben, der vor allem nach 1945 zum Tragen kam. Er führte vor allem auch zu einer kritischen Haltung gegenüber den sich abzeichnenden Deutschlandplanungen der Alliierten. So zeigte sich Brüning in seinen Überlegungen zur Zukunft Deutschlands kompromißlos gegenüber Vertretern der KPD-Emigration im amerikanischen Exil, die für ihn Erfüllungsgehilfen der alliierten „Wahnsinnspolitik" gegenüber Deutschland darstellten. Auch hinsichtlich der von ihm vertretenen Position eines deutschen Staates auf der Grundlage des Christentums – eine Haltung, in der er sich durchaus mit dem Kreisauer Kreis hätte treffen können – machte der frühere Reichskanzler seine Gegner in der linken politischen Emigration aus: Er habe im Exil erkennen müssen, „in welchem Ausmaße linksstehende Leute alles Katholische und Christliche hassen"[10].

Wie Brüning und Schauff befand sich die Mehrzahl der konservativen Emigration in den USA und Lateinamerika, ein kleinerer Teil lebte in der Schweiz, in Italien und in der Türkei. Insbesondere in den USA gewannen konservative Emigranten an Einfluß – im Gastland selbst, und vor allem in bezug auf dessen Verhältnis zu Deutschland[11]. Kristallisationspunkte waren Universitäten und publizistische Foren. Hier ist zunächst die Universität von Chicago zu nennen, wo u.a. Hans Morgenthau[12] und Arnold Bergstraesser[13] lehrten, später – nach 1945 – ebenfalls

---

6 Bonhoeffer, Schriften, Bd. VI, S. 215 f.
7 Vgl. Mommsen, Gesellschaftsbild, S. 132 ff.
8 „Wir gingen davon aus" – so Walther Hensel – „daß ein künftiges deutsches Parlament auf der Grundlage des Mehrheitswahlrechts zusammengesetzt sein würde; denn im Proportionalwahlsystem der Weimarer Zeit sahen wir den entscheidenden technischen Fehler für den Zusammenbruch des Weimarer Staates und das Aufkommen des NS" (Zeugenschrifttum Walther Hensel, IfZ, ZS 534).
9 Mommsen, Gesellschaftbild, S. 134 f.; zu Bergstraesser siehe Anm. 13.
10 So Brüning an Franz Thedieck, zit. nach Morsey, Brünings Einschätzung, S. 377.
11 Vgl. Radkau, Deutsche Emigration, S. 214 ff.
12 Hans Joachim Morgenthau (1904–1980), Politikwissenschaftler, emigrierte 1933 in die Schweiz und 1937 in die USA; 1943–1980 Professor an der University of Chicago, „formulated a realistic approach to foreign affairs based on accepted patterns of normal human conduct, rather than on idealistic or abstract conducts" (BHB II).
13 Arnold Bergstraesser (1896–1964), Politikwissenschaftler und Soziologe; Schüler von Max

Hans Rothfels[14], Leo Strauss[15] und Eric Voegelin[16]. An der katholischen Universität Notre Dame/Indiana wirkte Waldemar Gurian, ein persönlicher Freund der Familie Schauff, dem sie zur Flucht verholfen hatte[17]. Gurian war zusammen mit Ferdinand A. Hermens – auch er seit seiner Studienzeit ein Freund und politischer Weggefährte Schauffs, der zum Praezeptor eines kompromißlosen Mehrheitswahlrechts geworden war[18] –, Herausgeber der *Review of Politics*, einer dezidiert katholischen Zeitschrift, zu deren Autoren-Umfeld u. a. Goetz Briefs[19] und Stefan

---

und Alfred Weber, in der Weimarer Republik einer der Promotoren der studentischen Selbstverwaltung (Studentisches Hilfswerk, DAAD), Anschluß an DDP; 1935 als Hochschullehrer (1932 a. o. Prof. in Heidelberg) entlassen, 1937 Emigration in die USA. Dort einer der Exponenten der konservativen Emigration, gehörte zum Umkreis von George N. Shuster und Heinrich Brüning. Kehrte in den frühen fünfziger Jahren nach Deutschland zurück, mit der sogenannten Freiburger Schule einer der Mitbegründer der modernen deutschen Politikwissenschaft (BHB II; Radkau, Deutsche Emigration, S. 185, 214 ff.).

[14] Hans Rothfels (1891–1976), Historiker; Offizier im Ersten Weltkrieg, Gegner des Versailler Vertrages und der Kriegsschuldzuweisung; akademische Karriere als Archivar und Historiker, 1926 Prof. Univ. Königsberg, 1934 entlassen und politisch verfolgt; 1939 Emigr. nach England und 1940 in die USA, vor seiner Berufung an die University of Chicago 1940–1946 Gastprofessor an der Brown-University, Providence/Rhode Island. Kehrte 1951 nach Deutschland zurück, Professor an der Universität Tübingen; gehört zu den Mitbegründern des Faches Zeitgeschichte in der Bundesrepublik. Mit seinen Forschungen über den bürgerlich-konservativen Widerstand versuchte er die Existenz des „anderen Deutschland" unter dem Nationalsozialismus zu dokumentieren, stand den politischen Ideen des Kreisauer Kreises nahe (BHB II).

[15] Leo Strauss (1899–1973), emigrierte 1934 nach England und 1938 in die USA, dort akademische Karriere an verschiedenen Universitäten, 1949–1973 Professor (political philosophy) an der University of Chicago: „Opposed relativism in political theory in favor of a normative neo-natural rights approach which he linked to Aristotelean philosophy … Sought to develop political philosophy in agreement with the classical tradition of natural law" (BHB II).

[16] Eric Voegelin (1901–1985), Politikwissenschaftler; emigrierte 1938 in die USA, dort akademische Karriere an verschiedenen Hochschulen, 1958 Rückkehr nach Deutschland, 1958–1969 Professor an der Universität München, dort Begründer des Instituts für Politische Wissenschaft. Exponierter Vertreter des christlichen Ordo-Gedankens bzw. eines autoritären Korporatismus und Gegner jeglicher als Religionsersatz dienender gnostischer Bewegungen „von der Art des Progressismus, des Positivismus, des Marxismus, der Psychoanalyse, des Kommunismus, des Faschismus und des Nationalsozialismus" (E. Voegelin, Religionsersatz – die gnostischen Massenbewegungen unserer Zeit, in: „Wort und Wahrheit", H. 1 (1960), S. 5); Voegelin kehrte 1969 in die USA zurück (BHB II).

[17] Waldemar Gurian (1902–1954), konvertierte 1914 vom Judentum zum Katholizismus, aktiv in der katholischen Jugendbewegung, einer der führenden Interpreten des politischen Katholizismus in der modernen Gesellschaft, Integralist und Gegner des sogenannten säkularisierten Katholizismus, vertrat die Idee einer „autoritären Demokratie"; 1934 Emigration in die Schweiz, kritische Auseinandersetzung mit der Haltung der katholischen Kirche gegenüber dem Nationalsozialismus u. a. auch in der Judenfrage als Hrsg. der „Deutschen Briefe". 1937 Berufung an die Universität Notre Dame/Indiana und Übersiedlung in die USA (siehe oben, S. 70; BHB I).

[18] Siehe oben, S. 45 und 151.

[19] Goetz Briefs (1889–1974) stammte aus katholisch-rheinischem Milieu, machte eine akademische Karriere (Wirtschaftswiss.) an verschiedenen deutschen Universitäten, ab 1922 Ordentlicher Professor an der Universität Freiburg und ab 1926 an der TU Berlin; 1934

Possony[20] gehörten. Weitere maßgebliche Publizisten waren William S. Schlamm[21] und der ehemalige Reichstagsabgeordnete der DDP, Gustav Stolper[22].

Wissenschaftler wie Hans Morgenthau und Leo Strauss nahmen nachhaltigen Einfluß auf die Revision des amerikanischen politischen Idealismus. Betraf dies in erster Linie den akademischen Bereich, so führte die konservative Kampagne gegen den „Utopismus" deutlich auch zur Politik des Anti-Kommunismus. Goetz Briefs postulierte, daß die Marxsche Utopie identisch sei mit der Utopie der Aufklärung des 18. Jahrhunderts[23], und Carl Joachim Friedrich unterwarf alle Ideen, die zu staatlichem Perfektionismus und letzten Endes zum Totalitarismus führten, einer scharfen Kritik[24].

Die Wendung gegen den Kommunismus entwickelte sich aber auch auf der Grundlage einer inzwischen vorgenommenen Identifikation von Nationalsozialismus und Bolschewismus, wie sie sich auch innerhalb des deutschen Widerstands vollzogen hatte. Leopold Schwarzschild hatte bereits in den dreißiger Jahren den Begriff „bolschewistisch" auf das nationalsozialistische Deutschland angewandt[25]. Zu den vielleicht extremsten Verfechtern einer Identität von National-

---

aus politischen Gründen Emigration in die USA, dort bis 1962 Professor für Wirtschafts- und Finanzwissenschaften an der Georgetown University Washington (BHB II).

[20] Stefan Thomas Possony (geb.1913) war bis 1938 Mitherausgeber von „Der Christliche Ständestaat" in Wien; 1939 Emigration nach Frankreich, 1940 in die USA, dort in verschiedenen Regierungsämtern tätig, 1946–1966 Professor für Politikwissenschaft an der Georgetown University Washington. Possony war ein engagierter Kritiker des „Utopismus" vor allem in seiner kommunistischen Erscheinungsform (BHB II; Radkau, Deutsche Emigration, S. 246 ff.).

[21] William S. Schlamm (1904–1978) war nach dem Ersten Weltkrieg kommunistischer Jugendfunktionär in Österreich, ab 1927 Mitglied des ZK der KPÖ; nach Parteiausschluß als sogenannter Rechtsabweichler bzw. als Anhänger Trotzkis 1933 Emigration in die CSR, 1938 in die USA. Wurde während der Moskauer Prozesse zum kompromißlosen Gegner des stalinistischen Kommunismus, schloß sich der konservativen österreichischen Emigration in den USA an und war nach 1945 einer der maßgeblichen Ideologen des Kalten Krieges mit Einflußnahme vor allem auf die politische Öffentlichkeit der Bundesrepublik (BHB I).

[22] Gustav Stolper (1888–1947), Vorstandsmitglied der DDP/DSP, 1930–1932 MdR; 1933 Emigration in die USA, Wirtschafts- und Finanzberater, Vertreter einer liberalistischen Wirtschaftsordnung, mit seinen Thesen über die künftige Rolle eines wirtschaftlich starken Deutschlands als antikommunistisches Bollwerk von Einfluß auf die Revision der amerikanischen Deutschlandpolitik (BHB I).

[23] Götz Briefs, The Rise and Fall of Proletarian Utopias, in „Review of Politics", 1 (1939), Nr. 1, zit. nach Radkau, Deutsche Emigration, S. 248.

[24] Ebenda. Carl Joachim Friedrich (1901–1984), Politikwissenschaftler, war bereits in den zwanziger Jahren in die USA gekommen und hatte in Harvard Karriere gemacht (1926–1971); 1938 US-Staatsbürger, verblieb er in den USA und zählte zu den profilierten Persönlichkeiten im Umkreis der konservativen Emigration; nach dem Krieg (1946–1949) Berater von OMGUS und 1956–1966 Professor an der Universität Heidelberg (vgl. Radkau, Deutsche Emigration, S. 250 und 274).

[25] Leopold Schwarzschild (1891–1950) war in der Weimarer Republik einer der Hauptvertreter der linksliberalen Publizistik, emigrierte 1933 nach Frankreich und war Herausgeber der Zeitschrift „Das Neue Tagebuch"; er unterstützte anfänglich die Volksfront-Bewegung, nahm jedoch angesichts der Moskauer Prozesse ab 1937 eine zunehmend antikommunistische Haltung ein; ab 1940 in den USA (BHB I).

sozialismus und Sowjetkommunismus wurden später Waldemar Gurian und Franz Borkenau, letzerer in Großbritannien[26], sowie Robert Ingrim[27], Stefan Possony und Gustav Stolper.

Auch Sozialdemokraten aus dem Kreis um die in New York erscheinende *Neue Volkszeitung* hatten schon frühzeitig einen scharf antikommunistischen und – ungeachtet der alliierten Bündniskonstellation – antisowjetischen Kurs eingeschlagen. Exponenten dieses Kurses waren Friedrich Stampfer, Wilhelm Sollmann, Rudolf Katz, Gerhart Seger sowie Max Brauer[28]. Nicht alle hatten wie Stampfer bereits in der Weimarer Republik und davor zum reformerischen Flügel der SPD gehört; ihre Ablehnung des Kommunismus, die sich im Exil zu grundsätzlichem Antikommunismus wandelte, richtete sich auch gegen die „vansittartistische" angelsächsische Kriegspropaganda gegen Deutschland, die von der Vorstellung eines ethnisch und historisch bedingten bellizistischen Charakters des deutschen Volkes ausging. Als die westlichen Alliierten sich mit Stalin verbündeten, wurde der Antikommunismus zum probaten Mittel der Verteidigung deutscher Interessen, hatte doch zuvor der Hitler-Stalin-Pakt die Geistesverwandschaft der beiden diktatorischen Regime bestätigt[29]. Bereits ab 1942 attackierte die *Neue Volkszeitung* im Schulterschluß mit Brüning und anderen konservativen Emigranten die These von der deutschen Kollektivschuld.

Der Antikommunismus wurde so zur Ausdrucksform eines grundsätzlichen Antitotalitarismus, eine Entwicklung, in der auch kommunistische Dissidenten wie die bereits angeführten William S. Schlamm und Franz Borkenau eine bedeutende Rolle spielten. Zu nennen sind hier auch Persönlichkeiten wie Arthur Koestler, Autor des programmatischen Romans „Sonnenfinsternis"[30], in dem der Terror der Moskauer Schauprozesse in der zweiten Hälfte der dreißiger Jahre thematisiert wurde, Karl Wittfogel, der nach dem Hitler-Stalin-Pakt von 1939 mit der KPD gebrochen hatte, auch er mit der „Orientalischen Despotie" Verfasser einer grundlegenden Auseinandersetzung mit der Sowjet-Diktatur[31], sowie Ruth

---

[26] Franz Borkenau (1900–1957), zunächst KPD-Mitglied und Komintern-Funktionär, 1929 als Anhänger der sogenannten Rechtsopposition ausgeschlossen, emigrierte 1933 nach Frankreich und 1934 nach Großbritannien; in Zusammenhang mit dem Spanischen Bürgerkrieg wurde er zum scharfen Gegner des Sowjetkommunismus; 1946–1948 Professor für Neuere Geschichte an der Universität Marburg (BHB I).

[27] Robert Ingrim (1895–1964), konservativer österreichischer Publizist und Anhänger des ständestaatlichen Regimes in Österreich; 1938 Emigration nach Großbritannien, 1941 in die USA und nach Kanada, Vertreter der legitimistischen Emigration um Otto von Habsburg (Austria Office, Austrian Committee), Apologet einer Politik der Stärke gegenüber der Sowjetunion (BHB I).

[28] Biographien in BHB I.

[29] Vgl. Radkau, Deutsche Emigration, S. 157 f.; Mehringer, Impulse sozialdemokratischer Remigranten, S. 100 ff.

[30] Koestler, Darkness at Noon. Koestler war ab 1931 Mitglied der KPD, brach jedoch 1938 nach den Erfahrungen des Spanischen Bürgerkriegs und der Moskauer Schauprozesse mit dem Kommunismus (BHB II).

[31] Karl Wittfogel, Oriental Despotism. A Comparative Study of Total Power. New Heaven 1957 (deutsche Ausgabe: Die Orientalische Despotie, 1962). Die Biographie in: BHB II.

Fischer, die, nach kometenhafter Karriere in der KPD 1926 aus der Partei ausgeschlossen, 1938 im Exil defintiv mit dem Kommunismus gebrochen hatte[32].
In diesem Zusammenhang ist auch nach Rolle und politischem Einfluß von
Exilorganisationen wie dem 1944 gegründeten „Council for a Democratic Germany" zu fragen, der auf eine Initiative von Paul Tillich[33] und dem amerikanischen Theologen Reinhold Niebuhr zurückging und zunächst als Ansatz zu einer
deutschen Gesamtvertretung im amerikanischen Exil geplant war. Obwohl der
Council unmißverständlich deutsche Interessenpolitik betrieb und sich gegen
Pläne einer Aufteilung Deutschlands wie auch einer „Erziehung durch Ausländer" nach Kriegsende wandte[34], wurde er von der Mehrzahl konservativer
Emigranten allein schon deshalb boykottiert, weil an ihm Kommunisten beteiligt
waren. Die Zustimmung der Kommunisten zu den Potsdamer Beschlüssen führte
im Herbst 1945 zur Auflösung des Council, wobei mit Friedrich Baerwald ein
Vertreter der Katholiken zu den treibenden Kräften gehörte[35]. Einen gewissen
Einfluß auf die amerikanische Deutschlandpolitik nach 1945 gewannen die För-
derorganisation des Council, die „American Friends of German Freedom" unter
Reinhold Niebuhr, und deren Nachfolgeorganisation, die „Association for a
Democratic Germany"[36].
   Aber auch in der Praxis „vor Ort" waren für konservative Emigranten z. T. Einflußmöglichkeiten gegeben. Dies betraf den nicht unwichtigen Bereich der geistigen Betreuung der deutschen Kriegsgefangenen, deren Schicksal Schauff von Brasilien aus zu verbessern trachtete[37]. Ab Herbst 1943 gehörten sie auch zum Leser-
kreis der *Neuen Volkszeitung*, und mit George N. Shuster initiierte Gerhart Seger
ein Komitee für die politische Erziehung der deutschen Kriegsgefangenen.
   Nicht zuletzt in Großbritannien konnten konservative Emigranten neben Sozialdemokraten wesentliche Funktionen bei der Betreuung und „Reeducation" der
deutschen Kriegsgefangenen einnehmen – so der Historiker Heinz Koeppler im
Lager Wilton Park, einer Art Kriegsgefangenen-„Universität": Sie ging wesentlich
auf eine Initiative von Waldemar von Knoeringen zurück, der auch maßgeblich an
ihrem Aufbau beteiligt war, und sie markierte für viele junge Deutsche, u. a. auch
für den späteren CSU-Politiker Karl Theodor Freiherr von und zu Guttenberg,
einen ganz spezifischen demokratischen „Neubeginn" nach den Jahren des NS-
Regimes und des Kriegs[38]. Heinz Koeppler sollte „Wilton Park", das sich in den

---

[32] Die Biographie in BHB I; Korrespondenz Ruth Fischer–Johannes Schauff in IfZ, NL
   Schauff, Bd. 2.
[33] Biographie in: BHB I.
[34] Vgl. Radkau, Deutsche Emigration, S. 193 ff.; Rupieper, Wurzeln, S. 199.
[35] Vgl. dazu Baerwald, Zur politischen Tätigkeit. Baerwald, Mitglied der Zentrumspartei
   und Parlamentsassistent von Friedrich Dessauer, wurde 1933 aus dem Öffentlichen Dienst
   entlassen und emigrierte 1934 in die USA, 1935–1970 Lehrtätigkeit (Wirtschaftswissen-
   schaften) an der Fordham University New York; nach 1945 im Bereich des Wiederaufbaus
   der Gewerkschaften in Deutschland aktiv (BHB II).
[36] Siehe Kap. VIII/1, S. 132f.
[37] Vgl. Memorandum 1945–1947 (IfZ, NL Schauff, Bd. 10).
[38] Vgl. Mehringer, Waldemar von Knoeringen, S. 251–259. Studienleiter war Heinz Koeppler (Sir Henry Koeppler, 1912–1979), der 1933 nach Großbritannien emigriert war (Biographie in BHB II).

späteren Jahren zu einer deutsch-britischen Austausch- und Begegnungsstätte entwickelte, noch viele Jahre leiten.

Viele dieser organisatorischen Anstrengungen des konservativen Exils gingen über 1945 hinaus und wurden erst nach Kriegsende fruchtbar. Doch betraf diese Wirkungsgeschichte ebenso und vielleicht noch mehr einzelne Protagonisten und ihr gesellschaftliches und politisches Engagement, wobei vor allem in Amerika zumeist der Rückhalt durch eine deutschlandfreundliche Lobby gegeben war. So gründete der noch junge Alexander Böker[39] ein „Committee against mass expulsions", das sich gegen die Vertreibung der Deutschen aus Osteuropa wandte[40] und zu dem eine Reihe von Amerikanern gehörte, deren Namen eng mit der Wirkungsgeschichte der konservativen Emigration nach 1945 verbunden sind – darunter der bereits erwähnte George N. Shuster[41], Roger Baldwin[42], Christopher Emmet[43], Louis P. Lochner[44] und Dorothy Thompson[45].

Ein weiterer emigrierter konservativer Politiker, der den „Council for a Democratic Germany" verlassen hatte und für die territoriale Unversehrtheit Deutschlands und die Eindämmung des sowjetischen Einflusses in Osteuropa eintrat, war Hubertus Prinz zu Löwenstein[46]. Vor allem in der Flüchtlingsarbeit engagiert und später bei der großangelegten Care-Hilfe für Deutschland war Gottfried Reinhold Treviranus, der allerdings – ebenso wie Brüning – als einer der politischen Exponenten der Weimarer Republik nach 1945 nicht in die deutsche Politik zurückkehrte[47].

---

[39] Siehe oben, S. 133, Anm. 13.

[40] Siehe Kap. VIII/1, S. 132f.

[41] Siehe oben, S. 200, Anm. 54.

[42] Roger Baldwin, amerikanischer Philantrop und Bürgerrechtler, war 1948 u. a. auf Einladung von General Lucius D. Clay bei der US-Militärregierung in Deutschland als Sonderberater für Menschenrechte tätig.

[43] Siehe oben, S. 132.

[44] Louis P. Lochner, Journalist, war 1924 bis zum Kriegseintritt der USA 1941 Mitarbeiter des Berliner Büros der Associated Press und besaß enge Verbindungen zu dem sich ab 1938 formierenden konservativen deutschen Widerstand; 1945 kehrte er als Mitglied der Hoover-Kommission nach Deutschland zurück.

[45] Dorothy Thompson, in den zwanziger Jahren Auslandskorrespondentin in Wien und Berlin, Deutschland-Spezialistin, eine der journalistischen Vorkämpferinnen für ein amerikanisches Engagement gegen die nationalsozialistische Diktatur, war 1934 wegen ihres Buches „I saw Hitler" aus Deutschland ausgewiesen worden; in den USA formierte sich um sie ein Zirkel aus deutschen Emigranten, in denen sie das eigentliche, bessere Deutschland sah (vgl. Radkau, Deutsche Emigration, S. 69ff.).

[46] Hubertus Prinz zu Löwenstein-Wertheim-Freudenberg (1906–1984), kam aus der katholischen Jugendbewegung und war 1931–1932 im Vorstand des Republikanischen Studentenbundes; 1933 Emigration, Teilnahme am Status-Quo-Kampf im Saargebiet, 1935 in die USA, aktiv in deutscher Exilpolitik, 1936 Mitgründer und Generalsekretär der „American Guild for German Cultural Freedom", gegen Kriegsende zeitweise Mitarbeit im „Council for a Democratic Germany"; 1946 Rückkehr nach Deutschland, Leiter der Amerikaabteilung des Deutschen Caritasverbandes, Gründer und bis 1957 Leiter „Die Deutsche Aktion" zur Erneuerung des Reichsgedankens, aktiv in der Auseinandersetzung um Rückgliederung des Saargebietes (Gründer Deutscher Saarbund), 1952 Mitgl. FDP, 1953–1957 MdB, ab 1958 Mitgl. CDU (BHB I).

[47] Vgl. Möller, Treviranus, S. 137ff.

Neben den USA und Großbritannien waren die Schweiz und die Türkei Zentren der konservativen Emigration. In der Türkei vermochte die deutsche akademische Emigration auf dem Bildungssektor eine Art Entwicklungshilfe zu leisten[48]. Hier sind vor allem der Zentrumspolitiker und Reichstagsabgeordnete Friedrich Dessauer[49] sowie die Wirtschaftswissenschaftler Wilhelm Röpke[50] und Alexander Rüstow[51] zu nennen.

In der Schweiz befanden sich eine Anzahl politischer Emigranten, die dem konservativen Spektrum zuzuordnen sind, darunter Joseph Wirth, Jakob Kindt-Kiefer und Franz Albert Kramer. Kramer, den Schauff als einen der ersten ehemaligen politischen Weggefährten nach 1945 wiedergetroffen hatte, konnte bereits im Sommer 1945 in die französisch besetzte Zone zurückkehren[52]. Im Schweizer Exil hatte er versucht, über Allan Dulles die amerikanische Deutschlandpolitik gegen die drohende Expansion des sowjetischen Einflusses zu mobilisieren, und zusammen mit Wilhelm Röpke die Konzeption einer Zeitung entworfen, die auf der Grundlage christlich-abendländischer Werte zur Reorganisation deutscher Staatlichkeit beitragen sollte. Im Schweizer Exil konnte Kramer auch Verbindungen zu christlich-demokratischen Politikern des französischen Widerstands knüpfen. Offenbar durch Vermittlung von Robert Schuman erhielt er sehr früh die Lizenz für eine Zeitungsgründung[53], so daß am 15. März 1946 die erste Ausgabe des *Rheinischen Merkur* erscheinen konnte. Diese Zeitung, mit Autoren wie Röpke, Paul Wilhelm Wenger, Otto B. Roegele und Adolf Süsterhenn, war ein Organ des rheinischen Katholizismus und machte sich zum Herold der Gründung eines Weststaates ohne den unter sowjetischen Einfluß geratenen deutschen Osten, wobei tradierte antipreußische Affekte durchaus eine Rolle spielten[54]. Der neue Staatsaufbau sollte bundesstaatlich erfolgen, die Organisation des öffentlichen

---

[48] Vgl. Widmann, Exil und Bildungshilfe.

[49] Friedrich Dessauer (1881–1963), Physiker und Radiologe, 1924–1933 MdR des Zentrums, 1933 in Schutzhaft, wurde 1934 an die Universität Istanbul berufen, 1937 an die katholische Universität Fribourg/Schweiz; er gehörte zum Kreis um Joseph Wirth und Otto Braun. 1949 kehrte er nach Deutschland zurück und war ab 1950 Professor an der Universität Frankfurt am Main; 1952 Vizepräsident des Deutschen Katholikentags (BHB I).

[50] Wilhelm Röpke (1899–1966), 1928 Professor für Politische Ökonomie in Graz, 1929 in Marburg; wirtschaftspolitischer Berater von Heinrich Brüning, offener NS-Gegner, als Hochschullehrer entlassen; 1933 Emigration in die Türkei, Professor an der Univerität Istanbul, baute dort mit Alexander Rüstow und Fritz Neumark die wirtschaftswissenschaftliche Fakultät auf; 1937 Berufung an das Institut des Hautes Etudes Internationales in Genf. Nach 1945 wirtschaftspolitischer Berater Konrad Adenauers, Vertreter eines wirtschaftlichen Liberalismus von weltanschaulich konservativer Prägung, Föderalist (BHB II).

[51] Alexander Rüstow (1885–1963), Wirtschaftswissenschaftler und Soziologe, 1933 Emigr. in die Türkei, mit Röpke und Fritz Neumark Aufbau der wirtschaftswissenschaftlichen Fakultät der Universität Istanbul; 1949 Rückkehr nach Deutschland, als Nachfolger von Alfred Weber Professor für Soziologie an der Universität Heidelberg; einer der wissenschaftlichen und politischen Theoretiker von Ludwigs Erhards Sozialer Marktwirtschaft (BHB II).

[52] Siehe Kap. V, S. 95, Anm. 14.

[53] Vgl. Boll/Schulze/Süssmuth (Hrsg.), Zeitungsland Nordrhein-Westfalen, S. 443 f.

[54] Die antipreußisch besetzte Diskussion findet sich auch in dem Briefwechsel Schauffs mit Karl Thieme gegen Kriegsende und unmittelbar nach 1945 wieder. Siehe oben, S. 90.

Lebens nach dem Subsidiaritätsprinzip. Die politische Tendenz des *Rheinischen Merkur* ging bereits 1946 dahin, eine Lösung der deutschen Frage im Bund mit den Westmächten und gegen die Sowjetunion zu suchen. Die von Kramer geforderte Weststaatsgründung wurde auch von Ernst Friedländer unterstützt, ebenfalls Emigrant in der Schweiz und seit 1946 einflußreicher politischer Redakteur der Wochenzeitung *Die Zeit*[55].

Als im Sommer 1949 der deutsche Weststaat konstituiert wurde, „hatten" – so Hans-Peter Schwarz – „die Publizisten des ‚Rheinischen Merkur' allen Grund, ihn uneingeschränkt willkommen zu heißen. An seiner eindeutig föderalistischen Struktur konnte kein Zweifel sein. Es war sogar gelungen, die Hauptstadt an den Rhein zu bekommen, womit die Verlagerung des politischen Schwergewichts nach Westen sinnfällig verdeutlicht wurde. Preußen war wenigstens in der Konsolidierungsphase ausgeschlossen. Und Konrad Adenauer, der an die Spitze dieses Staates trat, verkörperte genau die Tendenzen des Blattes, das schon vor Gründung der Bundesrepublik entschiedener als alle anderen Zeitungen und Zeitschriften den Geist zum Ausdruck brachte, der die Außenpolitik Bonns unter dem ersten Bundeskanzler bestimmen sollte."[56]

Der Anteil von Remigranten des konservativen und christlichen Lagers, der nach 1945 Regierungsämter bekleidete, Parlamentsmandate innehatte oder Parteiführungen angehörte, war in der Bundesrepublik verschwindend gering[57]. Eine Ausnahme stellt das Saargebiet dar, während in der DDR und – zahlenmäßig geringer – in Österreich Kommunisten und Sozialisten dominierten.

Der konservative und christlich motivierte Widerstand gegen den Nationalsozialismus war nach 1933 überwiegend auf Einzelpersonen beschränkt, während die linken Parteien en bloc verfolgt wurden. Für zahlreiche Katholiken gilt, daß sie im Zuge einer immer manifesteren Verfolgung durch das Regime zu einer Haltung fanden, die Martin Broszat treffend als Resistenz beschrieben hat[58]. Heinz Hürten hat zu Recht darauf hingewiesen, daß der katholische Widerstand nicht vornehmlich politisch motiviert war, selbstverständlich aber eine Dialektik von religiös motiviertem und politisch wirksamem Handeln bestanden habe[59]. Der zahlenmäßig relativ geringe Anteil konservativer und christlicher Emigranten wird aus der spezifischen Ausprägung und Entwicklung des Verhältnisses dieser Personen und Gruppen zum Nationalsozialismus erklärbar, darüber hinaus war, als ihr Widerstand manifest wurde und die Verfolgung einsetzte, der Weg in die Emigration vielfach bereits versperrt. Für einige von ihnen stand am Ende das Schafott[60].

---

[55] Ernst Friedländer (1895–1973), kehrte 1946 aus dem Schweizer Exil nach Deutschland zurück, wurde 1946 Redakteur der Wochenzeitung *Die Zeit* und war 1950–1960 als journalistischer Vertrauter Konrad Adenauers vielbeachteter Kolumnist u. a. im *Hamburger Abendblatt* und in der *Berliner Morgenpost* (BHB I).

[56] Schwarz, Reich, S. 421 f.

[57] Mehringer/Röder/Schneider, Anteil.

[58] Broszat, Vorwort zu: Bayern in der NS-Zeit, Bd. I, S. 11 f.; Broszat, Resistenz und Widerstand, in: Bayern in der NS-Zeit, Bd. IV, S. 691–709.

[59] Hürten, Zeugnis und Widerstand, S. 155.

[60] Vgl. die von Schauff initiierte Gedächtnismesse in Rio de Janeiro (siehe oben, S. 90 f.).

Trotz der in absoluten Zahlen niedrigen Quote der konservativen Emigration und Remigration ist ihr geistiger Einfluß, wie schon angeführt, nicht gering zu veranschlagen. Dies gilt sowohl für die Gastländer wie für die politische Entwicklung in Deutschland nach 1945. Nach Kriegsausbruch befand sich der größte Teil der Emigranten konservativer und christlicher Richtung in den USA. Sie erwiesen sich hier, aber auch in anderen Exilländern, als gute Patrioten, die zwischen der NS-Diktatur und dem deutschen Volk wohl zu unterscheiden wußten. Sie vermochten auf die Deutschlandpolitik der USA nachhaltigen Einfluß zu nehmen, wobei sie Unterstützung in Kreisen antikommunistisch gesinnter Amerikaner fanden. Joachim Radkau konstatiert, daß die Voraussetzungen für das Bündnis zwischen dem amerikanischen „Establishment" und den christlich-konservativen politischen Kräften in Westdeutschland sich bereits unter Roosevelt in den letzten Kriegsjahren abgezeichnet hätten: „Mochten auch zeitweilig linkssozialistische und sogar kommunistische Emigranten in den USA Ermutigung finden, so wurde doch namhaften Beobachtern schon Jahre vor Beginn des Kalten Krieges deutlich, daß im Westen die Zeit nicht für solche Bestrebungen arbeitete."[61] Dies gilt besonders für die Tätigkeit und politische Wirksamkeit des Office of Strategic Services (OSS) und dessen Research and Analyst Branch, das – mit wenigen Ausnahmen wie z. B. Hajo Holborn[62] – eine Domäne der linken Emigration war[63].

Einen ersten organisatorischen Rahmen für das Wirken konservativer Emigranten bildeten die bereits angeführte „Association for a Democratic Germany" und später der „American Council on Germany" mit seinem deutschen Pendant, dem Kreis der „Atlantik-Brücke". In diesem Rahmen bestand ein Netzwerk aus ehemaligen Emigranten und ihren politischen Freunden vor allem in den USA, bei denen in Anbetracht ihres internationalen Wirkungsfeldes die Frage, ob sie tatsächlich im Sinne einer definitiven Rückkehr nach Deutschland „remigriert" waren oder nur von außen Einfluß nahmen, letztlich an Bedeutung verliert. Dieser Personenkreis besaß ohne jeden Zweifel – in Deutschland wie im Ausland – einen nicht geringen Einfluß im Zusammenhang mit der Anbindung Westdeutschlands an den Westen noch vor Gründung der Bundesrepublik und der „Abschottung" Westdeutschlands gegenüber dem kommunistischen Osten. An dieser Entwicklung hatte auch die Schweizer Emigration um Franz Albert Kramer und Wilhelm Röpke entscheidenden Anteil. Deutschlands Wiederbewaffnung und seine Einbindung in die atlantische Militärallianz war bereits sehr früh von konservativen, dezidiert antikommunistischen Emigranten gefordert und auch politisch energisch vorangetrieben worden.

Parallel und komplementär zum Einsatz für diese Westbindung wirkte der Antikommunismus der konservativen Emigration in die deutsche Nachkriegsgesellschaft hinein und beeinflußte die politische Entwicklung. Dies gilt auch für die Sozialdemokratie, wo es neben Kurt Schumacher vor allem Emigranten waren, die die SPD auf eindeutig antikommunistischen Kurs brachten[64], während Teile

---

61 Radkau, Deutsche Emigration, S. 192f.
62 Siehe S. 133, Anm. 10.
63 Vgl. Marquardt-Bigman, Geheimdienstanalysen.
64 Vgl. Mehringer, Impulse sozialdemokratischer Remigranten, S. 106ff.

der Partei im Osten mit eben jenen Kommunisten paktierten. Kommunistische Dissidenten und gewendete Kommunisten wie Arthur Koestler wurden politisch offensiv in dem von Melvin Lasky initiierten „Kongreß für kulturelle Freiheit", dem aber auch sozialdemokratische Remigranten wie Fritz Eberhard[65] und Ludwig Rosenberg[66] aufgrund ihrer politischen Westorientierung verbunden waren[67].

Die Gründung des westdeutschen Staates unter vorläufigem Verzicht auf eine Wiederherstellung des Deutschen Reiches war angesichts der gegebenen historischen Bedingungen von konservativen Emigranten schon früh antizipiert worden. Sie hatten bedeutenden Anteil an seiner Einbindung in die westliche Allianz und seiner Frontstellung gegen den Kommunismus in Osteuropa und besonders in Ostdeutschland. Doch spielten sie auch eine Rolle bei der inneren Entwicklung der Bundesrepublik.

Johannes Schauff war zwar mit seinem Vorstoß im Rahmen der Großen Koalition gescheitert, das personenbezogene Mehrheitswahlrecht einzuführen – für ihn und andere konservative Emigranten eine unabdingbare Voraussetzung für eine stabile Demokratie. Der Einfluß dieser Personengruppe wird allerdings vor allem an einem essentiellen Punkt deutlich – der Frage nach dem föderalistischen Aufbau des neuen Staates. Emigranten wie Wilhelm Röpke, die auch wirtschaftsstrukturell Weichen in Richtung auf die soziale Marktwirtschaft stellten, gehörten, wie Hans-Peter Schwarz formuliert, zu den geistigen Vätern der Bundesrepublik[68]; Emigranten wie der Sozialdemokrat Wilhelm Hoegner, der sich ebenfalls massiv für einen föderalistischen Aufbau des neuen Staatswesens einsetzte, bildeten im linken politischen Spektrum seltene Ausnahmen[69]. Aber auch die Ära Adenauer, in der zunächst konservativ-hierarchische Gesellschaftsstrukturen wieder zum Tragen kamen, stand den gesellschaftlichen und politischen Wertvorstellungen der konservativen Emigration nahe[70]. Katholisch-konservative Emigranten gehörten zum Beraterkreis Konrad Adenauers, auch wenn sie nicht immer in die aktive Politik zurückkehrten. Dies gilt insbesondere für Johannes Schauff, aber auch für Klaus Dohrn[71].

Die christlich-konservative Emigration hatte mit dem inneren Widerstand viele gesellschaftliche Wert- und Zukunftsvorstellungen gemein. Dies zeigt sich gegenüber dem Kreisauer Kreis, inhaltlich aber vielleicht noch stärker bei jenen rhei-

---

[65] Fritz Eberhard (urspr. Helmut von Rauschenplat, 1896–1982) war führender Funktionär und Wirtschaftstheoretiker des Internationalen Sozialistischen Kampfbundes (ISK); 1937 Emigration, in Großbritannien führende Funktion in der „Landesgruppe deutscher Gewerkschafter"; 1945 Rückkehr nach Deutschland, MdL Württemberg und Mitglied des Parlamentarischen Rates, Intendant des „Süddeutschen Rundfunks"; 1961–1968 Direktor des Instituts für Publizistik an der Freien Univertsität Berlin (BHB I).

[66] Ludwig Rosenberg (1903–1977), Gewerkschaftler, 1933 Emigration nach Großbritannien, 1946 Rückkehr nach Deutschland, leitende Funktionen und 1962–1969 Vorsitzender des DGB (BHB I).

[67] Vgl. Doering-Manteuffel, Amerikanisierung, S. 27 ff.

[68] Schwarz, Reich, S. 394 ff.

[69] Vgl. dazu Mehringer, Waldemar von Knoeringen, S. 359 ff. u. passim.

[70] Vgl. Doering-Manteuffel, Amerikanisierung, S. 13 f.

[71] Dohrn, Das Amerikabild Adenauers, S. 510–523 (zu Klaus Dohrn vgl. oben, S. 132, Anm. 9).

nisch-katholischen Widerstandskreisen, die der untergegangenen Zentrumspartei entstammten, darunter Bernhard Letterhaus und Andreas Hermes. Auch Heinrich Krone, der in Berlin lebte, gehört in diesen Zusammenhang. Ziele waren u.a. der Aufbau einer konservativen christlich-überkonfessionellen Volkspartei und eine Staatsordnung, die vom Geist des Solidarismus der katholischen Soziallehre durchdrungen sein sollte[72]. Auch hier zeigt sich im Verhältnis von christlichen Emigranten und Vertretern des christlich-konservativen Widerstands ein Netzwerk, das nach 1945 politisch wirksam werden sollte. Dabei spielten alte politische und persönliche Freundschaften aus der Weimarer Zeit, wie z.B. die Beziehung zwischen Johannes Schauff und Heinrich Krone, häufig eine nicht geringe Rolle.

In diesen außen- und innenpolitischen Netzwerken vor und nach 1945 bildeten konservative Emigranten wie Remigranten wesentliche personelle Knotenpunkte. Diese z. T. komplexen politisch-persönlichen Geflechte blieben in der Öffentlichkeit allerdings weithin verborgen und wurden vor allem von den Beteiligten selbst zumeist nicht als gruppenspezifische Gemeinsamkeit begriffen. Sie zeitigten jedoch, wie am Beispiel der Großen Koalition im nationalen Rahmen wie auch auf internationaler Ebene zu zeigen war, deutlich politische Wirkung.

Auch das Beispiel Henry Kissingers, 1973 bis 1977 amerikanischer Außenminister, gehört in diesen Zusammenhang. Der junge Kissinger, dessen Eltern als jüdische Bürger aus Deutschland geflohen waren, war in den USA von konservativen Emigrantenkreisen entdeckt und gefördert worden – insbesondere von Fritz Kraemer, einem Berliner Rechtsanwalt, der im OSS und im Pentagon Karriere gemacht hatte[73]. Er entwickelte sich schon früh zu einem intensiven Befürworter des deutsch-amerikanisch-atlantischen Bündnisses[74].

Nach dem Scheitern der Großen Koalition und ihrer politischen Reformprojekte hatte Johannes Schauff sein innenpolitisches Engagement zwar weitgehend zurückgenommen, aber keineswegs resigniert. Noch 1988, zwei Jahre vor seinem Tod, bekundete er – inzwischen sechsundachtzigjährig – die Absicht, die Wahlrechtsfrage noch einmal öffentlich aufzuwerfen. Als im Sommer 1989 in der CSU in Hinblick auf die Rolle der FDP eine Diskussion über die Einführung des Mehrheitswahlrechts einsetzte, war er sofort mit dem Vorschlag zur Stelle, ein Diskussionsforum zu organisieren, um diese Frage wieder mehr ins öffentliche Bewußtsein zu bringen[75]. Der damalige Generalsekretär der CSU machte allerdings einen politischen Rückzieher. Danach sah Schauff keine Chance mehr, eine Wahlrechtsreform und damit eine Reform des demokratischen Systems in überschaubarem Zeitraum politisch durchzusetzen. Er fürchtete „auf längere Sicht, daß die Entpersönlichung, die infolge des Wahlsystems zu einer Herrschaft der Parteiführungen

---

[72] Becker, Politische Neuordnung, S. 270f.
[73] Kraemer war 1939 in die USA emigriert und wurde Professor an der School of Advanced Studies/Washington Center of Foreign Research. Vgl. die Korrespondenz Schauff–Kraemer 1967–1997 (IfZ, NL Schauff, Bd. 34); vgl. auch *Der Spiegel* 25/1974, S. 63f.
[74] Vgl. Radkau, Deutsche Emigration, S. 222.
[75] Briefwechsel des Verfassers – im Auftrag von Schauff – mit Erwin Huber, 12.7.–9.8.1989 (IfZ, NL Schauff, Bd. 25).

und der Bürokratie führt, verbunden mit einer wachsenden Machtstellung der großen Verbände und der Gewerkschaften, das demokratische System erschüttert"[76]. Dies sind noch heute aktuelle Befürchtungen.

„Beim Neuaufbau des politischen Lebens in der deutschen Trümmerwüste von 1945", so Rudolf Morsey, „standen allerorts ehemalige Zentrumsabgeordnete und Zentrumsanhänger an vorderster Stelle. Sie optierten unabhängig voneinander und nahezu geschlossen dafür, eine interkonfessionell-christliche Volkspartei zu gründen. Darin wurden sie von dem im amerikanischen Exil lebenden Brüning bestärkt. Die Gründung der CDU und CSU war die Lehre, die diese Generation christlicher Politiker aus der Geschichte des politischen Katholizismus und seines Scheiterns im Jahre 1933 gezogen hat: aus der Verpflichtung ‚vor den Blutzeugen des christlichen Glaubens und der bürgerlichen Freiheit, welche dem Nationalsozialismus zum Opfer' gefallen sind."[77]

Johannes Schauff hatte 1945 dieser ermordeten christlichen Politiker in einem Requiem in Rio de Janeiro gedacht[78]. Er selbst war dem nationalsozialistischen Terror entkommen, doch war seine innere Verbundenheit mit diesen Menschen und dem Land, dessen Regime sie verfolgte, nie geschwunden. Dabei erschien ihm das Schicksal des Exils oft schmerzlicher als Leidens- und Überlebensgeschichten im Heimatland[79]. Schließlich waren es seine ständige Selbstvergewisserung im katholischen Glauben und sein Verhaftetsein im Bauerntum, dem sich im Exil noch ein ganz anderer und international erweiterter Horizont erschloß, die ihm den Mut und die Kraft zum Handeln vor allem auch nach dem Kriege gaben. Dabei ließ er sich von dem Grundsatz leiten, viel zu leisten und wenig hervorzutreten; „mehr sein als scheinen" – diese Maxime läßt sich geradezu als Motto über seinen Lebensweg setzen.

Dies gilt insbesondere auch für Schauffs selbstlose Arbeit bei der durch die nationalsozialistische Diktatur und den Krieg erforderlichen Flüchtlingsbetreuung. Eine Lösung dieser Migrationsprobleme sah er vor allem in der Schaffung von Existenzmöglichkeiten in den Aufnahmeländern. Dabei gewannen für Schauff seine Vorstellungen von Pioniergeist und ländlicher Siedlung noch einmal an Klarheit, wobei er Selbsthilfe und Subsidiarität als unabdingbar betrachtete.

Eine durchgehende Konstante in seinem Denken war die Überzeugung von der Bedeutung des Bauerntums auf der Grundlage christlicher Weltanschauung. Von seinen Anfängen in der Weimarer Republik in den zwanziger Jahren über die eigenen Aktivitäten im Zusammenhang mit dem brasilianischen Exil bis in die Auseinandersetzungen über eine demokratische Entwicklung der Dritten Welt in den sechziger, siebziger und achtziger Jahren sah er diesen Weg als Möglichkeit zur Lösung der grundlegenden Probleme der Moderne. Insbesondere in Lateiname-

---

[76] Interview Erich Kusch mit Johannes Schauff, November 1974 (Entwurf mit handschriftlichen Ergänzungen Schauffs; eine gekürzte Fassung wurde später im Südwestfunk gesendet; Ms. im Besitz des Verfassers).

[77] Das Zitat von den „Blutzeugen des christlichen Glaubens" aus den Leitsätzen der Kölner CDU, die damals noch Christlich-Demokratische Partei hieß, vom Juni 1945 (Morsey, Der Untergang, S. 222).

[78] Siehe oben, S. 90 f.

[79] So in einem Brief an Rudolf Morsey vom 20. 7. 1982 (IfZ, NL Schauff, Bd. 35).

rika stellte sich Schauff der Auseinandersetzung mit linken und kommunistischen Bewegungen im essentiellen Bereich der Landwirtschaft. Bauerntum, Widerstand und Exil bildeten für ihn die Brücke für den Weg „vom Antimodernismus zum Antitotalitarismus"[80].

Erscheinungen wie die sogenannte Befreiungstheologie sind aufgrund der historischen Entwicklung inzwischen weitgehend obsolet geworden. Dagegen wird die Flüchtlingsproblematik im internationalen Rahmen zunehmend wieder zu einem Problem. Zu deren Lösung hat Johannes Schauff gute und nach wie vor diskutable Beispiele gegeben – moralisch, intellektuell und organisatorisch.

---

[80] Jean Solchany, Vom Antimodernismus zum Antitotalitarismus, bes. S. 386 ff.

XIV. Teutones in Pace – Epilog

Johannes Schauff starb am 19. Mai 1990 im Alter von 88 Jahren in einer Klinik in Bad Wiessee, Karin Schauff am 16. Januar 1999 in Rom. Beide liegen auf dem Campo Santo Teutonico im Vatikan begraben, dem seit dem fünfzehnten Jahrhundert bestehenden Friedhof der deutschsprachigen Katholikengemeinde in Rom[1]. Der Campo Santo ist verbunden mit einem Priesterkolleg am gleichen Ort und ist eine Schwesterstiftung zur deutschen Nationalkirche in Rom, der Anima[2]. Das Kolleg des Campo Santo wurde zum Zentrum hervorragender Gelehrter und zur Ausbildungsstätte von Historikern und Archäologen; auf dem Friedhof finden sich bekannte Namen auch von Künstlern und Schriftstellern sowie Politikern aus fünf Jahrhunderten.

Angesichts der engen Verbundenheit von Johannes und Karin Schauff mit Rom und der katholischen Kirche ist diese letzte Ruhestätte kein Zufall. Friedrich Georg Friedmann hat insbesondere auf jene „benediktinische" Verbindung von bäuerlichem Sein und gleichzeitiger Weltoffenheit durch die Erfahrung des Exils hingewiesen[3], aber auch Schauff selbst sah sein Lebenswerk unter dem Signum des „ora et labora" des heiligen Benedikt und der „stabilitas" als Leitstern für Mission und Kolonisation. Für diesen beruhte die Kultur des Abendlandes auf den grundlegenden Leistungen der „Erschließung der Wildnis zu fruchtbarem Land, [des] Heimischwerden[s] der Menschen in einer ursprünglich feindlichen Umwelt, [der] Sicherung der Ernährung durch den Ertrag bebauten Landes, [der] Aufzucht der Haustiere". Erst nach Erlangung dieser Lebensgrundlage hielt Schauff „eine Entwicklung von Kunst und Handwerk möglich".

Er war davon überzeugt, daß „auch heute noch ... der Kolonisator, der Mann, der den Auftrag hat, neues Siedlungsgebiet für den heimatlosen Menschen unserer Zeit zu erschließen, sein Tun und Beginnen an den alten und erprobten Regeln St. Benedikts" orientieren müsse.

Zum Begriff der „Stabilitas" äußerte Schauff sich sodann folgendermaßen: „Sie gilt nach wie vor als Leitgedanke für jede Agrarkolonisation, insbesondere für die landwirtschaftliche Siedlung auf Neuland. Die mitgestaltende und mitleidende Präsenz des neuen oder gar ersten Grundeigentümers ist für sein eigenes Land, die Bildung der ersten Hof- und Siedlungsgemeinschaft und für die Sicherung zukünftiger Geschlechter unerläßlich."

Wer aber als Initiator und Mitträger eines „Erschließungsunternehmens", so Schauff weiter, „also als Kolonisator, den zuwandernden Siedlern, vor allem denen aus fremdem Land, Heimstatt und Lebenserneuerung schaffen und ‚Menschen unterwegs' seßhaft machen will, muß selbst weithin auf die Stabilitas verzichten."

---

1 Vgl. Waal, Campo Santo; Höfer, Rom, S. 319f.
2 Begründet 1399. Vgl. Schmidlin, Nationalkirche; Höfer, Rom, S. 318f.
3 BHB II; Radkau, Deutsche Emigration, S. 282.

220   XIV. Teutones in Pace – Epilog

Gleichsam das eigene Schicksal beschreibend schloß Schauff diese Ausführungen mit der Feststellung: Der Initiator und Mitträger eines Erschließungsunternehmens „muß die ‚Instabilitas‘, die Wanderung zwischen Völkern und Kontinenten, als persönliches und Familienschicksal annehmen. Das ist der Preis, der gezahlt werden muß, um an dem Schöpfungsauftrag Gottes ‚Macht euch die Erde untertan‘, teilnehmen zu können. Es ist ein hoher Preis."⁴ Karl Josef Hahn vermerkt, daß Schauff aus einem „bewußten, im Glauben geschulten Katholizismus [gekommen sei], der sich nicht leicht emotional oder nationalistisch" habe überfahren lassen⁵. In der römischen Kirche sah er das Tor zur Welt und die Brücke zum Weltbürgertum. So wunderten sich spätere Interviewpartner Schauffs über dessen Leben, das weit ausgegriffen habe, „ganz unterschiedliche Erfahrungswelten und ungewöhnliche, weit ausgespannte Wirksamkeit" umfasse, sowie über die „verwirrende Fülle von Beziehungen, Bekanntschaften, Begegnungen…, verstreut über zwei Kontinente und drei historische Epochen"⁶. Der zum Weltbürger gewordene rheinische Bauernsohn war aber auch ein „homo politicus im allerbesten Sinne, als Tätiger, Erleidender, Unverzagter und stets Helfender und Vermittelnder, eine ‚Persönlichkeit der Zeitgeschichte‘ in der philosophischen Bedeutung dieses Begriffes"⁷.

⁴ Schauff, in: Um der Freiheit willen, S. 303 f.
⁵ Ebenda, S. 256.
⁶ Hermann Rudolph, Ein Bauernsohn als Weltbürger. Ein Leben verstreut über zwei Kontinente und drei Epochen, in: Die Zeit, 17. Dezember 1982.
⁷ Werner Röder an Karin Schauff, 30. 5. 1990 (IfZ, NL Schauff, Bd. 40).

Quellen und Literatur

1. Ungedruckte Quellen

Institut für Zeitgeschichte, München-Berlin (IfZ)

Nachlaß Johannes Schauff
Nachlaß Dieter Sattler
Nachlaß Karl Thieme
Nachlaß Marcia Khan
Zeugenschrifttum Walther Hensel

Archiv für Christlich-Demokratische Politik der Konrad-Adenauer-Stiftung, St. Augustin (ACDP)

Nachlaß Hermann Kopf I-027
Nachlaß Heinrich Krone I-028
Nachlaß Hans Berger I-400
CDU/CSU-Bundestagsfraktion VIII-001

Archiv der sozialen Demokratie der Friedrich-Ebert-Stiftung, Bonn (AsD)

Nachlaß Fritz Erler

Bundesarchiv, Koblenz (BA)

Nachlaß Karl Theodor von und zu Guttenberg
Reichstagsprotokolle (Anlagebände: Ausschuß-Protokolle), 1922–1933.
(unveröffentlichte Sammlung)

Politisches Archiv des Auswärtigen Amts, Bonn, inzwischen Berlin (PAAA)

Bestand Kulturpolitischer Beirat
Bestand Nationale Minderheiten

Historisches Archiv des Erzbistums Köln

Bestand Flüchtlings- und Vertriebenenseelsorge

Katholische Universität Leuven

Dokumente und Papiere (Nachlaß) August Vanistendael

Staatsarchiv München

Bestand Oberfinanzdirektion München (Außenhandel des Reichswirtschaftsministeriums/ Devisenbewirtschaftung)

2. Gedruckte Quellen

a) Akteneditionen

Akten der Reichskanzlei. Das Kabinett von Schleicher. 3. Dezember 1932 bis 30. Januar 1933, bearb. von Anton Golecki. Boppard 1986
Akten der Reichskanzlei. Die Kabinette Brüning I und II. 30. März 1930 bis 30. Mai 1932, 3 Bde., bearb. von Tilman Koops. Bd. 1: 30. März 1930 bis 28. Februar 1931, Boppard 1982; Bd. 2: 1. März 1931 bis 10. Oktober 1931, Boppard 1982; Bd. 3: 10. Oktober 1931 bis 30. Mai 1932, Boppard 1990
Außenpolitik der Bundesrepublik Deutschland. Dokumente von 1949 bis 1994. Köln 1995
Bundes-Gesetzblatt des Norddeutschen Bundes 1867–1870, hrsg. vom Reichsministerium des Innern
Die Protokolle der Reichstagsfraktion und des Fraktionsvorstands der Deutschen Zentrumspartei 1926–1933. Bearbeitet von Rudolf Morsey. Mainz 1969
Reichsgesetzblatt 1929, Teil 1, hrsg. vom Reichsministerium des Innern. Berlin 1918, 1929, 1931. 1) Ostpreußenhilfsgesetz, Gesetz über Hilfsmaßnahmen für die notleidenden Gebiete des Ostens (Osthilfegesetz), in: RGBl. 1931, Teil 1, S. 117–122; 2) Gesetz über wirtschaftliche Hilfe für Ostpreußen, in: RGBl. 1929, Teil 1, S. 97/98
Texte zur Deutschlandpolitik. Bd. 1-2. Hrsg. Bundesministerium für gesamtdeutsche Fragen. Bonn/Berlin 1968
Verhandlungen des Deutschen Bundestags, 5. Wahlperiode, Stenographische Berichte, Bd. 63, 80. Sitzung, 13. Dezember 1966, S. 3657; Bd. 70, 246. Sitzung, 2. Juli 1969, S. 13716–13719
Verhandlungen des Reichstags, 4. Wahlperiode, Stenographische Berichte, Bd. 427, 153. Sitzung, 2. April 1930. Berlin 1930.
Widerstand als „Hochverrat" 1933–1945. Die Verfahren gegen deutsche Reichsangehörige vor dem Reichsgericht, dem Volksgerichtshof und dem Reichskriegsgericht. Mikrofiche-Edition und Erschließungsband, bearb. von Jürgen Zarusky und Hartmut Mehringer. München u. a. 1994–1998
Das Zweite Vatikanische Konzil. Konstitutionen, Dekrete und Erläuterungen/Kommentare, 3 Bde. (= Lexikon für Theologie und Kirche, Bde. 12–14). Freiburg-Basel-Wien 1966–1968

b) Artikel und Publikationen von Johannes Schauff

25 Jahre Rolândia. Studien zur Besiedlung des Nordens von Paraná (Hrsg.). Bonn 1957
Agrarnot und Siedlung, in: Westfälische Neueste Nachrichten (Bielefeld), 22. März 1930
Aktives und passives Wahlrecht der verschiedenen Altersgruppen, in: Der Heimatdienst, 8 (1928), Nr. 14, S. 223–225
Analyse der Konjunkturlage, in: Germania, 28. November 1926
Aus meiner beruflichen und politischen Arbeit (Dezember 1934); auszugsweise abgedruckt in: Pulheimer Beiträge zur Geschichte und Heimatkunde, Bd. 9 (1985), S. 93–94
Auswanderung nach Roland – Gründe und Hintergründe. Interview mit Johannes Schauff in der Zeitschrift „Roland", Nr. 5, November 1957; gekürzte Fassung in: Um der Freiheit willen (Lit. über Johannes Schauff), S. 179–193
Autobiographische Notizen/Fragmente (Ms.), o. D. (1947–1980), im Besitz des Verf.
Bauerntum und Siedlung, in: Der Ost-Siedler, 3 (1932), Nr. 9, S. 1-3
Baupolitik als Konjunkturpolitik, in: Germania, 7. Oktober 1926
Bautätigkeit, in: Germania, 2. November 1926
Das Landproblem des deutschen Westens, in: Das neue Ufer, 20. März 1926
Das Wahlverhalten der deutschen Katholiken im Kaiserreich und in der Weimarer Republik. Untersuchungen aus dem Jahre 1928 herausgegeben und eingeleitet von Rudolf Morsey.

Mainz 1975. Erstausgabe: Die deutschen Katholiken und die Zentrumspartei. Eine politisch-statistische Untersuchung der Reichstagswahlen seit 1871. Köln 1928

Dauernde Arbeitslosigkeit, in: Germania, 12. November 1926

Der Katholizismus und das Landproblem, in: Rhein-Mainische Volkszeitung, 28. Juli 1924 und 29. Juli 1924

Der neue Großhandelsindex des Statistischen Reichsamtes, in: Handelszeitung des Berliner Tageblatts, 21. Dezember 1926

Der neueste Stand der landwirtschaftlichen Verschuldung, in: Kölnische Volkszeitung, 24. August 1926

Der Reichshaushalt 1913 und 1926, in: Das Junge Zentrum 3 (1926), H. 4, S. 78–83

Der Siedler, in: Das Junge Zentrum, 4 (1927), H. 10, S. 204–205

Deutsche Katholiken, katholische Kirche und bäuerliche Ostsiedlung. Schneidemühl o. J. (im Auftrag von Bischof Maximilian Kaller zur Vorlage auf der Fuldaer Bischofskonferenz [1930], als Manuskript gedruckt)

Deutsche und europäische Depression, in: Germania, 29. August 1926

Die Arbeitsgemeinschaft republikanischer Zentrumsstudenten, in: Republikanische Hochschulzeitung, Nr. 6, November 1925

Die Bodenreform in Chile, in: Stimmen der Zeit 88 (1962/63), Bd. 172, H. 8, S. 96–104

Die Durchführung der landwirtschaftlichen Siedlung, in: Rheinisches Land. Zeitschrift zur Pflege echter Landkultur in den Rheinlanden, H. 11/12, Februar/März 1928, S. 172–185

Die Entwicklung der Spareinlage, in: Germania, 16. Dezember 1926

Die europäische Depression, in: Dresdener Neueste Nachrichten, 25. August 1926

Die europäischen Zollmauern, in: Germania, 23. Oktober 1926

Die großdeutsche Tradition, in: Das Junge Zentrum 2 (1925), H. 1, S. 32–35 und H. 2, S. 6–10

Die innere Kolonisation in Italien (anonym), in: Der Ost-Siedler, 4 (1933), Nr. 6/7 und 10, S. 89–92 und S. 140–145

Die Jugend bei den Wahlen, in: Rhein-Mainische Volkszeitung, 20. Juli 1928 (ebenfalls erschienen in: Der Weckruf 4 [1928], Nr. 8, S. 12–13)

Die Konjukturforschung, in: Germania, 21. März 1926

Die Kreditbelastung der Landwirtschaft, in: Germania, 25. August 1926

Die Kreditlage der Landwirtschaft, in: Kölnische Volkszeitung, 20. Juni 1926 (erschienen ebenfalls in: Schlesische Volkszeitung, 31. Juli 1926; Deutsches Volksblatt, 5. August 1926; Freiburger Tagespost, 16. August 1926)

Die Kulturkrise des Landes, in: Das Junge Zentrum 4 (1927), H. 10, S. 187–190

Die Lage der Landwirtschaft seit 1924, in: Germania, 25. November 1926

Die landwirtschaftliche Erschließung Lateinamerikas und der Beitrag Europas, in: Die Neue Ordnung 15 (1961), S. 1–8

Die methodischen Grundlagen der Großhandelsindexziffernberechnung. Phil. Diss. Univ. Leipzig, 1925 (Manuskript)

Die neue Bodenreformgesetzgebung in Chile, in: Innere Kolonisation 12 (1963), H. 8, S. 170–175

Die neue Ernte, in: Germania, 26. Oktober 1926

Die Organisation der bäuerlichen Ostsiedlung, Sonderdruck aus: Das Junge Zentrum 4 (1927), H. 10, S. 3–7

Die Ostsiedler aus dem Rheingebiet, in: Rheinischer Beobachter, Nr. 3, 1. Februarheft 1931

Die Ostsiedler aus Süddeutschland. Die Umsiedlung bis 1926, in: Der Ost-Siedler, Nr. 5/6, April/Mai 1930, S. 3–5

Die Ostsiedler aus West- und Süddeutschland, in: Archiv für innere Kolonisation XX (1928), S. 524–530

Die parteipolitische Struktur Deutschlands, in: Neues Wahlrecht, S. 139–154

Die Schicksalskurve der deutschen Zentrums-Partei, in: Main-Pfälzische Landeszeitung, 27. September 1928

Die West-Ost-Siedlung in den Jahren 1927–1930. Veröffentlichungen der Reichsstelle für Siedlerberatung, H. 1, Berlin 1931

Einerwahlkreise?, in: Germania, 20. April 1929 (ebenfalls erschienen in Kölnische Volkszeitung, 3. Mai 1929)

Geldumlauf und bargeldloser Zahlungsverkehr, in: Germania, 22. Dezember 1926

Gesichtspunkte zur Wahlreform, in: Neues Wahlrecht, S. 200–239

Grundsätzliches zur Rücksiedlungsfrage, in: Der Ost-Siedler, 3 (1932), Nr. 5, S. 1–3

Handelsbilanzen, in: Germania, 10. August 1926

Hindernisse der West-Ostsiedlung, in: Archiv für innere Kolonisation XXII (1930), S. 237–244

Interkonfessionelle Verständigung?, in: Kölnische Volkszeitung, 1. November 1932

Internationale Arbeitslosigkeit, in: Germania, 1. August 1926

Jean Mabillon. Ein Kämpfer katholischer Geschichtswissenschaft, in: Germania 28, Dezember 1922

Jungzentrum. Die Reichstagung der Windthorstbunde, in: Abendblatt der Frankfurter Zeitung, 30. August 1926

Konjunktur und Krise (unter Ps. Dr. R. Baumann), in: Der Deutsche, 23. Februar 1926 (ebenfalls erschienen in: Freiburger Tagespost, 7. Juni 1926)

Korruptionsskandale und republikanische Jugend, in: Rhein-Mainische Volkszeitung, 2. Februar 1925

Landerschließung und Kolonisation in Lateinamerika (Hrsg.). Berlin/Bonn 1959.

Landwirtschaftliche Kreditstatistik, in: Germania, 14. Juli 1926

Landwirtschaftliche Kreditstatistik, in: Germania, 20. März 1926

Motorisierung Deutschlands, in: Germania, 9. November 1926

Neue Jugend, in: Neue Jugend. Weckrufe zur Betätigung wahren Menschentums, hrsg. von G. H. Weber, Coburg. Nr. 1, April 1922

Neues Wahlrecht, in: Der Weckruf 5 (1929), Nr. 5, S. 1-2

Neues Wahlrecht. Beiträge zur Wahlreform (hrsg. von Johannes Schauff). Berlin 1929

Osthilfe und Siedlung (anonym), in: Das Zentrum, 1933, Nr. 3/4, S. 49–72

Ostsiedlung und Bauerntum, in: Der Heimatdienst, 11 (1931), Nr. 9, S. 138–140 (ebenfalls erschienen in: Die Schildgenossen, 11 [1931], Nr. 11, S. 161–168)

Parteienzersplitterung und Staatsgerichtshof, in: Germania, 4. Februar 1930

Vielleicht hätte es einige Tausend Tote gegeben. Gespräch mit Dr. Johannes Schauff, in: Guido Knopp und Bernd Wegmann, Warum habt Ihr Hitler nicht verhindert? Frankfurt a. M. 1983, S. 20–27

Volk und Volksbildung in Dänemark (zus. mit Karin Schauff). Mit einem Vorwort von Anton Heinen. Schriften des Vereins zur Förderung der Bauernbildung, H. 1. Düsseldorf o. J. (1931)

Vom jungen Zentrum. Die Reichstagung der Windthorstbunde, in: Abendblatt der Frankfurter Zeitung, 4. September 1925

Wahl als Entscheidung, in: Rhein-Mainische Volkszeitung, 27. Oktober 1924

Wahldiagnose in Köln, in: Rhein-Mainische Volkszeitung, 25. August 1929 (ebenfalls erschienen in: Der Weckruf 4 (1928), Nr. 9, S. 12)

Wahlrecht für Frauen, in: Germania, 12. November 1926

Wechsel und Konjunktur, in: Germania, 23. Dezember 1926

Wer kann siedeln? Berufskrise und Bauernsiedlung (Hrsg.). Berlin 1932

Wie lese ich mein Konjunkturbarometer?, in: Bauwelt, H. 39, 30. September 1926

Wo steht unsere Landjugend?, in: Rheinisches Zentrum. Mitteilungen der Rheinischen Zentrumspartei, Nr. 11/12, November/Dezember 1925, Nr. 1, April 1926 sowie Nr. 2, Juli 1926 (als Manuskript gedruckt)

World Migration Movements. Book of the International Catholic Migration Congress, 12.–16. Sept. 1954, Breda (Mithrsg.). The Hague 1954

Zum Problem der Massenarbeitslosigkeit, in: Germania, 5. September 1926

Zur Konjunkturlage, in: Germania, 1. Juni 1926
Zur Soziologie der Wahlen, in: Der Heimatdienst 8 (1928), Nr. 11, S. 170 f. (ebenfalls erschienen in: Der Weckruf 4 [1928], Nr. 7, S. 1–2)

c) *Publikationen von Karin Schauff*

Brasilianischer Garten. Pfullingen 1970/71
Das Klingelband. Pfullingen 1979
Die Entwicklung zum Proportionalrecht in Deutschland, in: Johannes Schauff, Neues Wahlrecht, S. 126–138
Ein Sack voll Ananas. Pfullingen 1974.
Erinnerung an Dr. Carl Sonnenschein, 1876–1929, in: L'Osservatore Romano, 9. Juli 1976
Erinnerung an Ludwig Kaas. Pfullingen 1972
Heinrich von Brentano di Tremezzo. Der Mensch und Freund, in: Erbe und Auftrag, 41 (1965), hrsg. von der Erzabtei Beuron, S. 47–52
Schreib mir alles, Mutter. Pfullingen 1987
Teutones in pace. Dem Andenken an Schwester M. Magdalena Braun. Bozen 1952
Volk und Volksbildung in Dänemark (s. Schriften Johannes Schauff)
Wahlheimat Rom. Privatdruck 1968

3. Literatur

a) *Biographisches zu Johannes Schauff*

Dornseifer, Gerhard, Dr. Johannes Schauff, in Stommeln geboren – in der Welt zu Hause, in: Pulheimer Beiträge zur Geschichte und Heimatkunde, Bd. 9 (1985), hrsg. von der Stadt Pulheim. Pulheim 1985, S. 84–91
Ettighoffer, Paul C., Weiter Weg von Mecklenburg bis Brasilien! Schaffen und Schicksal eines Politikers der Weimarer Zeit, (Ms., o. J.), in: NL Schauff, Bd. 41
Exil in Brasilien. Die deutschsprachige Emigration 1933- 1945. Eine Ausstellung des Deutschen Exilarchivs 1933- 1945. Die Deutsche Bibliothek, Frankfurt a. M., hrsg. von Klaus-Dieter Lehmann, Red. Christine Hohnschopp. Frankfurt a. M. 1994, S. 27–35
Fischer, Hans-Joachim, Ganz nach dem Herzen eines politischen Christen. Karin und Johannes Schauff – kompromißlos und menschenfreundlich, in: Frankfurter Allgemeine Zeitung, 28. Januar 1989
Fütterer, Karl, Johannes Schauff – ein Pionier der ländlichen Siedlung, Sonderheft der Schriftenreihe für ländliche Sozialfragen. Hannover 1959, S. 22–23 (auch veröffentlicht in: Innere Kolonisation 12 [1963], H. 1, S. 22–23)
Morsey, Rudolf, Ein ungewöhnliches deutsches Schicksal im 20. Jahrhundert: Johannes Schauff, in: Pulheimer Beiträge zur Geschichte und Heimatkunde, Bd. 9 (1985), S. 97–108
Ders., Johannes Schauff (1902–1990), in: Zeitgeschichte in Lebensbildern, Bd. 8: Aus dem deutschen Katholizismus des 19. und 20. Jahrhunderts, hrsg. von Jürgen Aretz, Rudolf Morsey und Anton Rauscher. Mainz 1997, S. 233–246, 322–323
Rudolph, Hermann, Ein Bauernsohn als Weltbürger, in: Die Zeit, 19. Dezember 1982
Schneider, Dieter Marc, Christliche und konservative Remigranten. Das Beispiel Johannes Schauff, in: Rückkehr und Aufbau nach 1945. Deutsche Remigranten im öffentlichen Leben Nachkriegsdeutschlands, hrsg. von Claus-Dieter Krohn und Patrik von zur Mühlen. Marburg 1997, S. 157–187
Schneider, Dieter Marc, Die Südtiroler Irredenta. Johannes Schauffs Beitrag zur Lösung eines europäischen Problems, in: „Der Fremde im Dorf". Überlegungen zum Eigenen und

Fremden in der Geschichte. Rex Rexheuser zum 65. Geburtstag, hrsg. von Hans-Jürgen Bömelburg und Beate Eschment. Lüneburg 1998, S. 427–444

Um der Freiheit willen. Eine Festgabe für und von Johannes und Karin Schauff zum 80. Geburtstag, hrsg. von Paulus Gordan. Pfullingen 1983

Woller, Rudolf, Flucht in den Busch mit sieben Kindern, in: Rheinischer Merkur, 4. März 1984

b) Buchpublikationen und Aufsätze

35 Jahre Exilliteratur in der Deutschen Bibliothek Frankfurt am Main. Ein Beitrag zur Geschichte der Exilforschung in der Bundesrepublik Deutschland. Für Werner Berthold zum 31. März 1984. Frankfurt a. M. 1984

Adenauer, Konrad, Erinnerungen. Fragment. Stuttgart 1968

Alexander, Helmut/Lechner, Stefan/Leidlmair, Adolf, Heimatlos. Die Umsiedlung der Südtiroler. Wien 1993

Annuario Pontificio 1967. Città del Vaticano 1967

Anschütz, Gerhard/Richard Thoma (Hrsg.), Handbuch des deutschen Staatsrechts. Tübingen 1930

Archiv für innere Kolonisation, hrsg. von der Gesellschaft zur Förderung der inneren Kolonisation. Berlin, Jgg. 1926–1933

Bade, Klaus J., Homo migrans. Wanderungen aus und nach Deutschland. Erfahrungen und Fragen. Essen 1994

Baerwald, Friedrich, Zur politischen Tätigkeit deutscher Emigranten im Council for a Democratic Germany, in: VfZ 28 (1980), S. 372–383

Baring, Arnulf, Machtwechsel. Die Ära Brandt-Scheel. Stuttgart 1982

Barzel, Rainer, Geschichten aus der Politik. Frankfurt a. M. 1987

Bayern in der NS-Zeit. Bd. I-VI, hrsg. von Martin Broszat u.a. München 1977–1983

Becher, Herbert J., Ein früher Freund Polens, in: Um der Freiheit willen (s. unter: Biographisches zu Johannes Schauff), S. 240–246

Becker, Heinrich, Handlungsspielräume der Agrarpolitik in der Weimarer Republik zwischen 1923 und 1929. Stuttgart 1990

Becker, Josef, Zentrum und Ermächtigungsgesetz 1933 (Dokumentation), in: VfZ 9 (1961), S. 195–210

Becker, Winfried, Politische Neuordnung aus der Erfahrung des Widerstands. Katholizismus und Union, in: Peter Steinbach (Hrsg.), Widerstand. Ein Problem aus Theorie und Geschichte, S. 261–292

Beil, Johannes, In Urwald und Großstadt Brasiliens. Ein Menschenleben im Dienst der Seelsorge und der sozialen Entwicklung. São Paulo-Aalen 1967

Bergmann, Karl Hans, Die Bewegung „Freies Deutschland in der Schweiz" 1943–1945. München 1974

Bethell, Nicholas, Das letzte Geheimnis. Die Auslieferung russischer Flüchtlinge an die Sowjets durch die Alliierten 1944–1947. Frankfurt a. M./Berlin 1980

Bingen, Dieter, Die Polenpolitik der Bonner Republik von Adenauer bis Kohl 1949–1991. Baden-Baden 1998

Biographisches Handbuch der deutschsprachigen Emigration nach 1933/International Biographical Dictionary of Central European Emigrés, 1933–1945, hrsg. vom Institut für Zeitgeschichte, München, und der Research Foundation for Jewish Emigration, New York, unter der Ltg. von Werner Röder und Herbert A. Strauss. 3 Bde. München u.a. 1980–1983

Blumenwitz, Dieter/Klaus Gotto/Hans Maier/Konrad Repgen/Hans-Peter Schwarz (Hrsg.), Konrad Adenauer und seine Zeit. Stuttgart 1976

Boff, Leonardo, Jesus Christ Liberator. Maryknoll/NY 1978

Boll, Bernhard/Volker Schulze/Hans Süssmuth (Hrsg.), Zeitungsland Nordrhein-Westfalen. Geschichte – Profile – Struktur. Bonn 1993

Bonhoeffer, Dietrich, Gesammelte Schriften, hrsg. von Eberhard Bethge. Bd. VI. München 1974

Bouvier, Beatrix, Zwischen Godesberg und Großer Koalition. Der Weg der SPD in die Regierungsverantwortung. Bonn 1990

Boyens, Wilhelm Friedrich, Die Geschichte der ländlichen Siedlung. 2 Bde., hrsg. von Oswald Lehnich. Berlin–Bonn 1959–1960

Braatz, Werner E., Die agrarisch-industrielle Front in der Weimarer Republik 1930–1932, in: Schmollers Jahrbuch für Wirtschafts- und Sozialwissenschaften 91 (1971), S. 541–565

Bracher, Karl Dietrich, Die Auflösung der Weimarer Republik. Königstein/Düsseldorf [5]1978

Breipohl, Renate, Religiöser Sozialismus und bürgerliches Geschichtsbewußtsein zur Zeit der Weimarer Republik. Zürich 1971

Breuning, Bernd, Die deutsche Rolandwanderung (1932–1938). Soziologische Analyse in historischer, wirtschaftlicher und politischer Sicht. Mit einem Geleitwort von Johannes Schauff. München 1983

Briegel, Manfred/Wolfgang Frühwald (Hrsg.), Die Erfahrung der Fremde. Kolloquium des Schwerpunktprogramms „Exilforschung" der Deutschen Forschungsgemeinschaft. Forschungsbericht. Weinheim 1988

Broszat, Martin, Nationalsozialistische Polenpolitik 1939–1940. Stuttgart 1961

Brüning, Heinrich, Reden und Aufsätze eines deutschen Staatsmanns, hrsg. von Wilhelm Vernekohl unter Mitwirkung von Rudolf Morsey. Münster 1968

Ders., Memoiren 1918–1934. Stuttgart 1970

Ders., Briefe und Gespräche. Bd. I: 1934–1945; Bd. II: Briefe 1946–1960, hrsg. von Claire Nix unter Mitarbeit von Reginald Phelps und George Pettee. Stuttgart 1974

Buchheim, Karl, Eine sächsische Lebensgeschichte. Erinnerungen 1889–1972. Bearbeitet von Udo Wengst u. Isabel F. Pantenburg. München 1996

Büsch, Otto/Monika Wölk/Wolfgang Wölk (Hrsg.), Wählerbewegung in der deutschen Geschichte. Analysen und Berichte zu den Reichstagswahlen 1871–1933. Berlin 1978

Camara, Helder, Revolution für den Frieden. Freiburg 1969

Corsini, Umberto/Lill, Rudolf, Südtirol 1918–1946. Bozen 1988

Courtois, Stéphane/Nicolas Werth/Jean-Louis Panné/Andrzej Paczkowski/Karel Bartosek/ Jean-Louis Margolin, Das Schwarzbuch des Kommunismus. Unterdrückung, Verbrechen und Terror. München/Zürich 1998

Czaja, Herbert, Ausgleich mit Osteuropa. Versuch einer europäischen Friedensordnung. Stuttgart 1969

Ders., Der deutsch-polnische Dialog. Ein Briefwechsel zwischen den polnischen und den deutschen Bischöfen (Vortrag vom 16. Oktober 1966). Sonderdruck der Eichendorffgilde in: H. Koschyk (Hrsg.), Herbert Czaja: Unsere sittliche Pflicht. Stuttgart 1989, S. 98–130

Ders., Unterwegs zum kleinsten Deutschland? Mangel an Solidarität mit den Vertriebenen. Marginalien zu 50 Jahren Ostpolitik. Frankfurt a.M. 1996

Der Ost-Siedler. Mitteilungsblatt der Siedlervermittlungsstelle der Gesellschaft zur Förderung der inneren Kolonisation bzw. der Reichsstelle für Siedlerberatung. Berlin 1930–1933

Deutsche Biographische Enzyklopädie, hrsg. von Walther Killy. 11 Bde. München u. a. 1995–2000

Deutsch-polnischer Dialog. Briefe der polnischen und deutschen Bischöfe und internationale Stellungnahmen. Bonn u. a. 1967

Doering-Manteuffel, Anselm, Dimensionen von Amerikanisierung in der deutschen Gesellschaft, in: Archiv für Sozialgeschichte 35 (1995), S. 1-34

Ders., Wie westlich sind die Deutschen? Amerikanisierung und Westernisierung im 20. Jahrhundert. Göttingen 1999

Dohrn, Klaus, Das Amerikabild Adenauers, in: Dieter Blumenwitz u.a. (Hrsg.), Konrad Adenauer und seine Zeit, S. 510–523

Dörpinghaus, Bruno, Die Genfer Sitzungen führender christlich-demokratischer Politiker im Nachkriegseuropa, in: Dieter Blumenwitz u.a. (Hrsg.), Konrad Adenauer und seine Zeit, S. 538–565

Ebneth, Rudolf, Die österreichische Wochenschrift „Der christliche Ständestaat". Deutsche Emigration in Österreich 1933–1938. Mainz 1976

Ehmke, Horst, Mittendrin. Von der Großen Koalition zur deutschen Einheit. Berlin 1994

Erdmann, Karl Dietrich, Adenauer in der Rheinlandpolitik nach dem Ersten Weltkrieg. Stuttgart 1966

Ermacora, Felix, Südtirol und das Vaterland Österreich. Wien/München 1984

Eschenburg, Theodor, Carl Sonnenschein, in: VfZ 11 (1963), S. 333–361

Falter, Jürgen W., Hitlers Wähler. München 1991

Ders./Lindenberger, Thomas/Schumann, Siegfried, Wahlen und Abstimmungen in der Weimarer Republik. Materialien zum Wahlverhalten 1919–1933. München 1986

Feilchenfeld, Werner/Dolf Michaelis/Ludwig Pinner, Haavera-Transfer nach Palästina und Einwanderung deutscher Juden 1933–1939. Tübingen 1972

Feinde werden Freunde, hrsg. von Friedbert Pflüger und Winfried Lipscher. Bonn 1993

Fiederlein, Friedrich Martin, Der deutsche Osten und die Regierungen Brüning, Papen, Schleicher. Phil. Diss. Univ. Würzburg, 1966

Forschbach, Edmund, Edgar Jung und der Widerstand gegen Hitler, in: „Civis", 15. November 1959

Ders., Brief an Johannes Schauff, in: Um der Freiheit willen (s. unter Literatur über Johannes Schauff), S. 80–85

Ders., Edgar J. Jung. Ein konservativer Revolutionär. 30. Juni 1934. Pfullingen 1984

Framke, Gisela, Im Kampf um Südtirol. Ettore Tolomei (1865–1952) und das „Archivio per l'Alto Adige". Tübingen 1987

Freeden, Hermann von, Meilensteine deutscher Kolonisation in Südbrasilien nach dem Ersten Weltkrieg, in: Johannes Schauff (Hrsg.), 25 Jahre Rolândia, S. 69–75

Frühwald, Wolfgang/Heinz Hürten (Hrsg.), Christliches Exil und christlicher Widerstand. Ein Symposium an der Katholischen Universität Eichstätt 1985. Regensburg 1987

Ders./Wolfgang Schieder (Hrsg.), Leben im Exil. Probleme der Integration deutscher Flüchtlinge im Ausland 1933–1945. Hamburg 1981

Fünfzehn Jahre Atlantik-Brücke (American Council on Germany). Hamburg 1967

Goergen, Hermann Mathias, Ein Leben gegen Hitler. Geschichte und Rettung der „Gruppe Goergen". Autobiographische Skizzen. Münster u.a. 1997

Goetz, Helmut, Das Attentat in der Via Rasella (1944), in: Innsbrucker historische Studien, Bd. 6 (1983), S. 161–178

Gordan, Paulus, Freundschaft mit Bernanos. Köln/Olten 1959

Goschler, Constantin, Wiedergutmachung. Westdeutschland und die Verfolgten des Nationalsozialismus (1945–1954). München 1992

Götz von Olenhusen, Irmtraud, Jugendreich, Gottesreich, Deutsches Reich. Junge Generation, Religion und Politik 1928–1933. Köln 1987

Graß, Karl Martin, Papenkreis und Röhmkrise 1933/34. Phil. Diss. Univ. Heidelberg, 1966.

Grote, Maria, An den Ufern der Weltstadt: Ein Gedenkbuch für Dr. Carl Sonnenschein. Münster ⁴1954

Guttenberg, Karl Theodor Freiherr von und zu, Fußnoten. Frankfurt a. M. 1973

Hammersen, Nicolai, Politisches Denken im deutschen Widerstand. Ein Beitrag zur Wirkungsgeschichte neokonservativer Ideologien 1914–1944. Berlin 1993

Hartungen, Christoph von, u.a., Die Südtiroler Polizeiregimenter 1943–1945, in: Der Schlern. Monatszeitschrift für Südtiroler Landeskunde 55 (1981), H. 10, S. 494–516

Hehl, Ulrich von/Konrad Repgen (Hrsg.), Der deutsche Katholizismus in der zeitgeschichtlichen Forschung. Mainz 1988

Heiber, Helmut, Karl Frank und sein Reichsinstitut für Geschichte des neuen Deutschlands. Stuttgart 1966

Heller, Edith, Macht–Kirche–Politik. Der Briefwechsel zwischen den polnischen und deutschen Bischöfen im Jahre 1965. Köln 1992

Heller, Hermann, Gesammelte Schriften, hrsg. von Martin Drath u. a. Leiden 1971

Henke, Klaus-Dietmar, Die amerikanische Besetzung Deutschlands. München ²1996

Herbert, Ulrich, Fremdarbeiter. Politik und Praxis des „Ausländer-Einsatzes" in der Kriegswirtschaft des Deutschen Reiches. Berlin/Bonn 1985

Ders., Nicht entschädigungsfähig? Die Wiedergutmachungsansprüche der Ausländer, in: Ludolf Herbst/Constantin Goschler (Hrsg.), Wiedergutmachung in der Bundesrepublik Deutschland. München 1989, S. 273–392

Herbst, Ludolf/Constantin, Goschler (Hrsg.), Wiedergutmachung in der Bundesrepublik Deutschland. München 1989

Hermens, Ferdinand A., Demokratie oder Anarchie. Untersuchungen über die Verhältniswahl. Mit einem Vorwort von Alfred Weber. Frankfurt a. M. 1951

Ders., Sicherung, Ausbau und Verankerung des parlamentarischen Systems in der Bundesrepublik, in: Verfassung und Verfassungswirklichkeit, hrsg. von Ferdinand A. Hermens, Bd. 6, Teil 1 (1972), S. 5–82

Ders., Änderung des Wahlrechts oder Ende des Parlamentarismus, in: Um der Freiheit willen (s. unter Literatur über Johannes Schauff), S. 38–60

Ders./Theodor Schieder (Hrsg.), Staat, Wirtschaft und Politik in der Weimarer Republik. Festschrift für Heinrich Brüning. Berlin 1967

Herwarth, Hans von, Von Adenauer zu Brandt. Erinnerungen. Berlin/Frankfurt a. M. 1990

Heuss, Theodor, Verhältniswahl und Parlamentarismus, in: Zeitschrift für Politik 20 (1931), S. 312–316

Ders., Friedrich Naumann. Der Mann, das Werk, die Zeit. Bd. 2. Stuttgart/Berlin 1937

Hitler, Adolf, Die Südtiroler Frage und das deutsche Bündnis-Problem. München 1926

Hitze, Guido, Die Zentrumspartei in Schlesien in der Zeit der Weimarer Republik (1919–1933). Magisterarbeit Gesamthochschule Wuppertal, 1992

Höfer, Josef, Rom, Römer und Romäer. Nova et vetera zum Romerlebnis im Heiligen Jahr, in: Theologie und Glaube, 1950, H. 4, S. 289–322

Hoppe, Bert, Von Schleicher zu Hitler. Dokumente zum Konflikt zwischen Reichslandbund und der Regierung Schleicher in den letzten Wochen der Weimarer Republik, in: VfZ 45 (1997), S. 629–657

Hörster-Philipps, Ulrike, Joseph Wirth (1879–1956). Eine politische Biographie. Paderborn u. a. 1998

Hürten, Heinz, Waldemar Gurian. Ein Zeuge der Krise unserer Welt in der ersten Hälfte des 20. Jahrhunderts. Mainz 1972

Ders., Zeugnis und Widerstand. Zur Interpretation des Verhaltens der katholischen Kirche im Deutschland Hitlers, in: Peter Steinbach (Hrsg.), Widerstand. Ein Problem aus Theorie und Geschichte, S. 144–159

Jacobmeyer, Wolfgang, Polnische Juden in der amerikanischen Besatzungszone (Dokumentation), in: VfZ 25 (1977), S. 120–135

Ders., Vom Zwangsarbeiter zum heimatlosen Ausländer. Die Displaced Persons in Westdeutschland 1945–1951. Göttingen 1985

Jedin, Hubert, Das Zweite Vatikanische Konzil, in: Handbuch der Kirchengeschichte, Bd. VII (Die Weltkirche im 20. Jahrhundert), hrsg. von Hubert Jedin und Konrad Repgen. Freiburg/Basel/Wien 1979, S. 97–153

Ders., Lebensbericht, hrsg. von Konrad Repgen. Mainz 1984

Katz, Robert, Mord in Rom. München 1968

Kautsky, Karl, Die Agrarfrage. Stuttgart 1904

Kiesinger, Kurt Georg, Dunkle und helle Jahre. Erinnerungen 1904–1958, hrsg. von Reinhard Schmoeckel. Stuttgart 1989

Klemperer, Klemens von, Glaube, Religion, Kirche und der deutsche Widerstand gegen den Nationalsozialismus, in: VfZ 28 (1980), S. 239–309

Koch-Weser, Erich, Hitler and Beyond. A German Testament. A. Knopf (Ed.). New York 1945

Koenen, Andreas, Der Fall Carl Schmitt. Sein Aufstieg zum „Kronjuristen des Dritten Reiches". Darmstadt 1995

Koestler, Arthur, Darkness at Noon. London 1940 (deutsche Ausgabe: Sonnenfinsternis. Stuttgart 1948)

Köhler, Henning, Adenauer und die rheinische Republik. Der erste Anlauf 1918–1924. Opladen 1986

Kohlhepp, Gerd, Agrarkolonisation in Nord-Paraná. Wirtschafts- und sozialgeographische Entwicklungsprozesse einer randtropischen Pionierzone Brasiliens unter dem Einfluß des Kaffeeanbaus. Wiesbaden 1975

Kosminsky, Ethel V., Rolândia, a terra prometida. São Paulo 1985

Kosthorst, Daniel, Brentano und die deutsche Einheit. Die Deutschland- und Ostpolitik des Außenministers im Kabinett Adenauer 1955–1961. Düsseldorf 1993

Krieger, Silke (Hrsg.), Partner für den demokratischen Weg. St. Augustin 1983

Kroegel, Dirk, Einen Anfang finden! Kurt Georg Kiesinger in der Außen- und Deutschlandpolitik der Großen Koalition. München 1997

Krohn, Claus-Dieter/Patrik von zur Mühlen (Hrsg.), Rückkehr und Aufbau nach 1945. Deutsche Remigranten im öffentlichen Leben Nachkriegsdeutschlands. Marburg 1997

Krone, Heinrich, Tagebücher. Erster Band: 1945–1961, bearb. von Hans-Otto Kleinmann. Düsseldorf 1995

Kronstein, Heinrich, Briefe an einen jungen Deutschen. München 1967

Kühnhardt, Ludger, Die Flüchtlingsfrage als Weltordnungsproblem. Wien 1984

Küppers, Heinrich, Joseph Wirth. Parlamentarier, Minister und Kanzler der Weimarer Republik. Stuttgart 1997

Lamesfeld, Jean, La Roque sur Pernes – eine siedlerische Glanzleistung von Banater Bauern in Frankreich, in: Jahrbuch der Donauschwaben aus Jugoslawien: Patenschaftskalender 1968. Sindelfingen 1968, S. 57–62

Ders., Von Österreich nach Frankreich: Die Banater Aktion und Robert Schuman. Salzburg 1973

Latour, Conrad F., Südtirol und die Achse Berlin-Rom 1938–1945. Stuttgart 1962

Lehmann, Klaus-Dieter (Hrsg.) und Christine Hohnschopp (Red.), Exil in Brasilien. Die deutschsprachige Emigration 1933–1945. Eine Ausstellung des Deutschen Exilarchivs 1933–1945. Deutsche Bibliothek Frankfurt a. M./Leipzig 1994

Lücke, Paul, Ist Bonn doch Weimar? Der Kampf um das Mehrheitswahlrecht. Frankfurt a. M./Berlin 1968

M. d. R. Die Reichstagsabgeordneten der Weimarer Republik in der Zeit des Nationalsozialismus. Politische Verfolgung, Emigration und Ausbürgerung 1933–1945, hrsg. von Martin Schumacher. Düsseldorf ³1994

Maier, Max Hermann, Den Baumeistern Rolândias zum Gedächtnis, in: Roland. Das monatliche Mitteilungsblatt von Pro-Arte-Rolândia, Nr. 5, November 1957, S. 1–2

Ders., Ein Frankfurter Rechtsanwalt wird Kaffeepflanzer im Urwald Brasiliens. Bericht eines Emigranten 1938–1975. Frankfurt a. M. 1975

Marquardt-Bigman, Petra, Amerikanische Geheimdienstanalysen über Deutschland 1942–1949. München 1995

Martiny, Martin, Die Entstehung und politische Bedeutung der „Neuen Blätter für den Sozialismus" und ihres Freundeskreises, in: VfZ 25 (1977), S. 373–419

Matthias, Erich/Rudolf Morsey (Hrsg.), Das Ende der Parteien 1933. Düsseldorf 1960

May, Georg, Ludwig Kaas. Der Priester, der Politiker und der Gelehrte aus der Schule von Ulrich Stutz. 3 Bde. Amsterdam 1981–1982

Mehringer, Hartmut, Waldemar von Knoeringen. Der Weg vom revolutionären Sozialismus zur sozialen Demokratie. München 1989

Ders., Impulse sozialdemokratischer Remigranten auf die Modernisierung der SPD, in: Krohn/zur Mühlen (Hrsg.), Rückkehr und Aufbau nach 1945, S. 91–110

Ders., Widerstand und Emigration. Das NS-Regime und seine Gegner. München 1997

Ders./Röder, Werner/Schneider, Dieter Marc, Zum Anteil ehemaliger Emigranten am politischen Leben der Bundesrepublik Deutschland, der Deutschen Demokratischen Republik und der Republik Österreich, in: Frühwald/Schieder (Hrsg.), Leben im Exil, S. 207–223

Merkenich, Stephanie, Grüne Front gegen Weimar. Reichs-Landbund und agrarischer Lobbyismus 1918–1933. Düsseldorf 1998

Mierendorff, Carl(o), Lebendige Demokratie, in: Deutsche Republik 3 (1929), H. 45, S. 1401–1404

Möller, Horst, Gottfried Reinhold Treviranus. Ein Konservativer zwischen den Zeiten, in: Um der Freiheit willen (s. unter: Biographisches zu Johannes Schauff), S. 118–146

Ders., Parlamentarismus in Preußen 1919–1932. Düsseldorf 1985

Ders., Der Begriff der Nation und die ethnische Mobilität in historischer Perspektive, in: Das Individuum und die gemeinschaftlichen Beziehungen in Europa an der Schwelle des dritten Jahrtausends. Akten der XXIII. internationalen Tagung deutsch-italienischer Studien. Meran 1996, S. 332–353

Ders., Weimar. Die unvollendete Demokratie. München ⁶1997

Mommsen, Hans, Gesellschaftsbild und Verfassungspläne des deutschen Widerstandes, in: Der deutsche Widerstand gegen Hitler. Vier historisch-kritische Studien von Hermann Graml, Hans Mommsen, Hans-Joachim Reichhardt und Ernst Wolf, hrsg. Walter Schmitthenner und Hans Buchheim. Köln/Berlin 1966, S. 73–167

Morsey, Rudolf, Die Deutsche Zentrumspartei, in: Matthias/Morsey (Hrsg.), Das Ende der Parteien, S. 282–453

Ders., Hitlers Verhandlungen mit der Zentrumsführung am 31. Januar 1933 (Dokumentation), in: VfZ 9 (1961), S. 182–194

Ders., Der Untergang des politischen Katholizismus. Die Zentrumspartei zwischen christlichem Selbstverständnis und „Nationaler Erhebung" 1932/33. Stuttgart-Zürich 1977

Ders., Leben und Überleben im Exil. Am Beispiel von Joseph Wirth, Ludwig Kaas und Heinrich Brüning, in: Um der Freiheit willen (s. unter: Biographisches zu Johannes Schauff), S. 86–117

Ders., Brünings Einschätzung der politischen Entwicklung in Deutschland 1934–1948, in: Frühwald/Hürten (Hrsg.), Christliches Exil und christlicher Widerstand, S. 371–393.

Ders., Georg Schreiber, in: Wolfgang Treue/Karlfried Gründer (Hrsg.), Berlinische Lebensbilder: Wissenschaft in Berlin. Berlin 1987, S. 269–284

Ders., Die Vorbereitung der Großen Koalition von 1966. Unionspolitiker im Zusammenspiel mit Herbert Wehner, in: Von der Arbeiterbewegung zum modernen Sozialstaat. Festschrift für Gerhard A. Ritter zum 65. Geburtstag, hrsg. Jürgen Kocka, Hans-Jürgen Puhle und Klaus Tenfelde. München u. a. 1994, S. 462–478

Ders., Gründung und Gründer der Kommission für Zeitgeschichte 1960–1962, in: Historisches Jahrbuch 115 (1995), S. 453–485

Ders., Heinrich Lübke. Eine politische Biographie. Paderborn u. a. 1996

Ders., Brüning und Adenauer. Zwei Wege deutscher Politik im 20. Jahrhundert. Eine Forschungsbilanz nach 25 Jahren. Speyrer Vorträge/Hochschule für Verwaltungswissenschaften Speyer, 1996

Ders./Konrad Repgen (Hrsg.), Adenauer-Studien, Bd. I. Mainz 1971

Müller, Frank, Die „Brüning Papers": Der Nachlaß des letzten Zentrumskanzlers in Harvard, in: Historisches Jahrbuch 1993

Müller, Hermann, Die Novemberrevolution. Berlin 1928

Muth, Heinrich, Agrarpolitik und Parteipolitik im Frühjahr 1932, in: Hermens/Schieder (Hrsg.), Staat, Wirtschaft und Politik in der Weimarer Republik, S. 317–360

Neue Deutsche Biographie, hrsg. von der Historischen Kommission bei der Bayerischen Akademie der Wissenschaften (bisher Bd. 1–19). Berlin 1953 ff.

Neufeldt, Hans-Joachim/Huck, Jürgen/Tessin, Georg, Zur Geschichte der Ordnungspolizei 1936–1945. Koblenz 1957

Nixdorf, Oswald, Pionier im brasilianischen Urwald. Tübingen 1979

Opitz, Peter J., Das Weltflüchtlingsproblem. Ursachen und Folgen. München 1988

Pailer, Wolfgang, Stanislaw Stomma. Nestor der deutsch-polnischen Verständigung. Bonn 1995

Petersen, Jens, Vorspiel zu „Stahlpakt" und Kriegsallianz. Das deutsch-italienische Kulturabkommen vom 23. November 1938, in: VfZ 36 (1988), S. 41–77

Pflüger, Friedbert/Winfried Lipscher (Hrsg.), Feinde werden Freunde. Von den Schwierigkeiten der deutsch-polnischen Nachbarschaft. Bonn 1993

Plum, Günter, Gesellschaftsstruktur und politisches Bewußtsein in einer katholischen Region 1928–1933. Untersuchungen am Beispiel des Regierungsbezirks Aachen. Stuttgart 1972

Pohl, Heinrich, Das Reichstagswahlrecht, in: Gerhard Anschütz/Richard Thoma (Hrsg.), Handbuch des deutschen Staatsrechts, Bd. 1. Tübingen 1930, S. 386–400

Portelli, Hugues/Jansen, Thomas, La Démocratie chrétienne, force internationale. Nanterre 1986

Portner, Ernst, Koch-Wesers Verfassungsentwurf. Ein Beitrag zur Ideengeschichte der deutschen Emigration, in: VfZ 14 (1966), S. 280–298

Prauser, Steffen, Die sogenannten Geiselerschießungen in den Fosse Ardeantine im Rahmen der deutschen Besatzungspolitik in Rom. Magisterarbeit (Ms.) Univ. Frankfurt a. M. 1998

Prehn, Helmut, Das Wesen der auf der Grundlage des Reichssiedlungsgesetzes vom 11. August 1919 betriebenen Siedlungspolitik der herrschenden Klasse in der Zeit der Weimarer Republik. Diss. Universität Rostock 1969

Prüser, Friedrich, Roland und Rolândia. Bremen 1957

Pufendorf, Astrid von, Otto Klepper (1888–1957). Deutscher Patriot und Weltbürger. München 1997

Radkau, Joachim, Die deutsche Emigration in den USA. Ihr Einfluß auf die amerikanische Europapolitik 1933–1945. Düsseldorf 1971

Rahner, Hugo (Hrsg.), Befreiende Theologie der Gegenwart. Stuttgart 1977

Renger, Annemarie, Ein politisches Leben. Erinnerungen. Stuttgart 1993

Repgen, Konrad, 25 Jahre Kommission für Zeitgeschichte – ein Rückblick, in: Hehl/Repgen (Hrsg.), Der deutsche Katholizismus in der zeitgeschichtlichen Forschung, S. 9–17

Reutter, Lutz-Egon, Katholische Kirche als Fluchthelfer im Dritten Reich. Die Betreuung von Auswanderern durch den St. Raphaels-Verein. Recklinghausen-Hamburg 1971

Riesenberger, Dieter, Die katholische Friedensbewegung in der Weimarer Republik. Düsseldorf 1976

Röder, Werner, Die Dokumentation zur Emigration 1933–1945, in: Internationale Wissenschaftliche Korrespondenz zur Geschichte der Arbeiterbewegung, H. 11/12 (April 1971), S. 54–57

Ders./Hermann Weiß/Klaus A. Lankheit, Das Archiv des Instituts für Zeitgeschichte, in: 50 Jahre Institut für Zeitgeschichte. Eine Bilanz. Hrsg. von Horst Möller und Udo Wengst. München 1999, S. 105–125

Roland. Mitteilungsblatt Pro-Arte-Rolândia (1957)

Rupieper, Hermann-Josef, Die Wurzeln der westdeutschen Nachkriegsdemokratie. Der amerikanische Beitrag 1945–1952. Opladen 1993

Sachwörterbuch der Geschichte Deutschlands und der deutschen Arbeiterbewegung. 2 Bde. Berlin (-Ost) 1970

Saint-Sauveur-Henn, Anne (Hrsg.), Zweimal verjagt. Die deutschsprachige Emigration und der Fluchtweg Frankreich – Lateinamerika 1933–1945. Berlin 1998

Santel, Bernhard, Migration in und nach Europa. Erfahrungen, Struktur, Politik. Opladen 1995

Scarano, Federico, Mussolini e la Repubblica di Weimar. Le relazioni diplomatiche fra Italia e Germania. Neapel 1996

Schaefer, Karl Heinz, Der Beratungsausschuß für Umsiedlungsgeschädigte 1964 bis 1999, Redems. (im Besitz des Verf.)

Schanbacher, Eberhard, Parlamentarische Wahlen und Wahlsystem der Weimarer Republik. Düsseldorf 1992

Schechtman, Joseph B., European Population Transfers. New York 1946

Schellenberger, Barbara, Katholische Jugend und Drittes Reich. Mainz 1975

Schirilla, Laszlo, Wiedergutmachung für Nationalgeschädigte. Ein Bericht über die Benachteiligung von Opfern der nationalsozialistischen Gewaltherrschaft. München 1982

Schmid, Carlo, Erinnerungen. München 1981

Schmidlin, Joseph, Geschichte der deutschen Nationalkirche in Rom. Freiburg/Br. 1906

Schneider, Dieter Marc, Saarpolitik und Exil, in: VfZ 25 (1977), S. 467–545

Ders., „. . . Ein Land der Zukunft". Deutschsprachige Emigranten in Brasilien nach 1933, in: Um der Freiheit willen (s. unter: Biographisches zu Johannes Schauff), S. 147–178

Scholder, Klaus, Die Kirchen und das Dritte Reich. 2 Bde. Frankfurt a. M./Berlin 1977–1985

Scholz, Rudolf, Deutsche Entwicklungspolitik. Eine Bilanz nach 25 Jahren. München 1979

Schröder, Wilhelm, Handbuch der sozialdemokratischen Parteitage. Bd. 1: 1863 bis 1909. Tübingen 1930

Schulthess' Europäischer Geschichtskalender (Neue Folge), Bd. 73 (1932), München 1933

Schulz, Gerhard, Zwischen Demokratie und Diktatur. Verfassungspolitik und Reichsreform in der Weimarer Republik, Bd. 3: Von Brüning zu Hitler. Der Wandel des politischen Systems in Deutschland. Berlin/New York 1992.

Schwarz, Hans-Peter, Adenauer. Der Aufstieg 1876–1952. Stuttgart 1986

Ders., Adenauer. Der Staatsmann 1952–1967. Stuttgart 1991

Ders., Vom Reich zur Bundesrepublik. Deutschland im Widerstreit der außenpolitischen Konzeptionen in den Jahren der Besatzungsherrschaft 1945–1949. Neuwied/Berlin 1966

Schwarz, Jürgen, Studenten in der Weimarer Republik. Die deutsche Studentenschaft in der Zeit von 1918 bis 1923 und ihre Stellung zur Politik. Berlin 1971

Schwerin, Friedrich von, Die Bedeutung der Grundbesitzverteilung vom nationalen Standpunkt aus. Lissa 1913

Senz, Ingomar, Die Donauschwaben. München 1994

Seraphim, Hans-Jürgen (Hrsg.), Deutsche Siedlungsbank 1930–1960. Münster 1960

Shuster, George N., In Amerika und Deutschland. Erinnerungen eines amerikanischen College-Präsidenten. Frankfurt a. M. 1965

Smolka, Georg, Die Auswanderung als politisches Problem in der Ära des Deutschen Bundes (1815–1866), hrsg. vom Forschungsinstitut für öffentliche Verwaltung bei der Hochschule für Verwaltungswissenschaften Speyer. Speyer 1993

Soell, Hartmut, Fritz Erler – Eine politische Biographie. 2 Bde. Berlin/Bonn/Bad Godesberg 1976

Ders., Der junge Wehner. Zwischen revolutionärem Mythos und politischer Vernunft. Stuttgart 1991

Solchany, Jean, Vom Antimodernismus zum Antitotalitarismus. Konservative Interpretationen des Nationalsozialismus in Deutschland 1945–1949, in: VfZ 44 (1996), S. 373–394

Stehle, Hansjakob, Der Vatikan und die Oder-Neiße-Grenze, in: Europa Archiv, 27 (1972), S. 559–566

Ders., Der Briefwechsel der Kardinäle Wyszynski und Döpfner im deutsch-polnischen Dialog von 1970–1971, in: VfZ 31 (1983), S. 536–553

Ders., Johannes Schauff – ein Vermittler deutsch-polnischer Verständigung, in: Um der Freiheit willen (s. unter: Biographisches zu Johannes Schauff), S. 247–253

Ders., Seit 1960: Der mühsame katholische Dialog über die Grenze, in: Ungewöhnliche Normalisierung, hrsg. von Werner Plum. Bonn 1984, S. 155–178

Steinbach, Peter (Hrsg.), Widerstand. Ein Problem zwischen Theorie und Geschichte. Köln 1987

Steininger, Rolf, Los von Rom? Die Südtirolfrage 1945/46 und das Gruber-De Gasperi-Abkommen. Innsbruck 1987

Ders., Südtirol zwischen Diplomatie und Terror 1947–1969. 3 Bde. Bozen 1999

Strobel, Georg W., Die Wirtschaftsbeziehungen Deutschlands und Polens 1919–1932, in: Die deutsch-polnischen Beziehungen 1919–1932. XVII. deutsch-polnische Schulbuchkonferenz der Historiker vom 11. bis 17. Juni 1984 in Augsburg. Braunschweig 1985

Ders., Nationalitätenprobleme in Ostmitteleuropa. Räte-Großdeutschland als Mittel kommunistischer Revolutionsstrategie, in: Hans Hecker/Silke Spieler (Hrsg.), Nationales Selbstverständnis und politische Ordnung. Abgrenzungen und Zusammenleben in Ostmitteleuropa bis zum Zweiten Weltkrieg. Bonn 1991

Ders., Die polnische „Preußenkrankheit" und ihre politische Instrumentalisierung, in: Aus Politik und Zeitgeschichte, B 53/1997, S. 21–33

Topf, Erwin, Die grüne Front. Der Kampf um den deutschen Acker. Berlin 1933

Toscano, Mario, Storia diplomatica della questione dell'Alto Adige. Bari 1968

Tucci Carneiro, Maria Luiza, O Anti-Semitismo na era Vargas. Fantasmas de uma geração (1930–1945). São Paulo 1988

Unterrichter, Michael von, Lo status dei residenti Alto Altesini alla luce degli accordi internazionali tra Italia, Germania e Austria. Tesi di Laurea Univ. Urbino, 1982

Unterrichter, Rudolf von, Südtirol im Blick auf Europa. Die deutsch-italienischen Umsiedlungsverträge des Jahres 1933, Auswirkungen und Lösungen, in: Um der Freiheit willen (s. unter Literatur über Johannes Schauff), S. 225–239

Verfassung und Verfassungswirklichkeit. Hrsg. Ferdinand A. Hermens. Köln/Opladen 1966 ff.

Versöhnung aus der Kraft des Glaubens. Analysen, Dokumente, Perspektiven. 1965–1985: 20 Jahre seit dem Briefwechsel zwischen den polnischen und deutschen Bischöfen, hrsg. von der Pressestelle der Deutschen Bischofskonferenz, Red. Gerhard Albert, Rudolf Hammerschmidt und Reinhold Lehmann. Bonn 1985

Vockel, Heinrich, Wahlrechtsreform, in: „Das Junge Zentrum", 6 (1929), S. 73–78

Voigt, Klaus, Zuflucht auf Widerruf. Exil in Italien 1933–1945. 2 Bde. Stuttgart 1989–1993

Ders., Der Vatikan und die Brasilien-Visa 1940–1941, in: Saint-Sauveur-Henn (Hrsg.), Zweimal verjagt, S. 66–75

Volk, Ludwig, Das Reichskonkordat vom 20. Juli 1933. Mainz 1972

Waal, Anton de, Der Campo Santo der Deutschen zu Rom. Freiburg/Br. 1896

Wehler, Hans-Ulrich, Zum Verhältnis von Geschichtswissenschaft und Psychoanalyse, in: HZ 208 (1969), S. 529–554

Wengst, Udo, Schlange-Schöningen, Ostsiedlung und die Demission der Regierung Brüning, in: GWU 30 (1979), Nr. 9, S. 538–551

Widerstand, Verfolgung und Emigration 1933–1945 (Ms., hrsg. vom Forschungsinstitut der Friedrich-Ebert-Stiftung). Bad Godesberg 1967

Widmann, Horst, Exil und Bildungshilfe. Die deutschsprachige akademische Emigration in die Türkei nach 1933. Bern/Frankfurt a. M. 1973

Wirth, Joseph, Eine offene Antwort, in: Deutsche Republik, 3 (1928), S. 706–710

Wirz, Ulrich, Karl Theodor von und zu Guttenberg und das Zustandekommen der Großen Koalition. Grub am Forst 1997

Witt, Peter-Christian, Friedrich Ebert. Parteiführer, Reichskanzler, Volksbeauftragter, Reichspräsident. Bonn 1987

Wittfogel, Karl A., Die orientalische Despotie. Eine vergleichende Untersuchung totaler Macht. Köln/Berlin 1962

Yzermans, Vincent A., The people I love. A Biography of Luigi G. Ligutti. Collegeville/Minn. 1976

Zur Mühlen, Patrik von, Fluchtziel Lateinamerika. Die deutsche Emigration 1933–1945: Politische Aktivitäten und soziokulturelle Integration. Bonn 1988

Abkürzungsverzeichnis

ACDP	Archiv für Christlich-Demokratische Politik der Konrad-Adenauer-Stiftung
AFL/CIO	American Federation of Labor/Congreß of Industrial Organisations
ASA	Accion Social Cattolica
AsD	Archiv für soziale Demokratie der Friedrich-Ebert-Stiftung
BA	Bundesarchiv
BEG	Bundesentschädigungsgesetz
BGBl	Bundesgesetzblatt
BHB	Biographisches Handbuch der deutschsprachigen Emigration
BMF	Bundesministerium der Finanzen
BVP	Bayerische Volkspartei
BWZ	Bundesministerium für wirtschaftliche Zusammenarbeit
CDU	Christlich-Demokratische Union Deutschlands
CIDSE	Coopération internationale pour le développement socio-économique
CSU	Christlich-Soziale Union
CTNP	Companhia de Terras Norte do Paraná
CV	Kartellverband der Katholischen Deutschen Studenten-Verbindungen
DC	Democrazia Cristiana
DDP	Deutsche Demokratische Partei
DDR	Deutsche Demokratische Republik
DJK	Deutsche Jugendkraft
DNVP	Deutschnationale Volkspartei
DP	Displaced Person
FAO	Food and Agriculture Organisation
FAZ	Frankfurter Allgemeine Zeitung
FDP	Freie Demokratische Partei
FIS	Fondation Internationale de Solidarité
FUI	Fédération Universitaire Internationale pour la Société des Nations
GCIE	Giunta Cattolica Italiana per l'Emigrazione
GFK	Gesellschaft zur Förderung der inneren Kolonisation
GHS	Gesamthochschule
GWU	Geschichte in Wissenschaft und Unterricht
HZ	Historische Zeitschrift
IBFG	Internationaler Bund Freier Gewerkschaften
ICEM	Intergovernmental Committee for European Migration
ICMC	International Catholic Migration Commission
ICMLF	International Catholic Migrant Loan Fund
IFCTU	International Federation of Christian Trade Unions
IfZ	Institut für Zeitgeschichte
IIS	Institut für Internationale Solidarität
ILO	International Labour Organisation/Office

INES	Instituto Nacional de Estudios Sindicales (Venezuela)
IRO	International Refugee Organisation
ISK	Internationaler Sozialistischer Kampfbund
KPD	Kommunistische Partei Deutschlands
KPDO	Kommunistische Partei Deutschlands/Opposition
LAG	Lastenausgleichsgesetz
LH	Lufthansa
MdB	Mitglied des Bundestags
MdR	Mitglied des Reichstags
Msgr.	Monsignore
NCWC	National Catholic Welfare Conference
NDB	Neue Deutsche Biographie
NEI	Nouvelles Equipes Internationales
NSDAP	Nationalsozialistische Deutsche Arbeiterpartei
OFM	Ordo Fratrum Minorum (Franziskaner)
OMGUS	Office of Military Government (for Germany), USA
OSB	Ordo Sancti Benedicti
OSS	Office of Strategic Services, USA
PAAA	Politisches Archiv de Auswärtigen Amtes
PDC	Partie Démocrate Chrétienne
RGBl.	Reichsgesetzblatt
RM	Reichsmark
RT	Reichstag
SA	Sturmabteilung der NSDAP
SAPD	Sozialistische Arbeiterpartei Deutschlands
SJ	Societas Jesu (Jesuitenorden)
SPD	Sozialdemokratische Partei Deutschlands
SS	Schutzstaffel der NSDAP
SSS	Sekretariat Sozialer Studentenarbeit
SVP	Südtiroler Volkspartei
UMDC	Union Mondiale Démocrate Chrétienne
UNESCO	United Nations Educational, Scientific and Cultural Organisation
UNO	United Nations Organisation
UNRRA	United Nations Relief and Rehabilitation Administration
USPD	Unabhängige Sozialdemokratische Partei Deutschlands
VfZ	Vierteljahrshefte für Zeitgeschichte
WK	Wahlkreis
WRS	War Relief Services

Personenregister

Auf die Aufname der Namen Karin und Johannes Schauff sowie ihrer Kinder wurde verzichtet.

242 *Personenregister*

Sonnenschein, Carl 7, 20f., 36, 47, 76, 112, 148, 158
Spaak, Paul Henri 90
Spahn, Martin 64
Sperr, Franz 198
Spiecker, Carl 97
Spindler, Max 198
Splett, Carl Maria 176
Suenens, Leo Jozef 166
Süsterhenn, Adolf 192, 211
Swanstrom, Edward E., 103

Schäfer, Johann 99
Schaefer, Karl Heinz 121f.
Schäffer, Fritz 198
Scharmitzel, Theodor 69
Scharnagl, Anton 192
Scharp, Heinrich 196
Scheel, Walter 138
Scherpenberg, Albert Hilger van 159
Schiller, Karl 135
Schlamm, William S. 207f.
Schlange-Schöningen, Hans 32ff., 52, 71ff., 98, 152
Schleicher, Kurt von 52ff., 66f.
Schlüter-Hermkes, Maria 135
Schmaltz, Kurt 19
Schmid, Carlo 135, 159, 175
Schmidt, Helmut 135, 158
Schmitt, Hermann Josef 55, 60, 64f., 68, 91, 95, 190, 194, 196
Schmitt-Vockenhausen, Hermann 135
Schnabel, Franz 189
Schreiber, Georg 190ff.
Schröder, Paul 160
Schürholz, Franz 155
Schulenburg, Fritz-Dietlof von der 204
Schulte, Karl Joseph 62
Schumacher, Kurt 98, 213
Schuman, Robert 109, 211
Schuschnigg, Kurt von 82
Schwarz, Albert 196f.
Schwarz, Hans-Peter 212, 214
Schwarzschild, Leopold 133, 207
Schwend, Karl 194, 196
Schwerin, Friedrich von 25, 27
Schwering, Leo 196
Stadtler, Eduard 64, 68
Stalin, Josif Wissarionowitsch 11, 90, 112
Stammer, Otto 35
Stampfer, Friedrich 192, 208
Stark, Tadeusz 110
Stasiewski, Bernhard 190, 196ff.
Staudinger, Hans 132f.

Steger 75
Stegerwald, Adam 31ff., 197
Stehle, Hansjakob 178, 187
Steinhoff, Johannes 135
Steinmann, Prälat 125
Sternberger, Dolf 147
Stinnes, Edmund 75
Stolper, Gustav 207f.
Stoltenberg, Gerhard 140
Stomma, Stanislaw 176
Straßer, Gregor 67
Strauß, Franz Josef 146
Strauss, Leo 206f.
Studenic, Hubert (Pseudonym siehe Simon, Hugo)
Sturzo, Luigi (eigentl. Luigi Boscarelli, gen. Don Sturzo) 112, 118

Tecklenburg, Adolf 45
Teipel, Heinrich 45ff.
Tenhumberg, Heinrich 160, 179, 187
Teusch, Christine 60, 194f.
Teusch, Josef 179
Thaler, Andreas 71ff.
Thieme, Karl Otto 14, 38f., 68f., 88, 90, 94f., 99, 133, 189f., 198
Thoma, Richard 45
Thomas, Arthur H. M. 72
Thompson, Dorothy 210
Tillich, Paul 37f., 209
Tinzl, Karl 114, 118f.
Treviranus, Gottfried Reinhold 11, 87, 97, 197, 210
Tolomei, Ettore 113
Torella y Cascante, Ramón 170
Tschurtschenthaler 126
Turowicz, Jerzy 176f.

Ulitzka, Carl 59
Ulich-Beil, Else 45
Unkelbach, Helmut 151
Unterrichter, Rudolf Frhr. von 119f., 126
Unterrichter, Christoph Frhr. von 105, 107

Vageler, Paul 71
Vanistendael, August 139–142, 168, 170
Vansittart, Robert 133
Vargas, Getúlio 83, 85
Vargas, Benjamino 86
Veronese, Vittorino 168
Villot, Jean Marie 172
Vicentini, Giovanni Battista 103, 105
Vockel, Heinrich 21, 40, 45, 47, 51, 62, 190, 194